Abgetrennte Körpersubstanzen im Spannungsfeld zwischen Persönlichkeitsrecht und Vermögensrecht

Europäische Hochschulschriften
Publications Universitaires Européennes
European University Studies

Reihe II
Rechtswissenschaft

Série II Series II
Droit
Law

Bd./Vol. 3849

PETER LANG
Frankfurt am Main · Berlin · Bern · Bruxelles · New York · Oxford · Wien

Christian Zerr

Abgetrennte Körpersubstanzen im Spannungsfeld zwischen Persönlichkeitsrecht und Vermögensrecht

Deutsch-französischer Rechtsvergleich über die Zulässigkeit der Kommerzialisierung von Körpersubstanzen

Comparaison juridique sur la commercialisation de substances corporelles en France et en Allemagne

PETER LANG
Europäischer Verlag der Wissenschaften

Bibliografische Information Der Deutschen Bibliothek
Die Deutsche Bibliothek verzeichnet diese Publikation in der Deutschen Nationalbibliografie; detaillierte bibliografische Daten sind im Internet über <http://dnb.ddb.de> abrufbar.

Zugl.: München, Univ., Diss., 2003

D 19
ISSN 0531-7312
ISBN 3-631-51576-6

www.peterlang.de

Für Selina

Vorwort

Die vorliegende Arbeit wurde im Rahmen eines Graduiertenkollegs der Ludwig-Maximilians-Universität München in Zusammenarbeit mit der Université Panthéon-Assas (Paris II) und unter Mitwirkung der Universitäten Bordeaux IV und Oxford unter dem Generalthema „Europäischer Persönlichkeitsrechtsschutz" verfasst. Das Graduiertenkolleg befasst sich mit der menschlichen Persönlichkeit als Gegenstand und Aufgabe zivil-, öffentlich- und strafrechtlicher Regelungen im Blickfeld des internationalen Privatrechts, der Rechtsvergleichung und der europäischen Rechtsangleichung. Einen thematischen Schwerpunktbereich stellen medizin- und bioethische Fragestellungen, darunter die in dieser Arbeit behandelten Probleme über den Umgang mit abgetrennten Körpersubstanzen und ihrer Kommerzialisierung, dar.

Die Arbeit wurde in einem grenzüberschreitenden Promotionsverfahren („cotutelle de thèse") mit der Université Panthéon-Assas (Paris II) unter der Verantwortung von Herrn Prof. Dr. Dr.hc. Hans-Jürgen Sonnenberger und Herrn Prof. Dr. Jean-Christophe Galloux erstellt. Sie enthält daher am Ende der deutschen Ausführungen eine ausführliche Zusammenfassung, die den Gedankengang und die Ergebnisse in französischer Sprache wiedergibt. Die Zusammenfassung folgt dem Gliederungsaufbau der deutschen Fassung und greift die dort verwendeten Gliederungspunkte auf.

Für ihre vielseitige Unterstützung bei der Vollendung dieser Arbeit möchte ich mich herzlich bei meinen Eltern, meiner Frau Julia, Frau Marie Druinaud, Herrn Dr. Daniel Dittert, Frau Stéfanie Waibel, Herrn Dr. Stephan Beukelmann sowie dem Ehepaar Letellier bedanken.

München, im November 2003 *Christian Zerr*

Préface

La présente étude a été rédigée dans le cadre de l'école doctorale de la faculté de droit de Munich en collaboration avec les Universités Paris II (Panthéon-Assas) et Bordeaux IV (Montesquieu) et avec la participation de l'Université d'Oxford. L'école doctorale se concentre sur le thème général de „la protection de la personne et de la personnalité humaine en Europe" et vise les aspects de droit privé, public et pénal sous l´angle du droit international privé et du droit comparé ainsi que de l'harmonisation européenne du droit. Les questions liées aux progrès médicaux, dont la commercialisation de substances corporelles, qui fait l'objet de cette étude, représentent un aspect central du thème général.

La thèse a été rédigée dans le cadre d'une convention de cotutelle entre l'Université de Munich et l'Université Panthéon-Assas (Paris II) sous la direction de Prof. Dr. Dr.hc. Hans-Jürgen Sonnenberger et de Prof. Dr. Jean-Christophe Galloux. Aussi, elle contient un résumé en français qui adopte la structure de la version allemande.

Pour leur soutien apporté dans la réalisation de cette étude je remercie cordialement mes parents, ma femme Julia, Madame Marie Druinaud, Monsieur Daniel Dittert, Madame Stéfanie Waibel, Monsieur Stephan Beukelmann et les époux Letellier.

Munich, en Novembre 2003 *Christian Zerr*

Abkürzungsverzeichnis

aA	anderer Ansicht
a.a.O.	am angegebenen Ort
Abs.	Absatz
AcP	Archiv für civilistische Praxis
a.F.	alter Fassung
AfP	Archiv für Presserecht
ALD	Actualité législative Dalloz
AMG	Arzneimittelgesetz
Art.	Artikel
AT	Allgemeiner Teil
Aufl.	Auflage
Az.	Aktenzeichen
BayOblG	Bayerisches Oberstes Landesgericht
Bd.	Band
BGB	Bürgerliches Gesetzbuch
BGBL.	Bundesgesetzblatt
BGH	Bundesgerichtshof
BR	Bundesrat
BSG	Bundessozialgericht
BT	Bundestag
BtmG	Betäubungsmittelgesetz
BT-Drs.	Bundestagsdrucksache
BVerfG	Bundesverfassungsgericht
C.	Code
CA	Cour d'appel
Cass. civ.	Cassation civile
CC	Code Civil
CCNE	Comité consultatif national d'éthique
chr.	chronique
civ.	civile
CPI	Code de la propriété intellectuelle
CRFPA	Centre de formation professionelle des avocats
CSP	Code de la Santé Publique
D.	Dalloz
DEA	Diplôme d'études approfondies
ders.	derselbe
d.h.	das heißt
DJT	Deutscher Juristentag
DMW	Deutsche Medizinische Wochenschrift
Doctr.	Doctrine
DRiZ	Deutsche Richterzeitung
Drs.	Drucksache
D. somm.	Dalloz sommaires commentés
€	Euro
éd.	édition
ESchG	Embryonenschutzgesetz

FamRZ	Ehe und Familie im privaten und öffentlichen Recht. Zeitschrift für das gesamte Familienrecht
FF	Französische Francs
Fn.	Fußnote
FuR	Familie und Recht
Gaz. Pal.	Gazette du Palais
GG	Grundgesetz für die Bundesrepublik Deutschland
HIV	human immunodeficiency (menschliches Immunschwäche) Virus
Hrsg.	Herausgeber(in)
i.V.m.	in Verbindung mit
IGAS	Inspection générale des affaires sociales
INSERM	Institut national de la santé et de la recherche médicale
IPRax	Praxis des Internationalen Privat- und Verfahrensrechts
i.S.d.	im Sinne des
IVF	In vitro Fertilisation
JCP	JCP Juris-classeur périodique
JURA	Juristische Ausbildung
JO	Journal Officiel
jp.	jurisprudence
JuS	Juristische Schulung
JR	Juristische Rundschau
JZ	Juristen-Zeitung
LG	Landgericht
LGDJ	Librairie général de droit et de jurisprudence
LM	Lindenmaier-Möhring
LSG	Landessozialgericht
MedR	Medizinrecht
MDR	Monatszeitschrift für Deutsches Recht
MPG	Medizin Produkte Gesetz
m.w.N.	mit weiteren Nachweisen
NJW	Neue Juristische Wochenschrift
Nr.	Nummer
PStV	Personenstandsverordnung
PUF	Presse universitaire de France
Quot. du Méd.	Le Quotidien du médecin
R	Règlement
RIDC	revue internationale de droit comparé
RRJ	Revue de la recherche juridique
RTD civ.	Revue trimestrielle de Droit civil
RTD san. soc.	Revue de Droit sanitaire et social
Rn.	Randnummer
S.	Seite
StGB	Strafgesetzbuch
StmAS	Bayerisches Staatsministerium für Arbeit und Sozialordnung, Familie, Frauen und Gesundheit
StV	Strafverteidiger
TFG	Transfusionsgesetz
TGI	Tribunal de grande instance

TPG	Transplantationsgesetz
Trib.	Tribunal Transplantationsgesetz
Trib.	Tribunal
UrhG	Urhebergesetz
VersR	Versicherungsrecht
Vgl.	Vergleiche
ZRP	Zeitschrift für Rechtspolitik

I. Einleitung

A. Problemstellung

Die Nachfrage an menschlichen Körpersubstanzen steigt in den vergangenen Jahren in Frankreich und Deutschland kontinuierlich an. In verschiedenen Bereichen unserer Gesellschaft und Wirtschaft werden menschliche Substanzen benötigt, um sie für therapeutische, industrielle und wissenschaftliche Verwendungszwecke sowie zur Befriedigung gesellschaftlicher Bedürfnisse einzusetzen.[1]

In den Medien wird vor allem ihre therapeutische Verwendung auf dem Gebiet des Transplantations- und Transfusionswesens diskutiert. Daneben gewinnen in der Praxis auch industrielle und wissenschaftliche Verwendungsformen immer mehr an Bedeutung. So werden Körpersubstanzen zu Kosmetikartikeln verarbeitet, zu pharmazeutischen Erzeugnissen weiterentwickelt und als Grundlage für die Erforschung der inneren Lebensvorgänge und der genetischen Eigenschaften des Menschen benötigt. Aber auch gesellschaftliche Bedürfnisse tragen zu dem Nachfrageanstieg bei: Die fortschreitende Entwicklung der Methoden künstlicher Befruchtung ermöglicht zahlreichen Paaren, ihren Kinderwunsch mit medizinischer Hilfe und vermehrt auch unter Verwendung gespendeter Keimzellen zu verwirklichen.

Das zentrale Anliegen vorliegender Untersuchung liegt in der Ergründung der Frage, ob dieser wachsende Bedarf an Elementen und Produkten des menschlichen Körpers durch kommerzielle Anreize befriedigt werden darf.

Stünden nicht Teile des menschlichen Körpers zur Diskussion, wäre die Antwort einfach: Entsprechend der ökonomischen Grundsätze der sozialen Marktwirtschaft würden potentielle Anbieter durch wirtschaftliche Anreize zur Abgabe ihres Gutes bewegt werden und würde sich deren wirtschaftlicher Wert nach Angebot, Nachfrage und Qualität bestimmen.[2]

---

[1] Sie werden als Grundlage der Entwicklung und Herstellung von Impfstoffen, Therapeutika, Diagnostika und Schöheitspräparaten verwendet, so Taupitz, VersR 1991, S. 369; ders. AcP 191, S. 201ff. (202) mit Hinweis auf Scott, The Body as Property, S. 14 ff.; Tag, MedR 1998, S. 387 ff. (388)

[2] Während junge Menschen mit „unverbrauchten" Substanzen oder genetisch von

Nach wohl einhelliger Auffassung in Europa[3] müssen aber kommerzielle Auswüchse im Umgang mit Körpersubstanzen verhindert und die marktwirtschaftlichen Grundsätze beschränkt oder gar völlig verdrängt werden.[4] Als Begründung hierfür dient häufig der Hinweis, dass der menschliche Körper nicht zu einer Handelsware degradiert werden dürfe. Er sei vielmehr die irdische Hülle der Person und könne wie diese nicht veräußert werden. Diese Überlegungen veranschaulichen die rechtsdogmatische Problematik, die bei allen Erörterungen über Recht oder Unrecht der Kommerzialisierung von Körpersubstanzen besteht: Die Erforschung ihrer (gesetzlich noch nicht festgelegten) Rechtsnatur und die Ergründung der an ihnen bestehenden Rechte. Werden Elemente und Produkte des menschlichen Körpers als eigentumsfähige Sachen qualifiziert, können sie grundsätzlich Gegenstand kommerziellen Handels sein; werden sie hingegen als personenrechtliches Gut eingeordnet, verbietet es sich, sie mit wirtschaftlichen Interessen in Verbindung zu bringen.

Die aufgeworfenen Probleme und widerstreitenden Interessen, die das Recht in Einklang zu bringen hat, sind teils widersprüchlich[5]: So müssen ethische, wirtschaftliche und politische Aspekte berücksichtigt und in ein harmonisches rechtliches Gefüge umgesetzt werden.

---

der Natur begünstigte Personen einige ihrer Substanzen gewinnbringend - möglicherweise durch Beeinträchtigung ihrer Gesundheit - weitergeben könnten, bliebe diese Einnahmequelle anderen verschlossen. Auch Wohlhabende, die sich die von ihnen benötigte Substanz beschaffen könnten, wären gegenüber Mittellosen, denen der Erwerb der Körpermaterialien und mitunter auch die Aussicht auf Heilung versperrt bleiben würde, bevorzugt.

[3] Art. 3 Abs. 2 der Charta der Grundrechte der Europäischen Union vom 7.12.2000 (Nizza): „Im Rahmen der Medizin und der Biologie muss insbesondere Folgendes beachtet werden:“ (Nr. 3:) „das Verbot, den menschlichen Körper und Teile davon als solche zur Erzielung von Gewinnen zu nutzen“

[4] „Der Deutsche Bundestag erwartet eine auf einem gesamtgesellschaftlichen Konsens gegründete Regelung wichtiger Sachverhalte, die er dem freien Spiel der Kräfte nicht überlassen möchte.“ Begründung zum TFG, Allgemeiner Teil

[5] Ist es nicht so, daß der überwiegende Teil der Bevölkerung die wissenschaftlichen Fortschritte grundsätzlich gutheißt und eigentlich gar nicht mit den ethischen Fragen belastet werden will? Besteht einerseits nicht ein breiter Konsens, den menschlichen Körper von kommerziellen Interessen frei zu halten, während auf der anderen Seite viele bereit wären, zur eigenen Lebensrettung beträchtliche Summen für ein Organ zu zahlen oder zur Erfüllung des Kinderwunsches etliche Summen zu investieren? Ist es dem einzelnen nicht wichtiger, ein gesundes, besonders intelligentes und hübsches Kind zu haben als die dahinter stehenden ethischen Probleme der menschlichen Selektion „objektiv“ zu hinterfragen?

Angesichts der komplexen Fragestellungen und der fortschreitenden technischen Erkenntnisse ist zunächst festzustellen, dass sich der französische Gesetzgeber mit Erlass der „Bioethikgesetze“[6] im Jahr 1994 zu umfassenden Regelungen entschlossen hat, während die Legislative in Deutschland bislang immer nur in Teilbereichen, die im Hinblick auf die Erhaltung fundamentaler Grundrechtswerte als besonders dringlich angesehen wurden, eingeschritten ist. So finden sich zum Beispiel Aspekte über den Umgang mit Keimzellen im Embryonenschutzgesetz vom 13. Dezember 1990[7], über den Umgang mit Blut im Transfusionsgesetz vom 1. Juli 1998[8] und über die Transplantation von Organen und Geweben im Transplantationsgesetz vom 5. November 1997[9].

Die Suche nach einer kohärenten nationalen Lösung ist ohne Einbeziehung der Entwicklungen im (europäischen) Ausland nur unvollständig möglich.[10] Erst kürzlich wurde der Weltöffentlichkeit wieder einmal präsentiert, dass die strengsten nationalen Vorschriften nichts bewirken, wenn im Ausland ethisch fragwürdige Praktiken erlaubt sind: Eine 62-jährige Französin hatte in den USA eine fremde Eizelle mit dem Sperma ihres Bruders befruchten und sich anschließend einpflanzen lassen. Das Kind wurde dann in Frankreich geboren.[11] In Frankreich und Deutschland wäre ein solches Vorgehen verboten.

Fragen der Kommerzialisierung von Körpersubstanzen eröffnen ein unüberschaubares Feld unterschiedlicher Problembereiche, die in dem hier zu Verfügung stehenden Rahmen nicht in allen Facetten umfassend erörtert werden können.[12]

---

6 Gesetz Nr. 94-653, JO Nr. 175 vom 30. Juli 1994, S. 11056 sowie Gesetz Nr. 94-654, JO Nr. 175 vom 30. Juli 1994, S. 11060; der Begriff „Bioethikgesetze“ hat sich durchgesetzt, findet sich offiziell aber erstmals in dem projet de loi vom 20.06.2001

7 BGBL. I, 2746

8 BGBL. I, 1752

9 BGBL. I, 2631

10 Zur Bioethik und Europa: Byk in: „Bioéthique: de l´éthique au droit, du droit à l’éthique, S. 173 ff.

11 Eine weitere Eizelle wurde mit dem Sperma des Bruders befruchtet und von der Eizellenspenderin als Leihmutter in den USA ausgetragen, vgl. Zeitschrift Stern vom 27.12.2001, Die Kinder des Wahns, S. 142 ff.

12 Zur Kommerzialisierung der Persönlichkeit: Wolf, Der strafrechtliche Schutz der Persönlichkeit gegen unbefugte Kommerzialisierung; Gounalakis, AfP 1998, S. 10 ff.; Heisig, Persönlichkeitsschutz in Deutschland und Frankreich, S. 171 ff.

1. Eigenkommerzialisierung und Fremdkommerzialisierung

So können wirtschaftliche Interessen an Körpersubstanzen sowohl durch ihren ursprünglichen Träger (Eigenkommerzialisierung) als auch durch andere Personen (Fremdkommerzialisierung)[13] wie zum Beispiel einen Arzt, einen Forscher oder einen Unternehmer begründet werden.

Im Rahmen der Eigenkommerzialisierung (wirtschaftlich motivierte Weitergabe der Substanzen durch den Substanzträger) muss danach differenziert werden, ob der Träger die Abgabe der Substanz von einer Geldzahlung abhängig machen will oder ob er aus einer Weiterverwendung seiner Substanzen, der er nicht zugestimmt hatte, nachträglich[14] - etwa auf dem Weg der Geltendmachung von Schadensersatz- bzw. Ausgleichansprüchen - „Kapital schlagen“ möchte. Fragen der Fremdkommerzialisierung berühren insbesondere die Organisationsform der Einrichtungen, die mit Körpersubstanzen arbeiten. Sind beispielsweise Gewebebanken, Bluttransfusionszentren oder Keimzellenbanken öffentlichrechtlich organisiert oder als gemeinnützige Einrichtungen konzipiert, ist ihnen eine Gewinnerzielungsabsicht beim Umgang mit Körpersubstanzen entweder verwehrt oder sie kann durch reglementierte Preisvorgaben ausgeschlossen werden.

Diese Arbeit wird sich vornehmlich auf den Aspekt der wirtschaftlich motivierten Weitergabe der Substanzen durch den ursprünglichen Substanzträger konzentrieren. Fragen der Patentierbarkeit menschlicher Substanzen, der Einsatz von Körpersubstanzen als Medikamente und rechtliche Problemstellungen, die beim Import und Export von Körpersubstanzen aufgeworfen werden, finden nur soweit Berücksichtigung, wie sie Auswirkungen auf Wertungen über die Zulässigkeit einer wirtschaftlich motivierten Abgabe durch den Träger der Substanzen haben. Gleiches gilt grundsätzlich auch für den Bereich der Fremdkommerzialisierung von Körpersubstanzen. Um aber die gesetzliche Gesamtkonzeption in Deutschland und Frankreich umfassend verstehen zu können, wird in Grundzügen auch auf gesetzliche Maß-

---

(177 ff.)

13 Taupitz in: Damm/Hart (Hrsg.), S. 51 ff. (53) spricht von Eigenkommerzialisierung und von Fremdkommerzialisierung.

14 Taupitz in: Damm/Hart (Hrsg.), S. 51 ff. (54) spricht von antizipativ-voluntativer bzw. nachträglich-sanktionierender Kommerzialisierung; genauer zur nachträglich-sanktionierender Kommerzialisierung, Taupitz, AcP 191, S. 201 ff. (224 ff.) und unter V. A.

nahmen eingegangen, die Aspekte der Fremdkommerzialisierung bzw. deren Verhinderung zum Gegenstand haben.

Die Untersuchung spricht nur Sachverhalte an, bei denen Fragen der Kommerzialisierung auch tatsächlich im Vordergrund stehen und nicht nur Nebenaspekt sind. Dies hat zur Folge, dass beispielsweise nur die Kommerzialisierung von rechtmäßig gewonnenen und verwendeten Substanzen thematisiert wird.

2. Ursprung und Art der Körpersubstanzen

Eine weitere Konkretisierung der Themenstellung kann im Hinblick auf den Ursprung und die Art der weiter verwendeten Substanzen vorgenommen werden:

Teile des menschlichen Körpers können einer lebenden Person, einem Leichnam und einem Embryo entnommen werden. Entsprechend der praktischen Relevanz, die die hier interessierenden Aspekte der Eigenkommerzialisierung aufwerfen, beschränkt sich vorliegende Untersuchung auf die Kommerzialisierung durch den noch lebenden Träger der Substanz. Auf Leichnam[15] und Embryo[16] wird nur am Rande eingegangen.

Körpersubstanzen können nach ihrer Regenerierungsfähigkeit, Lebensnotwendigkeit, Konservierungsfähigkeit sowie nach durchbluteten, verarbeiteten und emotional mehr oder weniger verbundenen Substanzen unterschieden werden. Auf lebensnotwendige Substanzen wird - entsprechend der thematischen Begrenzung auf Lebendspen-

---

15 S. hierzu Lavroff-Detrie, thèse 1997, S. 318 ff.; Bock, Rechtliche Voraussetzungen der Organentnahme von Lebenden und Verstorbenen

16 Entsprechend der weltweiten Bezeichnung in der Laiensphäre wird hier für alle Stadien der Entwicklung die Bezeichnung Embryo gewählt, Mediziner sprechen ab dem 3. Monat vom Fetus; zur Rechtsstellung anenzephaler Neugeborener, vgl. hierzu Kloth, MedR 1994, S. 180 ff. (181) m.w.N.; Feuillet-le Mintier (hrsg.), L'embryon humain - une approche multidisciplinaire: acte du colloque des 9 et 10 novembre 1995; Deutsch, MDR 1985, 177 (180); Coester-Waltjen, DJT 1986, B 103; Taupitz, JZ 1992, S. 1089 (1094); Hilgendorf, MedR 1994, S. 429 (432), der erst ab Ende des dritten Monats nach der Befruchtung den Embryo als Mensch im Sinne des Strafrechtsansehen will; Vitzthum, ZRP 1987, S. 33 (35) der im Hinblick auf die Schutzintensität eine „Stufung" erkennt; a.A. Hoerster, JuS 1989, S. 172 und JR 1995, S. 51 spricht dem Embryo ein Lebensrecht wegen fehlenden Verstands und Ichbewußtseins ab. Er unterstellt den Embryo den eigentumsrechtlichen Verfügungsbefugnissen.

den - nicht eingegangen. In Anlehnung an die geltenden gesetzlichen Regelungen in Deutschland und Frankreich werden insbesondere Organe, Gewebe, Körperzellen, Blut, Keimzellen, Haare, Geburtsabfälle wie die Plazenta und die Nabelschnur, sowie Substanzen, die anlässlich[17] eines medizinischen Eingriffs gewonnen und zur Weiterbehandlung des Patienten nicht mehr benötigt werden (Operationsabfälle), angesprochen. Als Oberbegriff für abgetrennte Teile des Körpers wird der Begriff „Körpersubstanzen“[18] verwendet. Entsprechend der französischen Gesetzesterminologie werden sie auch als „Elemente“ und „Produkte“ des Körpers bezeichnet. Immer dann, wenn jemand eine von ihm stammende Körpersubstanz einer anderen Person zur Weiternutzung überlässt, wird von Spende gesprochen. Gleichgültig also, ob ein Organ, Keimzellen oder Gewebereste weitergegeben werden, ob die Überlassung entgeltlich[19] oder unentgeltlich erfolgt, handelt es sich immer um eine Spende in dem hier definierten Sinne.

3. Vorfragen der Kommerzialisierung

Häufig bestimmen die tatsächlichen Rahmenbedingungen beim Umgang mit Körpersubstanzen - wie die Art ihrer Gewinnung, ihre biologische Funktion und Eigenschaft sowie der anvisierte Verwendungszweck - nicht nur die rechtlichen Problemstellungen maßgeblich; sie erfordern auch differenzierte Wertungen für die Abgrenzung zwischen zulässiger und unzulässiger Kommerzialisierung. Dabei spielt insbesondere der weitere Verwendungszweck eine maßgebliche Rolle: Dient die Substanz der Lebensrettung einer erkrankten Person, greifen andere Erwägungen als bei ihrer Weiterverwendung zu rein kommerziellen Zwecken wie beispielsweise der Verarbeitung zu Kosmetikartikeln.

Bevor die Frage nach der Zulässigkeit einer Eigenkommerzialisierung von Körpersubstanzen aufgeworfen werden kann, ist zunächst klärungsbedürftig, auf welche Weise die Körpersubstanzen überhaupt rechtmäßig vom Körper abgetrennt werden können. Unterscheiden lassen sich die (willensbestimmte) Abtrennung durch den ursprünglichen Träger, die Absonderung aufgrund natürlicher Körperfunktionen und die medizinisch veranlassten Entnahmen.

---

17 Also nicht aufgrund medizinischer Indikation.

18 So auch Harichaux in: Bioéthique et droit, S. 130 ff. (131); Galloux, R.T.D. san. et soc. 1998 (1), S. 1 ff. spricht vom biologischen Material (matériels biologique).

19 Die Bezeichnung Spende wird dann unter Anführungsstrichen verwendet.

Während zum Beispiel Sperma und Haare ohne Hinzutreten anderer und ohne nennenswerten körperlichen Eingriff rechtmäßig gewonnen werden können, lassen sich andere Substanzen nur mittels erheblicher Beeinträchtigung der körperlichen Integrität und mit medizinischer Hilfe[20] erlangen. Hierzu rechnen beispielsweise Organe wie die Niere, die zu Zwecken einer Lebendspende entnommen und einem vorbestimmten Empfänger übertragen wird. Zu dieser Kategorie zählen aber auch Substanzen, die aufgrund einer medizinischen Indikation entnommen werden müssen[21] oder als Operationsabfälle nach einem operativen Eingriff „übrig" bleiben. In der medizinischen Praxis werden eben diese letztgenannten Substanzen weiteren (kommerziellen) Verwendungszwecken zugeführt und an Gewebebänke weitergegeben.[22] Da kaum ein Patient damit rechnet, dass die ihm rechtmäßig entnommene Körpersubstanz nicht entsorgt, sondern weiterverarbeitet wird und gar einen wirtschaftlichen Wert verkörpert, den er theoretisch eigens für sich nutzen könnte, bedarf es in jenen Fällen zunächst der Klärung, ob den Arzt die Verpflichtung trifft, den Patienten über eine etwaige Weiterverwendung der Substanzen aufzuklären. Ohne eine diesbezügliche Aufklärung bleibt dem Patienten rein tatsächlich die Möglichkeit zur Kommerzialisierung seiner Substanzen verschlossen. Dass diese Erwägungen nicht nur theoretischer Natur sind, zeigt die langjährige Praxis bei der Weiterverwendung von Geburtsabfällen: Geburtsabfälle wie die Plazenta und die Nabelschnur wurden[23] als res derelictae behandelt und waren Gegenstand zahlreicher entgeltlicher Veräußerungen durch Krankenhäuser an die Pharma- und Kosmetikindustrie.[24] Die Einwilligung der Mutter bzw.[25] der Eltern wurde hierfür in der Regel nicht eingeholt.[26] Die gleiche Vorgehensweise kann nunmehr auch für die eben angesprochenen Operationsabfälle festgestellt werden.

---

[20] Bei Geburtsabfällen, die dem Organismus auf natürlichem Weg entweichen, reicht die Anwesenheit von Ärzten aus.

[21] Vgl. hierzu den Fall Moore unter V. A.

[22] Rapport Claeys, 2. Teil, III, 2.4.1.; Taupitz in: Damm/Hart (Hrsg.), S. 51 ff. (58)

[23] In Deutschland auch noch heute.

[24] Galloux, Revue de la recherche juridique 1989-3, S. 521 ff. (533)

[25] Es ist umstritten, ob die Plazenta biologisch Teil der Mutter oder Teil des Kindes ist.

[26] Diese Praxis entspricht einer Stellungnahme (avis) des Comité National d'Ethique (CCNE), Quot. du Méd vom 24.2.1987 „Les problèmes posés par le développement des méthodes de culture des cellules"; a.A. Harichaux, in: Bioethique et Droit, S. 138

Sobald einem Patienten also eine Substanz entnommen wird, die nach seiner laienhaften Einschätzung nutzlos ist oder nutzlos wird, muss die Frage gestellt werden, ob und inwieweit sich die ärztliche Aufklärungspflicht im Falle einer gleichwohl erfolgenden (kommerziellen) Weiterverwendung der Substanzen auch auf das weitere Schicksal der Substanzen erstreckt. Denkbar wäre beispielsweise, dass der Patient einer nicht mehr benötigten Eigenblutspende vor der Weiterverwendung des Blutes zunächst seine Einwilligung zur Weiterverwendung erklären muss.

4. Gang der Untersuchung

Um einen tieferen Einblick in die praktische Bedeutung der Thematik gewinnen zu können, werden einige der bereits kursorisch angesprochenen Verwendungsmöglichkeiten von Körpersubstanzen und ihre real existierenden Kommerzialisierungsformen[27] in Frankreich und Deutschland ohne Anspruch auf Vollständigkeit in einem Überblick vorangestellt (I. B. bis E.), bevor unter Gliederungspunkt II. rechtstheoretische Vorfragen der Kommerzialisierung von Körpersubstanzen rechtsvergleichend erörtert werden. Anschließend wird die Gesetzeslage in Deutschland und Frankreich dargestellt (III.), die Rechtsnatur abgetrennter Körpersubstanzen untersucht (IV.), die an ihnen bestehenden Rechte ergründet (V.) und letztlich der Frage nachgegangen, ob Körpersubstanzen Gegenstand vertraglicher (entgeltlicher) Abreden sein können (VI.).

B. Transplantationsmedizin

Seit jeher zeigt die Geschichte der medizinischen Forschung ein reges Interesse an der Verpflanzung von Körperteilen.[28] Die Nachfrage nach

---

[27] Grundlegend hierzu Kimbrell, Ersatzteillager Mensch; Pater/Raman, Organhandel: Ersatzteile aus der Dritten Welt; Fisher, Die Medizin von Morgen; Rifkin, Das biomedizinische Zeitalter

[28] Vgl. Dreixler, Der Mensch als Ware, S. 76 ff.; Nickel, Die Entnahme von Organen und Geweben bei Verstorbenen zum Zwecke der Transplantation, S. 11; Manaï, Les droits du patient face à la médecine contemporaine, S. 207 ff.; Carstens, Das Recht der Organtransplantation, S. 14; Kimbrell, Ersatzteillager Mensch, S. 33 ff. und Bock, Rechtliche Voraussetzungen der Organentnahme von Lebenden und Verstorbenen, S. 50 ff. mit einer Liste transplantabler Körperbestandteile; Deutsch, Medizinrecht, S. 364 ff.; Kühn, Die Motivationslösung, S. 20 ff.; Sasse, Aspekte der Veräußerung von Organen, S. 29 ff.; zu tatsächlichen Aspekten der Organtransplantation: Reich, Organspendeverträge, S. 15 ff.

transplantablen Organen steigt mit fortschreitender Verbesserung der Transplantationstechniken ständig an. Konnten vor einiger Zeit nur die paarig angelegten Nieren zu Lebzeiten gespendet werden, kommen für eine Lebendspende heute auch Teile der Leber, der Lungen, des Dünndarms und der Bauchspeicheldrüse in Betracht. Mit den stetig neu gewonnenen medizinischen Erkenntnissen korrespondiert das Bedürfnis nach einer fortdauernden rechtlichen Bewältigung bislang unbekannter Fragestellungen. Einige neue Techniken, wie die „Herztransplantationen en domino“[29], bei der das gesunde Herz und die Lunge eines Lungenpatienten aus immunologischen Gründen gegen das Herz und die Lunge eines verstorbenen Spenders „ausgetauscht“ werden, konnten weder durch das deutsche Transplantationsgesetz (TPG)[30] aus dem Jahr 1997, noch durch die französischen „Bioethikgesetze“[31] von 1994 vorausgesehen und einer Regelung unterworfen werden. So stellt sich die heute noch nicht geklärte Rechtsfrage, ob das funktionsfähige Herz eines verstorbenen Lungenpatienten auf einen Herzpatienten übertragen werden darf oder ob es - als Operationsabfall - entsorgt werden muss.[32]

Dem großen und mit den Fortschritten der Transplantationsmedizin wachsenden Bedarf an Organen und Geweben steht ein erheblich geringeres Angebot transplantabler Organe gegenüber.[33] In Frankreich und Deutschland ist man daher bemüht, die Aufklärung der Bevölkerung über Chancen und Risiken einer Organspende voranzutreiben und die Organspendebereitschaft zu erhöhen.[34]

---

29 In Deutschland im Jahr 2000 6 mal und im Jahr 1999 14 mal durchgeführt.

30 Gesetz vom 05.11.1997, veröffentlicht am 11.11.1997 im Bundesgesetzblatt (BGBL. I, 2631)

31 Gesetz Nr. 94-653, JO Nr. 175 vom 30. Juli 1994, S. 11056 sowie Gesetz Nr. 94-654, JO Nr. 175 vom 30. Juli 1994, S. 11060

32 Rappot Claeys, S. 43, 48; Mattei in: Les lois „bioéthique“ à l'épreuve des faits, Feuillet-le Mintier, B. (Hrsg.), S. 329 ff. (331); vgl. auch Bayerisches Staatsministerium für Arbeit und Sozialordnung, Familie, Frauen und Gesundheit (StmAS), Organspende und Transplantation, S. 36

33 Vgl. nur Giesen, International Medical Malpractice Law, S. 625 ff.

34 § 2 Abs. 1 Transplantationsgesetz (TPG, BGBL. I, 2631), § 3 Abs. 4 Transfusionsgesetz (TFG vom 1.7.1998, BGBL. I , 1752) und Art. 665-12 Abs. 2 CSP; daneben wurde in Frankreich der 22. Juni der Organspende gewidmet, um auf den Organmangel aufmerksam zu machen und das - durch anstößige Praktiken bei der Organentnahme post mortem - verloren gegangene Vertrauen der Bevölkerung in die Transplantationstechniken wiederzugewinnen.

Vor Erlass der Bioethikgesetze in Frankreich und des Transplantationsgesetzes in Deutschland stagnierte die Anzahl der jährlich durchgeführten Organtransplantationen. Seit deren Erlass gewinnt die Organspende und in besonderem Maße die Lebendspende in der medizinischen Praxis wieder an Bedeutung: Von 1990 bis 1998 stieg der Anteil an Lebendnierenspenden von 1,6% auf 14,7%[35] der insgesamt in Deutschland durchgeführten Nierentransplantationen. Transplantierte Lebersegmente stammten im Jahr 1996 zu 1,4%, im Jahr 1998 zu 3,5%[36] von Lebendspendern. In Frankreich kann ein vergleichbarer Anstieg nicht festgestellt werden. Im Jahr 1998 wurden insgesamt 3.116 Organe transplantiert, von denen 101 von Lebendspendern (ca. 3,5%) entnommen wurden. Im Jahr 2000 waren es dann insgesamt 3.211 Organe darunter 149 von Lebendspendern (ca. 4,6%).[37]

In beiden Ländern zeigen die Statistiken, dass die Anzahl organbedürftiger Patienten wächst. Von 1996 bis zum Jahr 2000 stieg die Nachfrage in Frankreich von insgesamt 4.903 auf 6.036 Patienten;[38] in Deutschland benötigten nach Angabe von Eurotransplant im Jahr 1999 sogar 10.860 Patienten ein Spenderorgan. Schätzungen zufolge sterben in Deutschland auch heute noch Tag für Tag drei Menschen, denen eine Organübertragung das Leben gerettet hätte.[39]

Vor diesem Hintergrund verwundert es nicht, dass in den Medien bereits beträchtliche Summen für den Erwerb einer Niere angeboten wurden[40] oder Krankenhäuser Körperbestandteile verstorbener und

---

35 In Frankreich waren es nur ca. 4%, 1882 insgesamt darunter 73 Lebendspenden.

36 In Frankreich waren es ca. 4%, 693 insgesamt darunter 28 Lebendspenden.

37 Rapport Charles, S. 163: Im Jahr 2000 wurden 1924 Nierentransplantationen post mortem und 84 Lebendnierenspenden durchgeführt; Broyer in: Feuillet-le Mintier, B. (hrsg.), Les lois „bioéthique“ à l'épreuve des faits, S. 53 ff. (57); vgl. auch Gutmann, MedR 1997, S. 147 (Fn. 3) Sengler in: Kirste, Nierenlebendspende, S. 100 f.

38 Rapport Charles, S. 175

39 StmAS, Organspende und Transplantation, S. 11; in Frankreich verstarben zwischen 1991 und 1995 300 Patienten, die auf ein Spenderorgan gewartet hatten.

40 Dreixler, Der Mensch als Ware, S. 82, m.w.N.; Sasse, Aspekte der Veräußerung von Organen, S. 37; „Skrupellose Geschäfte mit Organen“ in der Süddeutschen Zeitung vom 22.05.1989, S. 18; „Kriminelle in weißen Kitteln“, Frankfurter Allgemeine Zeitung vom 06.02.1995; „Verkauft Chinas Regierung Organe von Häftlingen?“, Frankfurter Rundschau vom 06.05.1995; weitere Beispiele bei Kimbrell, Ersatzteillager Mensch, S. 37 ff. und König, Strafbarer Organhandel, S. 28 ff., 37 ff.; Arnoux, Les droits de l'être humain sur son corps, S. 111 ff. m.w.N.;

lebender Kinder heimlich entnehmen und weiterverwenden.[41] Auch wenn, soweit ersichtlich, in Deutschland und Frankreich noch kein Organ gekauft wurde,[42] so war doch bekannt geworden, dass ein Deutscher eine Niere in Indien gekauft hat, die dort auch eingepflanzt worden war. Fälle wie dieser werden erst bekannt, wenn sich die Patienten in ihrem Heimatland einer Nachbehandlung unterziehen müssen und Gerichte über die Kostentragung zu befinden haben.[43]

Die medizinische Forschung arbeitet seit Jahren an Alternativen zu den bislang praktizierten Transplantationstechniken, um den Mangel an Transplantaten zu mindern und die natürlichen immunologischen Abwehrreaktionen des Körpers gegen das fremde Organ zu vermeiden. Die Verwendung von tierischen Organen könnte den Mangelzustand zwar lindern; neben den gravierenden ethischen Bedenken, die mit einer derartigen Praxis einhergehen, bestehen momentan auch noch unüberwindbare - vor allem immunologisch begründete - medizinische Hindernisse für die Durchführung der sogenannten Xenotransplantationen.[44]

Von der Forschung an Stammzellen[45] verspricht man sich eine Revolutionierung der Transplantationsmedizin und die Beseitigung beider an-

---

Harichaux, La protection des libertés et droits corporels, S. 129 m.w.N.; im Iran wird jeder Lebendspender vom Staat mit 1.500 US Dollar entlohnt.

41 Stuttgarter Zeitung vom 27.01.2001 (Nr. 22), S. 24 zu Vorfällen im englichen Liverpool; vgl. auch Fuchs, „Vorsicht Krankenhaus! Heiligt der Scheck die Mittel?" und „Das Geheimpapier im Auftrag der Deutschen Stiftung Organtransplantation DSO. Organbeschaffung gegen Sonderprämien" in: Fuchs, Spenden was uns nicht gehört, S. 54 ff.

42 Am 5.9.2001 wurde in Deutschland erstmals ein Verfahren wegen versuchten Organhandels eröffnet. Der Angeklagte soll seine Niere via Internet zu einem Preis von 100.000 DM angeboten haben.

43 LSG Niedersachsen, Urteil vom 30.08.1995, L4Kr 256/93, NJW 1995, S.3080 bestätigt vom Bundessozialgericht (BSG, 1. Senat) am 15.04.1997 (AZ: 1RK 25/95), NJW 1997, S. 3114 ff.

44 „Schwein oder nicht Schwein" in der Süddeutschen Zeitung vom 22.08.2000, S.V2/9; siehe auch den Artikel „Herz ohne Rhythmus" in der Süddeutschen Zeitung vom 13.06.2000, S. V2/12 wonach Kunstherzen auch nur zeitweise einsetzbar sind.

45 Stammzellen sind in der Lage, sich in alle erdenklichen Arten von Zellen zu verwandeln. Man unterscheidet adulte Stammzellen, die vorwiegend aus dem Knochenmark gewonnen werden, von embryonalen Stammzellen, die bislang nur durch Abtöten des Embryo gewonnen werden können, aber als potenter gelten.

gesprochenen Hauptprobleme. Möglicherweise ist bereits der erste Schritt getan, zerstörte oder geschädigte Zellen oder ganze Organe aus eigenen Stammzellen der erkrankten Person künstlich zu züchten und ohne immunologische Gefahren einzupflanzen.[46] In Zukunft könnten damit Transplantationen von Organen und anderen Körperteilen - wie beispielsweise die Transplantation von Händen[47] - entweder unnötig oder ohne Fremdspenden durchgeführt werden. So wurden im Juli 2001 weltweit erstmals Stammzellen aus dem Knochenmark eines Herzinfarktpatienten entnommen und in seinen Herzmuskel verpflanzt, um dort zerstörtes Gewebe neu anwachsen zu lassen.[48]

Aber woher erhalten die Wissenschaftler die Stammzellen für ihre Forschungen? Heftig umstritten ist ihre Gewinnung aus abgetriebenen oder überzähligen Embryonen.[49] Daneben werden auch das Kno-

[46] Gleich zwei verschiedenen Wissenschaftlerteams ist es gelungen, menschliche Stammzellen aus Embryonen beziehungsweise aus Blastozyten (sie entstehen im Zuge der Embryogenese einige Tage nach der Empfängnis), die im Verlauf einer In-Vitro-Fertilisation entstehen, aber nicht der Mutter eingesetzt wurden, zu isolieren und über längere Zeit in einer Zellkultur zu vermehren. Aus Stammzellen können durch Aktivierung oder Deaktivierung bestimmter Gene (Ausdifferenzierung) alle spezialisierten Zellen in unserem Körper entstehen. Im Labor wurden bereits Haut-, Knochen- oder Muskelzellen gezüchtet.

[47] In Lyon wurde im Jahr 2000 eine Hand von einem Toten verpflanzt, später aber wieder abgestoßen.

[48] „Stammzellen gegen Herzinfarkt verpflanzt", in Süddeutsche Zeitung vom 21./22. Juli 2001, S. 12

[49] Nach der britischen Regierung („London für therapeutisches Klonen" in Süddeutsche Zeitung vom 17.08.2000; bis zum 14. Tag nach der Befruchtung ist in England die Forschung an Embryos erlaubt) befürwortet nunmehr auch die US-Regierung eine staatlich finanzierte Forschung an Embryonen, „Washington will Klonen erleichtern", in Süddeutsche Zeitung vom 24.08.2000, S. 1, 4; vgl. Rösler, Rohstoff Mensch, mit zahlreichen Beispielen – so auch die Ausstellung eines Ohrringes, der aus drei bis vier Monate alten gefriergetrockneten menschlichen Feten bestand (S. 216 f.) - und Nachweisen für die kommerzielle Verwendung menschlicher Embryos; Kimbrell, Ersatzteillager Mensch, S. 50 ff.; „Die Zellen abgetriebener Feten sollen zur Heilung von Parkinson eingesetzt werden (kritisch aber hierzu „Löcher im Kopf sind überflüssig" in Süddeutsche Zeitung vom 12.03.2001, S. 14) – und zur Therapie von Diabetes und Alzheimer", in Focus Nr. 25 vom 20.06.1994; in Deutschland konnten bereits per Katalog Embryonen bestellt werden, vgl. Lanz-Zumstein, Menschliches Keimgut, S. 252 (Fn. 668). Fetales Zellmaterial, so prophezeien einige, könnten zu einer der wertvollsten Waren der Bioindustrie werden. In Deutschland mußte politisch erstmals auf eine kleine Anfrage (Anfrage vom 09.01.1984 an die Hessische Landesregierung des Abgeordneten Rösler (CDU), Drucksache Nr. 11/415) an die Hessische Landesregierung hin offiziell Stellung im Hinblick auf einen real exis-

chenmark[50] und Geburtsabfälle wie die Nabelschnur (innerhalb von 30 Sekunden nach der Entbindung muss der Nabelschnur dabei das Blut entnommen werden) und die Plazenta als „Stammzellenlieferanten" vermehrt nutzbar gemacht.[51] In der größten Stammzellenbank Europas (Düsseldorf) wurden 25.000 Nabelschnurblutpräparate gesammelt, die weltweit über das Internet (kostenlos) angefordert werden können. In Frankreich gibt es bislang drei vergleichbare Stammzellenbanken. Seit 1997 handelt ein Unternehmen in Leipzig mit Nabelschnurblut, das Eltern nach der Geburt ihres Kindes 20 Jahre lang für € 1.800 tiefgekühlt lagern lassen können.

C. Transfusionswesen

Auch auf einem weiteren wichtigen Sektor therapeutischer Verwen-

---

tierenden Embryonenhandel bezogen werden. In einer Stellungnahme des Europäischen Parlaments 24. Oktober 1983 ist zu lesen, daß bekanntlich ein Handel mit Feten und embryonalem Gewebe zwischen (EU-)Mitgliedsstaaten sowie zwischen Mitgliedsstaaten und Drittländern stattfindet. Offensichtlich, so die Stellungnahme, bestehen Banken für fetales Gewebe (vgl. auch Harris, Der Wert des Lebens, S. 170 ff. m.w.N.; Schröder/Taupitz, Menschliches Blut, S. 2 m.w.N.); in Deutschland verbietet das Embryonenschutzgesetz die Gewinnung aus Embryonen, nicht aber deren Import aus dem Ausland. Am 30.01.2002 hat sich der Bundestag für den Import von embryonalen Stammzellen unter strengen Auflagen ausgesprochen. Da Embryonen nicht Gegenstand dieser Arbeit sind, bleiben die hiermit verbundenen Fragen ausgeklammert; vgl. auch „Gesellschaft im Gewissenskonflikt", „Gute Zellen, schlechte Zellen" in Süddeutsche Zeitung vom 26./27.01.2002, S.2

50 „Potente Zellen aus Knochenmark in: "Süddeutsche Zeitung vom 25.01.2001, S. 6; Harris, Der Wert des Lebens, S. 167 ff.; Stadler in: G. Plöchel, Ware Mensch, S. 123 ff.; auch Fettgewebe und Gewebeproben aus dem Gehirn von Leichen Erwachsener sei eine Quelle von Stammzellen, vgl. „ La gresse source de cellules souches" in Le Figaro vom 10.04. 2001, S. 13 und Süddeutsche Zeitung vom 08.05.2001 (105), S. V2/15. Es gibt auch Hinweise, daß erwachsene Stammzellen durch „Umprogrammierung" die gleichen Fähigkeiten entwickeln können, s. „Organe aus Hirnzellen" in Süddeutsche Zeitung vom 06.06.2000, S. V2/15 m.w.N.; „Ein Herzschlag voller Zukunft" in Süddeutscher Zeitung vom 03.05.2001, S. 3

51 „Transplantation gegen Leukämie erfolgreich" in Süddeutsche Zeitung vom 07.06.2001, S. 46 berichtet von einem Fall, bei dem mangels Knochenmarkspender auf Stammzellen aus dem Nabelschnurblut eines neu geborenen Geschwisterchens zurückgegriffen wurde; „Die Nabelschnur als biologische Lebensversicherung?" in: Stuttgarter Zeitung vom 16.10.2001, S. 33; Deutsches Ärzteblatt 1997 (47), A 3182

dung[52] von Körpersubstanzen, der Blut- und Blutplasmaversorgung, sind die politischen Kräfte bemüht, das Bewusstsein der Bevölkerung über den Angebotsmangel zu schärfen[53] und die Spendebereitschaft in der Bevölkerung zu fördern; so wurden beispielsweise zahlreiche nationale und europaweite Informations- und Motivationskampagnen[54] in den vergangenen Jahren ins Leben gerufen.

---

52 „In den Krankenhäusern und Arztpraxen werden etwa 21 Präparategruppen aus Blut und Plasma angewendet. Die bekanntesten sind Gerinnungsfaktoren, gefrorenes Frischplasma, Immunglobuline und zellhaltige Blut- und Blutbestandteilzubereitungen. Das den Plasmabedarf bestimmende Blutprodukt ist der aus menschlichem Plasma hergestellte Faktor VIII zur Behandlung der Hämophilie A. Etwa 3 000 Bluter sind in der Bundesrepublik Deutschland auf die Verfügbarkeit dieses Arzneimittels angewiesen. Dank der Behandlung mit diesen hochgereinigten Produkten können die Bluter ein annähernd normales Leben mit durchschnittlicher Lebenserwartung führen. Dementsprechend ist der Verbrauch an Faktor VIII in der Bundesrepublik Deutschland hoch. 1995 wurden rund 350 Mio. internationale Einheiten (I. E.) an Faktor VIII angewendet, davon ca. 90 Mio. I. E. gentechnisch hergestellter Faktor VIII. Für 260 Mio. I. E. wurden etwa 1,56 Mio. Liter Humanplasma benötigt. Davon sind rd. 1,35 Mio. Liter in der Bundesrepublik aufgebracht worden, zum größten Teil aus Vollblutspenden, zum kleinerenTeil aus unmittelbaren Plasmaspenden (Plasmapherese). Neben der Hämophiliebehandlung spielt der Einsatz von Blutprodukten vor allem in der Chirurgie und der Onkologie eine Rolle. Darüber hinaus werden in der Bundesrepublik Deutschland Krankenhäuser und transfusionsmedizinische Institute zunehmend auf dem Felde der Blutstammzellseparation tätig. Mit dieser Technik werden aus dem peripheren Blut Stammzellpräparate gewonnen, die vor allem zur Behandlung der Leukämie eingesetzt werden.", Begründung zum TFG, Allgemeiner Teil

53 Vgl. Sasse, Aspekte der Veräußerung von Organen, S. 39; ausführlich Kimbrell, Ersatzteillager Mensch, S. 19 ff.

54 Von der Bundeszentrale für gesundheitliche Aufklärung im September 1998 unter dem Leitspruch: „Blut- und Plasmaspende – Jeder Tropfen hilft". Mit dem gleichen Ziel wurde die Fachtagung zum Weltgesundheitstag 2000 im Auftrag des Bundesministeriums für Gesundheit abgehalten. Sie stand unter der Überschrift: „Blut ist ein ganz besonderer Saft" (vgl. Goethe in Faust I Zeile 1741). Auch auf europäischer Ebene finden sich Initiativen: Die Verbesserung der Kooperation zwischen den europäischen Mitgliedsstaaten und die optimale Anwendung und Nutzung von Blut war das Hauptziel der Tagung im Mai 1999 in Wildbad Kreuth mit dem Titel „Blutsicherheit in der Europäischen Gemeinschaft: Eine Initiative für optimale Anwendung" .Bei einer Tagung europäischer Experten in Adare (Irland) im Jahre 1996 wurde neben der Bereitschaft der Bürger, Blut und Plasma zu spenden und der Kooperation zwischen den Mitgliedsstaaten der Europäischen Gemeinschaft erneut die optimale Anwendung und Nutzung von Blut und Blutprodukten als wesentliche Voraussetzung für eine erfolgreiche Eigenversorgung innerhalb der Europäischen Gemeinschaft hervorgehoben; näher hierzu Byk, JCP éd. G 1996 I 3956, S. 330

Die rund zwei Millionen Spender in Deutschland und Frankreich vermögen den Versorgungsbedarf jedoch nicht zu decken.[55] Jedes Jahr müssen daher in Deutschland rund 200.000 Liter aus den USA importiert werden. Die Bundesrepublik setzt sich dabei dem Vorwurf aus, sich opportunistisch zu verhalten, wenn sie im eigenen Land kommerzielle Auswüchse im Umgang mit Körpersubstanzen verurteilt, gleichzeitig aber ein derartiges Vorgehen im Ausland billigt und sogar mittelbar fördert, indem sie durch den Ankauf von Blutprodukten die in den USA zahlreich[56] vorhandenen kommerziellen Blutzentren und pharmazeutischen Laboratorien unterstützt. Aber auch das Deutsche Rote Kreuz stand in den achtziger Jahren unter dem Verdacht, eigene finanzielle Interessen mit den unentgeltlich erworbenen Blutspenden verfolgt zu haben. Als gemeinnützige Organisation hatte es zwar offiziell keine Gewinne verbucht, seinen Überschuss aber in Immobilien und Produktionsmitteln investiert.[57]

D. Keimzellenspende

Weniger in der Öffentlichkeit diskutiert, aber ebenfalls von erheblicher sozialer Bedeutung ist die Nachfrage nach menschlichen Keimzellen. So stehen kinderlose Ehen oft vor einer Zerreißprobe, wenn sich der Wunsch nach gemeinsamen Nachkommen nicht aus eigener Kraft realisieren lässt. Auch viele alleinstehende Menschen in Ballungszentren der Industrienationen suchen den Sinn ihres Daseins nicht zuletzt in einem gemeinsamen Leben mit eigenen Kindern. Gleichgültig ob therapeutische Gründe[58], das Streben nach einem „perfekten Kind" oder der Kinderwunsch gleichgeschlechtlicher Paare im Vordergrund steht: Die Bereitschaft, für Samen und Eizellen beträchtliche Summen zu zahlen, ist gesellschaftliche Realität.[59]

---

[55] Begründung zum TFG, Allgemeiner Teil; Rouger, La transfusion sanguine, S. 5: 1,7 Millionen Spender in Frankreich; die zunehmende Anwendung des gentechnisch hergestellten Faktors VIII hat bereits zu einer deutlichen Entlastung bei der Nachfrage nach Plasma geführt.

[56] Kimbrell, Ersatzteillager Mensch, S. 28 ff. (die USA als „OPEC des Blutes"); vgl. Hermitte, Le sang et le droit, S. 196 ff.

[57] Vgl. Schröder/Taupitz, Menschliches Blut, S. 10 f. m.w.N.

[58] Zu einem Beispielsfall: BSG vom 25. Mai 2000, MedR 2000, S. 478

[59] Kimbrell, Ersatzteillager Mensch, S. 74 ff.; Seesing in: Gentechnologie 11, Technologischer Fortschritt und menschliches Leben, S. 42; Niederer, Reproduktionsmedizinische Methoden zur Überwindung männlicher Infertilität im Spiegel des Rechts, S. 69 ff. (77 ff.)

Schätzungen zu Folge kommen alleine in Europa 20.000 Kinder unter Einsatz von Spendersamen zur Welt, darunter 500 bis 1.000 in Deutschland. Nach Israel und den nordischen Ländern werden in Frankreich - bezogen auf die Einwohnerzahl - die häufigsten künstlichen Befruchtungen durchgeführt.[60] So konnten in Frankreich im Jahr 1999 1.279 Schwangerschaften[61] durch den Einsatz von Samenspendern herbeigeführt werden.

Während die Nachfrage[62] nach Sperma wegen besserer technischer Möglichkeiten zur Bekämpfung männlicher Sterilität in beiden Ländern sinkt, wird in Frankreich ein wachsender Bedarf an Eizellen[63] registriert. Von 1994 bis 1997 erhöhten sich die Anfragen um 163 % auf insgesamt 503 Interessenten,[64] die sich in der Regel etwa zwei Jahre[65] gedulden müssen, bis ihnen eine Eispende zugeteilt wird. Nur wenn das Empfängerpaar eine Eizellenspenderin vermitteln kann, wir es in der Praxis rascher berücksichtigt.[66] In Deutschland besteht ebenfalls Nachfrage nach Eizellen.[67] Das Embryonenschutzgesetz verbietet je-

60 Dies ist auch auf die großzügige Kostenerstattung durch die Sozialversicherung zurückzuführen. Vier Versuche einer in vitro Fertilisation oder einer micro Injektion werden in voller Höhe übernommen; vgl. auch Conseil d'Etat vom 27.11.2000 (affaire Laguette); 13453 Kinder (18% aller Geburten) wurden nach künstlicher Befruchtung im Jahr 1998 geboren.

61 Eine künstliche Befruchtung mit Spendersamen wurde 8.117 mal, eine in vitro Insemination mit Spendersamen 1.296 durchgeführt. Die Zahlen sind dem Rapport Charles entnommen.

62 Auch die Anzahl der freiwilligen Samenspender ist in Frankreich zwischen den Jahren 1981 bis 1999 von 707 auf 372 gesunken.

63 Eizellen werden oft im Vorkernstadium - nach Eindringen der Samenzelle, aber vor der Kernverschmelzung - kryokonserviert, da sie die Kryokonservierung und das Auftauen besser als nicht imprägnierte ("befruchtete") Eizellen überstehen. Erst während der nach dem Auftauen erfolgenden Kultivierung in vitro kommt es durch die Kernverschmelzung zum Abschluß der Befruchtung. Durch die Kryokonservierung von Eizellen im Vorkernstadium entfallen die mit der Kryokonservierung von Embryonen verbundenen ethischen und strafrechtlichen Probleme (vgl. § 1 Abs. 1 Nr. 5 ESchG), weil vor dem Abschluß des Befruchtungsvorgangs noch kein neues menschliches Leben entstanden ist.

64 Die Zahlen stammen aus dem Rapport Claeys, S. 93 3 partie IV 4.1.1.

65 Während auf eine Samenspende (schon) nach einem Jahr zurückgegriffen werden kann.

66 Wobei der Anonymitätsgrundsatz verbietet, daß die Keimzellen des Bekannten verwendet werden; näher hierzu unten.

67 Vgl. den Beispielsfall des Landessozialgerichtes Niedersachsen (4. Senat) vom 12.7.2000 (AZ: L4KR 42/99) in dem es um die Frage eines Leistungsanspruchs

doch die Eizellenspende unter anderem auch aus abstammungsrechtlichen Gründen.

Neuere Erscheinungsformen des kommerziellen Umganges mit Keimzellen werden aus den Vereinigten Staaten von Amerika bekannt: über das Internet wird ein Eizellenhandel[68] betrieben, bei dem sich die künftigen Eltern vorab über die genetischen Merkmale der bezahlten Spenderin erkundigen können. Die Eizellen werden für mehrere tausend Euro vermarktet.

E. Weitere Verwendungsformen von Körpersubstanzen

Vermehrt werden Körpersubstanzen auch zur Herstellung von Kosmetika und pharmazeutischen Produkten[69] verwendet. Die Industrie erlangt die Substanzen zumeist, ohne dass der ursprüngliche Träger der Substanz über die Weiterverwendung informiert wurde oder ihr gar zugestimmt hat. Vielmehr geht der Patient davon aus, dass das entnommene oder seinem Körper auf natürliche Weise abgetrennte Körpermaterial wertlos ist und entsorgt wird. Von dieser Praxis sind in erster Linie Blut, Geburtsabfälle[70], Gewebereste, der Urin schwangerer Frauen[71] sowie Organextrakte, die für Naturheilverfahren verwendet werden, betroffen. Auch Embryonen und Feten, die vorwiegend aus Schwangerschaftsabbrüchen oder Fehlgeburten herrühren, wurden für derartige Zwecke bereits an die Industrie gegen Entgelt weitergegeben.[72]

Ein neuer Aspekt kommerzieller Nutzung des Körpers ist durch die in den letzten Jahren durch Deutschland[73] ziehende Ausstellung „Kör-

gegen die Krankenkasse bei einer im Ausland durchgeführten Fremdeizellenspende ging; die Klage hatte keinen Erfolg.

68 Ärztezeitung vom 03.11.1999, Kimbrell, Ersatzteillager Mensch, S. 80; über die Suchbegriffe "Surrogate Parenting" finden sich im Internet zahlreiche Anbieter, die teilweise einen Mindestbetrag von 5.000 US Dollar bieten und über eine Auswahl von Nobelpreisträgern bis hin zu Fotomodellen verfügen; vgl. auch Rapport Charles S. 83 f. mit weiteren Beispielsfällen

69 §§ 2, 3 Nr. 3 AMG, hierunter fallen Knochen, Haut und Blut

70 Mazen in: Bioéthique et Droit, S. 200

71 Arnoux, Les droits de l'être humain sur son corps, S. 81

72 Müller, Die kommerzielle Nutzung menschlicher Körpersubstanzen, S. 72 f.

73 In Mannheim im Jahr 1998, in Köln Anfang 2000, in Berlin Mitte 2001; in München März bis August 2003 mit über 860.000 Besuchern; vgl. Thiele, NVwZ 2000, S. 405 ff.; Tag, MedR 1998, S. 387 ff.; nach einem großen Publikumser-

perwelten" aufgetreten. Hier werden Körpersubstanzen oder ganze Leichenkörper durch Ersetzung der Körperflüssigkeiten auf Dauer konserviert, aufbereitet und sodann als Körperpräparate und transparente Ganzkörperscheiben der Öffentlichkeit gegen Eintrittsgebühr zugänglich gemacht.

folg in Japan - der einen kommerziellen Erfolg einschloss - wurde die Ausstellung auch in Deutschland gezeigt. In Mannheim sahen rund 800.000 Besucher "Körperwelten". 27 % der Besucher kommen aus medizinischen Heilberufen bzw. sind Mediziner oder Biologen. Der Eintritt betrug 22 DM, bzw. 16 DM für Schüler und Studenten; Benda, Deutsches Allgemeines Sonntagsblatt Nr. 2 vom 14.1.2000, hält die Exposition nicht nur ethisch, sondern auch rechtlich für fragwürdig. Ein Einzelner habe mit Ausnahme von Organspende und Spende für die Wissenschaft kein Verfügungsrecht über seinen Körper.

II. Körpersubstanzen zwischen Personenrecht und Sachenrecht

Rechtsdogmatisch ist die Frage nach der Zulässigkeit einer wirtschaftlich motivierten Abgabe von Körpersubstanzen in die Ergründung ihrer Rechtsnatur eingebettet. Ausgehend von der schon lange geführten Diskussion über die Rechtsnatur des lebenden Körpers lassen sich Argumentationsmuster und Begründungswege für die Rechtsnatur an Körpersubstanzen und die Erforschung der mit Körpersubstanzen verbundenen Rechtspositionen ableiten. Von zentraler Bedeutung für die Kommerzialisierung von Elementen und Produkten des Körpers ist dabei die Frage nach dem Bestand und der Reichweite eines Verfügungsrechtes am Körper und den von ihm abgelösten Substanzen.

A. Dualismus von Personenrecht und Sachenrecht

Das deutsche Rechtssystem basiert wie das französische Recht auf einer Unterscheidung zwischen Personen und Sachen.[74] Personen sind mit einem Willen ausgestattete Rechtssubjekte und können Träger von Rechten und Pflichten sein, während Sachen als Rechtsobjekte definiert werden, die den Personen in irgendeiner Form verfügbar gegenüberstehen.[75] Abhängig von der rechtlichen Qualifikation als Person oder Sache wirken an Körpersubstanzen unterschiedliche Herrschafts- und Schutzrechte.

---

[74] Die „summa divisio" des Rechts; zum deutschen Recht: Brohm, JuS 1998, S. 197 (198); Lanz-Zumstein, Menschliches Keimgut, S. 2 f.; Medicus, AT, § 4 Rn. 21 ff. (23), BGB-RGRK-Kregel § 90 Rn. 1; zum französischen Recht: Andorno, La distinction juridique entre les personnes et les choses, thèse 1994, S. 1 ff. (13 ff.) mit rechtsgeschichtlichen Ausführungen; Abduldayem, Les organes du corps humain dans le commerce juridique, thèse 1995, S. 33, 35 f.; Mousny, Le statut juridique du corps humain, thèse 1998, S. 122 f.; Baudouin/Labrusse-Riou, Produire l'homme: de quel droit?, S. 187; David, Structure de la personne humaine, insb. S. 5 f.; in Bezug auf den Embryo: Neirinck, Anmerkung zu TGI Rennes in JCP 1994 II. 22250, (S. 171)

[75] Zum deutschen Recht: Medicus, AT § 4, Rn. 21; Larenz/Wolf, AT 1997, § 2 Rn. 9 ff., § 20 Rn. 1 ff.; zum französischen Recht: ausführlich Andorno, thèse 1994, S. 17 ff, (23 ff.); Carbonnier, Droit civil, les biens, n° 45

1. Der Sachbegriff

a) § 90 BGB

Nach § 90 BGB werden in der deutschen Rechtsordnung nur körperliche Gegenstände, also räumlich abgrenzbare Rechtsobjekte in flüssiger, fester oder gasförmiger Form als Sachen angesehen.[76] Der Gegenstandsbegriff wurde vom Gesetzgeber nicht definiert, tritt aber in zahlreichen Vorschriften[77] mit unterschiedlicher Bedeutung auf; zur Klärung der Einordnung des Körpers kann er kaum beitragen.[78] Auf den ersten Blick[79] weisen der menschliche Körper und seine abgetrennten Substanzen allerdings die von § 90 BGB angesprochenen Voraussetzungen auf: es sind räumlich abgrenzbare, teils feste, teils flüssige Objekte.

b) Biens et choses

Im Code Civil findet sich keine vergleichbare Definition des Sachbegriffs; das Gesetz[80] unterscheidet zwischen den Begriffen „biens“ und „choses“. Der Begriff „bien“ ist mehrdeutig. Er erfasst sowohl körperliche Gegenstände und Immaterialgüter als auch die daran bestehenden Rechte. Inhaltlich konnte die Rechtslehre noch keine übereinstimmenden Abgrenzungskriterien für das Begriffspaar „bien“ und „chose“ entwickeln.[81] Einige verwenden den Begriff "choses“ nur, wenn sie von Sachen als Rechtsobjekten sprechen und bezeichnen unkör-

---

76 Palandt/Heinrichs, § 90 Rn. 1; Mugdan III, Motive, S. 15: Sache ist alles, was dem Menschen körperlich, greifbar und abgegrenzt gegenüber steht.

77 Vgl. §§ 135, 161, 185, 747, 816, 2040 BGB in Bezug auf Verfügungen, §§ 256, 260, 273, 281, 292, 504, 581, 2374 BGB im Zusammenhang mit schuldrechtlichen Verpflichtungen.

78 Allgemein zum Gegenstandsbegriff: Staudinger/Dilcher, Vorbem. zu § 90 ff. BGB Rn. 3; Jansen, Die Blutspende, S. 7-13 geht näher auf die Gegenstandsqualität des menschlichen Körpers ein, gelangt hierdurch aber auch nicht zu einem abschließenden Ergebnis; ebenso Schünemann, Die Rechte am menschlichen Körper, S. 11 ff. wonach „der rein formale Gegenstandsbegriff bei der Diskussion um die Einstufung des lebenden Körpers als Sache keine Funktion übernehmen kann“ (vgl. S. 22); so auch Schäfer, Verpflanzung von Körper- und Leichenteilen, S. 41

79 Siehe näher unter II. B. 1.

80 Vgl. Art. 516 ff., 539, 542 CC einerseits und Art. 714, 717 CC andererseits.

81 Vgl. Arnoux, Les droits de l'être humain sur son corps, S. 37 ff.; Mousny, thèse 1998, S. 124 f.

perliche Vermögensrechte als „biens“. Für andere sind „biens“ die juristische Bezeichnung von Sachen, während „choses“ deren natürliche Umschreibung ist.[82] In der Diskussion über die Rechtsnatur von Körpersubstanzen wird einheitlich der Begriff „choses“ verwendet.

2. Personen

In Frankreich leitet sich die Schutzwürdigkeit der Person wie in Deutschland aus ihrer Anerkennung als Rechtssubjekt ab.[83] Hier wie dort wird die „Person“ („personne“) mit dem Begriff des Rechtssubjektes definiert und im Zusammenhang mit der Frage nach der Fähigkeit, Träger von Rechten und Pflichten sein zu können, erörtert.

3. Rechtliche Folgen der Qualifikation

Seit die zielgerichtete Gewinnung, Konservierung[84] und Weiterverwendung abgetrennter Körpersubstanzen möglich ist, verwischen sich die Konturen der Zuordnungsbereiche Personenrecht und Sachenrecht.[85] Eine klare Trennung zwischen Sachgegenstand und menschlicher Person ist bei Keimzellen, Gliedmaßen oder Organen wie der Leber, dem Herz und der Milz wegen ihres körperlichen Ursprunges nicht mehr ohne weiteres möglich.

Während bei einer sachenrechtlichen Einordnung die Existenz dinglicher Rechte an den Substanzen nahe liegt, führt eine personenrechtliche Qualifikation unvermeidlich zum Ausschluss dinglicher Rechtspositionen. Dingliche Rechte und Persönlichkeitsrechte weisen in Deutschland und Frankreich konzeptionell zwar Unterschiede auf. Die wesentlichen Eigenschaften sind jedoch vergleichbar.[86]

---

82 Zum Sachbegriff: Cornu, Vocabulaire juridique, S. 144; Ferid-Sonnenberger, FrzZR Bd. 2 Rn. 3 A 7, 32 ff.; Carbonnier, Droit civil, les biens, Rn. 45

83 Labbée, thèse 1986, S. 28 ff.; Arnoux, Les droits de l'être humain sur son corps, S. 39 ff.; Cornu, Vocabulaire juridique, S. 635; Vouin in: Traveaux de l'Association Henri Capitant, „Le corps humain et le droit (journées Belges)“, Band XXVI, S. 105 ff.; Larenz/Wolf, BGB AT, § 2 I ; Palandt/Heinrichs, vor § 1 Rn. 1

84 Deutsch, MDR 1985, S. 177, (179); Britting, Die postmortale Insemination, S. 19, Lanz-Zumstein, Menschliches Keimgut, S. 5 ff.

85 Vgl. Brohm, Jus 1998, 197 (199)

86 Moine, thèse 1993, S. 146 ff., Abduldayem, thèse 1995, S. 46 ff. (52), Mousny, thèse 1998, S. 138; Hubmann, Persönlichkeitsrecht, S. 132

4. Rechtliche Behandlung von Tieren, § 90 a BGB, Art. 522, 528 CC

In Deutschland und Frankreich wurde der Dualismus, die „summa divisio" des Rechts, bereits vor einigen Jahren im Zusammenhang mit der Frage nach der rechtlichen Behandlung von Tieren problematisiert.

Die Auffassung einiger französischer Autoren[87], Tiere als Rechtssubjekte zu qualifizieren, hat im geltenden Recht keinen Niederschlag gefunden: Tiere werden vielmehr als Sachen mit besonderen Schutzrechten behandelt und entweder der Kategorie „von Natur aus bewegliche Sachen" (biens, meubles par nature, Art. 528 CC) oder den unbeweglichen Sachen wegen ihrer besonderen Zweckbestimmung zugeordnet (Art. 522 CC).[88]

Seit Einfügung des § 90 a BGB[89] werden Tiere in Deutschland ausdrücklich der Sachkategorie entzogen, gleichzeitig aber den sachenrechtlichen Regelungen unterworfen. Die Vorschrift wird daher auch als „gefühlige Deklamation ohne wirklichen rechtlichen Inhalt"[90] und als „evidente Torheit"[91] angesehen. Gleichwohl ist sie augenscheinlich Ausdruck einer neuen (sachenrechtlichen[92]) Rechtskategorie.

B. Das Verhältnis des Körpers zur Person

1. Traditionelle Sichtweise: Einheitstheorie

Seit jeher ist das Verhältnis des Körpers zur Person Ausgangspunkt der rechtlichen Qualifikation des Körpers. Im Mittelpunkt steht die Frage, ob er untrennbar mit der Person verbunden oder einer von ihr ge-

---

[87] Marguenaud, L'animal en droit privé, thèse 1987; Andorno, thèse 1994, S. 28 ff.; das Gesetz vom 10.7.1976 gewährt den Tieren ein Recht auf Nahrung, Fürsorge und angemessene Unterbringung.

[88] Siehe auch Art. 615, 1800, 1894 CC; Trib. civ. Saint-Etienne vom 8.7.1957 in D. 1958, S. 148 mit Anmerkung Nerson; ders. D. 1963 chr., S. 1-6; Galloux, RIDC 1998 (2), S. 493 f., 496; Andorno, thèse 1994, S. 31 sieht hierin die Bestätigung des Dualismus; Arnoux, Les droits de l'être humain sur son corps, S. 43 ff.

[89] Gesetz vom 20.8.1990, BGBL. 1762

[90] Palandt/Heinrichs, § 90 a Rn. 1

[91] Braun, JZ 1993, S. 1 ff. (7)

[92] Staudinger/Dilcher, § 90 a Rn. 2 m.w.N.

sonderten rechtlichen Beurteilung zugänglich ist.[93] Nach der ganz herrschenden traditionellen Meinung in Deutschland und Frankreich gilt die Einheitstheorie: Der Körper und die Person werden als Einheit angesehen.[94]

a) Deutschland

In Deutschland wird die Verschmelzung von Körper und Person der Werteordnung des Grundgesetzes entnommen:[95] Die grundgesetzlich gewährleistete freie Persönlichkeitsentfaltung jedes Menschen (Art. 1 Abs. 1 i.V.m. Art. 2 Abs. 1 GG) lässt sich nur durch eine körperliche Vermittlung der Persönlichkeit nach außen erreichen. Dieser Bedingungszusammenhang, auch als besonderes Näheverhältnis von Person und Körper bezeichnet,[96] verbietet eine unterschiedliche rechtliche Behandlung des Körpers und der Person.

Richtig ist zwar der Einwand, dass eine am Gesetzeswortlaut klebende Auslegung des § 90 BGB die Sachqualifikation des lebenden Körpers nahe legt.[97] Für die Bestimmung der Sachqualität ist aber nach allgemeiner Auffassung auch entscheidend auf den Sprachgebrauch

93 Ausführlich Lanz-Zumstein, Menschliches Keimgut, S. 46 ff., die sich letztlich aus biologisch-faktischen und formaljuristischen Gründen für die Einheitstheorie entscheidet (S. 68); Müller, Die kommerzielle Nutzung menschlicher Körpersubstanzen, S. 32; Jansen, Die Blutspende, S. 18 ff.; Schünemann, Die Rechte am menschlichen Körper, S. 34; Schäfer, Rechtsfragen zur Verpflanzung von Körper und Leichenteilen, S. 12 f.; Brunner, NJW 1953, S. 1173 f., der den Körper als irdische Hülle des Menschen bezeichnet; Soergel/Marly, § 90 Rn. 5 ff.; David, La structure de la personne humaine, S. 1 ff.

94 Schröder/Taupitz, Menschliches Blut, S. 34 m.w.N.; „Conception unitaire" bzw. „monisme", Rameix, Le corps: à qui appartient-il ?, S. 1 ff (4 ff.)

95 Jansen, Die Blutspende, S. 23.; Schünemann, Die Rechte am menschlichen Körper, S. 30; daneben wird auch auf die Individualität eines jeden Menschen abgestellt: Müller, Die kommerzielle Nutzung menschlicher Körpersubstanzen, S. 33; Jansen, Die Blutspende, S. 19, 22; kritisch Schünemann, Die Rechte am menschlichen Körper, S. 29; Forkel, JZ 1974, S. 593 (594 f.)

96 Schünemann, Die Rechte am menschlichen Körper, S. 34; Larenz/Wolf, AT 1997, § 20 Rn. 7 wonach der Körper die unmittelbare und gegenwärtige Erscheinung der Person selbst ist; Freund/Heubel, MedR 1995, S. 195 (196); vgl. auch „Mission in der Quantenwelt der Zelle" Süddeutsche Zeitung vom 06.06.2000, S. V2/15

97 Schäfer, Rechtsfragen zur Verpflanzung von Körper und Leichenteilen, S. 41 ff.; Jansen, Die Blutspende, S. 6 ff.; Lanz-Zumstein, Menschliches Keimgut, S. 44 ff.

und die Verkehrsanschauung abzustellen.[98] Diese beiden Kriterien sprechen eindeutig gegen eine sachenrechtliche Einordnung des lebenden Körpers:[99] So werden im alltäglichen Sprachgebrauch nur leblose, außerhalb des menschlichen Körpers angesiedelte Objekte als Sachen bezeichnet und der lebende Körper nicht als Sache, sondern als die gegenständliche Manifestation der Persönlichkeit des Menschen angesehen.[100]

Neben diesen allgemeinen Wertungen treten weitere - aus den geltenden zivil- und strafrechtlichen Vorschriften abgeleitete - Bedenken an einer Sachqualifikation des Körpers hinzu. Das Gesetz unterscheidet nach den §§ 823 Abs. 1, 847 Abs. 1 BGB und §§ 223, 303 StGB zwischen Sachbeschädigungen und Körperverletzungen sowohl auf der Tatbestandsebene als auch auf der Rechtsfolgenseite. So kann zivilrechtlich bei einer Körperverletzung neben dem materiellen auch immaterieller Schaden geltend gemacht werden. Bei einer Sachbeschädigung hingegen bestehen nur Ansprüche auf Ersatz des materiellen Schadens. Bekräftigt wird die gesetzlich verankerte Sonderstellung des Körpers durch die unterschiedliche strafrechtliche Behandlung von Körperverletzungen und Sachbeschädigungen. Wäre der Körper eine eigentumsfähige Sache, hätte der Gesetzgeber die Sachbeschädigung als Grunddelikt und die Körperverletzung als Qualifikationstatbestand fassen müssen.[101] Nach der gesetzlichen Konzeption liegen aber unterschiedliche Rechtsgüter vor.

Die rechtliche Einordnung des Leichnams wirft vergleichbare Probleme auf; auch hier konkurrieren sachenrechtliche und persönlichkeitsrechtliche Aspekte.[102] Nach dem todesbedingten Wegfall des Rechts-

---

98 Vgl. Staudinger/Dilcher, Vorbem. zu § 90 BGB Rn. 8 ff.; Deutsch, Medizinrecht, Rn. 491.; Schröder/Taupitz, Menschliches Blut, S. 35; Müller, Die kommerzielle Nutzung menschlicher Körpersubstanzen, S. 35

99 Vgl. Schäfer, Rechtsfragen zur Verpflanzung von Körper und Leichenteilen, S. 39 ff.; Jansen, Die Blutspende, S. 6 ff.

100 Larenz/Wolf, AT 1997, § 20 I Rn. 7

101 Schünemann, Die Rechte am menschlichen Körper, S. 31 f.

102 Zwar wurde durch §§ 3, 5 TPG (Transplantationsgesetz vom 5.11.1997 (BGBL I, 2631)) der Hirntod zur Bestimmung des Todeszeitpunktes festgelegt. Der Gesetzgeber hat sich jedoch weiterhin einer Regelung über die Rechtsnatur des Leichnams enthalten. Zum Begriff des Hirntods als endgültiger, nicht behebbarer Ausfall der Gesamtfunktionen des Großhirns, des Kleinhirns und des Hirnstammes, vgl. § 3 Abs. 2 TPG und zum Streitstand: Rixen, ZRP 1995, S. 461 ff.; Grewel, ZRP 1995, S. 217 ff.; Lang, ZRP 1995, S. 457 ff..

subjektes[103] qualifiziert die vorherrschende Ansicht[104] den Leichnam als Sache: anders als beim lebenden Körper ist eine getrennte Betrachtung des Leichnams und der Person möglich, weil eine körperliche Vermittlung des Willens nach außen nach dem Tod nicht mehr denkbar ist. Nach ständiger Rechtsprechung des BGH bestehen aber auch nach dem Tod Persönlichkeitsrechte fort und überlagern (zeitweise) die sachenrechtliche Ebene.[105] So bleiben Willensbekundungen, die der Verstorbene über das Schicksal des „entseelten Körpers"[106] zu erkennen gegeben hat, für die Hinterbliebenen maßgeblich.[107] Wegen dieser persönlichkeitsrechtlichen Nachwirkungen wird der Leichnam auch als „Rückstand der Persönlichkeit"[108] bezeichnet.

b) Frankreich

Der Körperbegriff wurde in Frankreich bis zum Jahr 1994 im Code Civil

---

[103] Eine über den Tod fortbestehende Rechtsfähigkeit wird allgemein abgelehnt, vgl. Hubmann, Das Persönlichkeitsrecht, S. 341 f.

[104] Sasse, Aspekte der Veräußerung von Organen, S. 66 (Fn. 165) m.w.N.; Nixdorf, VersR 1995, S. 740 (744, Fn. 39 m.w.N.); Hubmann, Das Persönlichkeitsrecht, S. 340 ff.

[105] Vgl. BGHZ 15, 249 (259, Cosima Wagner); 50, 133 (136, Mephisto); das BVerfG stützt dies auf Art. 1 Abs. 1 GG, BVerfGE (24.2.1971) 30, 173 (194); Spranger, MedR 1999, S. 210 (211, m.w.N. in Fn.12); Schünemann, Die Rechte am menschlichen Körper, S. 230 ff. (240, 249 f.), Taupitz, Das Recht im Tod, S. 7

[106] So Forkel, JZ 1974, S. 593 (597)

[107] Hubmann, Persönlichkeitsrecht, S. 341 f. spricht vom Selbstbestimmungsrecht über den Leichnam; Maier, Der Verkauf von Körperorganen, S. 36; vgl. auch Art. 1 Abs. 2 BayBestG; kritisch Schünemann, Die Rechte am menschlichen Körper, S. 244 f.; zur Wahrnehmung der Persönlichkeitsinteressen des Verstorbenen durch nahe Angehörige, vgl. Westermann, FamRZ 1969, S. 561 (566); Staudinger/Dilcher, § 90 Rn. 20 m.w.N.. So finden sich auch gesetzliche Aussagen zu besonderen Persönlichkeitsrechten nach dem Tod in §§ 22 KUG, 28, 83 UrhG. § 22 KUG gewährt das Recht am eigenen Bild während eines Zeitraums von zehn Jahren nach dem Todesfall. Die Verwendung der Bilder hängt von dem überbrachten oder erkennbar gemachten Willen des Verstorbenen oder von einer Einwilligung der Angehörigen ab. Ebenso sind das Erbrecht, das Bestattungsrecht und die Regelungen des §§ 3, 4 TPG, wonach stets dem Willen des Verstorbenen primäre Geltung zugesprochen wird, Ausdruck einer Anerkennung des fortwirkenden Persönlichkeitsrechts.

[108] Larenz/Wolf, AT 1997, § 20 I Rn. 9; Hübner, AT 1996, § 16 II 1, Rn. 289; Forkel, JURA 2001, S. 73 (74); Deutsch, Medizinrecht, S. 355; Tag, MedR 1998, S. 387 ff. (389)

nicht ausdrücklich erwähnt.[109] Den gesetzlichen Regelungen[110] konnten daher nur indirekt Anhaltspunkte über das Verhältnis des Körpers zur Person entnommen werden. So besagt Art. 1128 CC, dass nur verkehrsfähige Sachen Gegenstand eines Vertrages sein können.[111] Ausgehend von der Überlegung, dass Verträge über den Körper und seine Bestandteile nichtig sind, gelangte die lange Zeit unbestrittene und nicht weiter begründete herrschende Auffassung zu dem Ergebnis, dass der Körper keine Sachqualität hat. Eigentum am Körper könne wegen des Zusammenfallens von Rechtssubjekt und Rechtsobjekt nicht bestehen.[112]

Ein Gutachten des Conseil d'Etat aus dem Jahre 1988 fasst die herrschende französische Rechtslehre folgendermaßen zusammen: „Le corps c'est la personne, cela signifie qu'il ne peut être ravalé au rang du bien, de chose. De ce fait il est indispensable et, n'étant pas un bien il ne peut faire l'objet d'une appropriation ni ne peut donc entrer dans la circulation des biens".[113] Von der Rechtslehre wird der Körper als „support", „signalisateur", „substrandum" oder „composante" der Person bezeichnet.[114]

In der aktuellen französischen Diskussion spielen religiöse Anschauungen eine gewichtige Rolle: Körper und „Seele" „gehören" dem Schöpfer und seien dem Menschen nur für die Zeit seines Lebens überlassen. Sie seien heilig.[115]

---

109 Edelman, D. 1989 chr., S. 225 „le droit civil ignore le corps du sujet".

110 Vgl. auch Art. 1, 2 und 4 der „Déclaration des droits de l'homme et du citoyen" von 1789 und die Absätze 10 und 11 der „préambule de la Constitution de 1946".

111 „Il n'y a que les choses dans le commerce qui peuvent faire l'objet de conventions"; Dommages, thèse 1956, S. 40; Josserand, D. 1932 chr., S. 1 ff.; Cabrillac, thèse 1962, S. 128 ff.

112 Dommages, thèse 1956, S. 33; Carbonnier, D. 1947 S. 508 ff. (509)

113 Sinngemäß: Der Körper ist die Person und kann folglich nicht zu einer Sache degradiert werden. Er ist unveräußerlich, kann nicht Gegenstand einer Aneignung sein und nicht am Warenverkehr teilnehmen. Conseil d'Etat, sciences de la vie: de l'éthique au droit, S. 16, („rapport Braibant")

114 Carbonnier, D. 1947, S. 509; Galloux, RIDC 1998 (2), S. 498; Dommages, Le corps humain dans le commerce juridique, thèse 1956, S. 33; Cornu, Droit civil, Les pesonnes-les biens, Rn. 479 ff.; Mousny, thèse 1998, S. 118; Abduldayem, thèse 1995, S. 36 ff., 41 f.; Andorno, thèse 1994, S. 76 ff.; Baudouin/Labrusse-Riou, Produire l'homme: de quel droit?, S. 186; Bouvaist, La sacralité du corps humain à l'épreuve des lois sur la bioéthique.

115 Chabas in: Traveaux de l'Association Henri Capitant, „Le corps humain et le

2. Neuer Ansatz in Frankreich: Doctrine réaliste

Gleichwohl haben sich in den letzten Jahren die Stimmen in der französischen Rechtslehre gemehrt, die von der „conception unitaire“ abweichen und dem menschlichen Körper Sachqualität zuschreiben.[116] Die Grundlage für diese These liefert eine Arbeit aus dem Jahr 1955. Ihr Autor setzt den menschlichen Körper mit einer Maschine - etwa einem Auto[117] - gleich und begründet dies mit den biologisch-wissenschaftlichen Erkenntnissen über die chemischen Abläufe im Körper, die denen einer technischen Apparatur gleichen. Wie bei einer Maschine laufen im Körper unterschiedliche Mechanismen ab und wie bei einem mechanischen Gerät lassen sich seine Einzelteile wie die Organe, die Nerven oder das Blut durch Verpflanzungen oder künstliche Körperteile ersetzen. Ein Großteil des menschlichen Körpers ist dieser Auffassung zu Folge also als Sache zu qualifizieren.[118] Neben diese technischen Argumente treten Erwägungen praktischer Natur. So können die Vertreter der traditionell herrschenden Meinung juristischen Laien nicht plausibel machen, dass im Zuge einer Transplantation ein und dieselbe Körpersubstanz mehrmals ihre Rechtsnatur än-

droit (journées Belges)“, Band XXVI, S. 225 ff. (226, 228) Abduldayem, thèse 1995, S. 41 f. m.w.N.; a.A. Baud, L'affaire de la main volée, S. 32: Die Annahme, das Heilige resultiere aus der Gleichsetzung mit der Person, müsste unweigerlich zu dem Ergebnis führen, daß es mit Eintritt des Todes oder Abtrennung vom Körper verschwinde. Diese Konsequenz ziehen die Vertreter der herrschenden Lehre indes nicht.

116 Die „doctrine réaliste“: David, La structure de la personne humaine; Baud, L'affaire de la main volée, der anhand eines fiktiven Beispieles (siehe hierzu aber Amiens (chambre d'accusation; Berufungskammer beim Appellationsgericht) vom 26.11.1996 mit Anmerkung Labbée, Les petites affiches vom 11.07.1997 n° 83, S.34 ff. über die Frage, ob Organe eines Verstorbenen Gegenstand eines Diebstahls sein können) argumentiert, S. 217, 225; Baud in Lemaire/Rameix/Ghanassia , S. 11 f. sieht im menschlichen Körper eine „personne par destination“, eine Person wegen seiner Zweckbestimmug; Galloux, Essai de définition d'un statut juridique pour le matériel génétique, thèse 1988, S. 87 ff.; ders., Revue de la recherche juridique 1989-3, S. 521 ff. (536 ff.), ders. Les petites affiches 1994 S. 22 sieht diese Auffassung durch die Bioethikgesetze bestätigt; Mazen, Réfléxions juridiques, S. 194 ff.; Abduldayem, thèse 1995, S. 56; Labbée, Gaz. Pal. 1984 (2), S. 401; Übersicht bei Mousny, thèse 1998, S. 118 ff. und Arnoux, Les droits de l'être humain sur son corps, S. 156 ff.; kritisch Moine, thèse 1993, S. 168 ff., die mehr auf den philosophischen Hintergrund als auf rationelle Überlegungen abstellen möchte.

117 David, La structure de la personne humaine, S. 3, 76

118 David, La structure de la personne humaine, S. 7 f., wobei innerhalb der Sachkategorie eine Hierarchie bestehe, S. 50 f.

dert und dass mit Todeseintritt ein unsichtbarer Wandel in der Rechtsnatur des Körpers eintritt. Vor der Explantation müssten die Körperteile als Person, während der Konservierung wohl als Sache und letztlich nach der Implantation wiederum als Person qualifiziert werden. Rechtskategorien müssen aber beständige dauerhafte Verhältnisse beschreiben und dürfen von zufallsbedingten Umständen wie ihrer momentanen Umgebung nicht abhängig gemacht werden.[119] Der lebende Körper ist nach dieser Auffassung daher - wie auch der Leichnam[120] und abgetrennte Körpersubstanzen - als Sache zu qualifizieren.

In Deutschland ist ein vergleichbarer Ansatz zuletzt im Jahre 1953 unter Hinweis auf das Erfordernis praktikabler Lösungen vertreten worden.[121]

C. Konzeption der Persönlichkeitsrechte in Deutschland und Frankreich

Für das Verständnis der in beiden Rechtskreisen abweichenden Argumentationen über die bestehenden Rechte an Körpersubstanzen muss vorausgeschickt werden, dass nur das deutsche Recht neben den besonderen, gesetzlich ausdrücklich verankerten Persönlichkeitsrechten[122] ein allgemeines Persönlichkeitsrecht (APKR) als Rahmenrecht anerkennt.

---

119 Galloux, RIDC 1998 (2), S. 491 ff. (500); David, La structure de la personne humaine, S. 44 (46)

120 Der Leichnam wird von der h.M. als Sache mit besonderem Rechtsstatut qualifiziert. Er erfährt weiterhin die Achtung, die der lebenden Person zu Teil wurde, Willensbekundungen zu Lebzeiten über die Behandlung des Leichnams behalten ihre Gültigkeit. Art. 225-17 des neuen code pénal bringt diese Wertung besonders deutlich zum Ausdruck. Eine Verletzung des Leichenkörpers wird als Verletzung der Totenwürde und diese wiederum als Verletzung der Würde der Person angesehen. Einige medizinisch oder wissenschaftlich begründete Spezialregelungen schmälern jedoch die Bedeutung dieser allgemeinen Wertung. Arnoux, Les droits de l'être humain sur son corps, S. 116; Baud, L'affaire de la main volée, S. 30 ff.; ausführlich Labbée, thèse 1986, S. 167 ff.; zum Körperbegriff nach den neuen gesetzlichen Regelungen, Galloux, Les petites affiches vom 14.12.1994, S. 20; Gonod, JCP 1993 II 22133 zu Conseil d'Etat vom 2.7.1993

121 Brunner, NJW 1953, S. 1173 f.

122 Namensrecht § 12 BGB, Recht am Bild §§ 22 KUG, Urheberpersönlichkeitsrecht §§ 12 UrhG

Es umfasst eine Summe schutzwürdiger Rechtspositionen, deren konkrete Schutzwürdigkeit aber erst von Fall zu Fall aufgrund einer Interessen- und Güterabwägung festgestellt werden kann.[123]

1. Deutschland

Die Gründe für die Entwicklung des allgemeinen Persönlichkeitsrechts in Deutschland liegen im Enumerativprinzip des § 823 Abs. 1 BGB, der die Zuerkennung von Schadensersatz von der Verletzung eines dort aufgeführten Rechtsgutes, dem Körper, der Gesundheit, der Freiheit, des Eigentums und „sonstiger Rechte" abhängig macht. Nicht aufgeführt wurden beispielsweise Ehrverletzungen und andere mit fortschreitender Technisierung (z.B. Tonbandgeräte, Spezialkameras) als schutzwürdig erachtete Teilaspekte des Persönlichkeitsschutzes.[124] Unter Berufung auf Art. 1 und 2 GG und dem Eindruck der Erfahrungen aus dem Zweiten Weltkrieg erkannte der BGH[125] dann erstmals im Jahr 1954 ein allgemeines Persönlichkeitsrecht als sonstiges Recht i.S.d. § 823 Abs. 1 BGB an und gewährte später in Abweichung zu §§ 253, 847 BGB[126] bei schwerwiegenden[127] Verletzungen des allgemeinen Persönlichkeitsrechtes auch Schadensersatz für immaterielle Schäden.[128]

---

[123] Ausführlich zur Entwicklung und Begründung des allgemeinen Persönlichkietsrechts: Hubmann, Das Persönlichkeitsrecht, insb. S. 85 ff.; Brox, AT 2001, Rn. 673; Larenz/Wolf, AT 1997, § 8 Rn. 23 ff.; Deutsch, AcP 192, S. 162 ff.; Ferid-Sonnenberger, FrzZR Bd. 1/1 Rn. D 240; kritisch Medicus, Bürgerliches Recht, Rn. 615

[124] Besondere Beeinträchtigungen der Persönlichkeit werden durch Sondervorschriften erfaßt, vgl. § 12 BGB, §§ 22 KHG.

[125] BGHZ 13, 334

[126] Danach wird Schmerzensgeld nur bei Verletzung des Körpers, der Gesundheit und im Falle einer Freiheitsentziehung gewährt. Eigentumsverletzungen und Verletzungen „sonstiger Rechte", die einen deliktischen Schadensersatzanspruch nach § 823 Abs. 1 BGB zusätzlich begründen können, reichen für die Zuerkennung von Schmerzensgeld nicht aus.

[127] BGHZ 35, 363, (369); BGH, NJW 1985, S. 1617 ff. (1619); Palandt/Thomas, § 823 Rn. 200

[128] BGHZ 26, 349 (354 ff.); Gounalakis, AfP 1998, S. 10 ff.; Taupitz in Damm/Hart (Hrsg.), S. 51 ff. (73 ff.) für den Fall unberechtigter Nutzung von menschlichen Körpersubstanzen.

2. Frankreich

Ein derartiges Quellen[129]- oder Rahmenrecht[130] ist dem französischen Recht nicht bekannt. Vielmehr wird den einzelnen Schutzbedürfnissen ausschließlich durch spezifische, von der Rechtsprechung und Rechtslehre entwickelte „besondere Persönlichkeitsrechte" Rechnung getragen.[131]

Als 1804 der Code Civil in Kraft gesetzt war, waren Persönlichkeitsrechte als subjektive Rechte noch unbekannt.[132] Persönlichkeitsverletzungen wurden lange Zeit[133] durch die Rechtsprechung und Rechtslehre unter Anwendung der in Art. 6 CC und Art. 1382 CC verankerten allgemeinen Rechtsgrundsätze sanktioniert. Dabei war Art. 1382 CC für die Entwicklung der heute anerkannten besonderen Persönlichkeitsrechte von besonderer Bedeutung.

Nach der deliktischen Generalklausel des Art. 1382 CC kann Schadensersatz auch ohne Verletzung eines subjektiven Rechtes oder eines Rechtsgutes gewährt werden; ausreichend ist der Eintritt eines Schadens, der durch eine schuldhafte Handlung (une faute du fait de l'homme) herbeigeführt wurde. Mit der - vor allem durch neue technische Entwicklungen bedingten - Zunahme von Eingriffen in die persönliche Sphäre, setzte eine Typisierung der „faute", der schuldhaften Handlungen ein: bestimmte Eingriffe in den persönlichen Bereich wurden von der Rechtsprechung automatisch als „faute" qualifiziert und lösten einen Schadensersatzanspruch aus. Diese typisierten Fallkonstellationen bilden heute die besonderen Persönlichkeitsrechte.[134]

---

129 Larenz/Wolf, AT 1997, § 8 Rn. 28; BGHZ 24, 72 (78)

130 BGH, NJW 1994, S. 124 (125)

131 Zum Ganzen: Steffan, Besonderes Persönlichkeitsrecht am Körper, S. 47 ff.; Hubmann, Das Persönlichkeitsrecht, S. 104 ff.; Ferid-Sonnenberger, FrzZR Bd. 1/1 Rn. C 25 f., D 240 ff.; Moine, thèse 1993, S. 146 ff.; Mousny, thèse 1998, S. 133 ff.

132 Unter dem Einfluß der französischen Revolution konzentrierten sich die Gesetzgeber auf den verfassungsmäßigen Schutz der Menschenrechte und der bürgerlichen Rechte und vernachlässigten den zivilrechtlichen Schutz. In erster Linie galt es, den Einzelnen vor dem Staat zu schützen.

133 Im Jahre 1970 und 1993 wurde die intégrité morale durch subjektive Rechte in Art. 9 Abs. 1 und 9-1 CC gesetzlich positiviert; zur Entwicklung, Heisig, Persönlichkeitsschutz in Deutschland und Frankreich, S. 71 ff.

134 Heisig, Persönlichkeitsschutz in Deutschland und Frankreich, S. 156 ff.; Moine, thèse 1993, S. 152; Abduldayem, thèse 1995, S. 51; unterschieden werden zumeist das Recht auf Achtung der Privatsphäre (mit verschiedenen Anwendungs-

1970 hat der Gesetzgeber in Art. 9 CC einen Teilaspekt des Persönlichkeitsschutzes gesetzlich geregelt. Art. 9 CC bezieht sich aber ausschließlich auf den Schutz des Privatlebens (vie privée).[135] Für alle anderen Aspekte des Persönlichkeitsschutzes muss weiterhin auf die Generalklausel des Art. 1382 CC zurückgegriffen werden. Da der CC keine unterschiedliche Behandlung von Vermögensschaden und Nichtvermögensschaden (dommage moral) kennt, kann bei Verletzung eines „Persönlichkeitsrechtes" ein immaterieller Schaden über Art. 1382 CC, aber auch aus vertraglicher Haftungsgrundlage reguliert werden.

D. Das Recht am Körper

Auch wenn Gegenstand dieser Arbeit in erster Linie die vom Körper abgetrennten Substanzen sind, erleichtert ein kurzer Einblick in die Diskussion über die am (lebenden) Körper bestehenden Rechte das Verständnis für die zu stellenden Fragen über die Rechtspositionen an abgetrennten Körpersubstanzen. Während in Deutschland das Recht am Körper als gesetzlich ausgeformter Teil des allgemeinen Persönlichkeitsrechtes verstanden wird,[136] das einerseits die Abwehr von Störungen und andererseits die Verfügung über den Körper in von den Grundsätzen der Sittenwidrigkeit eingeengten Schranken erlaubt, ist in Frankreich bis heute nicht entschieden, ob es sich um ein „droit", ein subjektives Recht oder um eine „liberté corporelle", ein Freiheitsrecht, handelt.

1. Deutschland

Das Recht am eigenen Körper[137] umfasst zwei Schutzrichtungen: den

fällen), das Recht am eigenen Namen und am eigenen Bild und das Urheberpersönlichkeitsrecht. In Einzelfragen kann sich die Rechtslehre nicht einigen, welche Bereiche der persönlichen Sphäre hinreichend typisiert als subjektive Rechte qualifiziert werden können. Nach Ferid-Sonnenberger, FrzZR Bd. 1/1 Rn. D 243 m.w.N. hat die französische Doktrin bei der Erarbeitung subjektiver Rechte nicht viel mehr Präzision bewirkt als die Deutsche durch Formulierung des Rahmenrechts.

135 Heisig, Persönlichkeitsschutz in Deutschland und Frankreich, S. 86 ff.

136 Bereits Gareis, Das Recht am Körper in Festgabe für Schirmer, S. 61 ff.; vgl. auch Mugdan, „Die gesamten Materialien zum Bürgerlichen Gesetzbuch,1899, II S. 406, 420, 1078; Palandt/Thomas, § 823 Rn. 4

137 Das Bestehen eines subjektiven Rechtes auf Leben und körperliche Integrität wird insbesondere mit Art. 2 GG begründet. Eingehend zur Abgrenzung zu blo-

Schutz der körperlichen Integrität und das durch Art. 2 Abs. 1 GG i.V.m. Art. 1 Abs. 1 GG verbürgte Selbstbestimmungsrecht[138] über den Körper.

Ausfluss des Selbstbestimmungsrechtes über den Körper ist das Recht des Einzelnen, über seinen Körper verfügen zu dürfen. Dieses Recht gilt nicht uneingeschränkt. Seine inhaltlichen Grenzen sind an dem Schrankenvorbehalt der verfassungsmäßigen Ordnung und dabei insbesondere am Recht auf Leben und körperlicher Unversehrtheit (Art. 2 Abs. 2 S. 1 GG) zu messen. Aus Art. 2 Abs. 2 S. 1 GG leitet der Gesetzgeber die verfassungsrechtliche Pflicht[139] bzw. Befugnis[140] ab, spendenwillige Personen durch normative Einwilligungsgrenzen davor zu bewahren, ihre eigene körperliche Integrität und Gesundheit auszubeuten bzw. ausbeuten zu lassen.[141] Besondere Gefahren sieht der Gesetzgeber dort, wo andere Personen in den Entscheidungsprozeß über Eingriffe in die körperliche Integrität eingebunden werden, weil dann die Hemmschwelle, Verletzungen des eigenen Körpers hinzunehmen, erfahrungsgemäß sinkt.[142] Gerade bei Lebendorganspenden sieht sich der Gesetzgeber daher als legitimiert an, das Selbstbestimmungsrecht[143] des Spenders um seiner selbst Willen zu beschränken, weil gerade hier die Willensbildung und Entscheidungsfindung des Spenders in besonderem Maße von anderen, sei es durch ein beratendes Gremium, den behandelnden Arzt oder den potentiellen Organempfänger beeinflusst werden.

ßen Rechtsgütern: Hubmann, Das Persönlichkeitsrecht, S. 107 ff.; siehe auch Schäfer, Rechtsfragen zur Verpflanzung von Körper und Leichenteilen, S. 7 ff.

[138] So die h.M., vgl. Hubmann, Das Persönlichkeitsrecht, S. 226 f.; BGHZ 124, 54; Taupitz, JZ 1992, S. 1089 (1091)

[139] Dem liegt die Konzeption zu Grunde, daß Grundrechte nicht nur Abwehrrechte gegenüber dem Staat, sondern auch Leistungsrechte beinhalten, vgl. Jarass/Pieroth, GG, vor Art. 1 Rn. 7; Münch/Kunig, GG, Vorb. Art. 1-19 Rn. 18 ff.

[140] Jarass/Pieroth, GG, Art. 2 Rn. 53; Münch/Kunig, GG, Art. 2 Rn. 50

[141] Das Selbstbestimmungsrecht findet bei Selbstverletzungen und Selbstmord uneingeschränkt Anwendung, beide Handlungen werden strafrechtlich nicht verfolgt. Aus einigen Vorschriften wird aber die Mißbilligung des Selbstmordes herausgelesen: § 323 c StGB verpflichtet nach BGH zum Einschreiten bei Selbstmordgefahr, zuletzt BGH 32, 375 (str.)

[142] So erklärt sich auch die in §§ 216 und 226 a StGB zum Ausdruck gebrachte Wertung des Gesetzgebers, Tötung auf Verlangen und Körperverletzungen mit sittenwidriger Einwilligung strafrechtlich zu verfolgen.

[143] Hier in der Ausprägung, das eigene Organ spenden zu dürfen.

2. Frankreich

Wie bereits angedeutet herrscht in der französischen Rechtsprechung und Rechtslehre darüber Streit, ob es sich bei dem Recht am Körper um ein subjektives Recht (droit) oder um ein Freiheitsrecht (liberté) handelt.[144] Für die hier anzustellende Untersuchung ist dieser theoretische Streit bedeutungslos. Relevant hingegen ist die Frage nach der inhaltlichen Ausgestaltung des Rechtes am eigenen Körper.

Im Hinblick hierauf fällt auf, dass in Frankreich der Schutz vor Eingriffen in die körperliche Integrität stärker betont und folglich auch die Verfügungsmacht über den Körper in stärkerem Maße beschränkt wird als in Deutschland.[145] Nach der eben bereits angesprochenen französischen Auffassung, wonach der Körper von Gott geschaffen und dem Menschen nur für die Dauer des irdischen Lebens anvertraut wurde, ist diese - dem geltenden französischen Recht entnommene - Grundwertung auch folgerichtig.[146] Die stärkere Beschränkung der Verfügungsmacht über den eigenen Körper kann anhand der strafrechtlichen Würdigung ärztlichen Handelns verdeutlicht werden.

---

144 Mousny, thèse 1998, S. 146 ff.; um die existierenden Beschränkungen der Verfügungsmacht über den eigenen Körper dogmatisch sauber lösen zu können, bevorzugen einige die Einordnung als Freiheitsrecht. Nur dies erlaube es, den Körper vor dem Zugriff anderer und vor Selbstverletzungen zu schützen. Da aber schon keine Einigkeit über die Unterschiede zwischen Persönlichkeitsrechten und Freiheitsrechten erreicht werden kann und der Rechtsschutz in beiden Fällen letztlich gleich gehandhabt wird, erscheint ein differenziertes Eingehen hierauf überflüssig, vgl. Steffan, Besonderes Persönlichkeitsrecht am Körper, S. 58; vgl. auch Ferid-Sonnenberger, FrzZR Bd. 1/1 Rn. 1 D 236; die h.M. qualifiziert das Recht am lebenden Körper als besonderes Persönlichkeitsrecht, vgl. Chabas in: Traveaux de l'Association Henri Capitant, „Le corps humain et le droit (journées Belges)“, Band XXVI, S. 225 ff. (226)

145 Vgl. Cornu, Les personnes, les biens, Rn. 488

146 Lavroff-Detrie, thèse 1997, S. 57; Steffan, Besonderes Persönlichkeitsrecht am Körper, S. 60 f.. Selbstmord ist in Frankreich seit 1791 nicht mehr strafbewehrt; Teilnehmer einer Selbsttötung konnten bis zum Ende des Jahres 1987 nur nach den Grundsätzen der fahrlässigen Tötung oder der unterlassenen Hilfeleistung (Art. 223-6, 434-12 C. pén.) bestraft werden. Erst mit Erlass der Art. 223-13 bis - 15 wurden eigene Tatbestände für die Teilnahmebestrafung in den Code pénal eingefügt (Harichaux, La protection des libertés et droits corporels, S. 194); Dijon, Le sujet de droit en son corps, S. 576 ff.

3. Ärztliches Handeln als Körperverletzung

In Frankreich reicht eine ausdrückliche und aufgeklärte[147] Einwilligung in den körperlichen Eingriff als Rechtfertigungsgrund für den körperlichen Eingriff nicht aus.[148] Neben der Einwilligung muss die Körperbeeinträchtigung wegen Art. 122-4 Abs. 1 C. pén. auch von gesetzlichen Erlaubnisse, sogenannten „autorisations de la loi" gedeckt sein.[149] Für den Bereich der Transplantationschirurgie können diese gesetzlichen Rechtfertigungstatbestände nun den Bioethikgesetzen entnommen werden.[150] In Deutschland rechtfertigt hingegen nach der ganz herrschenden Ansicht in der Rechtsprechung[151] eine in den Grenzen der guten Sitten abgegebene „aufgeklärte"[152] und autonome[153] Einwilligung den Eingriff in die körperliche Integrität[154].

---

147 Einfach, verständlich und ehrlich („simple, intelligible et loyale") oder ehrlich, deutlich und angemessen („loyale, claire et approprié"), vgl. Art. 35 des Dekrets n° 95-1000 vom 06.09.1995, in D. 1995, lég. S. 452

148 Vgl. Barberger, Les petites affiches 1996, Nr. 25, S. 4 ff. (5 f.); Dijon, Le sujet de droit en son corps, S. 336 ff. (344 ff.); Jung, MedR 1996, S. 355 (357); Steffan, Besonderes Persönlichkeitsrecht am Körper, S. 60 f.; Thouvenin, ALD 1995, S. 149 (164 f.); für die zivilrechtliche Wirksamkeit des Vertrages reicht die Einigung aus; Rapport Charles, S. 211; Vouin in: Traveaux de l'Association Henri Capitant, „Le corps humain et le droit (journées Belges)", Band XXVI, S. 105 ff. (106); Arnoux, Les droits de l'être humain sur son corps, S. 201 ff. zu ästhetischer Chirurgie und Geschlechtsumwandlungen

149 Für Heilbehandlungen werden diese in der gesetzlichen Organisation der medizinischen Berufe und deren Berufsrecht sowie in dem ärztlichen Auftrag zur Heilbehandlung gesehen.

150 Ausführlich: Barberger, Les petites affiches 1996, Nr. 25, S. 4 ff. (7 ff.)

151 Der in der Literatur vertretene Ansatz, wonach der zwar ohne Einwilligung durchgeführte aber gelungene oder lege artis ausgeführte Heileingriff schon gar keine Körperverletzung darstellt, spielt bei der Organentnahme zu Transplantationszwecken keine Rolle, da auf der Seite des Spenders kein Heileingriff erfolgt; vgl. Tröndle/Fischer, § 223 Rn. 9 a, b; Schönke/Schröder/Lenckner, StGB, § 223 Rn. 27 ff. m.w.N.; Nixdorf, VersR 1995, S. 740 f.

152 Siehe z.B. OLG München vom 23.06.1994 in NJW-RR 1994, S. 1308; BGHZ 90, 103 ff; aufzuklären ist über „rechtsguts- bzw. körperbezogene" Umstände, nicht hingegen über finanzielle Interessen, vgl. Taupitz in: Damm/Hart (Hrsg.), S. 51 ff. (62 f.) und Schröder/Taupitz, Menschliches Blut, S. 23 ff. besonders unter dem Blickwinkel der mit der Entnahme verfolgten Zwecke.

153 Zur Freiwilligkeit der Einwilligung bei Gewährung finanzieller Vorteile für den Eingriff, König, Strafbarer Organhandel, S. 46 ff.

154 Ausnahmen finden sich in § 81 a StPO und §§ 10, 32 Bundesseuchengesetz; § 34 StGB kann nach allgemeiner Ansicht bei einer Organentnahme ex vivo nicht durchgreifen, vgl. Carstens, Das Recht der Organtransplantation, S. 20 ff. (27)

III. Gesetzliche Regelungen über die Gewinnung von Körpersubstanzen und ihre Verwendung

Die gesetzlichen Regelungen über die Gewinnung und Weiterverwendung von Körpersubstanzen müssen die unterschiedlichen Gewinnungsarten, Eigenschaften und Funktionen der körperlichen Elemente und Produkte berücksichtigen. Während beispielsweise bei einer Lebendorganspende der Lebendspender vor unüberlegten gesundheitlichen Belastungen geschützt werden muss, sind es bei einer Keimzellenspende insbesondere gesellschaftspolitische und abstammungsrechtliche Probleme, die in den gesetzlichen Regelungen ihren Niederschlag finden.

Bereits in der Gewichtung dieser vielfältigen substanzspezifischen Regelungsziele finden sich in der deutschen und französischen Gesetzgebung meist kleine Abweichungen. Wie die folgende Darstellung über die gesetzlichen Regelungen in Deutschland und Frankreich zeigen wird, berücksichtigt der deutsche Gesetzgeber beispielsweise das Selbstbestimmungsrecht eines Lebendorganspenders stärker als der französische, wohingegen der französische Gesetzgeber dem Kinderwunsch eines unfruchtbaren Paares größere Bedeutung beimisst als der deutsche.

Für den Untersuchungsgegenstand dieser Arbeit ist jedoch von größerem Interesse, wie die deutschen und französischen Gesetze den wirtschaftlich motivierten Umgang mit Körpersubstanzen bewerten. Dabei fällt zunächst eine Übereinstimmung über das Regelungsziel auf: Den deutschen und den französischen Gesetzen liegt jeweils das Bestreben zugrunde, grundsätzlich den kommerziellen Umgang mit Körpersubstanzen zu verhindern. Bei genauerem Vergleich offenbart sich aber dann, dass dieses Bestreben schon fast die einzige Übereinstimmung innerhalb der nationalen gesetzlichen Regelungen ist. Sowohl der Regelungsumfang als auch die Art der gesetzlichen Maßnahmen, die die Verhinderung der Kommerzialisierung bewirken sollen, zeigen in den beiden Rechten erhebliche Abweichungen.

Eine Beschränkung des gesetzlichen Regelungsumfanges kann auf zwei Ebenen vorgenommen werden; nämlich einerseits bei der Anzahl der Körpersubstanzen und andererseits beim Zweck und der Zielrichtung ihrer Weiterverwendung.

Die gesetzlichen Vorschriften können entweder alle Elemente und Produkte des menschlichen Körpers erfassen oder auch einige aussparen; sie können auf therapeutische, wissenschaftliche und industrielle Verwendungszwecke Anwendung finden oder sich auch nur auf einzelne Verwendungen beschränken.

Grundsätzlich stehen den Gesetzgebern selbstverständlich zahlreiche unmittelbare und mittelbare gesetzliche Maßnahmen zur Verfügung, den von wirtschaftlichen Interessen geprägten Umgang mit Körpersubstanzen zu verhindern. Zu den unmittelbaren Maßnahmen mit direkter Regelungswirkung zählt das ausdrückliche Verbot, den Spender für die Abgabe seiner Körpersubstanz zu entlohnen. Dieses Verbot kann mit zivilrechtlichen und/oder strafrechtlichen Sanktionen verbunden werden.

Als mittelbare gesetzliche Maßnahmen mit nur indirekter Einwirkungsmöglichkeit kommen Regelungen in Betracht, die auf die Angebots- und Nachfragesituation einwirken oder die das Entstehen typischer Vertragssituationen verhindern.[155] Wenn die Nachfrage an einzelnen Körpersubstanzen künstlich - beispielsweise durch gesetzliche Beschränkung des Empfängerkreises - gering gehalten wird, verringert sich auch automatisch die theoretisch mögliche Anzahl wirtschaftlich motivierter Übertragungen. Gleiches kann erreicht werden, wenn der Kreis potentieller Spender, also die Angebotsseite, eingeschränkt wird. Typische vertragliche oder faktische Beziehungen zwischen Spender und Empfänger einer Körpersubstanz können auch dadurch gesetzlich unterbunden werden, dass eine Vermittlungsstelle spendenempfangsberechtigt wird und somit zwischen Spender und Empfänger Anonymität gewahrt wird.

Während also direkte Steuerungsmechanismen ausschließlich das Ziel verfolgen, wirtschaftlich motivierte Transaktionen zu unterbinden, zeichnen sich indirekte Maßnahmen durch mehrere Regelungsinhalte aus. Erfolgt die Spende einer Substanz beispielsweise anonym, so werden nicht nur psychologische Probleme[156] auf Spender- und Empfängerseite verhindert, sondern auch direkte Beziehungen zueinander, womit auch den Gefahren kommerziellen Handelns begegnet wird.

---

[155] Erinnert sei hier an die Begrenzung des Untersuchungsgegenstandes auf rechtmäßig gewonnene oder verwendete Substanzen, vgl. unter I. A. 1.

[156] Z.B. Probleme bei der Identifikation mit dem eigenen Körper oder Schuldgefühle, wenn die Transplantation misslingt.

Die folgende Darstellung der gesetzlichen Regelungen in Deutschland und Frankreich geht auf beide - direkte wie indirekte - gesetzliche Maßnahmen ein. Umstrittene Vorschriften werden durch kritische Stellungnahmen aus der Literatur hervorgehoben.

A. Frankreich

1. Gesetzeslage vor in Kraft treten der „Bioethikgesetze" vom 29. Juli 1994

Um eine Vorstellung über die Entwicklungen in der Gesetzgebung Frankreichs zu erhalten, werden zunächst die Rechtslage vor Geltung der Bioethikgesetze[157] und der Verlauf des Gesetzgebungsverfahrens angesprochen.

Von der herrschenden Meinung[158] werden Gesetze, die sich mit Spenden menschlicher Körpersubstanzen befassen, als Ausnahmeregelungen vom Grundsatz der Unveräußerlichkeit (le principe de l'indisponibilité du corps humain) des menschlichen Körpers angesehen (vgl. Art. 1128 CC). Diese Ausnahmeregelungen werden in der Literatur[159] immer mehr zum Anlass genommen, den Grundsatz der Unveräußerlichkeit des menschlichen Körpers als allgemein geltendes Prinzip abzulehnen.

a) Augenhornhäute und Organe

Die Gesetzeslage vor 1994 war gekennzeichnet durch vereinzelte und lückenhafte Spezialregelungen. Neben einem Gesetz[160] aus dem Jahr 1949 über die postmortale Entnahme von Augenhornhäuten, trat im Jahr 1976 das Gesetz Caillavet[161] über Organtransplantationen in

[157] Hierzu zählt auch das Gesetz n° 94-548 vom 1.7.1994, das unsere Thematik aber nicht berührt; der Begriff „Bioethikgesetze" hat sich durchgesetzt, findet sich offiziell aber erstmals in dem projet de loi vom 20.06.2001

[158] Ein ausführlicher Meinungsüberblick findet sich bei Lavroff-Detrie, thèse 1997, S. 107 bis 118; Siroux in: Lemaire, Rameix, Ghanassia, S. 67 ff.

[159] Gobert, RTD civ. 1992, S. 489 ff.; Hermitte in : Archives de philosophie du droit 1988 S. 323 ff.; Mazen in: Bioéthique et Droit, S. 201 ff.

[160] Gesetz Nr. 49-890 vom 7.7.1949 in J.O. vom 8.7.1949, S. 6702 „Loi Lafay"; s. Harichaux, La protection des libertés et droits corporels, S. 127

[161] Gesetz Nr. 76-1181 vom 22.12.1976 in J.O. vom 23.12.1976; genauer: Grenouilleau, D. 1977 chr., S. 213-220; zur Rechtsnatur von Organen nach der

Kraft.[162] Lebendorganspenden mussten nach Art. 1 Abs. 1, Art. 3 des Gesetzes Caillavet[163] unentgeltlich und anonym erfolgen. Das Organ durfte nur zu einem therapeutischen Zweck weiterverwendet werden.

b) Keimzellen

Im Jahr 1973 wurden durch verschiedene Organisationen Samenbänke in Krankenhäusern eingerichtet.[164] Während die CEFER (Centre d'Exploitation Fonctionnelle et d'Etude de la Reproduction) [165] ihre Spender mit 120 FF (entspricht etwa € 19) vergütete und frisch gewonnenes Sperma zur Fertilisation einsetzte, griffen die CECOS (Centres d'étude et de conservation du sperme) nur auf altruistische Spender zurück und verwendeten ausschließlich qualitätsüberprüftes Sperma. Ein Gesetz vom 31.12.1991[166] beendete diese uneinheitliche Praxis. Eine Monopolstellung der CECOS für die Gewinnung, Konservierung und Verteilung männlicher Keimzellen wurde eingerichtet. Seither hat die Spermaspende anonym und unentgeltlich zu erfolgen.

Auf der Ebene der Fremdkommerzialisierung, d.h. der Kommerzialisierung durch andere (hier die CECOS) als den Spender, erfolgt die Weitergabe des eingefrorenen Spermas gegen Bezahlung. Der Preis wird

---

Konzeption des Gesetzes Caillavet: Arnoux, Les droits de l'être humain sur son corps, S. 106 ff. und in deutscher Sprache Jung, MedR 1996, S. 357

162 Während das Gesetz Lafay die Spende noch von einer ausdrücklichen und zweifelsfreien Erklärung in Form einer testamentarischen Verfügung zu Gunsten einer öffentlichen Einrichtung des Spenders abhängig machte, führte das Gesetz Caillavet den Grundsatz der vermuteten Einwilligung für Entnahmen post mortem ein. In der Praxis wurde auch für Augenhornhäute eine ausdrückliche Einwilligung oftmals nicht mehr eingeholt; siehe auch „l'affaire d'Amiens" von 1991, Le Monde vom 17. Mai 1992 "La mort violée"; weitere Beispiele, die das Vertrauen der Öffentlichkeit in die Transplantationstechniken schwinden ließ, finden sich im Rapport Charles, S. 157 ff.

163 „En vue d'une greffe ayant pour but thérapeuthique sur un être humain, un prélèvement peut être effectué sur une personne vivante majeure et jouissant de son intégrité mentale, y ayant librement et expressément consenti". Siehe zur Einwilligung das Dekret vom 31.3.1978 in JO vom 4.4.1978, das für nicht regenerierungsfähige Organe strenge formelle Voraussetzungen vorsah, Charaf Eldine, RTD san. et soc. 1978, S. 445; für postmortale Organentnahmen galt das Prinzip der vermuteten Einwilligung, wenn zu Lebzeiten kein Widerspruch erfolgt war.

164 Vgl. zum Ganzen: Lavroff-Detrie, thèse 1997, S. 124 f.

165 Von 1974 bis 1989 in Marseille.

166 Art. 13 des Gesetzes Nr. 91-1406, JO 4. Januar 1992

durch Verordnung des Gesundheitsministers in Anlehnung an die Konservierungs- und Bearbeitungskosten festgelegt und steigt kontinuierlich an.[167]

c) Blut

Auch für Blut gab es schon vor 1994 spezialgesetzliche Regelungen. Ein Gesetz aus dem Jahr 1952[168] hatte die Bluttransfusion erstmals der staatlichen Organisation unterstellt und die Blutentnahme nur auf freiwilliger, unentgeltlicher und anonymer Basis gestattet.

Auf der Ebene der Fremdkommerzialisierung wurde der Weiterveräußerungspreis durch ministerielle Verfügung festgesetzt. Als Reaktion auf den Blutskandal der achtziger Jahre[169] („affaire du sang contaminé") wurden die als nicht mehr zeitgemäß angesehenen Vorschriften durch das Gesetz vom 4. Januar 1993[170] abgeändert. Dieses Gesetz war ursprünglich ebenfalls Bestandteil der „Bioethikgesetze", wurde aber aus Gründen des Gesundheitsschutzes bereits zuvor in Kraft gesetzt.

d) Muttermilch

Die für Muttermilch bereits bestehenden gesetzliche Regelungen basierten auf dem Gedanken, dass die Milch auf natürlichem Weg dem Organismus entnommen wird und bestimmungsgemäß für einen anderen bestimmt ist. Vor diesem Hintergrund wurde die entgeltliche Abgabe von Muttermilch bis zum Jahr 1989 erlaubt, solange die Versorgung des Kindes der Spenderin gewährleistet war. Muttermilch konnte folglich am entgeltlichen Warenaustausch teilnehmen. Mit Errichtung und gesetzlicher Monopolisierung von Laktarien für die Konservierung der Muttermilch wurde im Jahr 1989 die unmittelbare Spende und der Verkauf von Muttermilch aus Gründen des Gesundheitsschutzes durch Art. 184 CSP verboten und unter Strafe gestellt.[171]

---

167 Von 240 FF (ca. 36,50 €) im Jahre 1980 auf 255 FF (ca.39 €) im Jahre 1984 und 268 FF (ca. 41 €) im Jahr 1987

168 Gesetz vom 24.06.1952

169 Vgl. Lavroff-Detrie, thèse 1997, S. 137 f.; Byk, JCP 1994, 3763 (S. 239 f.) m.w.N.

170 Gesetz Nr. 93-5 vom 4.1.1993, Art. 666-1 bis -13 CSP a.F.

171 Vgl. Art. 184 CSP (Gesetz vom 18.12.1989), arrêté vom 9.8.1954 in JO vom 27.8.1954 und Abduldayem, thèse 1995, S. 79 f.; Gobert, RTD civ. 1992, S. 489

e) Biomedizinische Versuche

Nicht unerwähnt bleiben soll das Gesetz Huriet[172] vom 20.12.1988. Dieses Gesetz beinhaltet gewisse Rahmenbedingungen für die Durchführung biomedizinischer Versuche und war, seit es in Kraft ist, mehrfach abgeändert[173] worden. Und weil es nicht die kommerziell motivierte Übertragung von Körpersubstanzen, sondern nur Versuche und Experimente am menschlichen Körper zum Gegenstand hat,[174] ist es auch für vorliegende Arbeit nur am Rande von Interesse.

2. Grundzüge des Gesetzgebungsverfahrens[175]

Eine Institutionalisierung der Bioethik erfolgte im Jahr 1983 durch Gründung des „Comité consultatif national d'éthique pour les sciences de la vie et de la santé" (CCNE)[176]. Nach einigen kritischen Stellungnahmen[177] des Comité über den gesetzesfreien Raum auf dem Gebiet der medizinwissenschaftlichen Entwicklungen, wurden zwischen 1988 und 1993 eine Reihe von „rapports"[178] erstellt.

---

(511); Lavroff-Detrie, thèse 1997, S. 124; Harichaux in: Bioethique et Droit 1988, S. 132 f.; zum deutschen Recht: Schünemann, Die Rechte am menschlichen Körper, S. 175 m.w.N.

172 Gesetz Nr. 88-1138; Rapport Mattei, S. 53 ff.; Edelman, D. 1991 chr., S. 203 ff.; Mousny, thèse 1997, S. 95 ff.; die europäische Richtlinie vom 26.02. 2001 wird zu Änderungen des Gesetzes führen.

173 Vgl. z.B. Gesetz Nr. 90-86 vom 23.01.1990

174 Art. 1121-1 CSP „Les essais ou expérimentations organisés et pratiqués sur l'être humain en vue du développement des connaissances biologiques ou médicales sont autorisés dans les conditions prévues au présent livre et sont désignés ci-après par les termes : "recherche biomédicale"."

175 Sehr ausführlich hierzu Thouvenin, ALD 1995, S. 149 ff. (154-159); Duprat, Les petites affiches vom 3.7.1996, S. 5; Massip, Gaz. Pal. vom 6.4.1995, S. 433 f.; Überblick zu bioethischen Entwicklungen in Frankreich von Byk, JCP 1994 éd. G I 3763; ders. JCP 1996 éd. G I 3956

176 Dekret Nr. 83-132 vom 23. Februar 1983, nunmehr auch durch Art. 23 des Gesetzes Nr. 94-654 mit gesetzlicher Grundlage; auch in Deutschland hat das Bundeskabinett am 2. Mai 2001 die Gründung eines nationalen Ethikrates beschlossen, der neben der Enquetekommission zu Recht und Ethik in der Medizin und neben den Ethikbeirat im Gesundheitsministerium tritt, vgl. Süddeutsche Zeitung vom 03.05.2001, S. 6 und vom 02.05.2001, S. 2 und 4

177 Avis vom 23.1.1987; avis vom 2.12.1991 sur la non-commercialisation du génome humain; hierzu Galloux, D. 1993 chr., S. 83 ff.

178 Conseil d'Etat: sciences de la vie, de l'éthique au droit, S. 16, („rapport Braibant") La documentation Française 1988; Aux frontières de la vie: une éthique

Bereits im März 1989 wurde ein „rapport“ des Conseil d'Etat, der sogenannte avant-projet Braibant veröffentlicht,[179] der auf die Lücken und Schwächen des geltenden französischen Rechts aufmerksam gemacht hatte. Am 25. März 1992 gingen bei der Nationalversammlung drei Gesetzesvorschläge[180] ein. Nach deren Annahme in erster Lesung wurde das Gesetzgebungsverfahren wegen Wechsels der Regierungsmehrheiten im Parlament zunächst suspendiert bis ein weiterer Bericht, der rapport Mattei[181], das Verfahren mit wesentlichen Änderungsvorschlägen wieder in Gang gebracht hatte. Im Anschluss an kontrovers geführte und langandauernde Diskussionen wurden die Gesetze am 29. Juli 1994 verabschiedet, wobei zwei Gesetze besonders im Rahmen vorliegender Untersuchung von Bedeutung sind, nämlich: das Gesetz Nr. 94-653 über die Achtung des menschlichen Körpers, das Grundprinzipien über den Umgang mit dem Körper in den Code Civil eingeführt hat, und das Gesetz Nr. 94-654, das sich mit der Spende und Verwendung von Elementen und Produkten des menschlichen Körpers, mit der künstlichen Befruchtung und der Pränataldiagnose befasst und das Spezialvorschriften über die einzelnen Körpersubstanzen in den Code de la santé publique eingefügt hat. Beide Gesetze haben sich als Zielvorgabe die Verhinderung der kommerziellen Ausbeutung von Körpersubstanzen bei gleichzeitiger Nutzung des biologischen „Materials“ für therapeutische Zwecke gesetzt.[182]

---

biomédicale à la française, rapport au premier ministre 1991 („rapport Lenoir“); Rapport d'information sur la bioéthique, (rapport Bouliac), Doc.AN, Nr. 2565 vom 18. Februar 1992; Bouleversement sans contrôle ou législation à la française (rapport Serusclat), Februar 1992 ; zahlreiche weitere Nachweise bei Galloux, Les petites affiches vom 14.12.1994 (numéro spécial), S. 18 ff., Fn. 6, 7, 69

179 Conseil d'Etat: sciences de la vie, de l'éthique au droit („rapport Braibant“), La documentation Française 1988

180 „projet“ Nr. 2599, Nr. 2600 und Nr. 2601; auf letzteren wird im weiteren nicht eingegangen, da er im Wesentlichen das Arztgeheimnis zum Gegenstand hat.

181 „La vie en question: Pour une éthique biomédicale“ (rapport Mattei), La documentation Française 1994

182 Savatier, Les petites affiches vom 14.12.1994 (numéro spécial), S. 8; Thouvenin, Les petites affiches vom 14.12.1994 (numéro spécial), S. 25 ; bemerkenswert ist, dass die Spezialregelungen des Code de la santé publique, vor den Grundprinzipien des CC abgesegnet wurden, vgl. Labrusse-Riou in: Brisset-Vigneau, S. 15

3. Die Bioethikgesetze Nr. 94-653 und Nr. 94-654 vom 29. Juli 1994[183]

a) Vorbemerkung über die Struktur der Gesetze, den Körperbegriff und die Ziele des Gesetzgebers

(1) Struktur der Gesetze

Während das Gesetz Nr. 94-653 vom 29. Juli 1994 allgemeine Prinzipien über den menschlichen Körper in den Code civil eingeführt[184] und die Grundlagen für die Bestimmung der Rechtsnatur des Körpers geschaffen hat,[185] wurde durch das Gesetz Nr. 94-654 das 2. Buch des 1. Teils des Code de la santé publique[186] geändert.[187] Unter der Überschrift des Buches „Spende und Gebrauch von Elementen und Produkten des menschlichen Körpers" gliedern sich sieben Titel, von denen die ersten vier für vorliegende Untersuchung von besonderem Interesse sind. Der erste Titel[188] benennt allgemeine Grundsätze über die Spende und den Gebrauch von Elementen und Produkten des Körpers, der Zweite[189] behandelt das menschliche Blut, der Dritte[190] Organe und der vierte[191] Titel hat Gewebe, Zellen und Produkte des menschlichen Körpers sowie Spezialregelungen[192] zu menschlichen Keimzellen zum Gegenstand.

Während für die Muttermilch weiterhin Art. 184 CSP Anwendung findet, wurden die Gesetze Lafay und Caillavet sowie die Vorschriften

---

183 Gesetz Nr. 94-653, JO Nr. 175 vom 30. Juli 1994, S. 11056 sowie Gesetz Nr. 94-654, JO Nr. 175 vom 30. Juli 1994, S. 11060

184 Art. 16, 16-1 bis 16-9 CC; daneben treten aber zahlreiche weitere Vorschriften, vgl. Galloux, Les petites affiches vom 14.12.1994 (numéro spécial), S.18

185 Méhaignerie, Les petites affiches vom 14.12.1994 (numéro spécial), S. 3

186 Nach der Neukodifizierung durch ordonnance Nr. 2000-548 vom 15.06.2000

187 Hier werden nur die für dieses Thema interessanten Neuerungen angesprochen.

188 Art. 1211-1 ff. CSP

189 Art. 1221-1 ff. CSP Wie bereits erwähnt, wurden die das Blut betreffenden Vorschriften schon im Januar 1993 erlassen, um schnellstmöglich die Defizite bei der Qualitätskontrolle beheben zu können. Als Bestandteil der Gesetzesvorschläge werden sie freilich ebenfalls Berücksichtigung finden.

190 Art. 1231-1 ff. CSP

191 Art. 1241-1 ff. CSP

192 Art. 1244-1 ff. CSP

über die Spermaspende[193] durch das Gesetz Nr. 94-654 abgelöst. Die Neuregelungen führten zu einer Vereinheitlichung der Bestimmungen über die Lebendspende und die Spende post mortem, sowie zu einer Erweiterung des dem Gesetz Caillavet zugrundeliegenden sachlichen Anwendungsbereichs.

(2) Die Definition des Körpers nach den Bioethikgesetzen

(a) Einheits- oder Trennungstheorie

Wie bereits erwähnt, wurde der Körper als Rechtsbegriff vor Erlass der Bioethikgesetze im Code civil nicht genannt.[194] Nur wenn eine Körperverletzung strafrechtliche oder schadensrechtliche Konsequenzen auslöste, trat der Körper rechtlich in Erscheinung.[195] Auch die Bioethikgesetze erlauben heute keine eindeutigen Aussagen über die rechtliche Beziehung des Körpers zur Person.[196] Einige Indizien sprechen aber für eine gesetzliche Verankerung der Einheitstheorie[197]:

Die Sorge vor einer Objektivierung des als Inkarnation der Person[198] bezeichneten Körpers, hat die Autoren des Gesetzentwurfes veranlasst, die Einheit zwischen Körper und Person unter zwei verschiedenen Betrachtungsweisen zum Ausdruck zu bringen.[199] Zum einen wurde die Unverletzlichkeit (inviolabilité) und Unveräußerlichkeit (indisponibilité) des Körpers ausdrücklich gesetzlich verankert. Zum anderen wurden einige Grundprinzipien über den Umgang mit dem Körper und seinen abgetrennten Substanzen in das 1. Buch des Code civil nach

193 Art. 13 des Gesetzes 91-1406 vom 31.12.1991

194 Massip, Gaz. Pal. vom 6.4.1995, S. 433 (435) mit der Begründung, dass nach der Philosophie des Code Napoléon die Person mehr durch den Willen als durch den Körper Ausdruck gefunden hat; vgl. aber Thouvenin, Les petites affiches vom 14.12.1994 (numéro spécial), S. 26 Fn. 10

195 Thouvenin, ALD 1995, S. 159

196 Labrusse-Riou in: Brisset-Vigneau, S. 14; Rapport Claeys, 1ère partie, II; Batteur, Les petites affiches vom 14.12.1994 (numéro spécial), S. 29; eine Hierarchie zwischen der Einheits- und Trennungstheorie wurde nicht festgelegt.

197 „Conception unitaire“, vgl. unter II. B. 1.

198 Vgl. Galloux, Les petites affiches vom 14.12.1994 (numéro spécial), S. 20 Fn. 28 mit Hinweis auf den Gesetzesvorentwurf; andere Autoren bezeichnen ihn als „support“, als „signalisateur“, „composante“ oder „substrandum“ vgl. Harichaux, La protection des libertés et droits corporels, S. 19

199 So Thouvenin, ALD 1995, S. 159 f.

den Bürgerrechten[200] unter dem Titel über die Personen[201] aufgenommen und weisen einen verfassungsrechtlichen Inhalt mit Bezügen zu Menschenrechten[202] auf. Die Vorschriften des Code Civil lassen folglich erkennen, dass auch dem Körper Menschenwürde beigemessen wird und ein persönlicher Bezug auch zu abgetrennten Substanzen fortbesteht.[203]

(b) Der Körperbegriff der Bioethikgesetze

Die gesetzlichen Vorschriften des Code civil (Gesetz Nr. 94-653) unterscheiden nicht nach natürlichen oder künstlichen Körperteilen, nach Entbehrlichkeit oder biologischer Funktion, sondern stellen auf den Körper in seiner Gesamtheit, „en son entier", ab.[204] Ganz anders die Regelungen des Code de la santé publique (Gesetz Nr. 94-653): Ausgehend von den verschiedenen Eigenschaften und unterschiedlichen Gewinnungsarten der Körpersubstanzen weist das 2. Buch des 1. Teils des Code de la santé publique sehr detaillierte Regelungen auf, die alleine unter neun Kategorien menschlicher Substanzen differenzieren.[205] Begrifflich wird zwischen menschlichen Geweben, Organen, Zellen, Elementen (éléments) und Produkten (produits) des menschlichen Körpers sowie deren Spende (don), Verwendung (utilisation), Gewinnung (collecte) und Übertragung (cession) unterschieden.

---

200 1. Buch, 1. Titel, 1. Kapitel: „De la jouissance et de la privation des droits civils"

201 2. Kapitel des 1. Titels des 1. Buches des Code Civil: „Du respect du corps humain"; Salat-Baroux, Les lois de bioéthique, S. 23; Thouvenin, Les petites affiches vom 14.12.1994 (numéro spécial), S. 26 erklärt dies mit dem Erfordernis der Einwilligung zur Verwendung der Körpersubstanzen, die nur von einem Rechtssubjekt erteilt werden kann. Rechtssubjekte werden im Code Civil behandelt.

202 Bestätigt durch Urteil des Cour de cassation Nr. 94-343-344 DC vom 27. Juli 1994 in JO vom 29. Juli 1994, S. 11024; hierzu Duprat, Les petites affiches vom 14.12.1994 (numéro spécial), S. 34 ff.; Edelman, D. 1995 chr., S. 205

203 Vgl. Jamin, RTD civ. 1994, S. 933 ff. (935) Einige Vorschriften des Code de la santé publique sprechen hingegen für dessen Beendigung mit der Trennung vom Körper, da der ursprüngliche Substanzträger häufig jede Einflussmöglichkeit über die Weiterverwendung „seiner" anonymisierten Substanzen verliert, vgl. Thouvenin, Les petites affiches vom 14.12.1994 (numéro spécial), S. 25 ff. (26)

204 Vgl. Abduldayem, thèse 1995, S. 35

205 Vgl. Galloux, RIDC 1998 (2), S. 501 f.: Organe, Keimzellen, Blut, Operationsabfälle, Zellen und Gewebe, Haare/Nägel/Zähne („les phanères"), Milchprodukte und letztlich Produkte genetischer und zellulärer Therapie.

Was Elemente und Produkte des menschlichen Körpers sind, wurde gesetzlich nicht definiert.[206] Während in den Gesetzesberatungen noch eine Auflistung einiger Körperelemente angestrebt wurde, findet sich in den Gesetzesmaterialien für Abgrenzungsfragen heute lediglich ein Hinweis auf den medizinischen Erkenntnisstand,[207] um bei Auftreten neuer wissenschaftlicher Erkenntnisse nicht fortwährend Nachbesserungen an der Auflistung vornehmen zu müssen. Manche Autoren unterscheiden Elemente von Produkten nach der Art ihrer Gewinnung: Handelt es sich um solche, die natürlicherweise nicht dem Körper entnommen werden, sprechen sie von Körperelementen, in den anderen Fällen von Körperprodukten. Zu den Elementen gehören danach Gliedmaßen, Organe[208], Gewebe[209] und Zellen, zu den Produkten hingegen Haare, Nägel, Exkremente und Geburtsabfälle.[210] Umstritten bleibt die Einordnung von Keimzellen.[211]

Eine weitere Schwierigkeit liegt in der Abgrenzung zwischen Organ- und Gewebebegriff. Die Unterscheidung wurde bereits bedeutsam, als es um die Frage nach dem sachlichen Anwendungsbereich des Gesetzes Caillavet ging. Organe sind Teil des Körpers mit lebensnotwendiger Funktion, so Herz, Lunge, Niere, Leber und Pankreas; Haut, Knochen und Herzklappen werden hingegen als Gewebe qualifiziert. Das Knochenmark, das im eigentlichen Sinn kein Organ ist, wird wiederum dem Regelungsbereich der Organe ausdrücklich zugeordnet, vgl. Art. 1235-2 CSP[212]. Es ist aber zu erwarten, dass Knochenmark

---

[206] Galloux, Les petites affiches vom 14.12.1994 (numéro spécial), S. 20 f.; auch im Gesetz 98-389 vom 19. Mai 1998 werden die Begriffe „éléments et produits du corps humain“ - ohne definiert zu werden - verwendet, vgl. Mascret, Les petites affiches vom 2. Februar 1999 (23), S. 15 ff. (16). Diese begriffliche Unterscheidung wurde durch den Senat eingeführt.

[207] Kritisch hierzu Galloux, Les petites affiches vom 14.12.1994 (numéro spécial), S. 20 und Thouvenin RTD civ. 1994 (4), S. 731 da auch unter Medizinern keine einhellige Auffassung besteht.

[208] Hierzu zählt auch das Knochenmark, Art. 1235-2 CSP

[209] Art. 1241-1 CSP unterscheidet ausdrücklich Gewebe, Zellen und Produkte voneinander.

[210] Für diese Unterscheidung spricht auch der Gesetzeswortlaut, wonach Elemente entnommen (préléver) und Produkte gesammelt (collecter) werden; teilweise abweichend Lavroff-Detrie, thèse 1997, S. 559 und Galloux, Les petites affiches vom 14.12.1994 (numéro spécial), S.20 ff. (22); ders. in JCP 1995 éd. G I 3872, S. 382, der unter Verweis auf die parlamentarischen Debatten Körperhaare, Nägel und Zähne, Blut, Milch und Exkremente zu den Produkten zählt.

[211] Vgl. Moine, thèse 1993, S. 377

[212] „La moelle osseuse est considerée comme un organe ...“

bei der nächsten Gesetzesänderung bei den Regelungen über Körperzellen[213] eingeordnet wird, weil seine Gewinnung einen wesentlich geringeren körperlichen Eingriff als eine Organentnahme erfordert.

(3) Gesetzesmotive

Der Gesetzgeber hatte sich zwei zentrale Regelungsziele gesetzt: Es sollte das durch Blutskandale verlorenen gegangene Vertrauen in die ordnungsgemäße Verwendung der Körpersubstanzen wiedergewonnen werden und die enorme Nachfrage nach körperlichen Elementen und Produkten durch Erhöhung der Spendebereitschaft befriedigt werden. Daneben sollten marktähnliche Auswüchse unterbunden, die Voraussetzungen für die Abgabe einer freiwilligen und aufgeklärten Einwilligung erleichtert und verbesserte hygienischen Rahmenbedingungen geschaffen werden.[214]

(4) Resonanz auf die Gesetze und Ausblick auf gesetzliche Entwicklungen

Die Gesetze haben in der juristischen Fachliteratur nicht nur positives Echo ausgelöst. Bereits vor Erlass der Gesetze wurde von manchen[215] die Notwendigkeit bzw. der Umfang der gesetzlichen Regelungen kritisiert. Im Zentrum der Diskussion stand die Frage, ob die aus dem bioethischen Dialog entstandenen Problemstellungen allgemeinverbindlich durch gesetzliche Regelungen normiert werden sollen oder ob die Rechtsprechung weiterhin von Fall zu Fall unter Anwendung der allgemeinen Rechtsprinzipien Einzelfallentscheidungen herbeiführen muss. Gegen eine gesetzliche Verankerung ethischer Prinzipien wur-

---

213 So der Gesetzentwurf „Projet de loi relatif à la bioéthique" vom 20.06.2001, Nr. 3166

214 Rapport Claeys, 2 ième partie, I. 1

215 Eine Übersicht bietet Lavroff-Detrie, thèse 1998, S. 391-413; Jamin, RTD civ. 1994, S. 934 f.; Malaurie, D. 1994 chr., S. 97 f. erachtet das gesetzliche Einschreiten für unzweckmäßig (inopportun), da entweder zu allgemeine Regelungen ohne normativen Charakter oder aber zu detaillierte Vorschriften entstanden sind; Magnard/Tenzer, Le spermatozoïde, S. 104 ff. im Hinblick auf Keimzellen; Raymond, JCP 1994 éd. G 3796, S. 453 f.: „absence de solennité et d'ambition"; Labrusse-Riou in: Bioéthique: de l'éthique au droit, du droit à l'éthique, S. 11 meint, dass ethische Fragestellungen eher verschoben als gelöst wurden; Mémeteau, Les petites affiches vom 14.12.1994 (numéro spécial), S. 41 ff.; Labrusse-Riou in :Brisset-Vigneau , S. 3 ff. stellt die unterschiedlichen Ansätze des Rechts und der Biomedizin heraus.

de der mit dem technischen Fortschritt einhergehende Wandel der Moralvorstellungen angeführt. Er berge die Gefahr, dass Gesetze schon bald nicht mehr mit der medizinischen Realität und dem moralischen Grundkonsens in Einklang stehen und obsolet werden. Um dieser allgemein bestehenden Befürchtung Rechnung tragen zu können, wurde in Art. 21 des Gesetzes Nr. 94-654 vom 29. Juli 1994 dem Parlament die Verpflichtung auferlegt, die gesetzlichen Regelungen nach fünf Jahren einer Überprüfung zu unterziehen.[216]

Entgegen diesem gesetzlich vorgeschriebenen Zeitplan[217] wurde erst am 20. Juni 2001 ein projet de loi[218] in erster Lesung der Nationalversammlung vorgestellt.[219] Auf die von der Bioethikkonvention[220] geprägten Änderungsvorschläge wird an anderer Stelle noch eingegangen.

(5) Gang der Darstellung

Bevor die Spezialregelungen über Gewebe, Blut, Organe und Keimzellen dargestellt werden, wird genauer auf die im Code Civil verankerten Grundprinzipien über den Umgang mit dem Körper und seinen abgetrennten Substanzen sowie auf die Vorschriften des Code de la santé

---

216 Hierzu Gaumont-Prat, Le Dalloz sommaires commentés 1999, S. 343: Hierdurch wird dem Gesetz sein caractère de permanence entzogen

217 Viele Anwendungsdekrete sind noch nicht oder erst sehr verspätet erlassen worden, so dass eine Umsetzung des Gesetzes und damit auch eine Überprüfung oftmals noch nicht erfolgen konnte, vgl. Galloux, RTD san. et soc.1998 (1), S. 5

218 „Projet de loi relatif à la bioéthique“ vom 20.06.2001, Nr. 3166

219 Das projet wurde einer Sonderkommission zur Überprüfung übertragen. Am 22.01.2002 wurde der Vorschlag in der Nationalversammlung nach erster Lesung angenommen (Nr. 763, 11. législation) und an den Sénat weitergeleitet, der am 31.01.Änderungen vorgenommen hat (Nr. 593, 12. législation). „La révision des lois bioéthiques se fait attendre“ in Le Figaro vom 19.04. 2001, S. 9; Stellungnahme Nr. 67 des CCNE vom 18.01.2001; vier Rapports wurden bislang erstellt: rapport n° 2198 sur le clonage, la thérapie cellulaire et l'utilisation thérapeutique des cellules embryonnaires, rapport n° 1407 sur l'application de la loi n° 94-654 du 29 juillet 1994 relative au don et à l'utilisation des éléments et produits du corps humain, à l'assistance médicale à la procréation et au diagnostic prénatal (rapport Claeys), ein rapport des Conseil d'État: „Les lois bioéthiques : cinq ans après“, La documentation française vom November 1999 und der rapport Nr. 3208 vom 27.06.2001 (rapport Charles)

220 Genauer: Menschenrechtsübereinkommen zur Biomedizin vom 4.4.1997, (la Convention sur les droits de l'homme et de la biomédecine, dite convention d'Oviedo)

publique über die allgemeinen Prinzipien der Spende und Verwendung von Körpersubstanzen eingegangen.

b) Grundprinzipien

Der französische Gesetzgeber hat es für notwendig erachtet, Grundprinzipien über die Spende und Verwendung des Körpers und seiner abgetrennten Substanzen im Code civil und im Code de la santé publique festzuschreiben, um das Vertrauen der Bevölkerung in die neuen medizinischen Möglichkeiten zu stärken und Rechtssicherheit im Umgang mit dem Körper und seinen abgetrennten Substanzen zu schaffen. Die Grundprinzipien werden im Code de la santé publique durch Spezialregelungen über die Behandlung einzelner Körpersubstanzen konkretisiert.

In der französischen Literatur[221] hat diese Gesetzestechnik nicht immer positive Resonanz hervorgerufen: Die heute als Grundprinzipien verankerten Regelungen seien schon immer von der Literatur und Rechtsprechung als allgemein geltende Rechtsprinzipien anerkannt gewesen. Durch ihren Aufstieg in der Normenhierarchie und ihren zwingenden gesetzlichen Charakter (Art. 16-9 CC)[222] steige zwar die rechtliche Bedeutung der Grundprinzipien; die stärkere Gewichtung relativiere sich aber dann rasch, wenn man ihre im Code de la santé publique vorgesehenen zahlreichen Ausnahmen betrachte.

Der Gesetzentwurf aus dem Jahr 2001 bringt inhaltlich keine Veränderungen; redaktionelle Neustrukturierungen und Präzisierungen unterstreichen lediglich die Bedeutung der Grundprinzipien.

(1) Der Vorrang der Person, Art. 16 CC

Nach Art. 16 CC gewährleistet das Gesetz den Vorrang der Person, verbietet Verletzungen der Menschenwürde und garantiert die Achtung

---

221 Duprat, Les petites affiches vom 3.7.1996, S. 4 ff. (5, 8); Harichaux, La protection des libertés et droits corporels, S. 30 und Mémeteau, Les petites affiches vom 14.12.1994 (numéro spécial), S. 41 ff. (43 f.) zu Art. 16-3 CC; vgl. Jamin, RTD civ. 1994, S. 933 ff., 941 ff.

222 Art. 16-9 CC besagt, dass die Art. 16 bis Art. 16-8 CC zwingendes Recht (d'ordre public) sind; hierzu auch Galloux, Les petites affiches vom 14.12.1994 (numéro spécial), S. 19; Labrusse-Riou in: Bioéthique: de l'éthique au droit, du droit à l'éthique, S. 22 f.

des Menschen mit Beginn seines Lebens.[223] Die ausdrückliche Betonung des Vorranges der Person macht deren wesentliche Bedeutung bei der rechtlichen Einordnung des Körpers deutlich. Dieser Vorrang erstreckt sich auf den Körper, das werdende Leben, den Leichnam und auf abgetrennte Körpersubstanzen.[224]

(2) Von der Unveräußerlichkeit des Körpers zum nicht vermögensfähigen Gut[225], Art. 16-1 Abs. 3 CC und 16-5 CC

(a) Inhalt und Folgen des Grundsatzes der „non patrimonialité", Art.16-1 Abs. 3

Der dritte Absatz des Art. 16-1 CC besagt, dass der menschliche Körper, seine Elemente und Produkte nicht Gegenstand eines Vermögensrechtes[226] sein können. Der noch in den Gesetzesvorschlägen verankerte Grundsatz der Unveräußerlichkeit (indisponibilité) des menschlichen Körpers wurde zu Gunsten der Nichtvermögensfähigkeit

---

223 Art. 16 CC ist ähnlich einem Artikel einer Menschenrechtserklärung verfasst. Der Gesetzestext stellt abwechselnd auf die Person, das menschliche Wesen und den Körper ab. Auf diese Weise konnte ein subjektives, nicht vermögenswertes Recht am Körper begründet werden, so Thouvenin, Les petites affiches vom 14.12.1994 (numéro spécial), S. 26; Batteur, Les petites affiches vom 14.12.1994 (numéro spécial), S. 31 unter Hinweis auf Art. 16-2 CC; Byk JCP 1994, éd G I 3788, S. 405

224 Savatier, Les petites affiches vom 14.12.1994 (numéro spécial), S. 8 ff. (9)

225 Vgl. Labrusse-Riou in: Bioéthique: de l'éthique au droit, du droit à l'éthique, S. 15, Salat-Baroux, Les lois de bioéthique, S. 27; Lavroff-Detrie, thèse 1997, S. 556 ff.; auch in Art. 611-17 a) CPI wurde der non patrimonialité Rechnung getragen: „...le corps humain, ses éléments et ses produits ainsi que la connaissance de la sturucture totale ou partielle d'un gêne humain ne peuvent, en tant que tels, faire l'objet de brevets"; hierzu: Labrusse-Riou in: Bioéthique: de l'éthique au droit, du droit à l'éthique, S. 30; Galloux, Les petites affiches vom 14.12.1994 (numéro spécial), S. 21; generell zur Patentierbarkeit: Galloux, JCP 1995 éd. G I 3872; Galloux, RIDC 1998 (2), S. 503 ff.; Honlet in: Le droit saisi par la biologie, S. 272 ff.

226 In dem Rapport Mattei, S. 29 heißt es hierzu: „C'est [le principe de non patrimonialité des parties et produits du corps] l'un des aspects modernes de la mission civilisatrice que s'assigne la France, que de nier farouchement l'existence de ce droit. Elle tente, par suite, de faire triompher cette idée contre le mercantilisme de la société industrielle. Il n'est pas dans la tradition française de considérer les parties du corps comme une marchandise." Vermögensrechte sind Rechte, die sich auf das Vermögen und die Verwaltung von Sachen sowie Geschäfte mit Sachen (biens) beziehen, Cornu, Vocabulaire Juridique, S. 623 f.

(non patrimonialité) der an ihm bestehenden Rechte aufgegeben.[227] Damit wurde der bereits angesprochenen[228] zunehmenden Kritik am Grundsatz der Unveräußerlichkeit des menschlichen Körpers entsprochen.

Umstritten sind die rechtlichen Konsequenzen, die aus der Einführung des neuen gesetzlichen Begriffes der „non patrimonialité“ resultieren.[229] Nach traditionellem Verständnis können nichtvermögensfähige Rechte im Unterschied zu Vermögensrechten von Natur aus nicht übertragen werden (incessible) und sind unverfügbar (indisponible). Einige Autoren sehen durch den Grundsatz der „non patrimonialité“ daher auch die Einheitstheorie bestätigt: Zwischen dem Körper und der Person bestehe eine Einheit, da an beiden nur nicht vermögenswerte Rechte begründet werden können. Andere sind der Auffassung, dass der Gesetzgeber schlichtweg die juristischen Begrifflichkeiten verwechselt habe, da er in Bestimmungen des Code de la santé publique[230] offensichtlich die Übertragbarkeit von Körpersubstanzen gestattet. Die Vertreter dieser Auffassung vermuten, dass der Gesetzgeber eigentlich nur die Unentgeltlichkeit von Übertragungen durch den Grundsatz der non patrimonialité zum Ausdruck bringen wollte.[231]

(b) Art. 16-5 CC

Art. 16-5 CC steht in direktem inhaltlichen Zusammenhang mit Art. 16-

---

[227] Zu den unterschiedlichen Formulierungen in dem avant projet und dem Gesetzesvorschlag: Galloux, Les petites affiches vom 14.12.1994 (numéro spécial), S. 21; Honlet in: Le droit saisi par la biologie, S. 268 f.; Siroux in: Lemaire, Rameix, Ghanassia, S. 67 ff.

[228] Siehe unter III. A. 1.

[229] Nach Harichaux, La protection des libertés et droits corporels, S. 35 wird die Frage der Verfügungsbefugnis am eigenen Körper hierdurch offen gelassen; nach Labrusse-Riou in: Bioéthique: de l'éthique au droit, du droit à l'éthique, S. 28 steht die nature morale der non patrimonialité einer Übertragung unter Lebenden entgegen; Thouvenin, ALD 1995, S. 163; Honlet in: Le droit saisi par la biologie, S. 270; Mousny, thèse 1998, S. 116 ff.; Labbée, les petites affiches vom 11.07.1997 n° 83, S. 34 ff. (37) versteht den Begriff nicht juristisch, sondern wirtschaftlich.

[230] Z.B. Art. 1211-1, 1243-1, 1243-7 Nr. 3 CSP

[231] Labrusse-Riou in: Bioéthique: de l'éthique au droit, du droit à l'éthique, S. 27 f.; Massip, Gaz. Pal. vom 6.4.1995, S. 435 f.; Galloux, RTD san. et soc. 1998 (1), S. 1 ff. (2); Galloux, Les petites affiches vom 14.12.1994 (numéro spécial), S. 18; Galloux, RIDC 1998 (2), S. 491 ff. (500 f.) und Adorno, thèse 1991, S. 101

1 Abs. 3 CC.[232] Er besagt, dass alle Vereinbarungen, die dem menschlichen Körper, seinen Elementen oder Produkten einen Vermögenswert verleihen, nichtig[233] sind. Dadurch sollen Überlegungen bedürftiger Menschen unterbunden werden, den eigenen Körper aus wirtschaftlichen Gründen „auszubeuten",[234] d.h. als Ware zu vermarkten.

Wie bei Art. 16-1 Abs. 3 CC ist auch die Auslegung des Art. 16-5 CC in der Rechtslehre umstritten. Während ein Teil der Literatur[235] in Art. 16-5 CC einen Anwendungsfall des Art. 1128 CC sieht und damit Körpersubstanzen als Gegenstand vertraglicher Vereinbarungen generell ausschließt, sind andere der Auffassung, dass Art. 16-5 CC nur ein Verbot entgeltlicher Verträge über Elemente und Produkte des menschlichen Körpers beinhaltet.[236] Für die zweitgenannte Auffassung spricht der Wortlaut des Art. 16-5 CC. Er verbietet nur vermögensrechtliche Wirkungen eines Vertrages über Körpersubstanzen, schließt sie als Vertragsgegenstand aber nicht explizit aus.

(3) Die Unverletzlichkeit des Körpers, Art. 16-1 Abs. 2 CC und Art. 1211-2 CSP

Neben dem Grundsatz der Nichtvermögensfähigkeit des Körpers wird seine Rechtsnatur durch das in Art. 16-1 Abs. 2 CC geregelte Prinzip seiner Unverletzlichkeit[237] gekennzeichnet. Art. 16-3 CC gestattet einen Eingriff in die körperliche Integrität nur, wenn „für die Person"[238] ein medizinischer[239] Nutzen erzielt werden kann und der Eingriff durch eine

---

232 Zu beachten ist auch Art. 16-7 CC, der insbesondere auf Leihmütterverträge abstellt.

233 Nullité absolue, da Allgemeininteressen berührt sind, vgl. Galloux, Les petites affiches vom 14.12.1994 (numéro spécial), S. 19

234 Mousny, thèse 1998, S. 116; Art. 16-5 CC ist eine paternalistische Vorschrift.

235 Mousny, thèse 1998, S. 182 ff. stellt darauf ab, dass auch der unentgeltliche Vertrag zumindest indirekt eine vermögensrechtliche Wirkung entfaltet.

236 Byk, JCP 1994 éd G I 3788 zieht diesen Schluss aus dem Begriff „valeur" in Art. 16-5 CC; Galloux Les petites affiches vom 14.12.1994 (numéro spécial),S.13 ff. ist der Auffassung, dass der Gesetzgeber den Begriff der non patrimonialité sehr eng verstanden haben wollte.

237 S. Harichaux, La protection des libertés et droits corporels, S. 29 ff.; Byk, JCP 1994 éd. G I 3788

238 Vgl. Thouvenin, Les petites affiches vom 14.12.1994 (numéro spécial), S. 27; Labrusse-Riou in: Bioéthique: de l'éthique au droit, du droit à l'éthique, S. 22

239 Seit Gesetz Nr. 99-641 vom 27.07.1999; ursprünglich wurde auf einen therapeutischen Nutzen abgestellt, womit präventive Maßnahmen und Entnahmen zu

Einwilligung[240] gerechtfertigt wird. Der Code de la santé publique greift das Einwilligungserfordernis[241] für Entnahmen von Elementen und der Sammlung von Körperprodukten durch Art. 1211-2 CSP auf und ergänzt es mit einem Widerrufsrecht.

Auch wenn der Grundsatz der Unverletzlichkeit des Körpers in Frankreich schon lange anerkannt ist, hat sich seine Bedeutung durch die Gesetze von 1994 gewandelt: Das Selbstbestimmungsrecht des Patienten wurde gestärkt gleichzeitig aber die gesetzlich erlaubten Eingriffszwecke[242] erweitert. Auf der einen Seite wurden die Rechtfertigungsgründe für Eingriffe in die körperliche Integrität durch umfangreichere Betrachtung der legitimen Eingriffszwecke erweitert. Während bisher ein Eingriff in die körperliche Integrität nur durch einen therapeutischen Zweck für die behandelte Person gerechtfertigt werden konnte, kann neuerdings ein Eingriffauch zum therapeutischen Nutzen eines Mitmenschen[243] oder für wissenschaftliche Zwecke[244] legitimiert sein. Auf der anderen Seite wurde durch die Bioethikgesetze der Patientenwillen gestärkt: Es wurden verfahrensrechtliche Garantien für die

---

Forschungszwecken nicht erfasst waren. Ausführlich zu den Begriffen „nécessité thérapeuthique, médicale und scientifique", Rapport Charles, S. 211

[240] Ausführlich zur Einwilligung bei medizinischen Eingriffen: : „Le consentement aux actes médicaux", sous la présidence de Guigue, J., Gaz. Pal. vom 28. Mai 1998 n° spéciale; Rapport Claeys, S. 23; Thouvenin, Les petites affiches vom 14.12.1994 (numéro spécial), S. 28 und Thouvenin, ALD 1995, S. 164: Mit der Einführung dieses Einwilligungserfordernisses wurde ein weiteres, dem Code civil bislang fremdes Konzept des „consentement" eingeführt; da die Entnahme im Regelfall nicht auf Initiative des Patienten erfolgt, ist das Einwilligungserfordernis eher im Sinne einer Verpflichtung für den Arzt auf Einholung der Einwilligung zu sehen; in diesem Sinne auch die neue Rechtsprechung der Cour de Cassation vom 25.2.1997, D. 1997 somm., S. 319, die nunmehr dem Arzt die Beweislast für eine erfolgte Risikoaufklärung auferlegt; vgl. hierzu auch Penneau, Gaz. Pal. spéc. vom 28.05.1998, S. 8 ff.. Ist der Eingriff medizinisch indiziert gilt die Einwilligung als erteilt, wenn der Patient nicht mehr fähig ist, seinen Willen zum Ausdruck zu bringen.

[241] Das Dekret Nr. 96-375 vom 29.4.1996 in JO vom 5.5.1996, S. 6799-6800 präzisiert die Modalitäten der Abgabe der Einwilligung; hierzu Lavroff-Detrie, thèse 1997, S. 623 f.

[242] Vgl. unter II. D. 3.

[243] Art. 1231-1 CSP; auch eine künstliche Insemination steht unter dem Vorbehalt der Bewirkung eines therapeutischen Nutzens; entweder soll die Unfruchtbarkeit des Paares bekämpft werden oder die Übertragung einer besonders schlimmen Krankheit auf das Kind vermieden werden, Art. 2141-2 CSP

[244] Art. 1232-1 CSP für die Entnahme bei einem Verstorbenen und Art. 1241-1 CSP für die Entnahme von Gewebe, Zellen und Produkten

Abgabe der Einwilligung eingeführt und strafrechtliche Sanktionen angedroht, wenn die Einwilligung des Patienten vor dem Eingriff nicht eingeholt wurde.[245]

Dieses Gedankengut wird durch den Gesetzentwurf aus dem Jahre 2001 bekräftigt. In zwei neuen Absätzen des Art. 1211-2 CSP wird dem Patienten das Recht eingeräumt, vor einer ursprünglich nicht geplanten Weiterverwendung seiner Substanzen über die Verwendungszwecke informiert zu werden und der Weiterverwendung zu widersprechen (droit d'opposition). Wird einem Patienten beispielsweise Blut für diagnostische Untersuchungen abgenommen und soll das Blut anschließend für therapeutische oder wissenschaftliche Zwecke weiterverwendet werden, kann der aufgeklärte Patient die Weiterverwendung verbieten. Bislang war rechtlich nicht geklärt, ob die Laboratorien das Blut nach der Untersuchung entsorgen müssen oder weiteren Verwendungen zuführen dürfen. Diese Regelungslücke soll durch die Neufassung des Art. 1211-2 CSP geschlossen werden.

(4) Grundsatz der Unentgeltlichkeit von Übertragungen körperlicher Elemente und Produkte, Art. 16-6 CC und Art. 1211-4 CSP

Der Grundsatz der Unentgeltlichkeit von Übertragungen körperlicher Elemente und Produkte hatte nach dem Zweiten Weltkrieg Eingang ins französische Recht gefunden.[246] Während des ersten Weltkrieges konnte die Nachfrage an Blut noch durch Gelegenheitsspenden von Familienangehörigen des Verletzten befriedigt werden. Im Verlauf des Zweiten Weltkrieges hatten sich dann zwei unabhängige Versorgungssysteme entwickelt: ein offizielles mit vergüteten „Spendern" des Vichy Regimes und ein inoffizielles mit freiwilligen Spendern des Widerstandes; letzteres setzte sich im Anschluss an den Zweiten Weltkrieg im Gesetz von 1952 wegen des negativen Images der bezahlten Vichy Anhänger durch.

[245] Labrusse-Riou in: Bioéthique: de l'éthique au droit, du droit à l'éthique, S. 21, 23: Die ausdrückliche gesetzliche Bestätigung dieses Grundsatzes läßt hoffen, dass Mediziner künftig mehr Sorgfalt bei der Einholung des Einverständnisses walten lassen und die Gerichte aufmerksamer darüber wachen; Savatier, Les petites affiches vom 14.12.1994 (numéro spécial), S. 8 ff. (10 f.); Rapport Claeys, S. 23; Rapport Charles, S. 178 f. bezeichnet es als Grundstein (clé de voûte) der Bioethikgesetze.

[246] Ausführlich hierzu Hermitte, Le sang et le droit, S. 69 ff.

Später hat der Grundsatz der Unentgeltlichkeit in zahlreichen Gesetzen Berücksichtigung gefunden und wurde in der Bevölkerung allgemein[247] anerkannt. Art. 3 des Gesetzes Cavaillet, Art. 13 des Gesetzes vom 31.12.1991 über die Samenspende und Art. 666-3 Abs. 2 CSP a.F. (Art. 1221-3 Abs. 2 CSP n.F.) über die Blutspende untersagten bereits eine Vergütung für Entnahmen bei lebenden und toten Spendern.

Heute ist der Grundsatz der Unentgeltlichkeit in beiden Gesetzen, dem Code civil und dem Code de la santé publique verankert. Nach Art. 16-6 CC darf derjenige, der sich zu Experimenten an seinem Körper, zu Entnahmen von Elementen des Körpers oder zur Gewinnung von Körperprodukten bereit erklärt, keine Vergütungen vereinbaren bzw. empfangen. Art. 1211-4 CSP verbietet die Gewährung eines Entgelts in jeglicher Form bei Entnahmen von Elementen und Gewinnung von Produkten des Körpers.

Ein Dekret des Conseil d'Etat[248] legt die Voraussetzungen für die Kostenerstattung entstandener Aufwendungen fest. Bevor es am 11. Mai 2000 in Kraft getreten war, unterlag die Aufwandsentschädigung für Organ-, Knochenmark-, Gewebe-, Zell- und Keimzellenspendern jeweils verschiedenen Kriterien.[249] Heute differenziert das Dekret danach, ob die Entnahme einer Substanz gezielt für eine Spende oder anlässlich eines medizinischen Eingriffs (à l'occasion d'une intervention médicale) erfolgt.

Für gezielte Entnahmen legt das Dekret in allen Einzelheiten fest, unter welchen Voraussetzungen und in welcher Höhe tatsächlich angefallene Vermögenseinbußen erstattet werden dürfen. Ein kurzer Einblick in die Regelungen des Dekrets[250] verdeutlicht, dass pauschale

---

247 Vgl. die Umfrage bei Brassier in: Journal international de bioéthique, S. 92; Gobert, RTD civ. 1992, S. 489 ff. (511 f.)

248 Dekret Nr. 2000-409 vom 11.5.2000; entsprechende Regelungen finden sich in Art. 3 des Gesetze Cavaillet, im Gesetz Huriet Art. 1121-8, Art. 1124-2 CSP und in Art. 1221-3 CSP für Blut.

249 Ausführlich zur Entschädigung von Lebendspendern vor Erlass des Dekrets: Galloux, RTD san. et soc. 1998 (1), S. 1 ff. (11 f.), der Unterscheidungen nach dem erbrachten Opfer des Spenders und nach den Bedürfnissen des Marktes andenkt, letztlich aber eine Gleichbehandlung nach den für das Blut geltenden Regelungen befürwortet, da jeder Spender in vergleichbarer Weise zum Allgemeinwohl beiträgt.

250 Auszug aus dem Dekret, Art. R. 665-70-1: „A l'occasion du prélèvement d'élé-

Aufwandsentschädigungen unzulässig sind: Erstattet werden nur die Anfahrkosten[251] für das bestgeeignete und günstigste öffentliche Verkehrsmittelmittel. Flugkosten werden nur erstattet, wenn die Anfahrzeit mit anderen Verkehrsmitteln länger als drei Stunden in Anspruch nehmen würde. Erfolgt die Anfahrt mit einem privaten Fahrzeug, so verweist das Dekret auf die Vorschriften[252], die für öffentlich Bedienstete der Krankenhäuser gelten. Die tatsächlich angefallenen Übernachtungskosten und eventuell anfallender Verdienstausfall werden - der Höhe nach begrenzt - von den Versorgungsträgern (Krankenkassen o.ä.) erstattet. Soweit der Spender durch eine Begleitperson betreut werden muss, können auch deren Kosten in gleicher Höhe erstattet werden.

Werden die Substanzen anlässlich eines medizinischen Eingriffs als Operationsabfälle entnommen und einer weiteren Verwendung zugeführt, gewährt das Dekret dem Patienten keinen Kostenausgleich. Die Ausgaben für medizinische Untersuchungen an den körperlichen Abfallprodukten tragen die Gesundheitseinrichtungen.[253]

Ein Blick in die Regelungen, die biomedizinische Versuche betreffen, zeigt aber, dass der Grundsatz der Unentgeltlichkeit in der Gesetzgebung zur Bioethik nicht ausnahmslos Anwendung findet:[254] Art. 1124-2

ments ou de la collecte de produits du corps humain à des fins thérapeutiques, l'établissement de santé qui réalise le prélèvement rembourse au donneur, sur production des justificatifs nécessaires, les frais de transport et d'hébergement. I. - La prise en charge des frais de transport est effectuée sur la base du tarif le moins onéreux du moyen de transport en commun le mieux adapté au déplacement ; les frais de transport par voie aérienne peuvent être pris en charge dès lors que les autres moyens de transport requièrent un temps de trajet supérieur à trois heures. Les frais occasionnés par l'utilisation de l'automobile personnelle du donneur ou de la personne qui l'accompagne sont remboursés dans les conditions prévues au premier alinéa de l'article 30 du décret no 92-566 du 25 juin 1992 fixant les conditions et les modalités de règlement des frais occasionnés par les déplacements des fonctionnaires et agents relevant de la fonction publique hospitalière sur le territoire métropolitain de la France. ..."

251 Anfahrkosten für die Abgabe der Einwilligung, für die Vor- und Nachuntersuchungen sowie für die Spende selbst.

252 Art. 30 Abs. 1 des Dekret Nr. 92-566 vom 25.06.1992

253 Auszug aus dem Dekret, Art. R. 665-70-6: „Lorsque des éléments du corps humain sont recueillis à l'occasion d'une intervention médicale dans les conditions prévues à l'article L. 672-1 [L. 1245-2], l'établissement de santé prend à sa charge les frais d'analyses de biologie médicale prévues aux articles R. 665-80-3 et R. 665-80-4".

254 Siehe hierzu auch Edelman, D. 1991 chr., S. 203 (204) und Mousny, thèse

CSP gewährt[255] in Abweichung zu Art. 1121-8 CSP[256] eine Entschädigung bis zu einem Betrag von 25.000 FF pro Jahr (entspricht ca. € 3.811), wenn die Versuche keinen persönlichen Nutzen für die (Versuchs-) Person bzw. Spender bringen.

Wesentliche Änderungen sind auch von einem Ergänzungsvorschlag zum Gesetzentwurf vom 20. Juni 2001 für die Praxis nicht zu erwarten.[257] Um sicherzustellen, dass die Spende für den Spender kostenneutral verläuft, soll dem Art. 1211-4 CSP ein zweiter Absatz angefügt werden, der die Kosten der Entnahme oder Gewinnung ausschließlich den tätig werdenden operierenden Gesundheitseinrichtungen auferlegt.

Richtet man den Blick von der Ebene der Eigen- auf die der Fremdkommerzialisierung, so finden sich dort auch Ausprägungen des Unentgeltlichkeitsgrundsatzes. Niemand, der im Rahmen der Weiterverwendung von Körpersubstanzen eine Leistung erbringt, darf außerhalb der gesetzlich festgesetzten Tarife Vergütungen erhalten. Dieser Aspekt des Unentgeltlichkeitsgrundsatzes ist in Art. 1233-2 CSP (Organentnahmen zu Zwecken der Spende[258]), Art. 1234-3 CSP (Organtransplantation), Art. 1242-2 CSP (Gewebeentnahmen) und in Art. 1244-5 CSP (Keimzellen) verankert. Eine Verordnung vom 18. August 1994[259] setzt die Tarife der Leistungen bei Organtransplantationen fest. Eine Gewinnerzielung der Vermittlungsstellen (établissement dépositaire) wird durch staatliche Preisvorgaben und wegen des gemeinnützigen Charakters der Vermittlungsstellen so verhindert.

1998, S. 186.

255 „Dans le cas d'une recherche sans bénéfice individuel direct, le promoteur peut verser aux personnes qui s'y prêtent une indemnité en compensation des contraintes subies. Le montant total des indemnités qu'une personne peut percevoir au cours d'une même année est limité à un maximum fixé par le ministre chargé de la santé"; arrêté vom 21.02.1994, J.O. vom 30.03.1994 und arrêté vom 26.12.1990, J.O. vom 09.01.1991

256 „la recherche biomédicale ne donne lieu à aucune contrepartie financière directe ou indirecte pour les personnes qui s'y prêtent, hormis le remboursement des frais exposés et sous réserve des dispositions particulières prévues par l'article L. 1124-2 du présent code relatif aux recherches sans finalité thérapeutique directe".

257 Alleine für die Eizellenspenderinnen kann eine Verbesserung erwartet werden, genauer hierzu, siehe unter III. A. 3. e) (2) (c),

258 Organentnahmen zu Behandlungszwecken werden folglich nicht erfasst, vgl. „Projet de loi relatif à la bioéthique", Nr. 3166 vom 20.06.2001

259 „arrêté" im JO vom 27.08.1994

Der Grundsatz der Unentgeltlichkeit wird durch ein Werbeverbot ergänzt. Die Spende von menschlichen Elementen oder Produkten zugunsten bestimmter Personen oder Organisationen (Art. 1211-3 CSP) ist unzulässig. Öffentliche Informationen und Spendenaufrufe sind nur im Rahmen des Verantwortungsbereichs des Gesundheitsministeriums erlaubt.

(5) Grundsatz der Anonymität der Spende, Art. 16-8 CC und Art. 1211-5 CSP

(a) Inhaltliche Ausprägung

Der in Art. 16-8 CC und Art. 1211-5 CSP verankerte Grundsatz der anonymen Spende ist mit Ausnahme der Lebendorganspende auf alle Körpersubstanzen anzuwenden.[260] Nach dem gesetzlich vorgesehenen Ablauf überlässt der Spender seine Substanz einer staatlichen Stelle[261] (intermédiaire), die daraufhin dem Empfänger die Substanz vermittelt. Auf diese Weise wird das Entstehen direkter vertraglicher oder tatsächlicher Beziehungen zwischen dem Spender und Empfänger verhindert und ein wesentlicher Beitrag zur Verhinderung der Kommerzialisierung geleistet.[262]

(b) Ausnahme vom Anonymitätsgrundsatz

Nur bei therapeutischer Indikation[263] sehen Art. 16-8 CC und Art. 1211-5 CSP eine Ausnahme von der strikten Anonymisierung der Substan-

---

[260] Für Keimzellenspenden gilt Art. 1244-7 CSP, für die Embryonenspende Art. 2141-5 Abs. 3 CSP

[261] Z.B. der CECOS oder Transfusionszentren

[262] Abduldayem, thèse 1995, S. 140 ff.; Neirinck, Les petites affiches vom 14.12.1994 (numéro spécial), S. 54 ff. (55) für Keimzellenspenden unter Hinweis auf die parlamentarischen Arbeiten. Daneben soll auch der Gefahr begegnet werden, Empfänger und Spender psychischen Belastungen auszusetzen: Die Schwierigkeiten für den Empfänger einer Substanz, sich gänzlich mit dem eigenen, „neuen" Körper identifizieren zu können, wachsen, wenn die Identität des - vielleicht unsympathischen - Spenders bekannt ist. Daneben können persönliche Schuldgefühle treten, die tatsächlich nicht kompensiert werden können und aus rechtlichen Gründen auch materiell nicht ausgeglichen werden dürfen. Schuldgefühle können aber auch auf Seiten des Spenders auftreten, wenn die Verpflanzung „seiner" Substanz misslingt. Ausfluss der Anonymisierung ist auch hier wieder das Verbot, zugunsten einer bestimmten Person oder Einrichtung zu werben, Art. 1211-3 Abs. 1 CSP, vgl. Lavroff-Detrie, thèse 1997, S. 628 f..

[263] Ursprünglich war von „medizinischem Interesse" die Rede.

zen vor. Werden beim Empfänger Krankheitssymptome diagnostiziert, die auf die gespendete Substanz zurückgeführt werden können und ist die Aufhebung der Anonymität zur Bekämpfung der Krankheit erforderlich, dürfen den behandelnden Ärzten, die wiederum der Schweigepflicht unterworfen sind (Art. 226-13 Code pénal), identitätsrelevante[264] Informationen über den Spender bekannt gemacht werden.

(c) Kritik

Gegner der Anonymisierung betonen unter Hinweis auf die Erfahrungen aus dem Blutskandal, dass die Anonymisierung gesundheitliche Gefahren für den Empfänger berge und auch zu einer Verringerung der Spendebereitschaft führen könne.[265] Spender würden häufig ihre Bereitschaft zu altruistischem Handeln aus einer persönlichen Zuneigung zu einer erkrankten Person ableiten. Dieser Kreis möglicher Spender werde aber dann durch den Anonymitätsgrundsatz ausgeschlossen.[266]

(6) Ausnahme von den Grundprinzipien

Nach Art. 1211-8 CSP können einige Körperprodukte[267] dem Anwendungsbereich der eben angesprochenen allgemeinen Prinzipien des Code de la santé publique durch Dekret des Conseil d'Etat entzogen werden, wenn die Prinzipien auf sie üblicherweise nicht angewendet werden. Ein Dekret vom 4. August 1995[268] führt Haare, Zähne sowie Finger- und Fußnägel auf. Mit Ausnahme der Haare tragen sie weder Zellen noch genetisches Material und führen bei der Abtrennung weder zu gesundheitlichen Risiken noch Schädigungen. Diese menschlichen Produkte können folglich (weiterhin) ohne die Einwilligung des ursprünglichen Trägers gewonnen werden und dürfen in nicht anonymisierter Form aufbewahrt und weiter übertragen werden. Hierdurch

---

[264] Anders bei der Keimzellenspende, s. Art. 1244-6 CSP

[265] Vgl. Rapport Mattei, S. 141, 151, der die Geltung des Anonymitätsgrundsatzes beschränken will; Byk, JCP 1994 éd. G I 3788, (S. 407); zur Gefährdung des Gesundheitsschutzes, vgl. Art. 1211-5 Abs. 2 CSP. Heftig umstritten ist auch die anonymisierte Keimzellenspende und dessen unterschiedslose Anwendung auf Sperma und Eizellen, Labrusse-Riou in: Bioéthique: de l'éthique au droit, du droit à l'éthique, S. 30 ff.; Andorno, thèse 1994, S. 236 ff.

[266] Savatier, Les petites affiches vom 14.12.1994 (numéro spécial), S. 10

[267] Hier wird also die Unterscheidung zwischen Elementen und Produkten des Körpers bedeutsam.

[268] Dekret Nr. 95-904, Art. 1211-9 Nr. 4 CSP

hat der Gesetzgeber die gewohnheitsrechtlich bereits anerkannten Praktiken im Umgang mit einigen Körpersubstanzen legitimiert. Haare für eine Echthaartransplantation können beispielsweise weiterhin ohne die Einwilligung des ursprünglichen Haarträgers verwendet und verkauft werden.

c) Die Lebendorganspende, Art. 1231-1 ff. CSP

In der Einleitung wurde bereits die Bedeutung der Lebendorganspende[269] für den Bereich therapeutischer Verwendungen von Körpersubstanzen hervorgehoben. Den vielfältigen Möglichkeiten der Transplantationsmedizin, durch eine Organtransplantation Leben zu erhalten, steht derzeit ein deutlicher Mangel an geeigneten Spenderorganen gegenüber. In dieser Situation wächst die Versuchung, aus eigensüchtigen wirtschaftlichen Motiven die gesundheitliche Notlage lebensgefährlich Erkrankter auszunutzen und die eigene Gesundheit zu gefährden.[270]

Neben der Eindämmung kommerzieller Gefahren steht der Gesetzgeber bei der Organisation der Lebendorganspende vor der Herausforderung, die Heilungschancen für den Organempfänger mit den gesundheitlichen Risiken für den Spender in Einklang zu bringen. Im Vergleich zu einer Spende post mortem führt eine Lebendorganspende zu erfolgversprechenderen Langzeitergebnissen, da die Operation ohne lange Wartezeiten sorgfältiger geplant werden kann und das Spenderorgan eines Lebenden weniger Abstoßungsreaktionen hervorruft.[271] Auf der anderen Seite stehen die gesundheitlichen Risiken für den Spender, der sich ohne eigenen medizinischen Nutzen schweren körperlichen Belastungen unterzieht. Entsprechend dem ärztlichen Grundsatz „primum non nocere" war der Gesetzgeber daher auch be-

---

[269] Ein Überblick über die Lebendorganspende findet sich bei Broyer in: Les lois „bioéthique" à l'épreuve des faits, Feuillet-le Mintier, B. (hrsg.), S. 53 ff., Salat-Baroux, Les lois bioéthique, S. 37 ff. und Granet-Lambrechts, RTD san. soc. 1995 (1), S. 11 ff.

[270] Arnoux, Les droits de l'être humain sur son corps, S. 111 ff.; Lavroff-Detrie, thèse 1997, S. 618 ff. (625)

[271] Bei einer Lebendspende wird das Organ binnen einer Stunde auf den Empfänger verpflanzt, bei einer Spende post mortem können 30 Stunden vergehen. Bei der Lebendspende werden daher weniger Sauerstoffradikale, die zu Abstoßungsreaktionen führen, freigesetzt. Ungefähr 85 % der nach einer Lebendspende verpflanzten Nieren sind nach fünf Jahren noch funktionstüchtig, bei einer Spende post mortem sind es ungefähr 70%.

müht, die Lebendorganspende auf besonders gelagerte Fälle zu beschränken[272] und ihr im Verhältnis zu einer Spende post mortem nur subsidiären Charakter einzuräumen.[273]

Die Lebendorganspende konnte in den letzten Jahren von Nierentransplantationen auf Verpflanzungen von Teilen anderer Organe wie Leber, Lunge, Dünndarm und Bauchspeicheldrüse erweitert werden.[274] Nur für das regenerierbare Knochenmark, das den Bestimmungen über Organe ausdrücklich zugeordnet wurde (Art. 1235-2 CSP), finden sich allerdings einige Spezialvorschriften.

Die Art. 1231-1 bis 1231-6 CSP konkretisieren die eben angesprochenen Grundprinzipien für den Bereich der Organtransplantation.

(1) Direkter therapeutischer Nutzen für einen anderen

Lebendorganspenden dürfen nur zu therapeutischen nicht jedoch zu wissenschaftlichen[275] oder industriellen Zwecken erfolgen.[276]

(2) Einwilligung

Die Abgabe der Einwilligung des Spenders ist an besonders strenge Form- und Verfahrensvorschriften gebunden. Nach inhaltlich vorgeschriebener[277] Aufklärung über die Risiken und Konsequenzen der Entnahme muss der Spender vor dem Präsidenten des Tribunal de

---

[272] Zu einem Vergleich mit dem Gesetz Caillavet siehe Harichaux, La protection des libertés et droits corporels, S. 114 ff. und unter III. A. 1. a)

[273] Weniger als 4 % der Nierenspenden und weniger als 2 % der Leberspenden stammen von Lebendorganspendern, vgl. Rapport Claeys S. 402 partie III 1.2.1. mit weiteren Statistiken. In der Bioethikkonvention ist der Subsidiaritätsgrundsatz explizit in Art. 19 festgeschrieben.

[274] Broyer in: Les lois „bioéthique" à l'épreuve des faits, Feuillet-le Mintier, B. (hrsg.), S. 53 ff. (60) bis 1998 wurden in Frankreich nur Nieren und Teile der Leber verpflanzt. Lungen wurden in Deutschland noch nicht verpflanzt. 66 % der Lebendspender sind weiblich.

[275] Organe von Leichen können auch zu wissenschaftlichen Zwecken entnommen werden, vgl. Art. 1232-1 CSP

[276] Auf eine im projet de loi vom Juni 2001 vorgesehene Ausnahme wird noch eingegangen. Erinnert sei zudem an die Formulierung in Art. 16-3 CC, in dem die Rechtmäßigkeit eines Eingriffs vom Nutzen „für die Person" abhängig gemacht wird, vgl. unter III. A. 3. b) (3)

[277] Vgl. Dekret Nr. 96-375 vom 20. April 1996

grande instance seine - jederzeit formlos widerrufbare[278] - Einwilligung erklären. In besonders dringenden Fällen kann die Einwilligung vor dem Oberstaatsanwalt beim Tribunal de grande instance abgegeben werden. Minderjährige und „gesetzlich geschützte Erwachsene“ dürfen ihre Organe nicht spenden.[279]

(3) Begrenzter Spenderkreis

(a) Beschränkung auf Verwandte

Der Anonymitätsgrundsatz findet bei der Lebendorganspende ausnahmsweise keine Anwendung. Statt dessen wird der Spenderkreis gesetzlich genau vorgegeben und beschränkt sich auf einen engen familiären Kreis, nämlich den Vater, die Mutter, den Sohn oder die Tochter sowie auf den Bruder oder die Schwester. In dringenden Fällen dürfen auch der Ehemann oder die Ehefrau als Spender hinzugezogen werden.

Der Gesetzgeber verspricht sich von dieser Einschränkung, schon im Vorfeld dem als verbotswürdig angesehenen Organhandel entgegenzuwirken und die Freiwilligkeit der Organspende zu gewährleisten.[280] Anders als die Spende anderer Körpersubstanzen ist die Lebendorganspende nicht als Akt gesellschaftlicher Solidarität, sondern als Akt persönlicher Zuneigung konzipiert.

Die Knochenmarkspende nimmt wegen der Regenerierungsfähigkeit des Knochenmarks eine Sonderstellung ein: Sie erfolgt anonym (Art. 1231-1 Abs. 1 a.E. CSP) und kann unter drei Voraussetzungen auch zwischen minderjährigen[281] Geschwistern vorgenommen werden (Art. 1231-3 Abs. 1 CSP): die gesetzlichen Vertreter des Minderjährigen müssen ihre Zustimmung vor dem Präsidenten des Tribunal de grande instance erklären, das Kind darf der Spende nicht widersprechen und letztlich muss ein Expertengremium sicherstellen, dass der Minderjährige seinen Willen aufgeklärt zum Ausdruck bringen konnte.

---

278 Art. 1231-1 Abs. 3 CSP

279 Genauer hierzu Granet-Lambrechts, RTD san. soc. 1995 (1), S. 8 ff.

280 Vgl. Granet-Lambrechts, RTD san. soc. 1995 (1), S. 7

281 Näher hierzu Batteur, Les petites affiches vom 14.12.1994 (numéro spécial), S. 29 (31); Jung, MedR 1996, S. 355 ff. (359); Lavroff-Detrie, thèse 1997, S. 624; das projet de loi vom 20.06.2001 erweitert den Kreis auf Cousin und Cousine (Geschwisterkinder), vgl. Art. 1241-3 des Entwurfs.

(b) Kritik an der Begrenzung des Spenderkreises

Unter Hinweis auf den erheblichen Mangel an Organen und dem besonderen psychischen Druck, dem die wenigen, immunologisch kompatiblen Familienmitglieder ausgesetzt sind, wird in Teilen der Literatur erwogen, den Kreis möglicher Spender zu erweitern, gleichzeitig aber den Aufgabenbereich der Expertengremien von der Knochenmarkspende Minderjähriger auf die Lebendorganspenden Erwachsener auszudehnen, um die altruistische Motivation des Spenders sicherzustellen.[282] Für eine Erweiterung des Spenderkreises auf nicht verwandte Personen sprechen auch die aktuellen gesellschaftlichen Entwicklungen, die auf einen Rückgang innerfamiliärer Solidarität schließen lassen.

(4) Gesetzentwurf vom 20. Juni 2001

Der Gesetzesvorschlag vom Juni 2001 schließt sich dieser Kritik an. Neben den Familienangehörigen und Ehepartnern[283] sollen künftig auch Personen, die mit dem Empfänger in einer engen und stabilen Beziehung stehen[284] (un lien étroit et stable), ihr Organ spenden dürfen; der Gesetzesvorschlag führt hierzu ausdrücklich aus, dass die Erweiterung des Spenderkreises aber nicht zu einer Gefährdung der ethischen Grundsätze der unentgeltlichen Spende und autonomen Einwilligung führen dürfe. Bei außerfamiliären Spendern müsse daher stets ein Expertengremium[285] - wie es bei Knochenmarkspenden Minderjähriger üblich ist - als Kontrollorgan eingeschaltet werden, bei familieninternen Spenden sei das Expertengremium nur auf Anordnung des Präsidenten des Tribunal de grande instance heranzuziehen.

---

[282] Vgl. Rapport Charles, S. 184 ff. unter Hinweis auf die in England vorherrschende Praxis; Stellungnahme des CCNE vom 27.03.1998; Broyer in: Les lois „bioéthique“ à l'épreuve des faits, Feuillet-le Mintier, B. (Hrsg.), S. 53 ff. (62)

[283] Bioéthique et biotechnologies vom 25.9.2001 (106), S. 7417; die Einschränkung für Ehepartner auf Notsituationen soll ebenfalls entfallen. In der Praxis hat sich herausgestellt, dass Notfälle - gerade wenn es um die am häufigsten praktizierte Nierentransplantation geht - äußerst selten sind.

[284] Neben den bislang ausgeschlossenen Onkeln, Cousinen, Großeltern kommen nun auch nichteheliche Lebenspartner in Betracht und zwar unabhängig davon, ob sie durch einen „pacte civil de solidarité“ verbunden sind oder nicht.

[285] Dessen Zusammensetzung und genauen Aufgaben werden in Art. 1231-3 CSP des Gesetzesvorschlages definiert.

Ein weiterer interessanter Ergänzungsvorschlag soll in Art. 1235-2 CSP verankert werden: Wird einem Patienten während eines medizinischen Eingriffs unvorhergesehen ein (nicht lebensnotwendiges) Organ in seinem eigenen (therapeutischen) Interesse entnommen, so sollen diese Organe künftig nicht nur für therapeutische, sondern auch für wissenschaftliche Zwecke verwendet werden dürfen, sofern der Patient über die Weiterverwendungszwecke informiert worden ist und der Verwendung nicht widersprochen hat.[286]

d) Regelungsrahmen für Gewebe, Zellen und Produkte des menschlichen Körpers, Art. 1241-1 ff. und Art. 1245-2 CSP

Gewebe, Zellen und Produkte des menschlichen Körpers wie Haut, Adern (veines), Herzklappen (valves cardiaques) und einige Knochen wurden schon seit vielen Jahren ohne gesetzliche Verankerung zu therapeutischen und wissenschaftlichen Zwecken in Gewebebanken[287] konserviert und weiterverwendet. Anders als Organe können bestimmte Gewebe, Zellen und Produkte des menschlichen Körpers auch ohne schweren chirurgischen Eingriff gewonnen werden.

Die Art. 1241-1 ff. und 1245-2 CSP unterteilen Gewebe, Zellen und Produkte nach dem ihrer Gewinnung zugrunde liegendem Zweck in zwei Kategorien[288], nämlich

- in Gewebe, Zellen[289] und Produkte des menschlichen Körpers, die gezielt für eine Spende entnommen werden und
- in sogenannte Operationsabfälle, die anlässlich eines medizinischen Eingriffs entnommen und für einen späteren Gebrauch konserviert werden dürfen.

---

[286] Vgl. hierzu auch „Projet de loi relatif à la bioéthique" vom 20.06.2001, n° 3166 zu Art. 1211-2 CSP; Bioéthique et biotechnologies vom 25.9.2001 (106), S. 7417

[287] Vgl. Stellungnahme Nr. 11 vom 21. Juli 1998 der „Groupe européen d'éthique des sciences et des nouvelles technologies" zu Hygienevorschriften, Einwilligung und Geheimhaltung persönlicher Daten; Stellungnahme Nr. 52 und 53 des CCNE vom 11.03.1997

[288] Unabhängig hiervon gibt es besondere Vorschriften über die Entnahme post mortem, vgl. Art. 1241-3 CSP

[289] Ausgenommen sind die Keimzellen, die besonderen Vorschriften unterliegen, vgl. Art. 1244-1 ff. CSP

In der medizinischen Praxis werden sie überwiegend als Operationsabfälle gewonnen.[290]

(1) Gezielte Spende von Geweben, Zellen und Produkten des menschlichen Körpers, Art. 1241-1 ff. CSP

Das Gesetz unterscheidet zwischen der Gewinnung von Geweben, Zellen und Produkten und deren Konservierung.[291]

(a) Voraussetzungen für die Entnahme von Geweben, Zellen und Produkten des menschlichen Körpers, Art. 1241-1 ff. CSP

(i) Therapeutischer oder wissenschaftlicher Zweck, Art. 1241-1 CSP

Gewebe, Zellen und Produkte des menschlichen Körpers dürfen einem Lebendspender nicht nur zu einem therapeutischen Zweck, sondern auch für eine wissenschaftliche Weiterverwendung entnommen werden.[292]

(ii) Einwilligung, Anonymität und Unentgeltlichkeit

Die Vorschriften zur Lebendspende von Geweben, Zellen und Produkten sehen keine Spezialregelungen für die Abgabe der Einwilligung, für die Anonymität und die Unentgeltlichkeit der Spende vor. Der Gesetzgeber war der Ansicht, auf besondere Schutzvorschriften für den Spender verzichten zu können, da die Gewinnung von Geweben, Zellen und Produkten im Vergleich zu einer Organspende nur verhältnismäßig geringe körperliche Belastungen erfordert. Somit bleibt es bei der unveränderten Geltung der Grundprinzipien aus Art. 1211-2, 1211-4 und 1211-5 CSP.

---

[290] Rapport Claeys, S. 49; soweit der Anwendungsbereich des Gesetzes Huriet über biomedizinische Versuche berührt ist, finden die Art. 1241-1 bis 1242-3 CSP keine Anwendung (Art. 1245-3 CSP).

[291] Einen Überblick vermitteln Abduldayem, thèse 1995, S. 82 ff.; Salat-Barou, Les lois de bioéthique, S. 45 ff.; die Konservierung und Verwendung betrifft nur die Gewebe und Zellen.

[292] Hierzu: Mousny, thèse 1998, S. 94; minderjährige und „gesetzlich geschützte Erwachsene“ bleiben als Spender aber ausnahmslos ausgeschlossen (Art. 1241-2 CSP). Die Entnahmen erfolgen durch besonders für eine Dauer von fünf Jahren zugelassene Einrichtungen (Art. 1242-1 CSP).

(iii) Kritik und Gesetzesentwurf

Da die tatsächlichen Rahmenbedingungen einer Spende von Geweben, Zellen und Produkten entgegen der Auffassung des Gesetzgebers oft nicht von denen einer Lebendorganspende abweichen, wird in der Literatur[293] angeregt, die gravierenden Unterschiede zu den Vorschriften über die Spende von Organen aufzuheben. Es sei nicht gerechtfertigt, das Schutzbedürfnis eines Knochenspenders, der sich ebenfalls schweren körperlichen Belastungen und Risiken aussetzt, geringer einzustufen wie das eines Lebendorganspenders. Im übrigen gewährt Art. 5 und Art. 19 der Bioethikkonvention auf europarechtlicher Ebene schon einen weitergehenden Schutz für Spender von Geweben.

Der Gesetzesvorschlag vom Juni 2001 stimmt den kritischen Stellungnahmen in der Literatur zu und passt die verfahrensrechtlichen/formellen Voraussetzungen im Falle von Gewebespenden denen der Organspendevorschriften vielfach an. So muss der Patient vor dem Eingriff ausführlich aufgeklärt werden und seine Einwilligung schriftlich erteilen. Bei erheblichen gesundheitlichen Risiken für den Spender von Geweben, Zellen[294] und Produkten sollen künftig die Vorschriften über die Organspende[295] direkt Anwendung finden.

(b) Konservierung und Verwendung von Geweben und Zellen, Art. 1243-1 ff. CSP

Die Vorschriften über die Konservierung und Verwendung von Geweben und Zellen zeigen, wie der französische Gesetzgeber auch nach der Spende durch den ursprünglichen Substanzträger kommerzielle Interessen und Missbräuche im Umgang mit Körpersubstanzen unterbindet. Dabei unterliegen Einrichtungen, die therapeutische Zwecke mit den Substanzen verfolgen, strengeren Bestimmungen als solche, die wissenschaftliche Ziele verfolgen.[296]

---

[293] Kritisch Rapport Claeys, S. 49, Rapport Charles, S. 192 und Gaumont-Prat, Le Dalloz sommaires commentés 1999, S. 346 mit Hinweis auf die durch die Gewebebänke einsetzende „Industrialisierung" des Körpers.

[294] Gleiches soll künftig auch für die Gewinnung von Stammzellen aus dem Knochenmark („cellules de la moelle hématopoïétique") gelten.

[295] Vgl. Art. 1231-1 Abs. 2 CSP

[296] Alle Verfahren der Aufbereitung, Konservierung und Veränderung von Geweben und Zellen für therapeutische Zwecke müssen von der „Agence française de sécurité sanitaire des produits de santé" genehmigt (siehe Art. 1243-7 Nr. 4

Während die Konservierung von Organen technisch noch nicht ausgereift und für eine Lebendspende auch nicht notwendig ist, werden Gewebe und Zellen vor ihrer Weiterverwendung konserviert und verarbeitet. Den Gefahren kommerzieller Auswüchse wird in diesem Stadium auf zwei Ebenen begegnet:

- Es wird nur öffentlich rechtlich oder gemeinnützig organisierten Einrichtungen die Konservierung und Übertragung anvertraut (Art. 1243-1 CSP)[297]
- Vergütungen[298] für Dienstleistungen oder Übertragungen werden tariflich festgesetzt.

(2) Die Operationsabfälle und die Plazenta, Art. 1245-2 CSP

Einen besonderen Status nehmen Operationsabfälle[299] (déchets opératoires) und Plazenten (Geburtsabfälle) ein. Kennzeichnend für diese Substanzen ist, dass sie während eines medizinischen Eingriffs nicht gezielt, sondern beiläufig entnommen werden und für den Patienten

---

CSP) werden, Art. 1243-6 CSP. Seit dem 28. Mai 1996 wurde auch die Gen- und Zelltherapie einer gesetzlichen Grundlage zugeführt. Sie wird im wesentlichen den gleichen Vorschriften wie Medikamente unterworfen, hierzu: Salat-Barou, Les lois de bioéthique, S. 51 ff., Abduldayem, thèse 1995, S. 84, Art. 1245-4, Art. 1261 CSP, siehe für die Medikamentenherstellung: Art. 5121-20 Nr. 14 CSP der auf ein Dekret des Conseil d'Etat verweist. Für wissenschaftliche Weiterverwendungen dürfen nach Art. 1243-2 CSP sowohl öffentlich rechtlich wie privatrechtlich organisierte Einrichtungen Gewebe und Zellen für eigene Forschungsprojekte konservieren und verarbeiten; Voraussetzung ist nur, dass sie den Wissenschaftsminister hierüber unterrichtet haben und dieser innerhalb von drei Monaten keine Bedenken geäußert hat, dass die Einrichtung die Grundprinzipien (Art. 1211-1 ff. CSP) einhält.

[297] Nur in Ausnahmefällen wird auch besonders qualifizierten und spezialisierten Pharmaunternehmen erlaubt, ihre lang angelegten und kostenintensiven Forschungen nach Erlass der Bioethikgesetze weiterzuführen, Art. 1243-1 Abs. 2 CSP. Dies war ein sehr umstrittener Aspekt des Gesetzesvorschlages, Granet-Lambrechts, RTD san. soc. 1995 (1), S. 18; Lavroff-Detrie, thèse 1997, S. 632; zu verwaltungsrechtlichen Aspekten: Auby, Les petites affiches vom 14.12.1994 (numéro spécial), S. 14 ff.

[298] Einige Gewebe unterliegen einem festgesetzten Preis, für die anderen bleibt es den Gewebebanken überlassen, einen Preis festzulegen. Galloux, RTD san. et soc. 1998 (1), S. 1 ff. (7)

[299] Neben den heute immer weniger eingesetzten Venen (veines saphènes) steigt die Nachfrage nach Herzklappen und Oberschenkelköpfen (têtes fémorales).

ohne weiteren therapeutischen Nutzen sind.[300] Jahrzehntelang wurden die Abfallprodukte von den Krankenhäusern an Gewebebanken, an Pharmaunternehmen und an die kosmetische Industrie ohne Wissen der ursprünglichen Substanzträger weitergegeben.[301]

Art. 1245-2 CSP bestimmt nun, dass auf körperliche Abfallprodukte und Plazenten[302] nur die Grundprinzipien der Anonymität, der Unentgeltlichkeit, des Werbeverbots und der Qualitätskontrolle (Art. 1211-3 CSP bis Art. 1211-9 CSP) anzuwenden sind.[303] Für die Gewinnung und Weiterverwendung der Operations-/Geburtsabfälle ist eine Einwilligung des Patienten folglich nicht erforderlich. Im Vergleich zu gezielt entnommenen Geweben, Zellen und Produkten, die gemäß Art. 1241-1 ff. CSP[304] nur für therapeutisch oder wissenschaftlich bestimmte Verwendungen entnommen werden dürfen, können die beiläufig entnommenen Operations-/Geburtsabfälle für einen späteren Gebrauch, „en vue d'une utilisation ultérieure"[305] konserviert und weiterverwendet werden. Durch die Formulierung „en vue d'une utilisation ultérieure" erlaubt das Gesetz die uneingeschränkte, also auch industrielle Weiterverwendung der körperlichen Abfallprodukte und Plazenten. Damit ist die schon vor 1994 praktizierte heimliche Weiterverwendung von menschlichen „Abfallprodukten" nach Art. 1245-2 CSP offiziell zulässig.[306]

300 So ausdrücklich im Rapport Claeys, S.49 f.; Mousny, thèse 1998, S. 90; Harichaux in: Bioéthique et Droit, S. 135 f. unterscheidet zwischen dem engeren Begriff déchets und dem weiter gefaßten Begriff résidus; Harichaux, La protection des libertés et droits corporels, S. 123 f.

301 Kritisch zu der heimlichen Vorgehensweise: Rapport Mattei, S. 77

302 Auf Initiative der Nationalversammlung hinzugefügt; dem Rapport Mattei, S. 78 lässt sich entnehmen, dass ein französisches Labor jährlich 4400 Tonnen Plazenta gesammelt hat. Die Nachfrage nach Plazenten war bereits im Jahr 1970 enorm, vgl. Rassat, JCP 1976 I 2777

303 Hierzu Savatier, Les petites affiches vom 14.12.1994 (numéro spécial), S. 12 f.; auch die Bestimmungen über die Konservierung und Weiterverwendung von Gewebe und Zellen (Art. 1243-1 ff. CSP) finden auch auf die Operationsabfälle Anwendung.

304 Bei der Neukodifizierung wurde der Zusatz „en vue de don" vergessen. Das projet de loi schlägt vor, den Hinweis auf die Spende in Art. 1241-1 Abs. 1 CSP wieder ausdrücklich aufzunehmen, vgl. Art. 8 Abs. 1 des projet de loi vom Juni 2001

305 Vgl. Art. 1245 –2 CSP

306 Kritisch Rapport Charles, S. 194 und Rapport Mattei, S. 77 f.

Der Gesetzentwurf vom Juni 2001 spricht sich inzwischen eindeutig gegen die heimliche Nutzung des biologischen „Materials“ und für die stärkere Beachtung des Patientenwillens aus. Art. 1245-2 des Gesetzentwurfs beschränkt die Weiterverwendung der Operations- und Geburtsabfälle auf therapeutische und wissenschaftliche Zwecke[307] und räumt dem Patienten das Recht ein, der ein oder anderen Verwendungsform zu widersprechen.

e) Keimzellen, Art. 1244-1 ff. CSP

In der Diskussion über die künstliche Befruchtung hat sich die Unterscheidung zwischen der "homologen" und der "heterologen" Befruchtung eingebürgert. Im folgenden ist mit einer homologen Befruchtung die Befruchtung von Ei- und Samenzelle miteinander verheirateter Eheleute gemeint. In allen anderen Konstellationen wie beispielsweise der Befruchtung einer verheirateten Frau mit dem Sperma eines fremden Mannes und der Befruchtung einer unverheirateten Frau wird von heterologer Befruchtung gesprochen. Fragen der Eigenkommerzialisierung von Keimzellen treten damit nur auf, wenn ein Paar auf fremde Keimzellen zurückgreifen will, also im Bereich heterologer Inseminationen.

Keimzellen werden entweder kryokonserviert, um sich bei drohender Unfruchtbarkeit die hypothetische Möglichkeit der Zeugung von Nachkommen zu sichern oder um eine geplante künstliche Befruchtung (mit Fremdspender) vorzubereiten.[308] Wissenschaftlichen Zwecken dürfen Keimzellen indes nicht dienen.[309] Obwohl die Nachfrage für die erstgenannten Fälle in den letzten Jahren angestiegen ist, gehen die Bioethikgesetze auf die damit verbundenen Probleme bis jetzt nicht ein.[310]

---

307 Der Gesetzentwurf spricht also nicht mehr von einer „utilisation ultérieure“; vgl. auch Bioéthique et biotechnologies vom 25.9.2001 (106), S. 7418

308 Vgl. Art. 2141-1 CSP; Darstellung der verschiedenen hier interessierenden Techniken bei Lavroff-Detrie, thèse 1997, S. 310; eine in deutscher Sprache abgefasste Darstellung der bis 1962 relevanten Probleme der künstlichen Befruchtung in Frankreich findet sich bei Giesen, Die künstliche Insemination, S. 99-107; siehe auch Wiesenbart in: Eser/Koch/Wiesenbart, S. 321 ff.; Marian, Die Rechtsstellung des Samenspenders, S. 13 (Fn. 99)

309 Art. 1244-1 CSP, vgl. auch Galloux, D. 1999, S. 13 ff. (14)

310 Gleichwohl haben die CECOS in der Praxis die Konservierung des Spermas für den künftigen bzw. hypothetischen Gebrauch übernommen. Diese Gesetzeslücke soll durch das projet de loi geschlossen werden, Bioéthique et biotechnologies vom 25.9.2001(106), S. 7410; Rapport Charles, S. 59

(1) Gleichbehandlung von Samen- und Eizellenspende

Eine Unterscheidung zwischen der Sperma- und der seit einigen Jahren technisch möglich gewordenen und in Frankreich als zulässig angesehenen Eizellenspende sehen die gesetzlichen Vorschriften nicht vor. Diese undifferenzierte Betrachtungsweise stößt wegen ihrer unterschiedlichen medizinischen Rahmenbedingungen in mehrerlei Hinsicht auf Widerspruch: Die Gewinnung von Eizellen ist nur operativ und mit kostenintensiven, hormonellen Vor- und Nachbehandlungen[311] möglich, die Konservierung der Eizellen noch nicht ausgereift und die Erfolgsaussichten einer künstlichen Befruchtung nach einer Eispende verhältnismäßig gering.[312] Zudem werfen Samen- und Eizellenspende auch abstammungsrechtlich unterschiedliche Probleme auf:[313] Bei einer Eizellenspende ist das Kind biologisch sowohl mit der genetischen Mutter (la mère génétique) - also der Spenderin - als auch mit der gebärenden Mutter verwandt. Eine Samenspende kann hingegen nicht zu einer gespaltenen biologischen Vaterschaft führen.

(2) Voraussetzungen der Keimzellenspende

Die allgemeinen Voraussetzungen für die Durchführung einer künstlichen Befruchtung (Art. 2141-1 ff. CSP) werden durch besondere Regelungen über die Keimzellenspende (Art. 1244-1 ff. CSP) ergänzt.[314] Die gesetzlichen Vorschriften basieren weitgehend auf der Praxis der (CECOS).[315]

---

311 Dekret 96-993 vom 12.11.1996 wonach der Embryo zunächst sechs Monate tiefgefroren werden muss und die Spenderin nach diesem Zeitraum weitere Untersuchungen, insbesondere einen HIV-Test hinnehmen muss.

312 Aus 1308 befruchteten Eizellen entstanden 853 Embryonen, von denen 79,5 % eingefroren, 360 transferiert wurden und letztlich zu 67 Schwangerschaften geführt haben; vgl. Rapport Charles, S. 86 ff.; Die Eizellenspenden werden noch nicht unter der Verantwortung der CECOS durchgeführt.

313 Dies ist einer der entscheidenden Gründe, warum in Deutschland die Eizellenspende verboten ist: Vgl. Rapport de la Commission Benda in Fécondation in vitro. Analyse du génome et thérapie génétique, La documentation française, 1987, S. 29; vgl. auch unter III. B. 3. a), insbesondere Fn. 479; CCNE Stellungnahme Nr. 18 vom 15.12.1989, Etat des études conduites par le Comité concernant les dons de gamètes et d'embryons, S. 8

314 In dem Gesetzesvorschlag wird die Zweckrichtung der Keimzellenspende im Titel nunmehr erwähnt; Übersichten bei Harichaux, La protection des libertés et droits corporels, S. 72 ff. (75ff.); Furkel, FamRZ 1996, S. 772 ff.; Abduldayem, thèse 1995, S. 86 ff.; Raymond, JCP 1994 éd. G 3796, S. 453 f.

315 Centre d'étude et de conservation des oeufs et du sperme humain; David, G.

(a) Persönliche Voraussetzungen der Spender und Empfänger

Eine Keimzellenspende für eine künstlichen Befruchtung[316] darf nur durch einen Spender erfolgen, der bereits eigene Kinder hat und in einer Partnerschaft lebt (fait partie d'un couple ayant procréé).[317] Geschiedene und verwitwete Personen sind (bislang) als Keimzellenspender ausgeschlossen.

Das Empfängerpaar muss entweder verheiratet sein oder nachweislich mindestens zwei Jahre zusammengelebt haben[318] und darf ohne einen Fremdspender gesundheitlich nicht in der Lage sein, eine Befruchtung erfolgreich herbeizuführen (Subsidiarität der Fremdspende, Art. 2141-6 CSP).[319]

Der rechtliche und tatsächliche Anwendungsbereich für eine Fremdspende ist folglich sehr eingegrenzt. Die engen persönlichen Voraussetzungen einer Spende und die statistisch belegte Abnahme ehe(ähn)licher Lebensgemeinschaften beschränken den Kreis potentieller Spender (das Angebot an Keimzellen) und Empfänger (die Nachfrage an Keimzellen).[320]

Der Gesetzesvorschlag vom Juni 2001 zielt darauf ab, auch alleinstehende Menschen in den Kreis möglicher Spender aufzunehmen, wenn sie bereits eigene Kinder haben (Art. 1244-2 des Gesetzentwurfs vom Juni 2001).[321]

---

in: Colloque „Génétique, procréation et droit", S. 208 ff.

316 Diese unterliegt nach Art. 2141-2 CSP wiederum dem Zweck der Bekämpfung der Unfruchtbarkeit oder der Verhinderung der Übertragung einer besonders schweren Krankheit, näher hierzu Raymond, JCP 1994 éd. G 3796, S. 455

317 Dadurch soll vermieden werden, dass der Spender/die Spenderin seinen/ihren Schritt bereut, wenn sich später herausstellt, dass aus der eigenen Beziehung keine Kinder erwachsen können, so Mousny, thèse 1998, S. 93; vgl. auch Marian, Die Rechtsstellung des Samenspenders, S.15; zustimmend Stellungnahme Nr. 60 der CCNE vom 27.03.1998; siehe auch Rapport Claeys, S. 93 3 partie IV 4.1.2

318 Kritisch Rapport Charles, S. 61; auch gleichgeschlechtliche Partner sind weiterhin trotz des Gesetzes Nr. 99-944 vom 15.11.1999 über die „pacte civil de solidarité, (PACS)" als Empfänger ausgeschlossen.

319 Kritisch: Rapport Charles, S. 61

320 Der Rapport Charles, S. 60 f. spricht sich für eine Lockerung dieser Regelung aus, da Paare oftmals gezwungen sind, mehrere wenig erfolgversprechende Versuche vornehmen zu müssen.

321 Bioéthique et biotechnologies vom 25.9.2001 (106), S. 7411

(b) *Anonymität*

Auch die Keimzellenspende muss in Frankreich anonym erfolgen.[322] Die noch vor 1994 praktizierten und in den USA gängigen gezielten Keimzellenspenden (don dirigé), die dem Empfängerpaar ein Auswahlrecht an den gespendeten Keimzellen einräumten, sind verboten (Art. 1244-7 CSP).[323]

Während die Befürworter einer anonymen Keimzellenspende mit dem Willen des Spenders und der künftigen Eltern argumentieren - der Spender möchte in seiner Intimsphäre geschützt bleiben und keine Verpflichtungen gegenüber dem Kind eingehen, die Eltern möchten oftmals die Inanspruchnahme eines Fremdspenders nicht offenbaren - und einen Rückgang der Spendebereitschaft bei Aufhebung der Anonymität befürchten,[324] führen deren Gegner das Recht des Kindes auf Kenntnis der eigenen Abstammung an.[325] Ein mit Fremdspender gezeugtes Kind bleibt sein Leben lang über seine genetische Herkunft im Ungewissen, wenn der Spender seine Identität nicht preisgeben muss. Wie zuletzt im Gesetzgebungsverfahren zu einem Gesetz über den Zugang zu abstammungsrelevanten Daten[326] deutlich geworden ist,

[322] Vom Conseil constitutionnel in seinem Urteil vom 27.7.1994 (JO 29.07.1994, S. 11024) als zulässig angesehen. Conseil d'Etat, Les lois de bioéthique: Cinq ans après, S. 49; Rapport Mattei, S. 85 f. „le maintien de l'anonymat du donneur apparaît aujourd'hui comme la moins mauvaise solution". Zur entgegengesetzten Auffassung des Bundesverfassungsgerichts aus französischer Sicht, Renaud, La semaine juridique notariale et immobilière 1999 (7), S. 349 f.

[323] Genauer hierzu Rayroux, thèse 1993, S. 273 f., der die Frage nach einem „droit de regard" oder einem „droit de suite" aufwirft. Dies verringert insbesondere die Bereitschaft zu einer Eizellenspende, vgl. Renaud, La semaine juridique notariale et immobilière 1999 (7), S. 349

[324] Salat-Baroux, Les lois de bioéthique, S. 29 f. weist auf Erfahrungen aus Schweden hin, wo seit Abschaffung des Anonymitätsgrundsatzes eine Verringerung der Spendebereitschaft festzustellen ist. Paare, die zur Zeugung eines Kindes auf einen Drittspender zurückgreifen müssen, wenden sich vermehrt nach Norwegen; vgl. auch Renaud, La semaine juridique notariale et immobilière 1999 (7), S. 349 mit Hinweisen auf Schweden und Deutschland; Dreifus-Netter, RTD civ. 1996 (1), S. 1 ff. (22); Labrusse-Riou in: Brisset-Vigneau, S. 32

[325] Vgl. Art. 7 UNO-Kinderrechtskonvention vom 20.11.1989, die von Frankreich ratifiziert wurde; Dreifus-Netter, RTD civ. 1996 (1), S. 1 ff. (22 f.) m.w.N.; Neirinck, Les petites affiches vom 14.12.1994, S. 54 ff.; Rayroux, thèse 1993, S. 275 ff.; Lavroff-Detrie, thèse 1997, S. 659 ff. (661 f.); Andorno, thèse 1994, S. 236 ff.; können die Kinder über ihre genetischen Eltern keine Erkundigungen einholen, drohen dem Kind psychologische Probleme.

[326] Erste parlamentarische Lesung vom 31. Mai 2001, Projet de loi n° 2870

teilt die herrschende Meinung in Frankreich die abstammungsrechtlich begründeten Bedenken nicht: Das Gesetz versperrt den künstlich gezeugten Kindern den Zugang zu den Daten. Nach einer Studie der CECOS haben die mit Fremdspender gezeugten Kinder in der Regel aber auch kein Interesse, die Identität ihrer genetischen Eltern in Erfahrung zu bringen. Von den bis zum Jahre 1985 rund 11.000 mit Fremdspenden gezeugten Kindern hat sich nicht ein einziges in den CECOS-Zentren nach der Identität des Spenders erkundigt.[327]

Die Befürchtung, dass durch die Aufhebung der Anonymität ein Rückgang der Spendenbereitschaft eintrete, wird im übrigen durch die Erfahrungen aus anderen europäischen Ländern belegt. So musste in Schweden mit Aufhebung der Anonymität ein starker Rückgang der Spendenbereitschaft verzeichnet werden.[328] Die meisten Spender wollten das Risiko nicht übernehmen, finanzielle oder persönliche Verantwortung für das mit den eigenen Keimzellen gezeugte Kind zu tragen.

Bei der Eizellenspende hat sich in den vergangenen Jahren eine vom Gesetzgeber nicht vorausgesehene Kommerzialisierungsform entwickelt, die auf den langen Wartezeiten für eine Zuteilung von Eizellen beruht und eigentlich dafür spricht, bei Eizellenspenderinnen den Grundsatz der Anonymität abzuschaffen.[329] Die CECOS reduzierte die Wartezeit für Paare, die ihr eine neue Eizellenspenderin vermitteln konnten.[330] Tatsächlich stammten in der Vergangenheit 93%[331] aller Eizellenspenderinnen aus dem direkten persönlichen Umfeld eines Empfängerpaares. Sie wurden nicht selten durch heimliche Zuwendungen[332] oder psychischen Druck „motiviert", sich den körperlichen Belastungen zu unterziehen, um den Kinderwunsch des befreundeten Paares schnellstmöglich verwirklichen zu helfen. Die Eizelle der befreundeten oder verwandten Frau durfte dann aber nicht für das Vermittlerpaar verwendet werden (Art. 1244-7 CSP).

---

[327] Eine andere Frage ist natürlich, ob den künstlich erzeugten Kindern jemals ihre „Entstehung" bekannt gemacht wird. Auch hiermit sind erhebliche psychologische Probleme verbunden, vgl. Rapport Charles, S. 93 f.

[328] Vgl. Fn. 325

[329] Rapport Claeys, 3.Teil, IV, 4.1.1.

[330] Eine Verordnung (arrêté) vom 12.01.1999 verbietet nun diese Praxis; vgl. auch Art. 1273-2 Abs. 2 CSP.

[331] Die restlichen 7% stammen von Frauen, denen im Rahmen einer in vitro Fertilisation überzählige Eizellen entnommen wurden.

[332] Nach dem Rapport Charles, S. 84 f. wurden mehr als 10.000 FF (entspricht etwa € 1.524) gezahlt; vgl. auch Art. 1273-2 Abs. 2 CSP.

Im Grunde ähnelt die Eizellenspende von ihrem Ablauf und der Eingriffsintensität her einer Lebendorganspende:[333] In beiden Fällen erklären sich wegen der erheblichen körperlichen Belastungen meist nur Personen aus dem direkten persönlichen Umfeld der Empfänger zu einer Spende bereit. Dennoch macht der Gesetzgeber nur bei der Lebendorganspende eine Ausnahme vom Anonymitätsgrundsatz. Die Eizellenspende muss weiterhin anonym erfolgen, um den sozialen Frieden innerhalb einer Familie nicht zu gefährden. Wenn beispielsweise die Tante als genetische Mutter neben der gebärenden Mutter für das Kind sorgen möchte, sind Konflikte und psychologische Probleme vorprogrammiert. Derartige Situationen müssen nach Auffassung des Gesetzgebers unterbunden werden.

Eine Einschränkung erfährt der Anonymitätsgrundsatz durch Art. 1244-6 CSP[334]. Bei therapeutischer Notwendigkeit für ein mit Fremdspender gezeugtes Kind erhalten die behandelnden Ärzte nicht identitätsrelevante Informationen über den Spender.[335]

(c) Sonstige Voraussetzungen einer künstlichen Befruchtung mit Fremdspender

Das Spender- und das Empfängerpaar[336] müssen schriftlich ihre Einwilligung für eine künstliche Befruchtung mit Fremdspender erteilen. Grundsätzlich müssen also vier Personen ihr Einverständnis erklären. Ein Widerrufsrecht wird nur den Empfängern eingeräumt.[337]

---

333 Vgl. Barbarino-Monnier in: Furkel, Jacquot, Jung: Bioéthique, les enjeux du progrès scientifique, S. 29 ff. (35 f.)

334 Siehe auch Art. 311-19 CC zu abstammungsrechtlichen Konsequenzen.

335 Art. 1244-6 CSP ist folglich enger in seiner Rechtsfolge als Art. 16-8 CC und 1211-5 CSP, die den Ärzten auch Zugriff auf identitätsrelevante Informationen ermöglichen.

336 Art. 1244-2, 2141-10 CSP; Lediglich bei Verstoß gegen das Schriftformerfordernis durch den Spender droht eine fünfjährige Freiheitsstrafe und eine Geldstrafe in Höhe von 500 000 FF (entspricht € 76.224) , Art. 1273-1 CSP; genauer Neirinck, Les petites affiches vom 14.12.1994, S. 54 ff. (55); Lavroff-Detrie, thèse 1997, S. 654 ff.; da es eines Lebenspartners des Spenders nach dem projet de loi vom Juni 2001 nicht mehr bedarf, entfällt dessen Zustimmung, soweit tatsächlich keiner vorhanden ist.

337 Dekret Nr. 95-223 vom 24.02.1995 hat die Art. 1157-2 und 1157-3 in den Nouveau Code de la procédure civile eingeführt; die Zustimmung ist Grundlage der Abstammung, Art. 311-20 CC; zu abstammungsrechtlichen Fragen: Neirinck, Les petites affiches vom 14.12.1994, S. 54 ff., Dreifus-Netter, RTD civ. 1996 (1), S. 1 ff.; Lavroff-Detrie, thèse 1997, S. 657; nach dem Gesetzentwurf vom Juni

Der Grundsatz der Unentgeltlichkeit gilt auch für die Keimzellenspende.[338] Die Entschädigungsregelungen des Dekrets vom 11. Mai 2000 können die Kosten für die Eizellenspenderinnen zumeist nicht abdecken, weil die Krankenkassen die zahlreichen kostspieligen Vor- und Nachuntersuchungen nicht übernehmen. Um dieser Benachteiligung der Eizellenspenderinnen abhelfen zu können, schlägt der Gesetzentwurf vom Juni 2001 vor, den Spenderinnen Kostenneutralität zuzusichern (vgl. Art. 1211-4 Abs. 2 des Gesetzentwurfs).

Der Grundsatz der Unentgeltlichkeit bezieht sich nur auf die Spende der Keimzellen. Empfängerpaare müssen an die CECOS für die Übertragung der Keimzellen eine Vergütung entrichten. Der Preis wird durch ministerielle Verfügung festgesetzt und richtet sich nach den durchschnittlich entstehenden Bearbeitungs- und Konservierungskosten.

Behandlung, Konservierung und Übertragung der Keimzellen dürfen nur durch staatliche oder gemeinnützige private Einrichtungen erfolgen.[339] Um der Gefahr zu begegnen, zu viele blutsverwandte Nachkömmlinge zu zeugen, darf eine Keimzellenspende nicht zu mehr als fünf Geburten führen.[340] Frisch gewonnenes und von mehreren Spendern vermischtes[341] Sperma darf nicht verwendet werden, um einerseits den Anonymitätsgrundsatz nicht zu verletzen und andererseits die genetische Herkunft nicht dem Zufall zu überlassen.

2001 darf auch der Spender vor dem Gebrauch der Keimzellen seine Einwilligung widerrufen.

[338] Anders in Österreich, wonach DM 2000 (entspricht € 1.022,58) für eine Eizellenspende gezahlt werden, Eltern, Heft 7/1987, S. 66

[339] Art. 1244-5 CSP, Rapport Claeys, 3. Teil I. 4.

[340] Kritisch hierzu Rapport Claeys, S. 96 (3. Teil IV. 4.2.2.); statistisch gesehen, besteht eine Gefahr erst bei mehr als 20 Geburten; in Groß-Britannien und Holland darf es zu 10 Geburten kommen; in diesem Sinne jetzt auch der Gesetzentwurf vom Juni 2001

[341] In den USA injizierten Ärzte bei einer künstlichen Befruchtung zusätzlich zum Spermium Plasma aus Zellen jüngerer Frauen, um die Eizellen älterer Frauen „aufzupeppen“, vgl. Ärzte und Politiker alarmiert über genmanipulierte Babys, Süddeutsche Zeitung vom 08.05.2001, S. 14

f) Regelungsrahmen über Blut, Art. 1221-1 ff. CSP[342]

Charakteristisch für die gesetzlichen Regelungen über den Umgang mit Blut[343] ist die strikte Unterscheidung zwischen den produits labiles[344], die dem öffentlichen Sektor der Bluttransfusionszentren[345] mit staatlich reglementiertem Handel (Art. 1221-9 CSP)[346] unterworfen bleiben (Art. 1221-2 CSP) und den industriell verarbeiteten Blutbestandteilen (produits stables)[347], die durch Universitätskrankenhäuser und die pharmazeutische Industrie gewonnen[348] und nach ihrer Zulassung wie Medikamente behandelt werden.[349]

---

342 Moine, thèse 1993, S. 377; Lavroff-Detrie, thèse 1997, S. 131 ff.; Harichaux, La protection des libertés et droits corporels, S. 131 f.; Arnoux, Les droits de l'être humain sur son corps, S. 96 ff.

343 Gesetz Nr. 93-5 vom 4. Januar 1993; rapport IGAS: Transfusion sanguine et Sida von 1985 und September 1991; wie bereits erwähnt, wurden die das Blut betreffenden Vorschriften unter dem Eindruck des Blutskandals bereits vorzeitig verabschiedet.

344 Hierzu rechnen nach Art. 1221-8 n° 1 CSP das Vollblut, das Plasma und menschliche Blutzellen; vgl. auch Moine, thèse 1993, S. 378

345 Das Erste wurde 1929 in Paris gegründet. Siehe zur Organisation des öffentlichen Sektors der Blutspende Rouger, La transfusion sanguine, S. 11 ff.

346 Auszug aus der Verfügung über den ministeriell festgesetzten Veräußerungstarif vom 31.03.1999: La définition et le tarif de cession des produits sanguins labiles autres que le plasma pour fractionnement sont les suivants :
Sang humain total (unité adulte, unité enfant et unité pédiatrique) : 565,15 FF(entspricht etwa € 86);
Concentré de globules rouges humains homologue (unité adulte, unité enfant et unité pédiatrique) : 954,45 FF (entspricht etwa € 145);
Concentré de globules rouges humains homologue déleucocyté (unité adulte, unité enfant et unité pédiatrique) : 954,45 FF (entspricht etwa € 145);
Concentré de plaquettes standard : 196,05 FF (entspricht etwa € 30);
Concentré de plaquettes d'aphérèse :
- concentration minimale de 2 x 1011 plaquettes par poche : 1 142,90 FF (entspricht etwa € 174);
- puis par tranche supplémentaire d'unité thérapeutique de 0,5 x 1011 : 278,60 FF (entspricht etwa € 42);
Plasma frais congelé humain homologue solidarisé pour sang reconstitué : 179,10 FF (entspricht etwa € 27) ;
Plasma frais congelé humain homologue d'aphérèse sécurisé par quarantaine (unité adulte 200 ml au minimum, unité enfant et unité pédiatrique) : 375,90 FF (entspricht etwa € 57);

347 Art. 1221-8 Nr. 2, 5121-3, 5124-14 CSP; Moine, thèse 1993, S. 378

348 Zu den unterschiedlichen Gewinnungsarten der Blutbestandteile vgl. Rouger, La transfusion sanguine, S. 7 ff.

349 Richtlinie Nr. 89/381 vom 14.06.1989

Die ethischen Grundsätze der Anonymität und Unentgeltlichkeit[350] der Spende sowie das Erfordernis einer vorausgehenden Einwilligung sind in Art. 1221-1, 1221-3 und 1221-7 CSP ausdrücklich verankert.

Ein Dekret vom 16. Februar 1995 (Dekret Nr. 95-195[351]) legt die Voraussetzungen für die Erstattung entstandener Aufwendungen fest:[352] Art. D. 666-3-1 untersagt die Gewährung von Kaufgutscheinen, Ermäßigungen aller Art sowie alle sonstigen unmittelbaren und mittelbaren Vergütungen. Zulässig ist die Erstattung tatsächlich angefallener Fahrkosten, die Entgeltfortzahlung durch den Arbeitgeber und die Ausgabe eines Imbisses nach der Spende.

Blutentnahmen zu wissenschaftlichen Zwecken können unter den Anwendungsbereich des Gesetzes Huriet über die biomedizinischen Versuche fallen und nach dessen Bestimmungen ausnahmsweise vergütet werden, Art. 1121-8 a.E. CSP. Wie erwähnt[353], können nach Art. 1121-8 i.V.m. Art. 1124-2 CSP Versuchspersonen bis zu einem Betrag von jährlich 25. 000 FF[354] (etwa € 3.811) „entschädigt" werden.

Eine weitere Ausnahme enthält Art. 5121-11 Abs. 2 CSP, wenn Blut zur Herstellung von zulassungspflichtigen Medikamenten eingesetzt wird. Danach muss eine „Spende" weder unentgeltlich noch anonym erfolgen, wenn ein aus Blut hergestelltes Medikament „zu einer Verbesserung der Effizienz oder der therapeutischen Sicherheit führt oder wenn vergleichbare Medikamente nicht ausreichend zur Verfügung stehen"[355]. Derartige Wirkungen eines Medikamentes können nur er-

---

350 „Aucune rémunération ne peut être allouée au donneur, sans préjudice du remboursement des frais exposés, dans les conditions fixées par décret" (Art. 1221-3 Abs. 2 CSP).

351 Art. 1 des Dekrets Nr. 95-195 vom 16. Februar 1995, Journal Officiel vom 26.02.1995 präzisierte das Dekret Nr. 94-611 vom 22.07.1994; Auszug aus dem Dekret: Le don de sang ou de composants du sang ne peut donner lieu à aucune rémunération, directe ou indirecte. Sont notamment prohibés à ce titre, outre tout paiement en espèces, toute remise de bons d'achat, coupons de réduction et autres documents permettant d'obtenir un avantage consenti par un tiers, ainsi que tout don d'objet de valeur, toute prestation ou tout octroi d'avantages...

352 Hierzu Galloux, RTD san et soc. 1998 (1), S. 4; Hermitte, Le sang et le droit, S. 193

353 Siehe unter III. A. 3. b) (4)

354 Kritisch Hermitte, Le sang et le droit, S. 194

355 Art. 5121-11 Abs. 2 CSP: Toutefois, à titre exceptionnel, une autorisation de mise sur le marché peut, par dérogation, être délivrée à un médicament préparé à partir de sang ou de composants de sang prélevés dans des conditions non

zielt werden, wenn das „gespendete" Blut besondere biologische Eigenschaften aufweist. Art. 5121-11 Abs. 2 CSP verdeutlicht, dass auch der französische Gesetzgeber in Einzelfällen die Notwendigkeit sieht, Ausnahmen vom Grundsatz der Unentgeltlichkeit vorzusehen.[356]

Der Anonymitätsgrundsatz ist in Art. 1221-1 und 1221-7 CSP verankert. Ausnahmen von diesem Grundsatz stellen die Eigenblutspende und die für eine bestimmte Person vorgenommene gezielte Blutspende (le don dirigé) dar. Nur letztere ist als wirklicher Bruch mit dem Anonymitätsgrundsatz anzusehen und auf die Fälle absoluter therapeutischer Notwendigkeit beschränkt.[357]

g) Strafvorschriften

Der französische Gesetzgeber hat während der parlamentarischen Arbeiten schon früh erkannt, dass die allgemeinen Grundsätze über die Spende und Verwendung von Körpersubstanzen durch strafrechtliche Sanktionen gesichert werden müssen. Aus Sorge aber, die strafrechtlichen Normen würden nicht erkannt oder nicht genügend verstanden, wenn sie ausschließlich in dem neu geschaffenen 1. Titel des 5. Buches des Code pénal mit der Kapitelüberschrift „Straftaten auf dem Gebiet der Bioethik"[358] Eingang finden und nicht im inhaltlischen Zusammenhang mit den im Code de la Santé publique geregelten Prinzipien stehen, hat ein Großteil der Straftatbestände zusätzlich im Code de la Santé publique[359] seinen Platz gefunden.[360]

Die Sanktionsnormen werden nach dem Schutzinteresse untergliedert dargestellt.[361] Art. 11 des Gesetzentwurfs vom Juni 2001 führt zu keinen inhaltlichen Änderungen.

---

conformes au second alinéa de l'article L. 1221-3 ou aux articles L. 1221-6 et L. 1221-7 si ce médicament apporte une amélioration en termes d'efficacité ou de sécurité thérapeutiques ou si des médicaments équivalents ne sont pas disponibles en quantité suffisante pour satisfaire les besoins sanitaires. Dans ce cas, l'autorisation de mise sur le marché est délivrée pour une durée de deux ans qui ne peut être renouvelée qu'en cas de persistance des conditions susnommées.

356 Siehe Labrusse-Riou in: Bioéthique: de l'éthique au droit, du droit à l'éthique, S. 28 f.; Hermitte, Le sang et le Doit, S. 194

357 Hermitte, Le sang et le Doit, S. 196

358 Art. 511-1 ff. C. pénal

359 Art. 1272-1 ff. CSP

360 Vgl. Barberger, Les petites affiches 1996, Nr. 25, S. 4

361 Ausführlich: Barberger, Les petites affiches 1996 (25), S. 4 ff. (7 ff.)

(1) Unverletzlichkeit des Körpers

Werden Organe, Gewebe, Zellen, Produkte, Blut oder Keimzellen einer volljährigen lebenden Person entnommen, ohne dass diese entsprechend den vorgesehenen Formvorschriften[362] ihre Einwilligung zu dem Eingriff erteilt hat, drohen bei Organentnahmen nach Art. 511-3 C. pénal[363] bis zu 7 Jahren Haft und 100.000 € Geldstrafe, bei der Gewinnung von Gewebe, Zellen, Produkten und Keimzellen nach Art. 511-5 C. pénal[364] bzw. Art. 511-6 C. pénal[365] bis zu 5 Jahren Haft und 75.000 € Geldstrafe und letztlich bei der Blutentnahme nach Art. 1271-2 CSP[366] bis zu 5 Jahren Haft und 1.000.000 FF (entspricht etwa € 152.450) Geldstrafe.

(2) Unentgeltlichkeit

Auch der Verstoß gegen den Grundsatz der Unentgeltlichkeit wird für die einzelnen Körpersubstanzen[367] unterschiedlich sanktioniert. Die Strafnormen zielen darauf ab, Zahlungen jeglicher Art und in jeglicher Form zu unterbinden. Das Verbot umfasst den entgeltlichen Erhalt, dessen Vermittlung sowie die entgeltliche Übertragung der Substanzen. Der Spender wird strafrechtlich nicht verfolgt.[368]

(3) Anonymität

Werden identitätsrelevante Informationen entgegen dem Grundsatz

---

[362] Für Organe: Art. 1231-1 CSP; für Keimzellen: Art. 1244-2 CSP für die anderen genannten Substanzen bestehen noch keine Formvorschriften, der Gesetzesvorschlag vom Juni 2001 schlägt in Art. 1241-1 CSP eine schriftliche Einwilligung vor.

[363] Art. 1272-2 CSP; vgl. auch Art. 222-9 C. pénal; Giudicelli, Les petites affiches vom 14.12.1994 (numéro spécial), S. 79 ff. (83)

[364] Art. 1272-4 CSP

[365] Art. 1273-1 CSP

[366] Für Blut gibt es im C. pénal keine Spezialvorschriften.

[367] Für Blut: Art. 1271-3 CSP „Le fait d'obtenir ou de tenter d'obtenir d'une personne le prélèvement de son sang contre un paiement, quelle qu'en soit la forme, est puni d'un emprisonnement de cinq ans et d'une amende de 1 million de francs [entspricht etwa € 152.450]"; für Organe: Art. 511-2 C. pénal; für Keimzellen: Art. 511-9 C. pénal; für Gewebe, Zellen und Produkte: Art. 511-4 C. pénal

[368] Vgl. auch Harichaux, La protection des libertés et droits corporels, S. 45; etwas detaillierter Galloux, RTD san. et soc. 1990 (1), S. 1 ff. (9 f.)

der Anonymität weitergegeben, findet sich für die Keimzellenspende in Art. 511-10 C. pénal[369] eine Strafandrohung von bis zu 2 Jahren Haft und 30.000 € Geldstrafe. Die rechtswidrige Verwendung frisch gewonnenen und vermischten Spermas sowie die gezielte Keimzellenspende sind ebenfalls strafbewehrt (511-12, -13 C. pénal).

B. Deutschland

1. Das Transplantationsgesetz

a) Rechtslage vor Geltung des Transplantationsgesetzes (TPG)

Das Gesetz über die Spende, Entnahme und Übertragung von Organen, das sogenannte Transplantationsgesetzes (TPG)[370], trat am 1. Dezember 1997 in Kraft und beendete eines der längsten Gesetzgebungsverfahren in der Geschichte der Bundesrepublik Deutschland. Während in der früheren DDR (Deutsche Demokratische Republik) seit 1975 eine Verordnung über die Durchführung von Transplantationen bestand,[371] scheiterten in der Bundesrepublik auf Bundes- und Landesebene sämtliche Bemühungen, die Transplantationsmedizin einer gesetzlichen Regelung zuzuführen.[372] Statt dessen musste sich die medizinische Praxis an einem rechtlich unverbindlichen Transplantationskodex orientieren, den die Arbeitsgemeinschaft der Transplantationszentren in der Bundesrepublik Deutschland e.V.[373] als Zeichen

---

369 Siehe auch Art. 1273-3 CSP, Art. 1211-5 und Art. 1244-6 CSP

370 Gesetz vom 05.11.1997, veröffentlicht am 11.11.1997 im Bundesgesetzblatt (BGBL. I, 2631). Es integriert einen Entwurf der Bundesregierung für ein Strafrechtsänderungsgesetz über den Organhandel, BR-Drs. 875/94 und BT-Drs. 13/587 vom 16.02.1995; hierzu auch Deutsch, ZRP 1994, S. 179; Laufs, NJW 1995, S. 2398 ff.

371 Siehe hierzu Bock, Rechtliche Voraussetzungen der Organentnahme von Lebenden und Verstorbenen, S. 70 ff.

372 So wurde in Rheinland-Pfalz ein vom Landtag bereits verabschiedetes Transplantationsgesetz noch vor seinem Inkrafttreten im Jahre 1994 wegen mangelnder Akzeptanz in der Bevölkerung wieder aufgehoben, vgl. die Übersicht bei Bock, Rechtliche Voraussetzungen der Organentnahme von Lebenden und Verstorbenen, S. 74 ff.; König, Strafbarer Organhandel, S. 99 ff.; Hahn, ZRP 1976, S. 80; Link, JZ 1973, S. 759 f.; Kühn, Die Motivationslösung, S. 59 ff.; zur Rechtslage vor Erlass des Transplantationsgesetzes: Nickel, Die Entnahme von Organen und Geweben bei Verstorbenen zum Zwecke der Transplantation, S. 59 ff. und in strafrechtlicher Hinsicht: König, Strafbarer Organhandel, S. 43

373 Geändert im Jahre 1992, Transplantationsmedizin 7 [1995], S. 154 bis 156

der Selbstkontrolle und Selbstverwaltung im Juni 1987 erlassen hatte. Erst als dem Bund im Jahr 1994 die konkurrierende Gesetzgebung für „die künstliche Befruchtung beim Menschen, die Untersuchung und die künstliche Veränderung von Erbinformationen sowie Regelungen zur Transplantation von Organen und Geweben“ (Art. 74 Abs. 1 Nr. 26 GG)[374] eingeräumt wurde, brachten die politischen Parteien in den Jahren 1995 und 1996 zwei Gesetzentwürfe[375] in den Bundestag ein. Der zweite Entwurf (interfraktioneller Gesetzentwurf von CDU/CSU, SPD und FDP) entspricht heute weitgehend den gesetzlichen Regelungen des Transplantationsgesetzes.

Die rechtlichen Fragen, die mit der hier interessierenden Lebendspende[376] verbunden sind, fanden in der politischen Diskussion bei weitem nicht so viel Beachtung, wie die Modelle einer Organentnahme post mortem.[377]

Das Gesetz ist in acht Abschnitte mit 26 Paragraphen untergliedert. Die folgenden Ausführungen werden sich auf den ersten Abschnitt über den Anwendungsbereich des Gesetzes (§ 1 TPG), den dritten Abschnitt über die Lebendorganspende (§ 8 TPG) sowie den sechsten und siebten Abschnitt über Verbots- Straf- und Bußgeldvorschriften (§§ 17 ff. TPG) beschränken.[378]

b) Der Anwendungsbereich des Transplantationsgesetzes, § 1 TPG

Nach § 1 Abs. 1 TPG gelten die Vorschriften des Transplantationsge-

[374] Grundgesetznovelle vom 27.10.1994 in BGBL. I, 3146

[375] BT-Drs. 13/2926 aus dem Jahr 1995 (Bündnis 90/Die Grünen) und Gesetzentwurf der Fraktionen der CDU/CSU, SPD und FDP, BT-Drs. 13/4355 vom 16.4.1996; zur Entstehungsgeschichte und zum Umfang der Gesetzgebungskompetenz: Nickel, Die Entnahme von Organen und Geweben bei Verstorbenen zum Zwecke der Transplantation, S. 48 ff.

[376] Vgl. hierzu auch die Ausführungen zum französischen Recht unter III. A. 3. c)

[377] Zur Widerspruchs-, Informations- und Zustimmungslösung: Taupitz, JuS 1997, S. 203 (204 ff.); streitig war auch die Festlegung des Todeszeitpunktes. Endgültiger, nicht behebbarer Ausfall der Gesamtfunktionen des Großhirns, des Kleinhirns und des Hirnstammes, vgl. § 3 Abs. 2 TPG; zum Begriff des Hirntods und zum Streitstand: Rixen, ZRP 1995, S. 461ff.; Grewel, ZRP 1995, S. 217 ff.; Lang, ZRP 1995, S. 457 ff.

[378] Vorschriften über die an Körpersubstanzen bestehenden Rechte enthält das Transplantationsgesetz nicht, vgl. auch Forkel, JURA 2001, S. 75

setzes für „die Spende und die Entnahme von menschlichen[379] Organen, Organteilen oder Geweben (Organe[380]) zum Zwecke der Übertragung auf andere Menschen sowie für die Übertragung der Organe einschließlich der Vorbereitung dieser Maßnahmen." Das Gesetz gilt ferner für das Verbot des Handels mit menschlichen Organen. Der Anwendungsbereich definiert sich also einerseits nach der Art der Körpersubstanz (vgl. (1)) und andererseits nach dem mit ihr verfolgten Verwendungszweck (vgl. (2)).

(1) Körpersubstanzen

Gemäß § 1 Abs. 1 S. 1 TPG werden Gewebe und Organe unter dem Oberbegriff „Organ"[381] zusammengefasst.[382] Dieser weite Organbegriff wird in Absatz 2 durch einen Negativkatalog eingeschränkt. Nach § 1 Abs. 2 TPG gilt das Gesetz „nicht für Blut und Knochenmark[383], sowie

---

379 Darunter sind natürliche Bestandteile des menschlichen Körpers zu verstehen, nicht jedoch in den Körper eingefügte künstliche Produkte, wie z. B. Herzschrittmacher oder Endoprothesen, Gesetzentwurf der Fraktionen der CDU/CSU, SPD und FDP, BT-Drs. 13/4355, Einzelbegründung zu § 1 Abs. 1

380 Organe im engeren Sinne sind „aus Zellen und Geweben zusammengesetzte Teile des Körpers, die eine Einheit mit bestimmten Funktionen bilden", Pschyrembel, Klinisches Wörterbuch, Stichwort „Organ" S. 1111 hierzu zählen insbesondere die in § 9 TPG aufgeführten vermittlungspflichtigen Organe Herz, (Teile) der Niere, der Leber, der Lunge, der Bauchspeicheldrüse, des Darms (= § 9 TPG) und die Haut; Gewebe ist ein durch spezifische Leistungen gekennzeichneter Verband gleichartig entwickelter „differenzierter" Zellen; hierzu rechnen Augenhornhaut, harte Hirnhaut, Knochen, Knorpel und Bindegewebe, auch wenn nur eine einzelne Zelle übertragen werden soll und wohl auch Haare, so König, Strafbarer Organhandel, S. 148; vgl. auch Deutsch, ZRP 1994, S. 179 und Nickel, Die Entnahme von Organen und Geweben bei Verstorbenen zum Zwecke der Transplantation, S. 130 f.; zur Indikation, Ablauf und Ergebnissen der Transplantation einzelner Organe vgl. Bayerisches Staatsministerium für Arbeit und Sozialordnung, Familie, Frauen und Gesundheit, Organspende und Transplantation, S. 24 ff.

381 Das Gesetz unterscheidet nicht nach dem Anlass der Entnahme, der Vitalität oder Durchblutung der Organe. Vor Gesetzerlass musste keine Zustimmung bei der Verwendung nicht durchbluteter Organe (z.B. Knochen) eingeholt werden; kritisch zur Gleichbehandlung durchbluteter und nicht durchbluteter Gewebe: Deutsch, Medizinrecht, S. 377 f. Rn. 519

382 Nachfolgend wird die gleiche Terminologie verwendet, soweit sich die Ausführungen auf die deutschen gesetzlichen Vorschriften beziehen.

383 Taupitz, JuS 1997, S. 207: die besondere Behandlung regenerierbarer Substanzen entspricht verbreiteter Auffassung.

für embryonale und fetale Organe und Gewebe".[384] Daneben bleiben auch Keimzellen[385], Gene und DNA-Teile vom Anwendungsbereich ausgeschlossen, da sie weder als Gewebe noch als Organe im engeren Sinne qualifiziert werden können.

(2) Verwendungszweck

Im Hinblick auf den Verwendungszweck der Organe differenziert § 1 Abs. 1 TPG zwischen der Übertragung von Organen auf andere Menschen[386] und dem Handel mit Organen, die einer Heilbehandlung zu dienen bestimmt sind. Das Transplantationsgesetz regelt folglich die für diese Arbeit relevanten Fragen der Lebendspende und Kommerzialisierung von Organen.

Wenn § 1 Abs. 1 TPG auf die Übertragung eines Organs auf einen anderen Menschen abstellt, spricht er damit zwar in erster Linie Organübertragungen zu Zwecken einer Heilbehandlung an; daneben erfasst er aber auch kosmetisch, ästhetisch oder gar wissenschaftlich motivierte Organübertragungen. Die Vorschriften über die Lebendorganspende finden folglich immer Anwendung, wenn ein Organ - gleich aus welchem Grund - auf einen anderen Menschen übertragen wird. Wird ein Organ nicht auf einen anderen Menschen übertragen, sondern beispielsweise für diagnostische Zwecke[387] oder als Ausgangsmaterial für nicht transplantierbare Arzneimittel verwendet, so fällt es aus dem Anwendungsbereich des Transplantationsgesetzes heraus.[388]

---

[384] Die Abgrenzung, ob ein menschliches oder ein embryonales/fetales Organ betroffen ist, erfolgt nach § 29 Abs. 1 PstV (Verordnung zur Ausführung des Personenstandsgesetzes), der zwischen Lebendgeburt, Totgeburt und Fehlgeburt unterscheidet; durch die Nennung von Organen und Gewebe hat der Gesetzgeber die Definition des § 1 Abs. 1 TPG bereits wieder verlassen, vgl. Deutsch, NJW 1998, S. 777 (778); Spranger, MedR 1999, S. 210 ff.

[385] Vgl. Gesetzentwurf der Fraktionen der CDU/CSU, SPD und FDP, BT-Drs. 13/4355, Einzelbegründung zu § 1 Abs. 2; Deutsch, NJW 1998, S. 777 (782) meint hingegen, dass nach dem Wortlaut des Gesetzes Sperma dem Anwendungsbereich unterliegen müsse; Deutsch, Medizinrecht S. 368 (Rn. 502)

[386] § 1 Abs. 1 TPG schließt ausdrücklich die Spende und Entnahme von menschlichen Organen, die auf andere Menschen übertragen werden, die Übertragung der Organe und letztlich auch die Vorbereitungsmaßnahmen (insbesondere die in den §§ 9 bis 11 TPG genannten Fälle) für eine Übertragung ein.

[387] Wegen fehlender Bundesgesetzgebungskompetenz (Art. 74 Abs. 1 Nr. 26 GG) können auch das Sektions- und Obduktionsrecht nur von den Ländern geregelt werden (Art. 72 Abs. 1 GG), vgl. hierzu Dufková, MedR 1998, S. 304 ff.

[388] Zur Plastination von Körperteilen: Tag, MedR 1998, S. 387 ff. (393)

Zielt das Gesetz darauf ab, den Handel mit Organen zu verbieten, so kommt es nicht mehr darauf an, ob das Organ auf einen anderen Menschen übertragen wird, sondern vielmehr darauf, ob die Weiterverwendung des Organs zu Heilungszwecken erfolgt oder nicht (§ 1 Abs. 1 S. 2 TPG i.V.m. § 17 Abs. 1 S. 1 TPG).[389] Wissenschaftliche oder industrielle (etwa kosmetische) Verwendungsmotive, unterliegen dem strafbewehrten Verbot folglich nicht.[390]

Während die Vorschriften über die Organübertragungen öffentlich rechtlichen Charakter aufweisen (§§ 1 ff. TPG), sind die Regelungen über den Organhandel überwiegend strafrechtlicher Natur (§§ 17 ff. TPG).

c) Regelungen zur Lebendorganspende, § 8 TPG

In § 8 TPG finden sich spezielle Regelungen über die Lebendorganspende, genauer gesagt, Bestimmungen über die Zulässigkeit der Organentnahme bei lebenden Personen.[391]

Die in § 8 Abs. 1 S. 1 TPG aufgestellten Voraussetzungen sprechen die Eignung des Spenders, den zu erwarteten Heilungserfolg bei einem Empfänger, die Subsidiarität der Lebendspende und die medizinischen Rahmenbedingungen für den Entnahmeakt an. § 8 Abs. 1 S. 2 TPG verlangt bei Entnahmen von nicht regenerierbaren Organen eine enge persönliche Spender – Empfänger – Beziehung.

---

389 Nach dem Gesetzentwurf der Fraktionen der CDU/CSU, SPD und FDP, BT-Drs. 13/4355, Einzelbegründung zu § 1 Abs. 1gilt das Organhandelsverbot „für alle Organe, die einer Heilbehandlung zu dienen bestimmt sind, sei es durch Transplantation, sei es in Form nicht transplantierbarer Arzneimittel, die aus oder unter Verwendung der Organe hergestellt werden".

390 Überzeugende Begründungen für die Begrenzung des Handelsverbotes auf Heilzwecke sind nach König, Strafbarer Organhandel, S. 149 f. nicht ersichtlich. Die Gesetzgebungskompetenz des Bundes wäre jedenfalls nach Art. 74 Abs. 1 Nr. 1 GG begründet gewesen.

391 Deutsch, NJW 1998, S. 777 (779); Edelmann, VersR 1999, S. 1065; Kühn, MedR 1998, S. 455 ff.; Forkel, JURA 2001, S. 73 (77 f.); Ugowski, Rechtsfragen der Lebendspende, S. 35 ff.; Koch in: Kirste, Nierenlebendspende, S. 49 ff.; Sengler in: Kirste, Nierenlebendspende, S. 100 ff.; kritisch gegenüber der Spendenlösung Schroeder, ZRP 1997, S. 265 ff.; zur Organspende Verstorbener siehe: Nickel, Die Entnahme von Organen und Geweben bei Verstorbenen zum Zwecke der Transplantation ; zu Anenzephalen als Organspendern, Kloth, MedR 1994, S. 180 ff.; zu ausländischen Regelungen: Reich, Organspendeverträge, S. 53 ff. und Ugowski, Rechtsfragen der Lebendspende, S. 30 f.

(1) Eignung des Spenders (§ 8 Abs. 1 S. 1 Nr. 1)

Der volljährige und einwilligungsfähige[392] Spender muss nach ärztlicher Beurteilung als Spender geeignet sein und darf durch die Organentnahme nicht über das Operationsrisiko hinaus gefährdet werden.[393] Zudem muss er nach gesetzlich ausdrücklich normierter Aufklärung über Art, Umfang und (auch mittelbare[394]) Folgen des Eingriffs, seine autonome[395] Einwilligung als Ausdruck seines Selbstbestimmungsrechtes zu der Entnahme erklären (Art. 8 Abs. 2 TPG). Die Aufklärung und die Einwilligung sind in einer Niederschrift aufzuzeichnen und von dem aufklärenden Arzt, einem weiteren Arzt und dem Spender zu unterzeichnen.[396] Die Einwilligung kann jederzeit schriftlich und mündlich widerrufen werden.

(2) Therapeutischer Nutzen für einen anderen (§ 8 Abs. 1 S. 1 Nr. 2)

Das gespendete Organ muss entweder zur Lebenserhaltung oder zur Heilung, Linderung oder Verhütung der Verschlimmerung einer schwerwiegenden Krankheit des Transplantatempfängers verwendet werden.

(3) Subsidiarität der Lebendspende und Arztvorbehalt (§ 8 Abs. 1 S. 1 Nr. 3 und Nr. 4)

Eine Lebendorgantransplantation muss durch einen Arzt vorgenom-

[392] Vgl. hierzu Bock, Rechtliche Voraussetzungen der Organentnahme von Lebenden und Verstorbenen, S. 128 ff.; BGHSt 4, 88

[393] Hier begegnet uns wieder die „Konkurrenz" zwischen dem Selbstbestimmungsrecht am eigenen Körper und gesetzgeberischem Paternalismus, vgl. Gutmann, MedR 1997, S. 147 (152 f.), ders. NJW 1999, S. 3387 ff.; siehe auch das Zusatzprotokoll der Menschenrechtskonvention zur Biomedizin des Europarates vom 3. Februar 1999 (CDBI/INF (99) 2) Artikel 10 - Zur Bewertung und Verringerung der körperlichen und psychischen Risiken für die Gesundheit des Spenders sind vor der Organ- und Gewebeentnahme angemessene medizinische Untersuchungen und Interventionen durchzuführen.

[394] Hierzu rechnen insbesondere psychische Auswirkungen, weshalb die Hinzuziehung eines Psychologen bei der Aufklärung empfohlen wird, Gutmann, MedR 1997, S. 147 (149); Bock, Rechtliche Voraussetzungen der Organentnahme von Lebenden und Verstorbenen, S. 148

[395] Zur Freiwilligkeit der Einwilligung bei Gewährung finanzieller Vorteile für den Eingriff, König, Strafbarer Organhandel, S. 46 ff.

[396] Eine Niederschrift der Aufklärung und des Einverständnisses zu einer Lebend-Nieren-Spende findet sich in Kirste, Nierenlebendspende S. 183 ff.

men werden und ist gegenüber der Organspende post mortem subsidiär.[397]

(4) Begrenzter Spenderkreis

Die größte Resonanz hat die personelle Beschränkung des Spenderkreises bei Entnahmen nicht regenerierungsfähiger Organe in der Literatur hervorgerufen.[398] Der interfraktionelle Gesetzentwurf führt hierzu als Begründung an, „dass grundsätzlich eine verwandtschaftliche oder vergleichbare enge persönliche Beziehung die beste Gewähr für die Freiwilligkeit der Organspende bietet und durch die Beschränkung auf Verwandte der Gefahr eines (verdeckten) Organhandels entgegengewirkt werden kann".[399]

Die Beschränkung gilt ausdrücklich nur für die Spende von Organen, die sich nicht wieder bilden können. Regenerierungsfähige Substanzen können demgegenüber entweder anonym oder gezielt gespendet werden.

(a) Organe, die sich nicht wieder bilden können, § 8 Abs. 1 S. 2 TPG

Nach § 8 Abs. 1 S. 2 TPG ist „die Entnahme von Organen, die sich nicht wieder bilden", nur zulässig für eine „Übertragung auf Verwandte ersten oder zweiten Grades, Ehegatten, Verlobte oder andere Perso-

---

397 Kritisch - jedenfalls für den Fall einer Nierenspende - Gutmann, MedR 1997, S. 147 (152), da die Erfolgsaussichten einer Lebendspende wesentlich größer sind, als bei Verwendung eines postmortal entnommenen Organs und bei letzterem größere moralische Vorbehalte und psychische Probleme denkbar sind; Koch in: Kirste, Nierenlebendspende, S. 49 (50 f.); Bock, Rechtliche Voraussetzungen der Organentnahme von Lebenden und Verstorbenen, S. 110 f.; zustimmend: Sengler in: Kirste, Nierenlebendspende, S. 100 ff. (101 ff.) unter Hinweis auf die perioperativen Komplikationen und Langzeitfolgen einer Lebendspende und die Regelungen im sozialen Entschädigungsrecht und Schwerbehindertengesetz; vgl. auch die einleitenden Worte über die Lebendorganspende in Frankreich, III. A. 3. c)

398 Vgl. Sengler in: Kirste, Nierenlebendspende, S. 100 ff. (104 ff.); Die Vorschrift war zudem Gegenstand dreier Verfassungsbeschwerden, die einstimmig wegen mangelnder Erfolgsaussichten nicht angenommen worden waren.

399 Gesetzentwurf der Fraktionen der CDU/CSU, SPD und FDP, BT-Drs. 13/4355, Einzelbegründung zu § 7 Abs. 1 S. 2; die Beschränkung auf Verwandte wird vereinzelt auch mit verbesserten Erfolgsaussichten der Transplantation begründet; kritisch hierzu Gutmann, MedR 1997, S. 147 ff. (149); Koch in: Kirste, Nierenlebendspende, S. 49 ff. (51 f.)

nen, die dem Spender in besonderer persönlicher Verbundenheit offenkundig nahe stehen". Zu den nicht regenerierungsfähigen Organen rechnen die Niere, Teile der Lunge, der Bauchspeicheldrüse und des Darms; ihre Entnahme führt zu einem irreversiblen Substanzverlust.[400]

Dass sich die lange Zeit bevorzugte - und in Frankreich bislang geltende - Beschränkung des Spenderkreises auf Verwandte[401] nicht durchsetzen konnte, beruht auf einer stärkeren Gewichtung des in Art. 2 Abs. 1 GG verbürgten Selbstbestimmungsrechtes[402] potentieller Spender durch den Gesetzgeber.

(b) *Offenkundige besondere persönliche Verbundenheit, Cross-Over-Spende*

Im Zusammenhang mit der Diskussion über die Zulässigkeit der sogenannten „Cross-Over-Spenden" wird in der Literatur unter anderem die Frage aufgeworfen, wer als „offenkundig[403] besonders persönlich verbundene Person" anzusehen ist.

Bei den „Cross-Over-Spenden" handelt es sich nämlich um Spenden zwischen zwei Ehepaaren, die sich erst zum Zwecke der Lebendorgantransplantation kennen lernen, um Organe (der gesunden Ehepartner), die für den eigenen (kranken) Ehepartner inkompatibel sind, gegenseitig auszutauschen.[404] In diesen Fällen ist streitig, ob eine persönliche Verbundenheit zwischen den jeweiligen Spendern und Empfängern, d.h. zwischen den jeweils nicht ehelich verbundenen Perso-

[400] Ob auch Lebersegmente zu den nicht regenerierungsfähigen Organen zählen, ist umstritten. Zwar vergrößern sich die Lebersegmente des dem Spender verbliebenen Teils der Leber nach der Entnahme wieder und gleichen den Geweberlust aus, die Lebersegmente selbst wachsen aber nicht nach. Nach Sengler in: Kirste, Nierenlebendspende, S. 107 f. zählen sie zu der Gruppe nicht regenerierungsfähiger Organe; kritisch Koch in: Kirste, Nierenlebendspende, S. 49 ff. (50)

[401] Siehe hierzu Ziffer 6 des Transplantationskodex, nach dem die Lebendnierenspende nur zwischen Verwandten erlaubt war; Gesetzentwurf von BÜNDNIS 90/Die Grünen, BT-Drs. 13/2926, § 13 Nr. 3 E-TPG, S. 4

[402] Siehe unter II. D. 1.

[403] Vgl. Seidenath, MedR 1998, S. 253 ff. (254 f.) Sengler in: Kirste, Nierenlebendspende, S. 100 ff. (106) und Koch, Zentralblatt für Chirurgie 124, S. 718 ff. (720): "bei näherer Betrachtung zweifelsfrei"; Schroth, MedR 1999, S. 67 f.: „für jeden ersichtlich oder jedenfalls erkennbar".

[404] Vgl. Gubernatis, DMW 1998, A 13 f.

nen, besteht.[405] Für eine Mindermeinung spricht bereits das Erleiden des gemeinsamen persönlichen Schicksals und das Erleben des gleichen Lebensrhythmusses in der Regel für das Vorliegen einer persönlichen Verbundenheit;[406] nach herrschender Ansicht[407] muss aber eine biographisch gewachsene persönliche Verbundenheit über einen nicht unerheblichen Zeitraum vorausgesetzt werden; eine bloße Schicksalsgemeinschaft, wie in den Fällen der Cross-Over-Spende, reicht folglich nach herrschender Meinung nicht aus.[408] In der Praxis scheitert eine beträchtliche Anzahl möglicher Cross-Over-Spenden daher an dieser - für nicht regenerationsfähige Organe - bestehenden Hürde.

(5) Verfahrensvorschriften zur Verhinderung einer Kommerzialisierung

Neben der bereits erwähnten formalisierten Aufklärung und formbedürftigen Einwilligungserklärung des Spenders (§§ 8 Abs. 1 Nr. 1 b) i.V.m. 8 Abs. 2 TPG) stellt § 8 Abs. 3 S. 2 TPG sicher, dass sich der Spender freiwillig zu der Spende bereit erklärt hat und dass das Organhandelsverbot beachtet wird: Erst wenn eine „nach Landesrecht zuständige Kommission gutachterlich dazu Stellung genommen hat, ob begründete tatsächliche Anhaltspunkte dafür vorliegen, dass die Einwilligung in die Organspende nicht freiwillig erfolgt oder das Organ Gegenstand verbotenen Handeltreibens nach § 17 TPG ist“[409], darf ei-

---

405 Alleine auf die Verbundenheit zwischen Spender und Empfänger kommt es nach dem Wortlaut des Gesetzes an, vgl. Sengler in: Kirste, Nierenlebendspende, S. 100 ff. (108 f.)

406 Seidenath, MedR 1998, S. 253 ff. (255 f.); Kühn, MedR 1998, S. 455 ff. (458)

407 Schroth, JZ 1997, S. 1149 ff. (1151); Schroth, MedR 1999 S. 67 f.; Eibach, Zeitschrift für medizinische Ethik 1999, S. 217 ff. (222 ff.); differenzierend Sengler in: Kirste, Nierenlebendspende, S. 100 ff. (108 ff.) wonach die Verbundenheit auf Dauer angelegt sein muss und Koch in: Kirste, Nierenlebendspende, S. 49 ff. (55 ff.)

408 Nach Gutmann, MedR 1997, S. 147 ff. (149) werden hierdurch Beziehungen ausgeschlossen, „die keine ... gefühlsmäßige Bindung zwischen Spender und Empfänger und eine hieraus resultierende Spendermotivation beinhalten“. Zweckrationale wie ökonomisch vermittelte Beziehungen werden jedenfalls nicht erfasst; kritisch auch Koch in: Kirste, Nierenlebendspende, S. 49 ff. (52) der zu bedenken gibt, dass „Liebe auf den ersten Blick“ im Gegensatz zu einem bloßen „Flirt“ wohl ausreichen würde; Seidenath, MedR 1998, S. 253 ff. (254 f.)

409 Kritische Stimmen finden sich bei Bock, Rechtliche Voraussetzungen der Organentnahme von Lebenden und Verstorbenen, S. 151; eine am Klinikum Großhadern (München) bis 1998 durchgeführte Studie basierte auf einem Verfahren, das 13 Wochen dauerte; ist ein schnelles medizinisches Einschreiten er-

ne Organentnahme erfolgen. Diese Stellungnahme hat nur empfehlenden Charakter und bietet für den explantierenden Arzt lediglich eine zusätzliche, seine eigene Entscheidung nicht ersetzende verfahrensrechtliche Sicherheit.

d) Organhandel: Strafrechtliche Bestimmungen

In Deutschland wird sowohl der Handel mit Organen, die für eine Heilbehandlungen bestimmt sind,[410] als auch die Entnahme und Übertragung von Organen, die Gegenstand verbotenen Handeltreibens sind, unter Strafe gestellt, §§ 18 Abs. 1 i.V.m. 17 Abs. 1 S. 1, Abs. 2 TPG. Eine spezielle Strafvorschrift über die Lebendorganspende findet sich in § 19 Abs. 2 TPG.

(1) Anwendungsbereich für den Organhandelstatbestand, §§ 1 Abs. 1 S. 2 i.V.m. 17 Abs. 1 S. 1 TPG

War für die bisher angestellten Erwägungen die Organübertragung auf einen anderen Menschen für die Anwendbarkeit des Transplantationsgesetzes entscheidend, so sind es für den Organhandelstatbestand die in § 1 Abs. 1 TPG genannten Substanzen, wenn sie „einer Heilbehandlung[411] zu dienen bestimmt sind", §§ 1 Abs. 1 S. 2 i.V.m. 17 Abs. 1 S. 1 TPG. Um die therapeutische Versorgung der Bevölkerung mit Arzneimitteln, die aus oder unter Verwendung von Organen hergestellt werden, weiterhin gewährleisten zu können, findet sich in § 17 Abs. 1 S. 2 Nr. 2 TPG eine Arzneimittelklausel, in der der entgeltliche Umgang mit Arzneimitteln, die aus Organen hergestellt werden, ausnahmsweise gestattet wird. Eine weitere Ausnahme vom Organhandelsverbot bezieht sich auf Maßnahmen, die zur Erreichung des Ziels einer Heilbehandlung geboten sind.

(2) Schutzgüter der Strafnormen

Nach dem Gesetzentwurf der Fraktionen der CDU/CSU, SPD und

---

forderlich, kann auf die gutachterliche Stellungnahme nur aus Notstandserwägungen heraus verzichtet werden.

410 Siehe unter III. B. 1. b) (2)

411 Hierzu rechnen insbesondere die Übertragung auf einen anderen Menschen, aber auch die Abdeckung von Brandverletzungen und offenen Knochenbrüchen; der Handel mit Plazenten ist weder nach § 168 StGB noch nach Eigentumsdelikten strafbar: König, Strafbarer Organhandel, S. 86

FDP[412] werden durch die §§ 17 ff. Transplantationsgesetz einerseits lebensgefährlich Erkrankte vor einer finanziellen Ausnutzung ihrer gesundheitlichen Notlage und andererseits potentielle Lebendspender vor wirtschaftlich motivierten Beeinträchtigungen der eigenen Gesundheit geschützt. Nach Ansicht des Gesetzgebers gelte es darüber hinaus, die Transplantationsmedizin davor zu bewahren, dass die Verteilung lebenswichtiger Organe ungeachtet therapeutischer Dringlichkeit an die finanzielle Leistungsfähigkeit potentieller Empfänger geknüpft wird. Eine solche Relativierung der medizinischen Indikation durch finanzielle Erwägungen könne nicht hingenommen werden. Letztlich werden in der Gesetzesbegründung auch die „durch Art. 1 Abs. 1 GG garantierte Menschenwürde und das Pietätgefühl der Allgemeinheit" als Schutzgüter des Organhandelverbotes genannt.[413]

(3) Die Strafbarkeit des Organspenders[414]

(a) Der Begriff des Handeltreibens[415]

Welche Handlungen das Tatbestandsmerkmal „Handeltreiben" erfüllen, ist lebhaft umstritten. Zur Auslegung des Begriffes verweist die Begründung des interfraktionellen Gesetzentwurfes auf die umfangrei-

---

[412] Einzelbegründung zu § 16 Abs. 1 S. 1

[413] Kritisch hierzu Schroth in Festschrift für Roxin, S. 869 ff. (870 ff.); ders., JZ 1997, S. 1149 (1150 f.) und König, Strafbarer Organhandel, S. 109 ff.

[414] Zu § 18 Abs. 1 2. Alt. i.V.m. § 17 Abs. 2 TPG: Personell betrifft das Verbot zum einen den organentnehmenden oder -übertragenden Arzt und zum anderen den Organempfänger, auf den das Organ übertragen wird. Gegenständlich erfasst es Organe, die Objekt eines strafbaren Organhandels nach Abs. 1 sind, König, Strafbarer Organhandel, S. 199 ff.

[415] Die Darstellung beschränkt sich entsprechend der thematischen Begrenzung der Arbeit im Wesentlichen auf die Strafbarkeit des Organspenders; zur Strafbarkeit des Empfängers unter dem Aspekt des Handeltreibens: König, Strafbarer Organhandel, S. 177 ff.; Gesetzentwurf der Fraktionen der CDU/CSU, SPD und FDP, BT-Drs. 13/4355, Einzelbegründung zu § 16 Abs. 1 S. 1, wonach der Erwerb für den Eigenbedarf im Hinblick auf die ratio legis den in einer notstandsähnlichen Situation befindlichen Organempfänger vor wucherischer Ausbeutung seiner gesundheitlichen Notlage zu schützen, vorwiegend tatbestandslos bleibt; kritisch hierzu Gutmann, MedR 1997, S. 147 (154); Schroeder, ZRP 1997, S. 265 (266); nach § 17 Abs. 2 ist verboten, sich ein Organ, das Gegenstand verbotenen Handeltreibens ist, übertragen zu lassen. Auch die entgeltliche Abgabe von Organen an die pharmazeutische Industrie zum Zweck der Herstellung von Arzneimitteln ist verboten, so König, Strafbarer Organhandel, S. 146 f., 149 und 197

che Rechtsprechung des Reichsgerichtes[416] und des Bundesgerichtshofes[417], „die der Gesetzgeber im Betäubungsmittelgesetz aufgegriffen hat und die seither eine weitere Differenzierung erfahren hat“[418]. Danach ist unter Handeltreiben jede eigennützige, auf Güterumsatz gerichtete, auch nur gelegentliche, einmalige, vorbereitende[419] oder vermittelnde Tätigkeit zu verstehen.[420]

Ob die Übernahme des im Betäubungsmittelrecht gängigen Begriffes sachgerecht ist, wird in der Literatur vielfach unter Hinweis auf die unterschiedlichen Objekte des Handeltreibens diskutiert und angezweifelt.[421] Während im Betäubungsmittelrecht stets reproduzierbare gesundheits- und lebensgefährdende Stoffe dem professionell organisierten Handelsverkehr entzogen werden sollen, geht es im Transplantationswesen um individuell gesundheitsfördernde und gemeinnützige Substanzen, die zumeist nur durch das Mitwirken von Ärzten und darüber hinaus nur sehr beschränkt verfügbar gemacht werden können.

(i) Auf Güterumsatz gerichtetes Verhalten

Das objektive Tatbestandselement „auf Güterumsatz gerichtetes Verhalten“ ist im Sinne der oben genannten Rechtsprechung bereits verwirklicht, wenn sich der Spender ernsthaft bereit erklärt, seine Organe einem Dritten zu Heilzwecken zu überlassen. Zum Abschluss eines schuldrechtlichen Vertrages über das Organ muss es nicht unbedingt kommen.

---

416 Vgl. RGSt 53, S. 310 ff., 313, 316; RGSt 51, S. 379 ff., 380; RGSt 52, S. 169 ff., 170

417 BGHSt 6, 246 ff., 247

418 Gesetzentwurf der Fraktionen der CDU/CSU, SPD und FDP, BT-Drs. 13/4355, Einzelbegründung zu § 16 Abs. 1 S. 1

419 Daneben auch eine Versuchsstrafbarkeit in § 18 Abs. 2 TPG zu normieren ist nach Schroth, JZ 1997, S. 1149 ff. (1151) völlig überflüssig; §§ 18 Abs. 1 1.Alt. i.V.m. 17 Abs. 1 TPG ist Unternehmensdelikt.

420 BGHSt 30, 277; 30 , 359; 31, 145 (147)

421 Vgl. nur Paul, MedR 1999, S. 214 ff. m.w.N. in Fn. 4 und König, Strafbarer Organhandel, S. 151 f. Zudem enthält das Betäubungsmittelrecht - anders als der Organhandelstatbestand - nicht nur die Tatbestandsalternative „Handeltreiben“, sondern weitere Handlungsformen wie die bloße Abgabe und Veräußerung von Betäubungsmitteln.

(ii) Eigennutz

Neben das weit gefasste objektive Tatbestandselement „auf Güterumsatz gerichtetes Verhalten" tritt das (ungeschriebene, aber in den Begriff des „Handeltreibens" hineingelesene) subjektive Merkmal „Eigennutz". Nach gefestigter Rechtsprechung[422] handelt eigennützig, wer sich vom Streben nach Gewinn oder sonstigen Vorteilen leiten lässt. Der Vorteil kann entweder in einer materiellen oder einer immateriellen Besserstellung begründet sein. Das Tatbestandsmerkmal „Eigennutz" ist das entscheidende Kriterium, um zwischen zulässiger Kostenerstattung und strafbewehrtem Organhandel abgrenzen zu können.

(aa) Materielle Vorteile

Welche materiellen Leistungen dann als unzulässige eigennützige Vorteilsgewährung und welche als zulässiger materieller Nachteilsausgleich zu qualifizieren sind, kann in dieser Arbeit im einzelnen nicht erörtert werden. Die folgenden Ausführungen beschränken sich darauf, die Regelungskonzeption des deutschen Rechts darzulegen und einige Problembereiche aufzuzeigen.

Soweit der Organspender eine (nicht geringfügige) Gegenleistung in Form eines Entgeltes oder eines anderen vermögenswerten Vorteils für die Abgabe seines Organs anstrebt, ist der Fall eindeutig: Solches Streben beinhaltet für den Spender die Gefahr, sein Leben - zumindest aber seine Gesundheit - materieller Vorteile wegen aufs Spiel zu setzen, was folglich verboten ist.

Ebenso wenig umstritten - nun aber erlaubt - sind vermögenswerte Leistungen an den Spender, die darauf gerichtet sind, durch die Organentnahme unmittelbar bedingte Aufwendungen oder Vermögenseinbußen auszugleichen. Hierzu zählen beispielsweise die Erstattung von Fahr- und Unterbringungskosten[423], sowie Ausgleichszahlungen

[422] BGHSt 35, 128; BGH vom 20.12.2000, 2 StR 468/00; BGH vom 15.11.2000 in NStZ 2001, S. 118; OLG Karlsruhe (2. Senat) vom 19.03.2001 in NStZ 2001, S. 654 f.

[423] Der Gesetzentwurf der Fraktionen der CDU/CSU, SPD und FDP, BT-Drs. 13/4355 Einzelbegründung zu § 16 Abs. 1 S. 2 Nr. 1 behandelt diesen Aspekt erstaunlicherweise im Rahmen des § 17 Abs. 1 S. 2 Nr. 1, führt aber zutreffend aus, dass in diesen Fällen Handeltreiben begrifflich nicht gegeben ist; a.A. wohl Schroth JZ 1997, S. 1147 ff. (1152)

für erlittenen Verdienstausfall[424]. Durch solche Leistungen[425] ist keine materielle Besserstellung des Spenders bezweckt; eigennütziges Verhalten kann daraus folglich nicht geschlossen werden.

Werden dem Spender andere vermögenswerte Leistungen wie beispielsweise (versicherungsvertragliche) Absicherungen für künftige Risiken oder geringfügige materielle Vorteile gewährt, gehen die Meinungen über deren Vereinbarkeit mit §§ 17 f. TPG auseinander.

Einen Anhaltspunkt für die Zulässigkeit versicherungsmäßiger Absicherungen künftiger Risiken liefert die Begründung zum interfraktionellen Gesetzentwurf. Hierin heißt es, dass „auch der Ausgleich derjenigen Kosten, die im Einzelfall für eine angemessene Absicherung einer durch die Organentnahme bedingten Erhöhung des Risikos des Spenders, berufsunfähig zu werden, anfallen", keinen wirtschaftlichen Vorteil darstellt und insofern auch eine Eigennützigkeit nicht begründet werden kann.[426] Ob die unsichere Zukunft des Spenders auch durch Risiko- und Kapitallebensversicherungen oder Erbeinsetzungen abgesichert werden darf, ist bis jetzt offen.[427]

Umstritten ist auch, ob geringfügige Zuwendungen wie etwa die Einladung zu einem Abendessen oder ein „Dankeschön" in Form eines Blumenstraußes eigennütziges Verhalten begründen können. Insoweit

---

[424] Zur Berechnung des Verdienstausfalles eines Selbständigen vgl. BGH, NJW 1994, S. 652-655, wonach eine Pauschalierung des Verdienstausfalles anhand der vorherigen Betriebsergebnisses vorzunehmen ist. Diese kann zu einer Besserstellung des Selbständigen führen; Sasse, Aspekte der Veräußerung von Organen, S. 108; Carstens, Das Recht der Organtransplantation, S. 54 ff., 68 ff.; Schroth in: Festschrift für Roxin, S. 869 ff. (884)

[425] Sie werden teils von der Krankenversicherung (vgl. BSG vom 12.12.1972 (3RK 47/70-) in NJW 1973, S. 1432 f.) des Empfängers, teils von dessen Berufsgenossenschaft übernommen; nach BAG, NJW 1987, S. 1508 geht die Krankheitszeit infolge einer Organspende über das allgemein vom Arbeitgeber zu tragende Krankheitsrisiko hinaus. Kraushaar in: Kirste, Nierenlebendtransplantation, S. 74 ff. zur Kranken-, Unfall-, Renten- und Pflegeversicherung.

[426] Gesetzentwurf der Fraktionen der CDU/CSU, SPD und FDP, BT-Drs. 13/4355, Einzelbegründung zu § 16 Abs. 1 S. 2 Nr. 1; kritisch hierzu König, Strafbarer Organhandel, S. 158 mit dem Hinweis, dass der Spender etwas bekommt, was es vorher nicht hatte und zwar grundsätzlich auch dann, wenn der Versicherungsfall nicht wegen der Spende, sondern aus anderen Gründen eintritt. Zudem entstehen praktische Probleme bei der Abwicklung der Prämienzahlung. So auch Schroth in: Festschrift für Roxin, S. 869 ff (885)

[427] Dreixler, Der Mensch als Ware, S. 97 spricht sich für deren Zulässigkeit aus während König, Strafbarer Organhandel, S. 159 skeptisch ist.

hat der Gesetzgeber selbst erkennen lassen, dass er den ausdrücklich benannten Ausnahmen vom Organhandelsverbot (§ 17 Abs. 1 S. 2 TPG) keinen abschließenden Charakter beimisst.

Greift man allerdings - entsprechend der Verweisung in der Gesetzesbegründung - auf die bereits entwickelten parallelen Wertungsmaßstäbe im Betäubungsmittelrecht zurück, gelangt man zu dem Ergebnis, dass bereits die Gewährung kleiner Aufmerksamkeiten verboten ist. Im Betäubungsmittelrecht hat die Rechtsprechung nämlich schon die Annahme kleiner Geschenke als eigennütziges Handeln eingestuft.[428] Man muss folglich davon ausgehen, dass sich ein Organspender de lege lata strafbar macht, wenn er auch nur eine geringfügige Leistung annimmt.

Viele Autoren halten die Bestrafung eines Organspenders, der für sein grundsätzlich altruistisches Verhalten eine kleine Aufmerksamkeit erhält, für unhaltbar:[429] Würde man die für das Betäubungsmittelrecht entwickelten Kriterien auf das Transplantationswesen uneingeschränkt übertragen, müssten beispielsweise die Ärzteschaft und die nach § 8 Abs. 3 S. 2 TPG eingesetzte Kommission eine lebensrettende Transplantation verhindern, wenn der Spender vor der Transplantation zu einem Essen eingeladen wurde oder einen Blumenstrauß erhalten hatte.

(bb) Immaterielle Vorteile / Einbußen am materiellen Ist-Zustand

Wenn dem Spender immaterielle Vorteile[430] gewährt werden, gelten die vorangehenden Ausführungen entsprechend: Zuverlässige Aussagen über deren rechtliche Zulässigkeit lassen sich nur in Einzelfällen treffen. Dies gilt um so mehr dann, wenn immaterielle und materielle Vorteile (wie meistens) in einem Motivbündel zusammenfallen.

---

[428] Körner, BtMG, § 29 Rn. 340 ff. (344); Tröndle/Fischer, StGB, § 331 Rn. 11

[429] Weiterführend König, Strafbarer Organhandel, S. 160 ff. und Schroth in Festschrift für Roxin, S. 869 ff. (885)

[430] Zu immateriellen Vorteilen bei Tausch- oder Schenkungsgeschäften, die auch das Tatbestandsmerkmal Handeltreiben erfüllen können: BGH vom 17.3.1981, StV 1981, S. 238; ausführlich: König, Strafbarer Organhandel, S. 154 ff.; Sengler in: Kirste, Nierenlebendspende, S. 100 ff. (112); Schroth, MedR 1999, S. 67; ders in Festschrift für Roxin, S. 869 ff. (886); Körner, BtMG, § 29 Rn. 340 ff. (344)

(α) Organspenden unter Ehegatten

Organspenden unter Ehegatten oder innerhalb einer Lebensgemeinschaft können beispielsweise Probleme aufwerfen, wenn der (nicht lebensbedrohlich) erkrankte Lebenspartner die Fortsetzung der Partnerschaft von der Organspende abhängig macht. Neben dem Verlust der „weiteren Gunst des Geliebten"[431] stehen für den Spender der gesamte Lebensrhythmus und Lebensstandard - angefangen vom Erhalt des gemeinsamen Freundeskreises über das lieb gewonnene gemeinsame Haus bis hin zur Sorge nach dem Verbleib der gemeinsamen Kinder - auf dem Spiel. Betrachtet man die rein immateriellen Aspekte wie Zuneigung und Erhaltung des Freundeskreises, so scheitert nach wohl herrschender Meinung Eigennutz daran, dass derartige Motive objektiv nicht messbar[432] sind. Einige Autoren weisen auch darauf hin, dass sich der Staat nicht in Grundlagen einer Zweierbeziehung einmischen dürfe. Bleibt also die Frage zu klären, ob drohende Einbußen am (materiellen) Ist-Zustand eigennütziges Verhalten begründen können. Obwohl bereits zweifelhaft ist, dass die Erhaltung des status quo begrifflich überhaupt eine den Eigennutz begründende Besserstellung darstellen kann, hat der BGH für das Betäubungsmittelrecht diese Frage positiv beantwortet.[433]

(β) Cross-Over-Spende

Unter diesem Gesichtspunkt ergeben sich auch bei der Cross-Over-Spende[434] strafrechtliche Probleme. Selbst wenn keine vermögenswerten Vorteile durch die Organempfänger des einen Paares an die Spender des anderen Paares fließen, kann eigennütziges Handeln der Spender angenommen werden, wenn der eigene Lebenspartner die Fortführung der Lebensgemeinschaft von der Spende an den Dritten abhängig macht und sich durch die angedrohte Trennung wirtschaftliche Nachteile ergeben. Folglich kann die bloße Spende eines Organs wegen einer versprochenen Organspende für den Ehepartner das Tatbestandsmerkmal „Handeltreiben" erfüllen.[435]

---

[431] Vgl. BGH, NStZ 1992, S. 594 für den Bereich des Drogenhandels.

[432] Vgl. BGH, NStZ 1992, S. 594

[433] Für den Bereich des Drogenhandels: BGH, NStZ 1992, S. 594; für Bestechungsdelikte: BGH, NStZ 1985, S. 497 (499); vertieft und kritisch dargestellt bei König, Strafbarer Organhandel, S. 167 ff. (170 ff.)

[434] Vgl. unter III. B. 1. c) (4) (b)

[435] So König, Strafbarer Organhandel, S. 175 f., Edelmann, VersR 1999, S. 1065

(b) *Ausnahmen vom Organhandelstatbestand*

Ausgenommen von dem strafebedrohten Verbot bleiben nach § 17 Abs. 1 S. 2 Nr. 1 TPG die „Gewährung oder Annahme eines angemessenen Entgelts für die zur Erreichung des Ziels der Heilbehandlung gebotenen Maßnahmen, insbesondere für die Entnahme, die Konservierung, die weitere Aufbereitung einschließlich der Maßnahmen zum Infektionsschutz, die Aufbewahrung und die Beförderung der Organe", sowie nach der spezielleren Regelung unter Nr. 2 „Arzneimittel, die aus oder unter Verwendung von Organen hergestellt sind und den Vorschriften des Arzneimittelgesetzes über die Zulassung oder Registrierung unterliegen oder durch Rechtsverordnung von der Zulassung oder Registrierung freigestellt sind".

Der „persönliche Anwendungsbereich" dieser Ausnahmetatbestände zielt nicht auf die hier primär interessierende Frage der Kommerzialisierung durch den Organspender ab. Vielmehr stellt er unter Nr. 1 Personengruppen straffrei, die berufsmäßige Leistungen bei einer Organspende erbringen und hierfür angemessene Vergütungen verlangen und unter Nr. 2 solche, die in den Vertrieb bestimmter Arzneimittel eingeschaltet sind.

(i) Arzneimittelklausel, § 17 Abs. 1 S. 2 Nr. 2 TPG

Unter Berücksichtigung der Intention des Gesetzgebers[436] und der in §§ 2 Abs. 1 und 3 Nr. 3 Arzneimittelgesetz (AMG) gegebenen Begriffsbestimmung für Arzneimittel ist die wohl herrschende Meinung der Auffassung, dass therapeutisch verwendete (unverarbeitete) Organe als Arzneimittel zu qualifizieren und den Bestimmungen des AMG zu unterwerfen sind.[437] Folglich könnte man bei oberflächlicher Prüfung zu

(1067) und Schroth, MedR 1999, S. 67 f.; ders. in Festschrift für Roxin, S. 869 ff. (886) der unter Berufung auf die Gesetzesmaterialien und den Wortlaut des Gesetzes strafbaren Organhandel annimmt, soweit keine teleologische Reduktion vorgenommen wird; a.A. Seidenath, MedR 1998, S. 253 (255 ff.) und Sengler in: Kirste, Nierenlebendspende, S. 112 f., der eine Strafbarkeit in dieser Hinsicht nicht für gegeben hält, da ein kommerzieller Gewinn nicht eintritt.

436 Gesetzentwurf der Fraktionen der CDU/CSU, SPD und FDP, BT-Drs. 13/4355, Einzelbegründung zu § 16 Abs. 1 S. 2 Nr. 2 „Alle anderen [als die in § 9 S. 1 TPG genannten] Organe, Organteile und Gewebe unterliegen weiterhin dem Arzneimittelbegriff."

437 Bender, VersR 1999, S. 419 (420) unter Hinweis auf §§ 2 Abs. 1 Nr. 5, 3 Nr. 3 AMG und § 21 TPG, König, Strafbarer Organhandel, S. 90 ff., Kloesel-Cyran, Arzneimittelgesetz, § 13 Rn. 19; Wolfslast/Rosenau, NJW 1993, S. 2248 f.; a.A.

dem Ergebnis gelangen, dass auch die Abgabe von Organen durch den Spender (Eigenkommerzialisierung) grundsätzlich den Ausnahmetatbestand erfüllt, zumal die Organentnahme nach § 4 Abs. 14 AMG als „Gewinnen" und dieses „Gewinnen" wiederum als Herstellen[438] eines Arzneimittels anzusehen ist.[439] Auf den ersten Blick erfüllt also die Entnahme von Organen das Tatbestandsmerkmal „Herstellung eines Arzneimittels aus Organen" nach § 17 Abs. 1 S. 2 Nr. 2 TPG. Bei genauerer Prüfung wird aber dann doch deutlich, dass nicht alle (vgl. § 2 Abs. 3 Nr. 8 AMG) und wegen der geforderten Zulassungs- und Registrierungspflicht auch nur verarbeitete Organe von der Ausnahmevorschrift erfasst werden.

(aa) § 2 Abs. 3 Nr. 8 AMG

Nach § 2 Abs. 3 Nr. 8 AMG[440] fallen Herz, Niere, Leber, Lunge, Bauchspeicheldrüse, Darm und Augenhornhäute[441] aus dem Ausnahmetatbestand heraus. Ihnen wird die Arzneimitteleigenschaft ausdrücklich abgesprochen. Alle anderen Organe, darunter insbesondere Präparate aus harter Hirnhaut (dura mater), Augenhornhaut-, Oberflächenhaut-, Faszien- und Knochenpräparate[442] können von der Ausnahmeregelung des § 17 Abs. 1 S. 2 Nr. 2 TPG erfasst werden.[443]

Deutsch, NJW 1998, S. 777 ff. (782) merkt an, dass Organe funktional betrachtet niemals Arzneimittel waren; auch nach Hasskarl, Pharma Recht 1998, S. 412 ff. (414) können Transplantate und Gewebe menschlichen Ursprungs und Produkte die aus solchem Gewebe gewonnen werden unter Hinweis auf die EG-Richtlinie 93/42/EWG und § 2 Abs. V Nr. 3 und Nr. 4 MPG nicht als Arzneimittel qualifiziert werden.

[438] Die Herstellung eines Arzneimittels unterliegt grundsätzlich (Wolfslast/Rosenau, NJW 1993, S. 2250 f. geht auf Ausnahmen ein, die nach Kloesel-Cyran, Arzneimittelrecht § 13 Rn. 19 aber nur gegeben sind, wenn das gleiche Ärzteteam Entnahme und Verpflanzung vornimmt, § 13 Abs. 1 S. 3 AMG) der Erlaubnispflicht nach § 13 Abs. 1 S. 1 AMG, löst aber noch nicht automatisch die in § 17 Abs. 1 S. 2 Nr. 2 TPG geforderte Zulassungs- und Registrierungspflicht aus (Kloesel-Cyran, Arzneimittelrecht, § 21 Rn. 45).

[439] So Reich, Organspendeverträge, S. 129

[440] Durch § 21 Nr. 1 TPG angefügt.

[441] Die Nennung der Augenhornhäute trägt dem Umstand Rechnung, dass diese - wie die in § 9 S. 1 TPG genannten - Organe nicht pharmazeutisch verändert oder konserviert werden, sondern bis zur Transplantation nur im ursprünglichen Zustand aufbewahrt werden können, Bender, VersR 1999, S. 419 (423)

[442] Gesetzentwurf der Fraktionen der CDU/CSU, SPD und FDP, BT-Drs. 13/4355, Einzelbegründung zu § 16 Abs. 1 S. 2 Nr. 2

[443] Hierzu genauer König, Strafbarer Organhandel, S. 144 f.

(bb) Zulassungs- und Registrierungspflicht

Die Zulassungs- und Registrierungspflicht findet auf Arzneimittel Anwendung, die vor dem Inverkehrbringen auf Qualität, Wirksamkeit und Unbedenklichkeit behördlich überprüft werden müssen (§§ 21 und 38 ff. AMG; § 1 der Verordnung über radioaktive oder mit ionisierenden Strahlen behandelte Arzneimittel) oder im Hinblick auf diese Anforderungen bestimmten Vorschriften einer Rechtsverordnung zu entsprechen haben (Standardzulassungen, Standardregistrierungen nach den §§ 36, 39 AMG). Gemäß § 80 S. 1 Nr. 4 AMG[444] bleiben aber sämtliche „menschliche Organe, Organteile und Gewebe, die unter der fachlichen Verantwortung eines Arztes zum Zwecke der Übertragung auf andere Menschen entnommen werden, wenn diese Menschen unter der fachlichen Verantwortung dieses Arztes behandelt werden", vom Anwendungsbereich des AMG und damit von der in § 17 Abs. 1 S. 2 Nr. 2 TPG verlangten Zulassungs- und Registrierungspflicht ausgeschlossen. Mit anderen Worten: Wenn ein in § 80 S. 1 Nr. 4 AMG bezeichneter Umgang mit Organen - in erster Linie Transplantationsleistungen[445] - vorgenommen wird, kann § 17 Abs. 1 S. 2 Nr. 2 TPG nicht eingreifen, da eine Zulassungs- und Registrierungspflicht nie ausgelöst werden kann. Erst wenn § 80 S. 1 Nr. 4 AMG tatbestandlich nicht eingreift und kein in § 2 Abs. 3 Nr. 8 AMG aufgezähltes Organ zur Diskussion steht, muss der Frage nachgegangen werden, ob die Organe tatsächlich einer Zulassungs- und Registrierungspflicht unterliegen.

Da die Zulassungs- und Registrierungspflicht aber nur auf Fertigarzneimittel Anwendung finden, auf Produkte also, die „im voraus hergestellt und in einer zur Abgabe an den Verbraucher bestimmten Verpackung in den Verkehr gebracht werden"[446], scheiden alle vorher unternommenen Tätigkeiten - also die Gewinnung der Organe und ihre Ab-

---

[444] Durch § 21 Nr. 2 a) TPG angefügt, zuletzt geändert durch das neunte Gesetz zur Änderung des Arzneimittelgesetzes vom 26. Juli 1999 (BGBl I S. 1666); genauer hierzu Bender, VersR 1999, S. 419, (420 ff.): bereits das Outsourcing einzelner Herstellungsschritte bei der Organaufbereitung führt dazu, dass § 80 S. 1 Nr. 4 AMG tatbestandlich nicht vorliegt und somit der Anwendbarkeit der Vorschriften des AMG nichts im Weg steht.

[445] Gesetzentwurf der Fraktionen der CDU/CSU, SPD und FDP, BT-Drs. 13/4355, Einzelbegründung zu § 20 Nr. 1 „Der Umgang mit diesen Organen, Organteilen und Geweben von der Entnahme bis zur Übertragung wird aus Gründen der Gleichbehandlung ebenfalls der ärztlichen Leistung „Transplantation" zugerechnet ..."

[446] § 4 Abs. 1 AMG

gabe durch den ursprünglichen Träger - aus dem Anwendungsbereich des § 17 Abs. 1 S. 2 Nr. 2 TPG aus (und können allenfalls noch unter § 17 Abs. 1 S. 2 Nr. 1 TPG subsumiert werden). Anders ausgedrückt: Weil Körpersubstanzen, die beim Spender gewonnen werden, keine Fertigarzneimittel sind, unterliegen sie auch nicht der Zulassungs- und Registrierungspflicht und kommen für die Anwendung des § 17 Abs. 1 S. 2 Nr. 2 nicht in Betracht. Folglich kann § 17 Abs. 1 S. 2 Nr. 2 TPG auf die Kommerzialisierung durch den Substanzträger nicht zur Anwendung kommen; vielmehr ermöglicht diese Bestimmung lediglich die entgeltliche Abgabe einer großen Anzahl pharmazeutisch verarbeiteter Organe als zugelassene Arzneimittel.

Das Transplantationsgesetz bringt durch § 17 Abs. 1 S. 2 Nr. 2 eine interessante Wertung zum Ausdruck: Während Organe in unverarbeitetem Zustand dem Ausnahmetatbestand nicht unterliegen und folglich auch keinen kommerziellen Interessen ausgesetzt werden dürfen, können bestimmte Organe nach ihrer Verarbeitung entgeltlich abgegeben werden. Der Verarbeitungsvorgang nimmt also den Organen den „Makel“, Gegenstand verbotener Kommerzialisierung zu sein.[447]

(ii) „Heilungsbezogene Maßnahmen“, § 17 Abs. 1 S. 2 Nr. 1 TPG

§ 17 Abs. 1 S. 2 Nr. 1 TPG erfasst alle Maßnahmen, die zur Erreichung des Ziels einer erfolgreichen Heilbehandlung notwendig sind und nicht die in Nr. 2 genannten Voraussetzungen erfüllen. § 17 Abs. 1 S. 2 Nr. 1 TPG gilt also für die in § 9 S. 1 TPG genannten Organe und in § 80 S. 1 Nr. 4 AMG aufgeführten individualbezogenen Tätigkeiten sowie für solche aus Organen hergestellte Arzneimittel, die keiner Zulassungs- oder Registrierungspflicht unterliegen und hiervon auch nicht durch Rechtsverordnung freigestellt sind. „Darunter fallen z. B. Knochentransplantate, die für einen einzelnen Patienten im Rahmen der ärztlichen Behandlung nach Maß angefertigt werden, Zellisolate aus Gewebe der Beischilddrüsen (Epithelkörperchen) und Knochengelenke“.[448]

---

[447] Kritisch und eingehend König, Strafbarer Organhandel, S. 146 f „mit der Beendigung des Herstellungsprozesses [ist] gleichsam wie Phönix aus der Asche ein aliud entstanden“. Dieser Gedanke wird bei der Frage nach der Rechtsnatur der Körpersubstanzen aufgegriffen.

[448] So der Gesetzentwurf der Fraktionen der CDU/CSU, SPD und FDP, BT-Drs. 13/4355, Einzelbegründung zu § 16 Abs. 1 S. 2 Nr. 1

Werden für diese Substanzen die in § 17 Abs. 1 S. 2 Nr. 1 TPG beispielhaft aufgeführten heilungsbezogenen Maßnahmen[449] durchgeführt, darf ein angemessenes Entgelt[450], d.h. ein angemessener vermögenswerter Vorteil gewährt oder angenommen werden.[451] Feste Tarife für die Leistungen sind gesetzlich nicht vorgesehen.

(c) § 18 Abs. 4 TPG

Unbedeutend, aber dennoch erwähnenswert ist § 18 Abs. 4 TPG, der einem Gericht die Möglichkeit eröffnet, dem Organspender und dem Organempfänger die nach § 18 Abs. 1 angedrohte Strafe zu erlassen oder zu mildern.[452]

---

449 Auch für Tätigkeiten wie der Klärung der Voraussetzungen einer Entnahme nach den §§ 3, 4 oder § 7 TPG, der Durchführung des Nachweisverfahrens über den endgültigen, nicht behebbaren Ausfall der gesamten Hirnfunktion oder des endgültigen, nicht behebbaren Stillstands von Herz und Kreislauf nach § 5 TPG, der Organvermittlung nach § 11 TPG und für ärztliche, pflegerische und sonstige Leistungen im Zusammenhang mit der Organentnahme oder -übertragung einschließlich deren Vorbereitung. Siehe hierzu auch das auszugsweise in Fuchs „Spenden was uns nicht gehört" auf Seite 61 ff. abgedruckte Gutachten zur „Förderung der Organspende durch Ärzte in Transplantationszentren" vom 20.11.1997, das im Auftrag der Deutschen Stiftung Organtransplantation (DSO) erarbeitet wurde.

450 Hierzu König, Strafbarer Organhandel, S. 184 ff. unter Differenzierung nach Entlohnung durch den Arbeitgeber, spezifischer Entlohnung für den Umgang mit Organen und der Frage, was als angemessen anzusehen ist. „Angemessen sind insbesondere die üblichen Vergütungen, wie sie z. B. in den Vereinbarungen mit Leistungsträgern im Sinne des § 16 des Ersten Buches des Sozialgesetzbuchs (SGB I) oder durch Gesetz oder Rechtsverordnung oder in aufgrund gesetzlicher Bestimmungen getroffenen Vereinbarungen festgesetzt sind. Eine Pauschalierung dieser Vergütungen ist zulässig", so der Gesetzentwurf der Fraktionen der CDU/CSU, SPD und FDP, BT-Drs. 13/4355, Einzelbegründung zu § 16 Abs. 1 S. 2 Nr. 1

451 Zu der Frage ob es sich hierbei um einen deklaratorischen oder einen konstitutiven Ausnahmetatbestand handelt: König, Strafbarer Organhandel, S. 182 ff.

452 „[Es erscheint] im Einzelfall erforderlich, bei der Strafzumessung die typische Motivationslage dieses Täterkreises [des Spenders], der häufig eigene wirtschaftliche Not oder auch gesundheitliches Leid eines schwerkranken Menschen abwenden will [...] zu berücksichtigen" Gesetzentwurf der Fraktionen der CDU/CSU, SPD und FDP, BT-Drs. 13/4355, Einzelbegründung zu § 17 Abs. 1. Kritisch Schroth, JZ 1997, S. 1149 (1151), der ein normatives Kriterium für die Strafaufhebung fordert; König, Strafbarer Organhandel, S. 213 im Unterschied hierzu sieht § 1 Abs. 3 ESchG einen persönlichen Strafaufhebungsgrund für Spender und Empfänger vor, Deutsch, ZRP 1994, S. 179 ff.; Laufs, NJW 1995, S. 1593; Gutmann, MedR 1997, S. 147 ff. (154)

(4) Sonderbestimmung für die Lebendorganspende, §§ 19 Abs. 2 TPG i.V.m. 8 Abs. 1 S. 1 Nr. 1 a, b, Nr. 4 und S. 2

Das bisher angesprochene gilt gleichermaßen für die Lebendspende und die Spende post mortem. Mit § 19 Abs. 2 TPG hat der Gesetzgeber eine häufig kritisierte[453] spezielle Strafandrohung bei Verstößen gegen Bestimmungen über die Lebendorganspende geschaffen. Für die Frage der Eindämmung der Kommerzialisierung ist auf die Strafdrohung bei Verstoß gegen die Vorschriften über die Aufklärung, die Einwilligung und den erlaubten Spenderkreis zu verweisen, § 19 Abs. 2 TPG i.V.m. § 8 Abs. 1 S. 1 Nr. 1 b und S. 2 TPG. § 19 Abs. 2 TPG wirft überwiegend hier nicht interessierende Konkurrenzfragen zu den Körperverletzungsdelikten des Strafgesetzbuchs (§§ 223 ff. StGB) auf und wird im Hinblick auf den strafrechtlichen Bestimmtheits-[454] und Verhältnismäßigkeitsgrundsatz[455] in der Literatur kritisch betrachtet.

2. Das Transfusionsgesetz

Die Gesetzgebungskompetenz des Bundes für das am 1. Juli 1998 in Kraft getretene Gesetz zur Regelung des Transfusionswesens (Transfusionsgesetz, TFG)[456] ergibt sich ebenfalls aus Art. 74 Abs. 1 Nr. 26 GG.[457] Das Transfusionsgesetz regelt nur das absolut Notwendige und überlässt die fachlichen Einzelheiten den Richtlinien[458] der Bundesärztekammer. Dieses System folgt dem Grundsatz, durch gesetzliche Regelungen nur so viel als notwendig zu regeln und speziell fachliche Einzelheiten soweit wie möglich der Verantwortung der Fachwelt zu

---

[453] „Man kann der Vorschrift keine gute Zukunft voraussagen“ meint König, Strafbarer Organhandel, S. 234

[454] Vgl. Art. 103 GG; „Wann eine besondere persönliche Verbundenheit „offensichtlich“ ist, ist offensichtlich unbestimmt“, Schroth, JZ 1997, S. 1152, 1153

[455] Gutmann, MedR 1997, S. 147 (149)

[456] Gesetz zur Regelung des Transfusionswesens vom 1. Juli 1998, BGBL. I, S. 1752; Einzelbegründung der Bundesregierung vom 13.01.1998 (BT. Drs. 13/9594); Deutsch, NJW 1998, S. 3377 ff.

[457] „Das ergibt sich aus den Materialien zur Grundgesetzänderung, wonach die Formulierung "Regelung zur Transplantation. ..." nicht nur die Explantation und die Transplantation von Organen und Geweben umschließt, sondern auch die Bluttransfusion“, Einzelbegründung der Bundesregierung vom 13.01.1998 (BT. Drs. 13/9594), S. 6

[458] Richtlinien sind meist von Institutionen veröffentlichte Regeln des Handelns und Unterlassens, die dem einzelnen Arzt einen geringen Ermessensspielraum einräumen. Ihre Nichtbeachtung kann Sanktionen nach sich ziehen.

überlassen, um den Entwicklungen der wissenschaftlichen Erkenntnisse Rechnung zu tragen.[459]

a) Organisation des Transfusionswesens, §§ 3, 4 TFG

In der Bundesrepublik Deutschland stützt sich das Blut- und Plasmaspendewesen im wesentlichen auf 3 Säulen: Den Blutspendedienst des (als gemeinnützige GmbH organisierten) Deutschen Roten Kreuzes, die gemeinnützigen Blut- und Plasmaspendedienste der Kommunen und Länder (z. B. Universitätskliniken) und letztlich den Plasmapheresezentren der pharmazeutischen Industrie, in denen unmittelbar Blutplasma gewonnen wird. Darüber hinaus werden bei der Bundeswehr sowie bei privatrechtlich organisierten Plasmapheresezentren Blut, Plasma und andere hochwertige Blutbestandteile gewonnen.

b) Anwendungsbereich des Transfusionsgesetzes, § 2 TFG

§ 2 TFG bestimmt den Anwendungsbereich des Transfusionsgesetzes im Hinblick auf den anvisierten Verwendungszweck des Blutes. Als Spende im Sinne des Transfusionsgesetzes wird „die einem Menschen entnommene Menge an Blut oder Blutbestandteilen[460]" definiert, „die Arzneimittel ist oder zur Herstellung von Arzneimitteln bestimmt ist".[461] Der Anwendungsbereich kann also nur unter Heranziehung des Arzneimittelbegriffes aus dem Arzneimittelgesetz bestimmt werden. Das aus dem menschlichen Körper stammende „Körperteil" Blut und Blutplasma ist ein Stoff i.S.d. § 3 Nr. 3 AMG. Wenn Blut[462] dazu bestimmt ist, „durch Anwendung am oder im menschlichen oder tierischen Körper ... Wirkstoffe oder Körperflüssigkeiten zu ersetzen"[463] oder „die Beschaffenheit, den Zustand oder die Funktionen des Körpers oder seelische Zustände zu beeinflussen",[464] ist es Arzneimittel. Folglich unterliegen sowohl die Eigenblutspende[465] als auch die thera-

[459] Begründung der Bundesregierung vom 13.01.1998 (BT. Drs. 13/9594), S. 5

[460] Als Blutbestandteile sind die Bestandteile des Blutes anzusehen, die für originäre Funktionen des Blutes bedeutsam sind, wie z. B. Blutzellen, Gerinnungsfaktoren, Albumin, Immunglobuline.

[461] Vgl. auch die Richtlinie 89/381/EWG; zu Haftungsfragen: Lippert, VersR 1994, S. 153 ff.

[462] Vgl. § 3 Nr. 3 AMG.

[463] § 2 Abs. 1 Nr. 3 AMG

[464] § 2 Abs. 1 Nr. 5 AMG

[465] Siehe hierzu das wegweisende Urteil des BGH vom 17.12.1991, BGHZ 116,

peutischen Zwecken zugeführte Fremdspende den Regelungen des Transfusionsgesetzes, wohingegen z.B. Blut zur Blutuntersuchung in der Arztpraxis, zur wissenschaftlichen Verwendung oder zur Feststellung der Abstammung nicht unter den Spendenbegriff des Transfusionsgesetzes fällt.

c) Voraussetzung der Blutentnahme

(1) Einwilligung zur Blutentnahme, § 6 TFG

Blut darf nur entnommen werden, „wenn die spendende Person vorher[466] in einer für sie verständlichen Form über Wesen, Bedeutung und Durchführung der Spendeentnahme und der Untersuchungen sachkundig aufgeklärt worden ist und in die Spendeentnahme und die Untersuchungen eingewilligt hat.[467] Aufklärung und Einwilligung sind von der spendenden Person schriftlich zu bestätigen. Sie muss mit der Einwilligung gleichzeitig erklären, dass die Spende verwendbar ist, sofern sie nicht vom vertraulichen Selbstausschluss Gebrauch macht", § 6 TFG. Der vertrauliche Selbstausschluss wird zugelassen, um Personen vor Diskriminierung zu schützen, deren Spende beispielsweise wegen der Zugehörigkeit zu einer Risikogruppe (vgl. § 5 TFG) nicht verwendet werden darf, die aber in einer Gruppe zur Entnahme kommen.[468] Neben dem bereits bekannten Erfordernis einer aufgeklärten Einwilligung bei Eingriffen in die körperliche Integrität muss die Einwilligung auch die spätere Verwendbarkeit der Spende einbeziehen. Nach der Gesetzesbegründung der Bundesregierung ergibt sich diese Notwendigkeit aus dem in Art. 14 Abs. 1 S. 1 GG verankerten Eigentumsrecht am Blut des Spenders.[469]

(2) Unentgeltlichkeit

Das Transfusionsgesetz verbietet pauschale Zahlungen für eine Blutspende nicht. § 10 TFG besagt lediglich, dass die Spendeentnahme unentgeltlich erfolgen soll und dass dem Spender eine Aufwandsent-

---

379 ff.; Eigenblutspenden sind keine Fertigarzneimittel und unterliegen daher auch nicht der Zulassungspflicht.

466 Unklar ist, ob vor jeder neuen Spende eine erneute Aufklärung zu erfolgen hat, vgl. Deutsch, NJW 1998, S. 3377 ff. (3380)

467 Vgl. auch Bender, ZRP 1997, S. 353 ff.

468 Begründung der Bundesregierung vom 13.01.1998 (BT. Drs. 13/9594), S. 14

469 Begründung der Bundesregierung vom 13.01.1998 (BT. Drs. 13/9594), S. 14

schädigung gewährt werden kann. Anders als im Transplantationsgesetz, das selbst kleine Dankbarkeitsgeschenke für einen Organspender als strafwürdig ansieht, ist § 10 TFG als bloße „Soll-Vorschrift" konzipiert. Seine Verletzung kann damit keine straf- oder bußgeldrechtlichen Folgen nach sich ziehen. Die Begründung der Bundesregierung führt zum Unentgeltlichkeitsgebot aus, dass sich - dem ethischen Grundsatz des Europarates und der Europäischen Union[470] entsprechend - der menschliche Körper und seine Bestandteile nicht als Handelsobjekte eignen.[471] Fahrkosten oder eine pauschalierte Aufwandsentschädigung von bis zu 50,- DM (entspricht etwa 25,56 €) können nach Auffassung der Regierung nicht als Entgelt qualifiziert werden und sind in Grenzen zulässig.[472] Die Art und Höhe der „Kostenerstattung" durch die verschiedenen Blutspendedienste ist uneinheitlich. Das Deutsche Rote Kreuz stellt jedem Spender einen kostenlosen Imbiss bereit; an der Universitätsklinik Freiburg wird eine Vollblutspende mit 25,56 €, eine Thrombozytenspende mit 40,90 € und eine Plasmaspende mit 20,45 € „entschädigt".[473]

Die Fremdkommerzialisierung soll in erster Linie durch die Organisationsformen der mit der Blutkollekte befassten Organisationen unterbunden werden. Soweit die Blutspendedienste als gemeinnützige Gesellschaften wie beispielsweise das Deutsche Rote Kreuz und die staatlichen und kommunalen Blutspendedienste arbeiten,[474] werden ihnen von Krankenhäusern lediglich die für Entnahme, Untersuchung, Aufbewahrung und Auslieferung der Blutkonserven entstandenen Kosten erstattet. Über die Einhaltung dieser Vorschriften wachen unabhängige Wirtschaftsprüfer und die Finanzämter der Bundesländer.

d) Spenderdokumentation, § 11 TFG

Jede Spendeentnahme muss protokolliert werden, um die einzelnen Arbeitsschritte vor und nach der Entnahme lückenlos nachvollziehen zu können. Aus Gründen der Rückverfolgung (§ 19 TFG) und aus haftungsrechtlichen Gründen ist die Spenderdokumentation 15 Jahre lang

---

470 Vgl. Artikel 3 Abs. 2 Ziffer 3 der Charta der Grundrechte der Europäischen Union vom 07.12.2000

471 Begründung der Bundesregierung vom 13.01.1998 (BT. Drs. 13/9594), S. 19

472 Votum des Arbeitskreises Blut des Bundesministeriums für Gesundheit (Bundesgesundheitsblatt 12/93, S. 542)

473 http://www.ukl.uni-freiburg.de/transfus/html/spende-lohn.html vom 04.10.2003

474 Vgl. unter III. B. 2. a)

aufzubewahren. Personenbezogene Daten der spendenden Person dürfen nur verwendet werden, wenn sie für die Sicherheit der spendenden Person und für die Sicherheit der Blutprodukte wesentlich sind.

e) Verhältnis zu anderen Gesetzen, § 29 TFG

Die Vorschriften des Arzneimittelrechts finden neben den Vorschriften des Transfusionsgesetzes Anwendung, weil die Entnahme von Blut oder Blutbestandteilen aus dem menschlichen Körper Gegenstand der Arzneimittel- oder Wirkstoffgewinnung ist (vgl. § 4 Abs. II, III AMG). Das Transplantationsgesetz findet im Anwendungsbereich des Transfusionsgesetzes hingegen keine Anwendung.

3. Embryonenschutzgesetz und Richtlinie des ärztlichen Standesrechts zur künstlichen Befruchtung

a) Das Embryonenschutzgesetz

Das am 1. Januar 1991 in Kraft getretene Embryonenschutzgesetz (ESchG) enthält nur ganz vereinzelt Regelungen zu den noch nicht verschmolzenen Keimzellen.[475] Historisch bedingt weist es gegenüber den Fortpflanzungstechniken[476] und dem Umgang mit Embryonen sehr restriktive Regelungen auf: eine Eizellenspende ist beispielsweise - anders als in Frankreich, Art. 2141-1 ff. und Art. 1244-1 ff. CSP - unter Strafandrohung verboten, vgl. §§ 1 Abs. 1 Nr. 1, 2, 6, 7, Abs. 2 ESchG.[477]

---

[475] Als Embryo gilt nach § 8 Abs. 1 ESchG „bereits die befruchtete, entwicklungsfähige menschliche Eizelle vom Zeitpunkt der Kernverschmelzung an".

[476] Zum geschichtlichen Hintergrund: Marian, Die Rechtsstellung des Samenspenders, S. 7 ff.

[477] „Der Gesetzgeber wollte durch diese Verbotsvorschrift verhindern, dass es zu einer sogenannten gespaltenen Mutterschaft kommt und damit die austragende und die genetische Mutter nicht mehr identisch sind. Dem liegt die Erkenntnis zugrunde, dass das Kind in seiner gesamten körperlichen und seelischen Entwicklung sowohl durch die von der genetischen Mutter stammenden Erbanlagen wie auch durch die enge während der Schwangerschaft bestehende Beziehung zwischen ihm und der austragenden Mutter entscheidend geprägt wird. Eine gespaltene Mutterschaft lässt besondere Schwierigkeiten bei der Selbstfindung des Kindes und negative Auswirkungen auf seine seelische Entwicklung befürchten. Dieses Ziel soll durch ein Verbot der Verwendung fremder Eizellen bei der Herbeiführung einer Schwangerschaft sowie durch das Verbot einer Ersatzmutterschaft erreicht werden.", Richtlinie der Bundesärztekammer: Künstli-

Obwohl im Jahr 1994 dem Bund die konkurrierende Gesetzgebungskompetenz für den Bereich der künstlichen Befruchtung beim Menschen übertragen wurde (Art. 74 Abs. 1 Nr. 26 GG), regelt noch heute eine Richtlinie des ärztlichen Standesrechts[478] die Fortpflanzungstechniken. Das Embryonenschutzgesetz bestimmt nur, dass die künstliche Befruchtung durch einen Arzt vorgenommen werden muss (§ 9 Nr. 1 ESchG)[479], dass postmortale homologe oder heterologe künstliche Befruchtungen verboten sind (§ 4 Abs. 1 Nr. 3 ESchG) und letztlich, dass ohne Einwilligung der Frau oder des Mannes deren Keimzellen nicht befruchtet werden dürfen (§ 4 Abs. 1 Nr. 1 ESchG).

Weder das ESchG noch die Richtlinie verbieten den Handel mit Keimzellen. Üblicherweise erhält ein Samenspender bis zu 100 €.

b) Richtlinie des ärztlichen Standesrechts

(1) Kryokonservierung von Sperma

Die Kryokonservierung von Sperma kann ohne Einschränkung durchgeführt werden. Sie ist nur im Stadium der Vorkerne, d.h. nach Eindringen des Spermas aber vor der Kernverschmelzung zulässig.

(2) Voraussetzungen der Keimzellenspende

Grundsätzlich darf eine künstliche Insemination nur mit dem Samen des Ehepartners im sogenannten homologen System durchgeführt werden. Bei nicht verheirateten Paaren, die in stabiler Partnerschaft

---

che Befruchtung: Richtlinien zur Durchführung der assistierten Reproduktion, Deutsches Ärzteblatt 1998 [Heft 49] 95: A-3166-3171; §§ 13 a - d Ad VermiG; Helms, FuR 1996, S. 178 (187 f.); Edelman, La personne en danger, S. 466 ff.

478 Deutsches Ärzteblatt 1998 [Heft 49]; 95: A-3166-3171

479 Als assistierte Reproduktion wird die ärztliche Hilfe zur Erfüllung des Kinderwunsches eines Paares durch medizinische Hilfen und Techniken bezeichnet. Hierzu gehören der intratubare Gametentransfer (Transfer der männlichen und weiblichen Gameten in den Eileiter) der intratubare Zygotentransfer und intratubare Embryotransfer (Einführung des Embryos in den Eileiter), die Invitro-Fertilisation mit Embryotransfer[479] (Vereinigung einer Eizelle mit einer Samenzelle außerhalb des Körpers, "extrakorporale Befruchtung", IVF und ET) und die intrazytoplasmatische Spermatozoeninjektion (Verfahren bei dem die menschliche Samenzelle in eine menschliche Eizelle injiziert wird mit dem Ziel, eine Schwangerschaft bei der Frau herbeizuführen, von der die Eizelle stammt. Die dazu verwandten männlichen Keimzellen können aus dem Ejakulat, aus dem Nebenhoden (MESA) oder aus dem Hoden (TESE) gewonnen werden).

leben (heterologes System), bedarf es einer Stellungnahme durch eine bei der Ärztekammer eingerichteten Kommission. Die Anwendung der Methoden bei alleinstehenden Frauen und in gleichgeschlechtlichen Beziehungen ist ebenso unzulässig wie deren Einsatz dort, wo die Frau, bei der die Schwangerschaft herbeigeführt werden soll, ihr Kind nach der Geburt auf Dauer Dritten überlassen will (Ersatzmutterschaft).

Sollen fremde Samenzellen verwendet werden, muss ein zustimmendes Votum[480] der bei der Ärztekammer eingerichteten Kommission eingeholt werden. Ein zustimmendes Votum wird erteilt, wenn

- eine der Methoden der assistierten Reproduktion im homologen System wegen Unfruchtbarkeit des Mannes nicht möglich ist,
- die Verwendung eines Mischspermas ausgeschlossen ist, da durch sie die spätere Identifikation des biologischen Vaters erschwert würde,
- der Samenspender sich mit Bekanntgabe seines Namens an das Kind durch den Arzt für den Fall ausdrücklich einverstanden erklärt, dass ein entsprechendes Auskunftsersuchen an den Arzt gestellt wird,
- die Eheleute/Partner und der Samenspender über die Möglichkeit der Anfechtung der Ehelichkeit/Vaterschaft und die sich daraus ergebenden Rechtsfolgen und das hiervon bestehende Recht des Kindes auf Namensnennung des Samenspenders aufgeklärt worden sind und diese Aufklärung ausreichend dokumentiert worden ist (s.u.) und letztlich
- bei nicht verheirateten Paaren zuverlässig festgestellt werden kann, dass diese in einer auf Dauer angelegten Partnerschaft leben.

(3) Anonymität

Nach der herrschenden Meinung darf eine Samenspende nicht anonym erfolgen. Die Unzulässigkeit der anonymen Samenspende resultiert aus der Rechtsprechung des Bundesverfassungsgerichts[481], wo-

---

[480] Zu den Kriterien der Spenderauswahl: Marian, Die Rechtsstellung des Samenspenders, S. 13 ff.

[481] BVerfGE 79, 256 = FamRZ 1989, S. 255 und BVerfGE 90, 263 = FamRZ 1990,

nach das allgemeine Persönlichkeitsrecht jedem das Recht auf Kenntnis der eigenen Abstammung einräumt. Daher wird in dem oben aufgeführten 3. Gliederungspunkt der Richtlinie dem Arzt untersagt, dem Samenspender Anonymität zuzusichern. Er muss den Samenspender vielmehr darauf hinweisen, dass er gegenüber dem Kind zur Nennung des Spendernamens verpflichtet ist und er sich insoweit auch nicht auf die ärztliche Schweigepflicht berufen kann. Das während einer Ehe geborene, durch heterologe Insemination gezeugte Kind wird solange als Kind des Ehemannes (sozialen Vaters) der Mutter angesehen, solange der soziale Vater[482], die Mutter oder das Kind die Vaterschaft nicht anfechten (§§ 1600 ff. BGB).

Wegen dieser Rahmenbedingungen erklären sich in Deutschland nur sehr wenige Männer zu einer Spende bereit, weil sie spätere familienrechtliche Nachteile befürchten.

C. Rechtsvergleichende Übersicht[483]

1. Gesetzesmotive und deren Umsetzung

Der deutsche und der französische Gesetzgeber hatten sich als Ziel gesetzt, den menschlichen Körper nicht zu einem Objekt wirtschaftlicher Interessen werden zu lassen. Sie waren sich in dem Bestreben einig, jedem - unabhängig von finanziellen Erwägungen - die gleichen Heilungschancen einräumen zu wollen und Menschen davor zu bewahren, ihre Gesundheit wegen finanzieller Anreize zu gefährden. Im Rapport Mattei wird die Verhinderung der kommerziellen Ausbeutung des Körpers als ein moderner Aspekt des zivilisatorischen Auftrages Frankreichs bezeichnet und betont, dass es der Menschenwürde und der französischen Tradition widerspreche, Teile des Körpers als Handelsware anzusehen.[484] Auch der deutsche Gesetzgeber sieht im Ver-

---

S. 881; Kirchmeier, FamRZ 1998, S. 1282 m.w.N. in Fn. 43; Grote, RIDC 1-1999, S. 85 ff. (94); Coester-Waltjen, DJT 1986 B 68

482 Dieser hat nach BGHZ 87, 169 und BGH in NJW 1995, S. 2921 in aller Regel ein sachlich uneingeschränktes Anfechtungsrecht selbst dann, wenn er der künstlichen Befruchtung zugestimmt hat; hierzu ausführlich Coester-Waltjen, DJT 1986, B 48 ff. m.w.N.

483 Siehe hierzu auch die Übersicht im Anhang.

484 „C'est [le principe de non patrimonialité des parties et produits du corps] l'un des aspects modernes de la mission civilisatrice que s'assigne la France, que de nier farouchement l'existence de ce droit. Elle tente, par suite, de faire triompher cette idée contre le mercantilisme de la société industrielle. Il n'est pas

kauf von Organen und in der Organspende gegen Entgelt eine Verletzung der Menschenwürde und des Pietätgefühls der Allgemeinheit. Auf ein gewachsenes, traditionell anerkanntes Kommerzialisierungsverbot wird aber nicht abgestellt.

Es ist auch sehr zweifelhaft, ob sich in der relativ kurzen Zeitspanne, in der die meisten Körpersubstanzen vom Körper getrennt konserviert werden können, tatsächlich Traditionen über deren Behandlung herausbilden konnten. Betrachtet man nämlich den „traditionellen" Umgang mit Körperteilen, so liegt der Gedanke näher, abgetrennte Körperteile als kommerzialisierbare Güter anzusehen, da die wenigen traditionell abtrennbaren und konservierungsfähigen Substanzen wie Haare oder Muttermilch schon immer Gegenstand entgeltlicher Rechtsgeschäfte waren. Organe und Keimzellen können hingegen erst seit einigen Jahren vom Körper getrennt konserviert und außerhalb des Körpers verwendet werden. Eine „Tradition" aus der sich eine rechtliche Behandlung ableiten ließe, konnte sich in der vergangenen kurzen Zeit nicht entwickeln. Es scheint vielmehr, dass in der französischen Diskussion der alte, traditionelle Grundsatz von der Unveräußerlichkeit des menschlichen Körpers, le principe de l'indisponibilité du corps humain, auf abgetrennte Körpersubstanzen übertragen wurde, ohne zwischen dem lebenden Körper und abgetrennten körperlichen Elementen und Produkten zu unterscheiden.

Auch in Deutschland rufen die Begründungsversuche für ein umfassendes Kommerzialisierungsverbot menschlicher Körpersubstanzen teilweise Widerspruch hervor.[485] Wenn der Gesetzgeber pauschal in der Kommerzialisierung des Körpers und seiner Elemente und Produkte einen Verstoß gegen die Menschenwürde sieht,[486] hätte er konsequenterweise diesen Verstoß auch gleichermaßen für alle Körpersub-

dans la tradition française de considérer les parties du corps comme une marchandise.", „La vie en question: Pour une éthique biomédicale", La documentation francaise (Doc. fr.), 1994; vgl. auch Thouvenin, D. 1995 S. 149 ff. (163, 170); Rapport Claeys, 2. Teil I. 2.

485 Ausführlich König, Strafbarer Organhandel, S. 109 ff.; Schroth, in Festschrift für Roxin, S. 869 ff.; Taupitz in Damm/Hart (Hrsg.), S. 68; a.A. Sasse, Aspekte der Veräußerung von Organen, S. 93 ff.

486 „Die Garantie der Menschenwürde wird verletzt, wenn der Mensch bzw. seine sterblichen Reste zum Objekt finanzieller Interessen werden. Sowohl der Verkauf von Organen als auch Organspenden gegen Entgelt sind daher mit der Schutzgarantie des Artikels 1 Abs. 1 GG nicht vereinbar.", Begründung des interfraktionellen Gesetzentwurfes, S. 29; BSG vom 15. April 1997 (Az: 1 RK 25/95) in NJW 1997, S. 3114 ff.

stanzen und Verwendungszwecke sanktionieren müssen. Stattdessen hat er die Kommerzialisierung von Körpersubstanzen aber nur in engen Grenzen verboten. Die zahlreichen Ausnahmen vom Organhandelsverbot (§ 17 f. TPG) belegen, dass der deutsche Gesetzgeber - entgegen seinem Bekunden - Zweifel daran hatte, ein umfassendes Kommerzialisierungsverbot menschlicher Körpersubstanzen durch die Menschenwürde rechtfertigen zu können: Ansonsten hätte er nicht nur die entgeltliche Übertragung von Organen (i.S.d. § 1 Abs. 1 S. 1 TPG), die einer Heilbehandlung zugeführt werden, verbieten müssen, sondern er hätte auch Organübertragungen für wissenschaftliche und industrielle Verwendungen in ein strafrechtliches Verbot aufnehmen müssen. Gleiches gilt für die Herausnahme von Blut, Knochenmark und Keimzellen aus dem Organhandeltatbestand. Offensichtlich sieht der deutsche Gesetzgeber bei der entgeltlichen Weitergabe dieser Substanzen keinen Verstoß gegen die Menschenwürde. Andernfalls hätte es nahe gelegen, im Transfusionsgesetz und im Embryonenschutzgesetz eine dem Organhandeltatbestand vergleichbare Vorschrift zu schaffen. Das Transfusionsgesetz enthält wie dargelegt nur eine „Soll-Vorschrift", also ein Gebot, eine Blutspende nicht zu vergüten; das Embryonenschutzgesetz spricht die entgeltliche Abgabe von Keimzellen überhaupt nicht an. Auf die fehlende Gesetzgebungszuständigkeit des Bundes kann die inhaltliche Beschränkung des Organhandelsverbotes nicht zurückgeführt werden, weil Art. 74 Abs. 1 Nr. 1 GG dem Bund für Strafvorschriften umfassende Regelungskompetenz verleiht.

Im Gegensatz zu den deutschen Vorschriften hat der französische Gesetzgeber das Gebot, den Körper nicht als Handelsware anzusehen, sehr konsequent umgesetzt. Der Grundsatz der Unentgeltlichkeit findet unterschiedslos auf nahezu alle Körpersubstanzen und Verwendungszwecke Anwendung. Darüber hinaus wurde der unentgeltliche Umgang mit Körpersubstanzen nicht nur für die erste Stufe - also der Abgabe der Körpersubstanzen durch den ursprünglichen Substanzträger (Eigenkommerzialisierung) - festgeschrieben, sondern auch für die folgenden Stufen - der Konservierung und Weiterübertragung der Substanzen -, indem zumeist staatlichen Stellen die Weiterverwendung der Substanzen und die Festsetzung des Entgelts für Übertragungen überantwortet worden ist. Während der deutsche Gesetzgeber die Verhinderung der Kommerzialisierung ganz überwiegend durch unmittelbare[487] Verbots- und Sanktionsnormen umgesetzt hat, kenn-

[487] Zu den Begriffen unmittelbare und mittelbare Maßnahmen vgl. S. 53 f.

zeichnen die französischen Gesetze eine Vielzahl indirekter Maßnahmen, die in Form von Grundprinzipien über die Spende und den Umgang mit den Körpersubstanzen Eingang in den Bioethikgesetzen gefunden haben.

2. Gesetzliche Regelungen im Einzelnen

Ein erster Blick in die Vorschriften des Transplantationsgesetzes, des Transfusionsgesetzes sowie des Embryonenschutzgesetzes einerseits und in die Regelungen der Bioethikgesetze andererseits bringt neben der eben angesprochenen abweichenden Regelungskonzeption durch unmittelbare bzw. mittelbare Maßnahmen den beschränkten Anwendungsbereich der deutschen Gesetze über den Umgang mit Körpersubstanzen zum Ausdruck. Soweit sich die Beschränkung nicht auf strafrechtliche Normen bezieht, ist ein entscheidender Grund sicherlich in der eingeschränkten Gesetzgebungskompetenz des Bundes zu suchen. Aber auch auf Gebieten wie der Fortpflanzungsmedizin, für die eine Gesetzgebungskompetenz begründet wäre, hält sich der deutsche Gesetzgeber bedeckt und überlässt dem ärztlichen Standesrecht die Regelungskompetenz.

Während der Code de la santé publique zwischen Organen, Geweben, Zellen usw. differenziert, unterscheidet das Transplantationsgesetz nur danach, ob ihre Entnahme zu einem irreversiblen Substanzverlust führt. Ansonsten werden Gewebe und Organe gleich behandelt. Offensichtlich ist auch der französische Gesetzgeber zu der Auffassung gelangt, nach der eine unterschiedliche Behandlung zwischen den Substanzen häufig nicht mehr erforderlich ist. Jedenfalls führt der französische Gesetzentwurf vom Juni 2001 zu einer weitgehenden Vereinheitlichung der Vorschriften über die einzelnen Substanzen.

Eine Angleichung beider Rechtsbereiche bahnt sich zwischenzeitlich auch hinsichtlich des Spenderkreises einer Lebendorganspende an. In Frankreich gibt es Bestrebungen, den Personenkreis auf nicht verwandte Spender auszudehnen. Während die personelle Beschränkung in Frankreich auf sämtliche Organspenden Anwendung findet, gilt die Begrenzung in Deutschland für Organ- und Gewebespenden - in beiden Fällen aber nur, wenn nicht regenerierungsfähige Substanzen betroffen sind. Es bleibt im übrigen abzuwarten, ob in Frankreich künftig auch über die Zulässigkeit der sogenannten Cross-Over-Spenden diskutiert wird.

Unterschiede zwischen deutschen und französischen Rechtsnormen bestehen besonders auch dort, wo es um die Regelung von Art und Höhe von Aufwandsentschädigungen für Spenden geht. Wurden in Frankreich sehr restriktive Dekrete erlassen, die pauschale Entschädigungen grundsätzlich ausschließen und zu verhindern versuchen, dass der Spender - und sei es auch nur durch die Wahl eines etwas komfortableren Verkehrsmittels - irgendeinen Vorteil durch die Spende erzielt, hat sich der deutsche Gesetzgeber im Transplantationsgesetz darauf beschränkt, das Handeltreiben mit Organen zu verbieten und im Transfusionsgesetz lediglich in Form einer Soll-Vorschrift „angeregt", die Spende nicht zu vergüten. Ist in Frankreich also in allen Einzelheiten festgelegt, welche Leistungen an den Spender erfolgen dürfen und welche nicht, kann in Deutschland erst nach einer - umstrittenen - Auslegung des Begriffes „Handeltreiben" geklärt werden, welche Leistungen an den Spender zulässig und welche verboten sind. Weiten Teilen der deutschen Literatur kann entnommen werden, dass die restriktive Haltung des französischen Gesetzgebers in Deutschland auf Ablehnung stoßen würde. Der deutsche Gesetzgeber hat sich im Transfusionsgesetz auch dieser Einschätzung angeschlossen: Pauschale Entschädigungen des Blutspenders sind in Deutschland zulässig. In der französischen Rechtslehre stößt die eingeschränkte Kostenerstattung allerdings auf weniger Kritik.[488] Die ethisch und religiös fundierten Bedenken gegen eine Kommerzialisierung des Körpers sind - wie schon mehrfach erwähnt - fest in der französischen Rechtsordnung verwurzelt.

Bei den Vorschriften über die assistierten Befruchtungstechniken mit Fremdspendern fällt die weitgehende Regelungsabstinenz des deutschen Gesetzgebers auf. Die weiteren fundamentalen Abweichungen in beiden Rechtsbereichen basieren maßgeblich auf differierenden ab-

---

488 Gegner der unentgeltlichen Spende weisen darauf hin, dass die Vergütung des Spenders die Menschenwürde nicht verletze, sondern im Gegenteil gerade Ausdruck der Menschenwürde des Spenders sei, da dieser für seine Hilfsbereitschaft eine kleine Gegenleistung erwarten könne. Zudem erhöhe sich bei unbezahlten Spendern die Gefahr, qualitativ schlechtere Spendersubstanzen zu erhalten. Ob die Qualität der gespendeten Substanzen durch die Unentgeltlichkeit steigt oder sinkt wird jedoch unterschiedlich beantwortet: vgl. Harichaux in: Bioéthique et Droit 1988, S. 138 ff.; Hermitte, Le sang et le droit, S. 192. Es sei auch unverantwortlich, den starken Mangel an Spendesubstanzen durch eine Verringerung der Spendebereitschaft zu fördern. Letztendlich führe der Grundsatz der Unentgeltlichkeit nämlich dazu, lebensrettende Maßnahmen zu erschweren; Decocq, Essai d'une théorie générale des droits sur la personne, S. 118 ff.

stammungsrechtlichen Grundwertungen, die sich in den unterschiedlichen Auffassungen über die Zulässigkeit der Eizellenspende und der Frage der Anonymität der Keimzellenspende spiegeln. Den Gesetzen liegt insoweit ein entgegengesetzter gedanklicher Ansatz zu Grunde. Während der französische Gesetzgeber das „elterliche Vorhaben" („le projet parental") und seine achtenswerten Motive stark gewichtet, ist nach der Konzeption des deutschen Rechts das Recht des Kindes auf Kenntnis seiner genetischen Identität und dessen Schutzbedürftigkeit vorrangig zu berücksichtigen.[489] Die Auswirkungen dieser Regelungen auf die Kommerzialisierung von Keimzellen sind allerdings nur indirekter Natur.

[489] Ein ausführlicher Rechtsvergleich der französischen und deutschen Gesetzentwürfe (rapport Braibant vom 5.9.1988 und Regierungsentwurf zum Embryonenschutzgesetz vom 25.10.1989) findet sich bei Edelman, La personne en danger, S. 461 ff.; kritisch zur französischen Konzeption: Mémenteau, D. 1994 chr., S. 355 ff. (356 f.)

IV. Die Rechtsnatur abgetrennter Körpersubstanzen

A. Vorbemerkung

Die Frage nach der Rechtsnatur vom Körper abgetrennter Substanzen ist erst in den letzten Jahrzehnten zunehmend in das Blickfeld juristischer Überlegungen gerückt. Sie steht in direktem Zusammenhang zu den medizinischen Entwicklungen auf dem Gebiet der Humanbiotechnik und schließt sich der Diskussion über die rechtliche Qualifikation des menschlichen Körpers, des Leichnams und des Embryos thematisch an.

Bereits der sprachliche Umgang mit den vom Körper getrennten Substanzen lässt erkennen, dass sich die französischen und deutschen Juristen bei der rechtlichen Qualifikation der körperlichen Elemente und Produkte auf unsicherem Terrain bewegen, da sie die Fachbegriffe des Schuld- und Sachenrechts zu vermeiden suchen:[490] In den Bioethikgesetzen war beispielsweise ihre gesetzliche Bezeichnung als „élément" oder „partie" und die Wortwahl für ihre Übertragung als „cession" oder „obtention"[491] umstritten. Dabei verändert gerade in ethischen Fragen der bedenkenlose Umgang mit schlagwortartigen Formulierungen und verharmlosenden Bezeichnungen[492] wie beispielsweise die Verwendung der Begriffe „Bio-Rohstoff" und Präembryonen[493] unbewusst die Wertvorstellungen in der Bevölkerung.[494]

490 So wird Blut eben nicht geschenkt oder verkauft, es wird gespendet.

491 „Obtention" bringe den nicht vermögenswerten Charakter besser zum Ausdruck, Rapport Mattei, S. 151

492 Gleiches trifft für französische Formulierungen zu, vgl. Schweitzer/Puig-Vergès, Journal de Médecine légale droit médical 2000, S. 509 ff. (510), der Körper wird z.B. als „matiére première", „outil de production" und als „centre de fabrication de substances" bezeichnet.

493 Auf dem 3. Weltkongreß für In Vitro Fertilisation in Melbourne (November 1985) hat man sich darauf geeinigt bis zum 12. Schwangerschaftstag nicht mehr von Embryonen, sondern von Präembryonen zu sprechen. Mit anderer Bedeutung verwendet Lanz-Zumstein, Menschliches Keimgut, S. 10 diesen Begriff.

494 Deutsch, ZRP 1994, S. 179 ff. (180) spricht von einer verräterischen Sprache; Schweitzer/Puig-Vergès, Journal de Médecine légale droit médical 2000, S. 509 ff.; Schneider in: Schlosser, Mit Hippokrates zur Organgewinnung?, S. 235; ebenso konnte in der Debatte des Bundestages zum Transplantationsgesetz

Besondere Aufmerksamkeit rief ein amerikanisches Urteil hervor, in dem das Blut eines Menschen als Ware und die Blutspenderin als Produktionsstätte bzw. Container bezeichnet wurde.[495]

Neben dem Sprachgebrauch führt auch das hohe Maß an Arbeitsteilung im Transplantationswesen zu einer „Entmenschlichung"[496], einer Entpersonalisierung der Körpersubstanzen und letztlich zu ihrer „Verdinglichung"[497].

Die folgenden Ausführungen werden darum bemüht sein, die Frage der Rechtsnatur von der unter Gliederungspunkt V. erörterten Frage nach den bestehenden Rechten an körperlichen Elementen und Produkten getrennt voneinander zu erörtern.[498] Erst wenn die Rechtsnatur der Körpersubstanzen geklärt ist, lassen sich Überlegungen über die an ihnen bestehenden Rechte logisch und zusammenhängend anstellen. In der deutschen und französischen Literatur wird dieser Weg indes nur selten beschritten. Die aus der Rechtsnatur abgeleiteten rechtlichen Folgen - wie beispielsweise die Eigentumsfähigkeit der Substanzen - werden häufig argumentativ herangezogen, um dann eben Sach- oder Personenqualität der Körperteile zu begründen.

Wird bereits der lebende Körper als Sache angesehen (doctrine réaliste)[499], ist die Sachqualifikation auch für abgetrennte Körpersubstanzen folgerichtig. Für die Vertreter der herrschenden Einheitstheorie, die den lebenden Körper und die Person als Einheit sehen, stellt sich aber die entscheidende Frage, ob durch die Abtrennung vom Körper

festgestellt werden, wie die Verwendung bestimmter Begriffe über ethische Probleme hinweggeholfen hatten, siehe hierzu Schlosser in: Schlosser, Mit Hippokrates zur Organgewinnung?, S. 265 ff.

[495] Vgl. Kimbrell, Ersatzteillager Mensch, S. 30 f. zu einem Rechtsstreit über die steuerliche Anerkennung von Geschäftsausgaben, die im Rahmen entgeltlicher Spenden entstanden sind.

[496] Bergmann in: Fuchs, Spenden was uns nicht gehört, S. 79 ff. (101 ff.)

[497] Tag, MedR 1998, S. 387 ff. (389) zu Plastinaten

[498] Vgl. Galloux, RRJ 1989-3, S. 521 ff. (531, Fn. 52) bedauert, dass oftmals die bestehenden Rechte an den Substanzen erörtert werden, ohne zuvor ihre Rechtsnatur untersucht zu haben.

[499] Vgl. hierzu die Ausführungen unter II. B. 2.; Galloux, RIDC 1998 (2), S. 491 ff. (500); Baud, L'affaire de la main volée, S. 11 ff. "eine abgetrennte Hand ist offensichtlich eine Sache, die zu stinken beginnt und zu einer Umweltbelastung wird", S. 44 der Körper [ist] stets als Sache anzusehen, gleichgültig, ob es sich um den „lebenden Körper", den Leichnam, abgetrennte oder mit dem Körper verbundene Substanzen handelt.

ein Wechsel in der Rechtsnatur eintritt. Mit anderen Worten: Ausgehend von der Überlegung, dass alle Körpersubstanzen ursprünglich eine Einheit mit dem Körper gebildet hatten, teilten sie dessen rechtliches Schicksal. Nach der oben[500] dargestellten herrschenden Meinung in Frankreich und Deutschland unterlagen sie damit originär einer personenrechtlichen Qualifikation. Die entscheidende Zäsur, die eine Überprüfung auslöst, liegt dann in der Trennung, mithin im Verlust der körperlichen Einheit und damit auch - vergleichbar mit der Argumentation bei der Leiche[501] - in der Beendigung der „Körper-Seele-Geist“ Einheit.

In der folgenden Darstellung wird sich zeigen, dass auch die Vertreter der Einheitstheorie überwiegend von der Sachqualität abgetrennter Körpersubstanzen ausgehen.[502] Allerdings geben sie für die von ihnen unterstellte Umwandlung von Personenqualität in Sachqualität entweder überhaupt keine oder nur sehr vage Begründungen ab.[503] Daraus ergibt sich, dass das Angebot an Literaturnachweisen zwar umfangreich ist, nicht aber deren substantielle Verwertbarkeit.

---

500 Siehe unter II. B. 1.

501 Vgl. unter II. B. 1. a)

502 Für Frankreich: Dijon, Le sujet de droit en son corps, S. 674 ff.; Rassat, JCP1976 I 2777; Labbée, Les petites affiches vom 11.07.1997 (83), S. 33 ff. (37); ohne jede Begründung Abduldayem, thèse 1995, S. 38; Urteil des TGI Avignon vom 24.09.1985, Gaz. Pal. vom 15.02.1986, S. 91 (siehe hierzu im nächsten Gliederungspunkt); fest steht, dass die weit überwiegende Zahl der Körpersubstanzen in irgendeiner Form wieder dem Menschen zukommt. Einige schlagen daher vor, sie als „choses d'origine humaine“, als Sachen menschlichen Ursprunges zu bezeichnen; diese sollen zu ausschließlich wissenschaftlichen oder therapeutischen Zwecken verwendet werden können, so Hermitte in: Archives de philosophie du droit 1988, S. 323 ff.. Für Deutschland: Schünemann, Die Rechte am menschlichen Körper, S. 59 (Fn. 1), Schröder/Taupitz, Menschliches Blut, S. 35 (Fn. 6) mit zahlreichen Nachweisen; Maier, Der Verkauf von Körperorganen, S. 10; Taupitz, JZ 1992, S. 1089 (1092), Sasse, Aspekte der Veräußerung von Organen, S. 55; a.A. Larenz/Wolf, AT 1997, § 20 I Rn. 7; Einschränkungen werden insbesondere für Keimzellen gemacht.

503 Oftmals werden die gleichen Argumente verwendet, um entgegengesetzte Meinungen zu stützen. So für die Folgen, die aus dem heiligen Charakter des Körpers und aus der Qualifikation des Körpers als nicht vermögensfähigem Gut resultieren. Nach Ansicht einiger (Labbée, Gaz. Pal. 1984 (2), S. 401 ff. (402); Baud, L'affaire de la main volée, S. 195) können nur Sachen Gegenstand einer Spende, eines „don“ sein, wohingegen sich andere (vgl. die Ausführungen bei Mousny, thèse 1998, S. 129) darauf stützen, dass die oben beschriebene gesetzliche Konzeption einer Organ- oder Gewebespende es gerade verbiete, den gespendeten Substanzen Sachcharakter zu unterstellen.

Die Diskussionen werden in Deutschland und Frankreich auf sehr unterschiedlichen Ebenen geführt. Während in Frankreich für die einzelnen Körpersubstanzen unterschiedliche Argumente vorgetragen werden, nehmen in Deutschland nur Keimzellen einen besonderen Platz in der Diskussion ein.

B. Diskussionsstand[504] über die rechtliche Qualifizierung abgetrennter Körpersubstanzen

1. Frankreich

a) Meinungsüberblick aus Literatur und Rechtsprechung

(1) Gewohnheitsrecht, Verkehrssitte: Haare, Zähne, Muttermilch, Gliedmaßen

Häufig wird abgetrennten Körpersubstanzen ohne nähere Begründung Sachcharakter unterstellt. In anderen Fällen erfolgen pauschale Hinweise auf Gewohnheitsrecht, allgemeinen Sprachgebrauch und die Verkehrsauffassung, um die Sacheigenschaft aller körperlicher Elemente und Produkte zu begründen.

Bei näherem Hinsehen kann auf das Gewohnheitsrecht aber nur bei einigen Körpersubstanzen zurückgegriffen werden. So wird Haaren, Muttermilch und Zähnen wegen ihrer langjährigen Teilhabe am Rechtsverkehr Sachcharakter zugesprochen,[505] während für Organe oder Keimzellen gewohnheitsrechtliche Begründungen oder Zuordnungen bislang nicht gefunden werden konnten.[506] Über die Frage, ob ein abgetrennter Finger eine Sache ist und Gegenstand einer rechtmäßigen Konfiskation sein kann oder aber als Teil der Person nicht konfiszierbar und an seinen ursprünglichen Träger herauszugeben ist,

---

504 Die Argumentation verläuft in Frankreich und Deutschland wegen der gleichen dogmatischen Ausgangslage ähnlich. Hier wie da werden die Schwerpunkte der Diskussion herausgegriffen; gleichzeitig ist aber auch zu bedenken, dass die Überlegungen mitunter auf das andere Land übertragen werden können.

505 Vgl. nur Arnoux, Les droits de l'être humain sur son corps, S. 81 ff. (82 f.) und Art. 1211-8 CSP

506 Vgl. aber Gaumont-Prat, Le Dalloz sommaires commentés, S. 345, die in der Einrichtung von anonymen Gewebebänken eine „Industrialisierung des Körpers" erkennen will.

hatte das TGI von Avignon in einem Eilverfahren zu entscheiden.[507] Ein Strafgefangener hatte sich absichtlich einen Teil seines Daumens abgetrennt, um das öffentliche Interesse an seiner Inhaftierung zu wecken. Nach einem chirurgischem Eingriff im Krankenhaus wurde ihm der Daumen in einem Gefäß mit Konservierungsflüssigkeit mitgegeben. Bei der Wiedereinlieferung im Gefängnis konfiszierte der Gefängnisdirektor das Gefäß, weil der Häftling nach wie vor im Sinn hatte, den Daumen mit der Post an den Justizminister zu versenden.

Das Gericht gab dem Antrag des Häftlings auf Herausgabe des Daumens nicht statt. Unter ausdrücklicher Anerkennung eines Eigentumsrechtes des Gefangenen am Daumen war es der Auffassung, dass der Daumen in der Konservierungsflüssigkeit bleiben müsse und diese wegen ihrer gefährlichen chemischen Zusammensetzung dem Antragsteller nicht übergeben werden dürfe. Dabei ließen die Richter außer Acht, dass der Antragsteller nur den Daumen und nicht auch die Konservierungsflüssigkeit herausverlangt hatte.

(2) Körperabfälle, Plazenta

Die Plazenta weist die Besonderheit auf, dass sie bestimmungsgemäß vom Körper abgesondert wird und sowohl als Teil der Mutter als auch als Teil des neugeborenen Kindes angesehen werden kann.[508] Im Unterschied zur Muttermilch, die ebenfalls bestimmungsgemäß vom Körper abgesondert wird und der Ernährung des neugeborenen Kindes dienen soll, erfüllt die Plazenta - ähnlich wie Notdurft - nach Abtrennung vom Körper keine „natürlichen" Funktionen mehr. Die herrschende Rechtslehre[509] schließt daraus, körperlichen Abfallprodukten wie der Plazenta oder Operationsabfällen Sachqualität zuzuschreiben.

---

507 TGI Avignon vom 24. September 1985, Gaz. Pal. vom 15.02.1986, S. 91 mit Anmerkung Bertin, Gaz. Pal. 1986, S. 96; Arnoux, Les droits de l'être humain sur son corps, S. 84

508 Rassat, Le statut juridique du placenta, JCP 1976 I 2777 spricht sich dafür aus, das Kind als ursprünglichen „Träger" der Plazenta anzusehen. Dies hat zur Folge, dass die Eltern gemeinsam über die Weiterverwendung der Plazenta entscheiden müssen; a.A. Labbée, thèse 1986, S. 272 ff.

509 Rassat, Le statut juridique du placenta, JCP 1976 I 2777; Mazen,Réflexions juridiques in: Bioéthique et droit, S. 194 ff. (200); Labbée, thèse 1986, S. 272; Jung, MedR 1996, S. 362

(3) Trennungsvorgang: künstliche Körperteile

Wie eingangs erwähnt, sieht die herrschende Meinung im Trennungsvorgang den auslösenden Moment für den Wechsel in der Rechtsnatur; eine dogmatische Begründung gibt es aber nur vereinzelt.[510]

Ein Begründungsansatz basiert auf einer Analogie zur Rechtsprechung des französischen Verfassungsgerichts über Prothesen.[511] Die Cour de cassation hat im Jahr 1985 entschieden, dass implantierte Zahnprothesen - gleich dem „lebendem Körper" - der Kategorie unpfändbarer Sachen zuzuordnen[512] und nicht implantierte medizinische Hilfsmittel - wie z.B. einen Rollstuhl - weiterhin der Pfändung nach Art. 592-2 des Code de la procédure civile zu unterwerfen seien.[513] Vor diesem Hintergrund erfolgte die dogmatische Einordnung implantierter künstlicher Körperteile in der Literatur auf zwei Arten: als „personne par destination"[514], als Personen durch Zweckbestimmung und als „personne par incorporation"[515], als Person durch körperliche Eingliederung. Dieser dogmatische Begründungsweg wurde dann zur Begründung der Rechtsnatur abgetrennter Körpersubstanzen herangezogen:

(a) „Personne par destination"

Die Konzeption der „personne par destination" beruht auf dem in Art. 524 CC verankerten Gedanken, wonach eine bewegliche Sache zu einer unbeweglichen Sache - „immeuble par destination" - wird, wenn

[510] Der Wechsel der Rechtsnatur sei unter wirtschaftlichen Gesichtspunkten erforderlich, um die Verarbeitungs- und Lagerungskosten durch Weiterverkauf ausgleichen zu können, so ausdrücklich Lavroff-Detrie, thèse 1997, S. 305 f.; Moine, thèse 1993, S. 379 spricht das Problem zwar an, stellt aber keine Lösungsmöglichkeiten dar.

[511] Cass. Civ. 1ère vom 11.12.1985, Gaz. Pal. 1986 I, S. 150 mit Anmerkung Bertin; Picq, Les petites affiches vom 07.10.1996, S. 8 ff.; Labbée, Anmerkung zu TGI Lille vom 23.03.1999 in D. 1999 jp., S. 351 f. zur Gleichbehandlung eines Blindenhundes mit einer Prothese, „l'animal personne par destination".

[512] Vgl. auch Art. 3 und 5 des Gesetzes Nr. 85-677 vom 05.07.1985; a.A. Galloux, Revue de la recherche juridique (RRJ) 1989-3, S. 521 ff. (533), wonach auch inkorporierte Prothesen als Sachen anzusehen sind.

[513] Dies hat zu einer Gesetzesänderung geführt: nach Dekret Nr. 92-755 vom 31.07.1992 in D. 1992 lég., S. 451 werden beide Fälle nunmehr einheitlich behandelt.

[514] Perrot, RTD civ. 1985, S. 454; Labbée, thèse 1986, S. 251-256

[515] Picq, Les petites affiches vom 07.10.1996, S. 8 ff.

sie dem wirtschaftlichen Zweck der Immobilie dient.[516] In Anlehnung an diese gesetzliche Wertung sei es gerechtfertigt, eine dem menschlichen Organismus dienende Prothese gleich dem menschlichen Organismus selbst, also wie eine Person zu behandeln.[517]

Dieser juristischen Fiktion bedienten sich Stimmen in der Literatur[518], um die Rechtsnatur des Körpers und seiner abgetrennten Substanzen zu begründen: Der lebende Körper sei wie Prothesen als „personne par destination" anzusehen; er müsse wie die Person behandelt werden, um die Integrität und Freiheit des Individuums gewährleisten zu können. Mit Trennung vom Körper gehe die Zweckbestimmung und damit der Grund für die fiktive Gleichbehandlung verloren, so dass Prothesen genauso wie natürliche Körpersubstanzen (wieder) zu Sachen werden.

(b) „Personne par incorporation"

Die Argumentation derer, die künstliche Körperteile in Analogie zu Art. 518 bis 521 CC als „personne par incorporation" qualifizieren, verläuft ähnlich. Nach Art. 518 ff. CC teilen bewegliche Sachen durch bloße körperliche Verbindung mit einer unbeweglichen Sache deren rechtliches Schicksal. Übertragen auf die rechtliche Qualifikation körperlicher Elemente und Produkte bedeutet dies, dass mit der Trennung vom Körper (der Immobilie) die Prothese bzw. die Körpersubstanz (wieder) zu einer beweglichen Sache wird.

(4) Verarbeitung der Substanzen, Blut

Transfusionen kontaminierter Blutkonserven lösten Anfang der neunziger Jahre eine Welle von Haftungsprozessen[519] geschädigter Patienten gegen die Blutspendedienste aus. Um einem mit verseuchtem Blut infizierten Patienten Schadensersatz gewähren zu können, stellten die

---

516 Genauer zu Art. 524 CC: Ferid-Sonnenberger, FrzZR, Bd. 2 Rn. 3 A 63 ff.: aus deutscher Sicht sind Zubehör und wesentliche Bestandteile eines Grundstücks betroffen.

517 Die Schwächen dieser Begründung liegen darin, dass Art. 524 CC keinen Wechsel der Rechtsnatur vorsieht . Vor und nach der Verbindung bleibt die Sachqualität erhalten.

518 Baud in: Lemaire, Rameix, Ghanassia 1996, S. 11 f.; Baud in: Droit des personnes et de la famille, S. 13 ff. (15 f.) mit weiteren Nachweisen in Fn. 8

519 Zur Rolle der Rechtsprechung in Frankreich: Duprat, Les petites affiches vom 3.7.1996, S. 6 f.

Gerichte in ihren Urteilsbegründungen auf einen „contrat de fourniture de sang" (Blutlieferungsvertrag) zwischen den Blutspendediensten und den Krankenhäusern ab.[520] Die dogmatische Konstruktion dieses Vertrages lässt darauf schließen, dass die Richter das Blut wie einen „normalen" Kaufgegenstand behandeln wollten.

Dogmatisch wird eine Bluttransfusion mit fremdem Spender wie folgt begründet: Der Spender spendet sein Blut unentgeltlich und anonym. Daraufhin schließt der Blutspendedienst mit der Klinik einen Vertrag über die Lieferung von Blut, den sogenannten Blutlieferungsvertrag, in dem durch stillschweigende Vereinbarung[521] dem Patienten das vertragliche Recht auf Lieferung mangelfreien Blutes gewährleistet wird.[522] Der Blutlieferungsvertrag beinhaltet also nicht nur dienstvertragliche („obligation de moyen"[523]) Pflichten, sondern es begründet für den Blutspendedienst die Pflicht („obligation de résultat"), mangelfreies Blut zu liefern. Diese vertragliche Konstruktion basiert auf der Überlegung, Lieferanten von Blutkonserven (mindestens) gleiche Sorgfaltspflichten aufzuerlegen, wie Verkäufern sonstiger Rechtsgüter, die zur mangelfreien Lieferung verpflichtet sind.[524]

Im Jahre 1992 hat das TGI Toulouse und die 16. Chambre correctionnelle des TGI Paris den Vergleich von Blut mit einer dem Schuldrecht

---

520 Cour d'appel Paris vom 28.11.1991, D. 1992 j.p., S. 85 mit Anmerkung Dorsner-Dolivet; Hermitte, Le sang et le droit, S. 276 ff.; Arnoux, Les droits de l'être humain sur son corps, S. 97 ff.; TGI Nice Urteil vom 27.7.1993, D. 1993, S. 385 mit Anmerkung Vidal; a.A. cour d'appel Toulouse 1er chambre vom 08.09.1992 nicht veröffentlicht, siehe Hermitte, Le sang et le droit, S. 284; Moine, thèse 1993, S. 91 f.; Lavroff-Detrie, thèse 1997, S. 137 ff., 306

521 „...le bénéficiaire du sang est associé par la stipulation tacite qu'il contient en sa faveur"; ein stillschweigender Vertrag zugunsten Dritter, des Patienten. Die Klinik ist ihrerseits gegenüber dem Patienten vertraglich zur Lieferung mangelfreien Blutes verpflichtet.

522 So bereits C. cass. civ. 2 ème vom 17.12.1954, JCP 1955 II 8490; Lavroff-Detrie, thèse 1997, S. 167 ff.

523 Bestätigt durch C. cass. vom 12.4.1995 in Semaine juridique éd. G 1995 II 22467; genauer hierzu Hermitte, Le sang et le droit, S. 276 f., 282 f., 285 mit dem Hinweis, dass einige Gerichte auf eine besondere Form der „obligation de moyen" mit besonderen Sorgfaltspflichten bei therapeutischen Substanzen abstellen.

524 So Dorsner-Dolivet Anmerkung zu Cour d'appel de Paris vom 28.11.1991 in D. 1992 j.p., S. 87 (88) und Savatier, Anmerkung zu C. cass. civ. 2 ième in JCP 1955 II 8490 (8559)

unterworfenen Handelsware noch deutlicher formuliert.[525] Die Richter qualifizierten verarbeitete Blutkonserven als verkehrsfähige Sachen bzw. gefährliche Handelswaren und wendeten auf sie die Lieferpflichten des Verkäufers nach Art. 1604 CC an.

Die dogmatische Konstruktion des „Blutlieferungsvertrages" führt nach überwiegender Ansicht in der Literatur im Interesse der Opfer des Blutskandals zu einer sachenrechtlichen Qualifikation des Blutes.[526] Während in der ersten Phase, also im Verhältnis Spender – Transfusionszentrum, das Blut als extrakommerzielle Substanz qualifiziert wird, wandelt es sich in der zweiten Phase - nach seiner Verarbeitung und Konservierung - zu einer Sache um, die in einen staatlich reglementierten Markt eintritt.[527]

Für die Aufteilung des bereits entnommenen Blutes in zwei unterschiedliche Kategorien spricht seine unterschiedliche rechtliche Behandlung in den jeweiligen Etappen.[528] Während die Blutspende zum Schutze des Spenders unentgeltlich zu erfolgen hat, werden die verarbeiteten Blutprodukte schon seit langem entgeltlich - wenn auch ohne Gewinnerzielung - weiterveräußert.[529] Hinzu kommt ihre seit langer Zeit bekämpfte,[530] seit Erlass der Richtlinie vom 14. Juni 1989 aber unabwendbare rechtliche Einordnung als Medikament.

Gegen die sachenrechtliche Einordnung wird angeführt, dass sie den symbolischen Wert des Blutes für das menschliche Leben nicht zutreffend widerspiegelt und keine zufriedenstellende Antwort bei der Suche nach der Rechtsnatur des Körpers liefert. Der symbolische Gehalt des Blutes hafte ihm in unverarbeitetem und in verarbeitetem Zustand gleichermaßen an. Leugne man diesen symbolischen Wert bei verarbeiteten Blutprodukten, könne auch die Gewinnerzielungsabsicht bei Über-

---

525 TGI Toulouse vom 16. Juli 1992 in JCP 1992 II 21965 mit Anmerkung Labbée; TGI Paris vom 23. Oktober 1992

526 Vgl. nur Hermitte, Le sang et le droit, S. 280; Lavroff-Detrie, thèse 1997, S. 138

527 Das TGI Toulouse vom 16.07.1992 unterscheidet zwischen dem „sang fourni", dem gelieferten Blut und dem „sang transfusé"; TGI Toulouse vom 20.02.1992 auszugsweise abgedruckt bei Hermitte, Le sang et le droit, S. 281 f.

528 Labbée, Anmerkung zu TGI Toulouse vom 16.07.1992 in JCP éd. G 21965, S. 438

529 Der Preis wird durch ministerielle Verfügung festgesetzt, vgl. Art. 1221-9 CSP.

530 1952 wurde es noch als wesentliches Gesetzesziel angesehen, Blut nicht mit Medikamenten gleichzustellen, vgl. JO, Débats parlementaires vom 15. März 1952, S. 1322

tragungen des Blutes nicht mehr verboten werden. Die tariflich festgesetzten Veräußerungspreise seien Ausfluss dieser besonderen Natur des (verarbeiteten) Blutes.[531]

(5) Funktion der Substanzen, Keimzellen

Häufig wird darauf verwiesen, man dürfe Körpersubstanzen nicht wie normale Sachen behandeln, da ihnen stets die individuellen menschlichen Merkmale anhaften würden und sie Sitz vieler intimer Geheimnisse seien, die durch die Genanalyse einer einzigen Zelle offenbart werden können.[532]

Insoweit nehmen Keimzellen in der Diskussion eine besondere Stellung ein. Nach verbreiteter Ansicht können sie als Träger der menschlichen Erbsubstanz nicht mit „normalen" Sachen verglichen werden.

Ein biologischer Vergleich von Somazellen (Körperzellen) und Keimzellen zeigt zunächst deren wichtigste Gemeinsamkeit: beide enthalten in ihrem Zellkern das gesamte genetische Material, das in Eiweißhüllen, den sogenannten Chromosomen, eingeschlossen ist. Während die Körperzellen aber über einen diploiden Chromosomensatz, also über 46 Chromosomen verfügen, beinhalten die Keimzellen nur einen haploiden Chromosomensatz d.h. 23 Chromosomen. Das genetische Unterscheidungsmerkmal wirkt sich auf die Eignung und Bestimmung der Zellen aus. Nur die Keimzellen sind totipotent, d.h. nur sie sind fähig, sich durch Verschmelzung (Verbindung des haploiden weiblichen und haploiden männlichen Chromosomensatzes) zur Zygote zu entwickeln.[533]

(a) Rechtsprechung über „Samenspenderverträge"

In zwei viel zitierten Entscheidungen stand die Wirksamkeit eines „Samenspendervertrages"[534] und damit erstmals in der Rechtspre-

---

531 So Hermitte, Le sang et le droit, S. 282; vgl. auch Moine, thèse 1993, S. 379 f.

532 Vgl. Arnoux, Les droits de l'être humain sur son corps, S. 95; Lanz-Zumstein, Menschliches Keimgut, S. 149 ff.

533 Dabei wird das beim Menschen noch nicht erprobte Klonen durch Kerntransfer außer Acht gelassen; auch der Zweck der körperlichen Trennung ist bei Keimzellen ein anderer als bei anderen Substanzen. Während die Organspende dazu dient, einem anderen das Weiterleben zu ermöglichen, werden Keimzellen entnommen, um neues Leben zu schaffen.

534 Hierzu auch Kayser, D. 1987 chr., S.189 (190 ff.)

chung die Frage nach der Rechtsnatur von Keimzellen[535] zur Diskussion. In beiden Fällen hatten sich die Ehemänner vorsorglich bei der CECOS ihren Samen kryokonservieren lassen, da sie Gefahr liefen, bei einer Operation ihre Zeugungsfähigkeit zu verlieren.

In der Sache Parpalaix[536] forderte eine Frau die Herausgabe des Spermas ihres verstorbenen Mannes, um sich damit künstlich befruchten zu lassen. Während die Klägerin sich auf eine Rückgabeverpflichtung der CECOS nach den Vorschriften über den Verwahrvertrag (Art. 1915 ff. CC) berief, war die Beklagte (CECOS) der Auffassung, dass Sperma weder eine bewegliche Sache i.S.d. Art. 1915 CC noch verkehrsfähig i.S.d. Art. 1128 CC sei und somit nicht Gegenstand eines Verwahrvertrages sein könne.

Auch die Richter waren der Ansicht, dass Sperma, „das den Keim des Lebens trägt und zur Zeugung menschlichen Lebens bestimmt ist", keine verkehrsfähige Sache („une chose tombant dans le commerce") ist und daher auch nicht Gegenstand eines Verwahrvertrages sein kann. Der naturgegebene Unterschiede zwischen Sperma und Organen verbiete zudem eine Analogie zu der im Loi Caillavet geregelten Organspende. Bei der Vorbereitung einer künstlichen Befruchtung handelt es sich nach Ansicht des Gerichts vielmehr um einen einzigen rechtlichen Vorgang,[537] der durch einen „contrat spécifique", einen Vertrag eigener Art, für die Beklagte die Verpflichtung begründet, das Sperma zu konservieren und dem Spender oder einer zum Empfang bestimmten Person herauszugeben. Mit diesen Erwägungen ordnete

---

535 Das TGI Rennes war mit der Frage befasst, ob die elterliche Sorge bereits auf die in-vitro fertilisierte und noch nicht implantierte Eizelle Anwendung findet. Dies könne nur dann sein, „wenn der menschliche Embryo eine Person und nicht nur ein lebendes Wesen oder - juristisch vergleichbar mit Sperma oder einem Organ - ein menschliches Produkt ist". Das Gericht war der Auffassung, dass sich aus den im Code pénal, im Code civil, im Medizinrecht und den prozessualen Regelungen über die Sozialhilfe innewohnenden allgemeinen Wertungen ableiten lasse, dass das befruchtete Ei kein Rechtssubjekt sei und die elterliche Sorge hierauf folglich keine Anwendung finden könne, TGI Rennes vom 30.6.1993, JCP 1994 II 22250 (im Anschluss an TGI Toulouse vom 11.5.1993) mit Anmerkung Neirinck

536 TGI Créteil vom 1.08.1984, JCP 1984 éd. G II 20321 mit Anmerkung Corone; s. auch Arnoux, Les droits de l'être humain sur son corps, S. 92 m.w.N., Moine, thèse 1993, S. 388 und Sériaux, D. 1985 chr., S. 53 ff.; Deutsch, VersR 1985, S. 700 und S. 1002 ff. (1003); Laufs, JZ 1986, S. 769 (772)

537 Anders für die Blutspende, bei der zwei selbständige Phasen von der Rechtsprechung angenommen werden, siehe unter IV. B. 1. a) (4)

das Gericht - ohne auf die Rechtmäßigkeit einer postmortalen Insemination[538] oder deren abstammungsrechtliche Konsequenzen einzugehen - unter Berufung auf den maßgeblichen (vermuteten) Willen des Verstorbenen Ehemannes, der zu erkennen gegeben hatte, dass er sich nach seinem Tod noch Nachkommen wünsche, die Herausgabe der Pailletten an.

In einer vom Sachverhalt sehr ähnlich gelagerten Fallkonstellation[539] forderte eine Frau das konservierte Sperma ihres zwischenzeitlich verstorbenen Ehemannes von der CECOS heraus, um sich künstlich befruchten zu lassen. Während sich die CECOS nun auf eine Vertragsklausel berief, wonach nur in Anwesenheit des ursprünglichen „Spenders“ und mit dessen Einwilligung das Sperma herausgegeben werden darf, berief sich die Frau auf die Nichtigkeit dieser zwischen der CECOS und ihrem Mann geschlossenen Vereinbarung: Das Sperma könne wegen Art. 1128 CC nicht Vertragsgegenstand sein. Mehrfach wurde in dem dann ergangenen Urteil darauf hingewiesen, dass Sperma ein nicht vermögensfähiges Gut ist und folglich nicht Gegenstand eines Vermögens- oder Erbrechts sein kann. Es sei nicht verkehrsfähig. Das TGI war aber der Ansicht, dass das Sperma nicht der eigentliche Vertragsgegenstand ist. Der Vertrag sei vielmehr unter dem Gesichtspunkt des von den Parteien verfolgten Zwecks - der späteren künstlichen Befruchtung - zu betrachten und umfasse eine Vielzahl medizinischer Leistungen. Da die künstliche Befruchtung weder gesetzlich geregelt noch verboten ist,[540] entfalte die Abrede zwischen CECOS und dem verstorbenen Ehemann volle Gültigkeit. Der Herausgabeanspruch wurde abgewiesen.

Beide Entscheidungen stellen die besondere Eigenschaft und Funktion des Spermas heraus. Die Urteilsbegründungen treffen zwar keine eindeutige Aussage über die Rechtsnatur des Spermas, sprechen sich aber unter Hinweis auf dessen besondere Eigenschaften gegen eine Gleichbehandlung mit anderen Sachen aus. Sie bezeichnen Sperma entweder als nicht verkehrsfähige Sache oder stellen den nicht ver-

---

538 Hierzu Labbée, Gaz. Pal. 1984.2 doctr., S. 401 ff.

539 TGI Toulouse vom 26. März 1991, JCP 1992 éd. G II, 21807 mit Anmerkung Pédrot; nach heutiger Gesetzeslage darf das Sperma eines Verstorbenen nicht verwendet werden, kritisch hierzu Rapport Charles, S. 62 ff., der eine Übertragung des eingefrorenen Embryos befürwortet, wenn der Vater zu Lebzeiten sein Einverständnis erklärt hat.

540 Der Fall datiert aus dem Jahr 1991

mögenswerten Charakter des Spermas heraus.[541] Insoweit hat die Rechtsprechung den beiden Extrempositionen eine Absage erteilt: Sperma ist weder als Person noch als verkehrsfähige Sache anzusehen.[542]

(b) Literaturauffassungen

Angesehene Autoren[543] betonen den oben angesprochenen fundamentalen Unterschied von Keimzellen zu anderen Körpersubstanzen. Dieser Unterschied rechtfertige es, sie in die „Welt der Personen" einzuordnen. Im Gegensatz zu anderen Körpersubstanzen dürften sie unter keinen Umständen als „entpersonalisierte" Sachen angesehen werden.[544]

Vertreter einer sachenrechtlichen Einordnung der Keimzellen entgegnen, die Keimzellen würden in der medizinischen Praxis wie Sachen behandelt werden. Sie würden zwar nicht gehandelt, nähmen aber doch am Rechtsverkehr teil,[545] weil sie zu einem staatlich festgeschriebenen Preis ihren Rechtsinhaber wechseln könnten.[546] Zudem sei die Betonung besonderer Funktionen und Eigenschaften der Keimzellen nicht angebracht,[547] da auch mit einer somatischen Zelle (cellule soma-

---

541 Zum ganzen: Moine, thèse 1993, S. 88 ff.; Arnoux, Les droits de l'être humain sur son corps, S. 93 f.; Besprechungen von Corone, TGI Créteil vom 01.08.1984 in JCP 1984 éd. G II 20321; zum gleichen Urteil Lesec, Gaz. Pal. 1984 2, S. 560 ff.; Pédrot, TGI Toulouse vom 26. März 1991 in JCP 1992 éd. G Nr. 11, II, 21807

542 Galloux, thèse 1988, S. 84

543 Cornu, Droit civil, La famille, Rn. 306; Sériaux, D. 1985 chr., S. 53 ff. (56), der von einer teilweisen „Versachlichung" des Menschen durch Spermaspenden spricht und diese bei verheirateten Menschen auch als „Fremdgehen" ansieht, hierzu auch Lavroff- Detrie, thèse 1997, S. 206 ff. (210) „une chose est certaine, c'est qu'il ne s'agit pas de choses, mais bien d'éléments de la personnalité" wohingegen Arnoux, Les droits de l'être humain sur son corps, S. 95 meint, dass die Rechtslehre bei dieser Frage gespalten sei; Sériaux, D. 1988 chr., S. 201 ff. (205); weitere Nachweise bei Galloux, Revue de la recherche juridique 1989-3, S. 521 ff., Fn. 35

544 Alnot in: Brisset-Vigneau 1991, S. 10 ff. ; ein kurzer Meinungsüberblick findet sich bei Couturier, Les petites affiches vom 13.09.1993, S. 7

545 Arnoux, Les droits de l'être humain sur son corps, S. 90 „dans l'échange, hors du marché, mais dans le commerce juridique"; Galloux, thèse 1988, S. 84; Mazen, Réfléxios juridiques in: Bioéthique et Droit, S. 194 ff.

546 Baudouin/Labrusse-Riou, Produire l'homme de quel droit, S. 195 f.

547 So Labbée, Gaz. Pal. 1984 (2), S. 401 (402) ohne hierfür allerdings eine Be-

tique) der menschliche Körper vollständig rekonstruiert werden könne;[548] Keimzellen, die alleine nicht in der Lage sind, neues Leben hervorzubringen, dürfe man daher rechtlich nicht anders als Somazellen qualifizieren.

b) Anhaltspunkte aus den Gesetzen zur Bestimmung der Rechtsnatur von Körpersubstanzen

Statt die Rechtsnatur abgetrennter Körpersubstanzen gesetzlich zu verankern,[549] hat der französische Gesetzgeber den Entnahmevorgang und die Verwendung der Substanzen detailliert geregelt.[550] Diese Vorschriften sind das Spiegelbild[551] der unausgesprochenen rechtlichen Qualifikation der Körpersubstanzen.

(1) Grundprinzipien

(a) Vorrang der Person (Art. 16 CC) und „non patrimonialité" (Art. 16-1 Abs. 3 CC)

Der Grundsatz der „primauté de la personne" bringt die gesetzliche Wertung zum Ausdruck, im Zweifel stets der personenrechtlichen Qualifikation den Vorrang gegenüber einer Qualifikation als Sache einzuräumen. Der Gesetzgeber verfolgte immer das Ziel, einen sachgerechten Ausgleich zwischen Schutz der Person einerseits und wissenschaftlichem Fortschritt andererseits zu finden. Art. 16 CC stellt dann auch die Werteentscheidung des Gesetzgebers klar: Im Gesetz wird der menschliche Körper der Person untergeordnet und - in Anlehnung an andere Persönlichkeitsrechte - zu einem Attribut der Person gemacht.[552] Dem Personenschutz wird damit ausdrücklich der Vorrang

gründung zu liefern.

548 Galloux, thèse 1988, S. 88 f. spricht hier wohl das Klonen durch Kerntransfert an.

549 „Das Gesetz bringt keinen letzten Aufschluss. Weder die Einordnung unter eine der bekannten noch die Erarbeitung einer neuen Kategorie sind ersichtlich", Galloux, Les petites affiches vom 14.12.1994 (numéro spécial), S. 18 ff. (22); Duprat, Les petites affiches vom 3.7.1996, S. 4 „le statut juridique du corps humain n'est pas défini de manière exhaustive".

550 Arnoux, Les droits de l'être humain sur son corps, S. 108

551 Zwingende Schlüsse können auf diese Weise nicht gezogen werden, vgl. auch Moine, thèse 1993, S. 168

552 So Labrusse-Riou, Bioéthique: de l'éthique au droit, du droit à l'éthique, S. 20, Galloux, Les petites affiches vom 14.12.1994 (numéro spécial), S. 18 ff. (22)

eingeräumt, während der wissenschaftliche Fortschritt nachrangig behandelt wird.[553]

Aus dem Grundsatz der „non patrimonialité“ kann zwar wegen seiner unterschiedlichen inhaltlichen Deutung[554] kein zwingender Rückschluss auf den „statut juridique“ der Substanzen gezogen werden. Er spricht aber eher für eine personenrechtliche Einordnung der Substanzen, da der Ausschluss von Vermögensrechten denknotwendig nur die Existenz von Immaterialgüterrechten[555] (droits extrapatrimoniaux – darunter die Persönlichkeitsrechte) an Körpersubstanzen zulässt. Da aber auch an Sachen - etwa an Kunstwerken - immaterielle Rechte bestehen können, verbietet sich eine zwingende Schlussfolgerung.

(b) Einwilligungserfordernis

Je strenger die verfahrensrechtlichen Anforderungen sind, um die Einwilligung in den medizinischen Eingriff erteilen zu können, desto weniger besteht die Gefahr, dass der Körper und seine abgetrennten Substanzen als bloße Objekte wissenschaftlicher Interessen angesehen werden.[556] Im Code de la santé publique werden die Anforderungen bei Organen, Geweben bis hin zu Haaren, Zähnen usw. immer weiter abgeschwächt. Sobald die Abgabe einer Einwilligung wie beispielsweise bei Operationsabfällen, Haaren, Fuß- und Fingernägeln als entbehrlich[557] angesehen oder wie bei Entnahmen von Verstorbe-

---

553 Jamin, RTD civ. 1994, S. 935 f.; Massip, Gaz. Pal vom 6.4.1995, S. 433 (435): „préférence aux droits extrapatrimoniaux“; Lavroff-Detrie, thèse 1997, S. 549; Thouvenin, ALD 1995, S. 162: „l'on a moins affaire à des corps qu'à des personnes“; „primauté de la personne“ als Ausdruck der Menschenwürde: Harichaux, La protection des libertés et droits corporels, S. 23; Galloux, Les petites affiches vom 14.12.1994 (numéro spécial), S. 18 ff. (19); Duprat, Les petites affiches vom 3.7.1996, S. 4 ff. (9)

554 Siehe unter III. A. 3. b) (2) (a); Galloux, Les petites affiches vom 14.12.1994 (numéro spécial), S. 21, Labbée, Les petites affiches vom 11.07.1997 (83), S. 34 ff. (37) Labrusse, 1997 S. 27 ist gar der Auffassung, dass der Grundsatz der „non patrimonialité“ die Suche nach der Rechtsnatur behindert.

555 Hierzu rechnen die Familienrechte (droits familiaux), Staatsbürgerrechte (droits civiques, politiques), berufsständisches Recht (droits professionnels) und Persönlichkeitsrechte. Eine weitere Gruppe bilden die gemischten Rechte, die „ droits mixtes“ wie das Urheberrecht.

556 Thouvenin, Les petites affiches vom 14.12.1994 (numéro spécial), S. 27

557 Art. 1211-8 CSP; unabhängig hiervon gibt es auch Abschwächungen vom Einwilligungserfordernis bei Entnahmen von Verstorbenen (hier wird mit einer vermuteten Einwilligung gearbeitet, Rapport Claeys, 2. Teil IV 1.) und geistig Be-

nen als abgegeben vermutet wird, schwindet auch der persönliche Bezug zu den Substanzen.

(c) Anonymitätsgrundsatz

Aus den Regelungen des Code de la santé publique ist ablesbar, dass nur zwischen dem Spender und dem Empfänger uneingeschränkte Anonymität herrschen soll, während die Vermittlungsstellen bei therapeutischer Indikation des Empfängers durchaus Zugriff auf - teils identitätsrelevante, teils nur medizinrelevante - Informationen des Spenders haben können.[558] Die Substanzen werden in einem Maße „entpersonalisiert“, dass der Spender ihre spätere Weiterverwendung weder beeinflussen noch kontrollieren kann.[559] Der Anonymitätsgrundsatz trägt folglich zu einer „Versachlichung“ der körperlichen Elemente und Produkte bei. Diese Erkenntnis ist sowohl für die Frage nach den an Substanzen bestehenden Rechten, als auch in haftungsrechtlicher Hinsicht von Bedeutung. Mit der anonymitätsbedingten fehlenden Kontrollmöglichkeit über die Verwendung der Substanzen korrespondiert eine erschwerte haftungsrechtliche Inanspruchnahme des Spenders, wenn die gespendete Substanz zu einer gesundheitlichen Schädigung des Empfängers führt.[560]

(d) Unentgeltlichkeit

Der Grundsatz der Unentgeltlichkeit lässt keinen Rückschluss auf die Rechtsnatur der Körpersubstanzen zu. Gleichgültig, ob ein Kilogramm Salz verkauft oder verschenkt wird, so bleibt es eine Sache. Gleiches gilt für Blut: Ob Blut gespendet oder verkauft wird: Rückschlüsse auf seine Rechtsnatur können daraus nicht gezogen werden.[561]

---

hinderten.

[558] Labrusse in: Bioéthique: de l'éthique au droit, du droit à l'éthique, S. 31 die Ärzteschaft hat hier eine enorme Verantwortung, ohne dass deren Haftung bislang ausreichend geregelt ist.

[559] Labrusse in: Bioéthique: de l'éthique au droit, du droit à l'éthique, S. 30 f.; Byk, JCP éd. G 1994 I 3788; Mousny, thèse 1998, S. 188 ff. (191); Harichaux, La protection des libertés et droits corporels, S. 43 f.

[560] Cour d'appel Paris vom 07.07.1989, Gaz. Pal. 1989 (2) jp., S. 752: Der Blutspender hatte bewusst die Zugehörigkeit zu einer Risikogruppe verschleiert und so eine Kontaminierung eines Empfängers mitverursacht.

[561] David, La structure de la personne humaine, S. 121; wäre Blut aber ein Teil der Person, dürfte es weder entgeltlich noch unentgeltlich übertragen werden.

(2) Körpersubstanzen

Das Gesetz Nr. 94-654 hat unter den Körpersubstanzen eine Hierarchie erstellt,[562] die bei den Haaren, Zähnen und Nägeln beginnt und sich über Operationsabfälle, Blut, Gewebe bis hin zu Keimzellen und Organen erstreckt. Rückschlüsse auf die Rechtsnatur der jeweils einzelnen Substanzen werden dann insbesondere aus dem Umfang ihrer „Teilnahme am Rechtsverkehr" gezogen. Je mehr ihre Teilnahme am Rechtsverkehr eingeschränkt ist, desto mehr ist ein Fortbestand persönlicher Bezugspunkte ableitbar.

(a) Haare, Zähne, Fuß- und Fingernägel

Der ausdrückliche Ausschluss von Haaren, Zähnen sowie Hand- und Fußnägeln vom Anwendungsbereich der Grundprinzipien (Unverletzlichkeit, Unentgeltlichkeit, Anonymität) legt ihre sachenrechtliche Qualifikation nahe. Wie verkehrsfähige Sachen können sie Gegenstand entgeltlicher Übertragungen zwischen Privatpersonen sein. Art. 1211-8 CSP[563] gilt daher auch als gesetzliche Verankerung der bereits gewohnheitsrechtlich[564] anerkannten Sachqualität von Haaren, Zähnen sowie Hand- und Fußnägeln.

(b) Operationsabfälle, Plazenta

Im Hinblick auf Operationsabfälle (déchets opératoires) und die Plazenten sei nochmals darauf hingewiesen, dass diese ohne Einwilligung durch ihren ursprünglichen Träger gewonnen und weiterverwendet werden dürfen. Dieser Einwilligungsverzicht wird als Ausfluss der Beendigung einer „persönlichen Bindung" zu den Operationsabfällen bewertet.[565] Da in ihnen niemand mehr einen wesentlichen Teil des Individuums sieht, der ursprüngliche Träger durch ihre Abtrennung keinerlei Nachteil erleidet, nach einer Operation kein vernünftiges Interesse mehr an den körperlichen „Abfallprodukten" bestehen kann und sie letztlich auch ohne Einschränkungen[566] zu therapeutischen, wissenschaftlichen und industriellen Zwecken weiterverwendet werden

---

562 So Labbée, Les petites affiches vom 11.07.1997 (83), S. 33 ff. (37)

563 In Verbindung mit dem Dekret Nr. 95-904, Art. 1211-9 Nr. 4 CSP

564 Vgl. unter III. A. 3. b) (6)

565 So ausdrücklich Arnoux, Les droits de l'être humain sur son corps, S. 86 f.; sie werden folglich als res nullis und res derelictae bezeichnet.

566 „... conservés en vue d'une utilisation ultérieure, ...", Art. 1245-2 CSP

dürfen, werden diese Körpersubstanzen nach allgemeiner Auffassung als Sachen qualifiziert.[567]

Mit dieser gesetzgeberischen Konzeption ist die herrschende Meinung in der Rechtslehre bekräftigt worden, Operationsabfälle nach ihrer Trennung als „herrenlose Sachen" zu qualifizieren.[568] Derjenige, der sie als erster ergreift - in der Regel der Arzt oder das Krankenhaus - kann sie sich aneignen.[569]

(c) Blut

Die Vorschriften über den Umgang mit Blut lassen das gesetzgeberische Ziel erkennen, den symbolischen Wert des Blutes durch besondere Mechanismen, wie den gesetzlich vorgegebenen Veräußerungstarif, zu schützen.

(d) Keimzellen

Die Vorschriften über die Fremdspende von Keimzellen sind von zahlreichen unterschiedlichen Wertungen beeinflusst. Die auf die künstliche Befruchtung begrenzte Weiterverwendung und die engen personenbezogenen Voraussetzungen einer Spende sprechen für eine personenrechtliche Einordnung der Keimzellen.

(e) Organe

Auch die Vorschriften über die Organspende sprechen für das Vorliegen personenrechtlicher Elemente an den Organen. Dem Spender wird die gesetzlich erlaubte Zweckrichtung für die Weitergabe seines Organs in engen Grenzen vorgegeben: Nur für den therapeutischen Nutzen einer ihm verwandtschaftlich - nach dem Gesetzesvorschlag vom Juni 2001 eng - verbundenen Person darf das Organ gespendet werden. Hinzu kommen die äußerst strengen formellen Voraussetzungen, die an die Erteilung der Einwilligung geknüpft sind. Organe können nur in besonders gelagerten Fällen den Rechtsinhaber wechseln.

---

567 Harichaux in: Bioéthique et Droit, S. 136; Lavroff, thèse 1997, S. 126 ff.

568 Mousny, thèse 1998, S. 91 mit kritischen Stimmen

569 Nach anderer Auffassung fallen sie bei einer Weiterverwendung in eine Art Gemeinschaftseigentum, so Savatier, Les petites affiches vom 14.12.1994,, S. 8 ff. (11) oder müssen zerstört werden, Mazen, Réfléxions juridiques, in: Bioéthique et Droit, S. 202

2. Deutschland

Die neueren Stellungnahmen zur Frage der Rechtsnatur von Körpersubstanzen beziehen sich in Deutschland zumeist auf ein Urteil des BGH[570] aus dem Jahr 1993, in dem der 6. Zivilsenat einem Mann einen Schmerzensgeldanspruch zuerkannt hatte, dessen kryokonserviertes[571] Sperma durch die Einlagerungsstelle schuldhaft vernichtet wurde. Bevor die in der Literatur vertretenen Ansichten über die Rechtsnatur abgetrennter Körpersubstanzen dargestellt werden, erfolgt ein Überblick über den Argumentationsverlauf des BGH.

a) Der Körperbegriff des BGH

Dem Urteil des BGH lag folgender Sachverhalt zu Grunde: Der Kläger ließ vor einer Operation, durch die seine Zeugungsfähigkeit gefährdet und letztlich auch eingebüßt wurde, von ihm stammendes Sperma kryokonservieren, um sich die Möglichkeit zu erhalten, später eigene Kinder haben zu können. Infolge eines Verschuldens der Einlagerungsstelle wurde das Sperma vernichtet. Der Kläger verlangte daraufhin von der Einlagerungsstelle unter Berufung auf eine an ihm begangene Körperverletzung in Form eingetretener psychosomatischer Störungen und auf eine Verletzung seines allgemeinen Persönlichkeitsrechts Schmerzensgeld.

Ein Schmerzensgeldanspruch besteht nach § 847 BGB aber nur, wenn der Körper, die Gesundheit oder das allgemeine Persönlichkeits-

570 Urteil vom 9.11.1993, BGHZ 124, 52-57 = NJW 1994 S. 127 f. = VersR 1994 S. 55 ff.; Entscheidungsbesprechungen: Voß, VersR 1999, S. 545 ff.; Emmerich, Jus 1994, S. 351; Laufs, NJW 1994, S. 775 f.; Schnorbus, JuS 1994, S. 830 ff.; Taupitz, NJW 1995, S. 745 ff., zu alternativen Lösungsansätzen (747); Freund/Heubel, MedR 1995, S. 194 ff.; Rohe, JZ 1994, S. 465 ff.; Koppernock, Das Grundrecht auf bioethische Selbstbestimmung, S. 146 f.; Soergel/Zeuner, § 823 Rn. 17; der Verdienst dieser Rechtsprechung liegt jedenfalls darin, dass sich die rechtswissenschaftliche Literatur ausführlich mit der Behandlung abgetrennter Körpersubstanzen auseinandergesetzt hat; inhaltlich würde der BGH nach dem Kenntnisstand des Verfassers heute einen anderen Begründungsweg wählen.

571 Konservierung mit flüssigem Stickstoff bei unter 150 °C, („Kryo", griechisch: Kälte). Während der Kryokonservierung ruhen alle biologischen Vorgänge - nach dem Auftauen werden sie wieder aktiviert. Vor ca. fünfzig Jahren kamen die ersten Babys zur Welt, die mit kryokonserviertem und später wieder aufgetautem Sperma gezeugt wurden.

recht[572] des Klägers durch die Vernichtung der Spermakonserve verletzt worden ist. Eine Eigentumsverletzung führt hingegen ausschließlich zur (hier unbestrittenen) Erstattung materieller Einbußen. Für den BGH und die Vorinstanzen stellte sich somit konkret die Frage, ob kryokonserviertes Sperma eine eigentumsfähige Sache oder weiterhin Teil des Körpers und damit[573] Teil der Person ist.

Die Vorinstanzen wiesen die Klage ab:[574] Weder die behaupteten psychosomatischen Störungen noch sonstige Gesundheitsbeeinträchtigung seien schlüssig vorgetragen worden. Insoweit stimmte der BGH den Vorinstanzen zu; er erkannte aber in der Vernichtung der Spermakonserven einen Eingriff in die körperliche Befindlichkeit des Klägers. Dabei betonte er, dass der Körper als „Basis der Persönlichkeit", das Recht am Körper „als gesetzlich ausgeformter Teil des allgemeinen Persönlichkeitsrechts" anzusehen ist.[575] Wegen der heutigen medizinischen Möglichkeiten, die eine vom Körper getrennte Aufbewahrung körperlicher Substanzen ermöglichen, bedürfe es einer weiten Auslegung des in § 823 Abs. 1 BGB und § 847 Abs. 1 BGB verankerten Körperbegriffs. Eine Körperverletzung im zivilrechtlichen Sinne liege folglich in jedem unbefugten Eingriff in die Integrität der körperlichen Befindlichkeit. Ein solcher Eingriff kann nach Auffassung des BGH auch bei abgetrennten Körpersubstanzen vorliegen, wenn sie in einer funktionalen Einheit zum Körper stehen.

(1) Funktionale Einheit: Persönlichkeitsrechtliche Einordnung von Körpersubstanzen

„Werden dem Körper Bestandteile entnommen, um mit ihm nach dem Willen des Rechtsträgers zur Bewahrung der Körperfunktionen oder zu ihrer Verwirklichung später wieder vereinigt zu werden,..." so bilden „diese Bestandteile auch während ihrer Trennung vom Körper aus der Sicht des Schutzzweckes der Norm (des § 823 Abs. 1 BGB) mit die-

---

572 Vgl. unter II. C. 1.

573 Wie bereits mehrfach erläutert, führt in Deutschland die Qualifikation als Körper nach der ganz h.M. unausweichlich zu dessen Gleichsetzung mit der Person, siehe unter II. B. 1.

574 LG Marburg vom 14.11.1990, 5O48/90; OLG Frankfurt a.M. vom 14.01.1993, 15 U 68/91

575 So auch die h.M. in der Literatur, vgl. unter II. D. und Taupitz, NJW 1995, S. 745 (750)

sem weiterhin eine funktionale Einheit"[576]. Eine Verletzung oder Beschädigung solcher Körperteile ist nach Meinung des BGH als Körperverletzung i.S.d. §§ 823 Abs. 1, 847 Abs. 1 BGB zu werten. Eine funktionale Einheit liegt danach beispielsweise bei einer Eigenblutspende, einer autologen Transplantation[577] sowie bei extrakorporal befruchteten Eizellen vor, da sie nach dem Willen des Rechtsträgers mit dem eigenen Körper wieder vereinigt werden sollen.

(2) Beendigung der funktionalen Einheit: Sachenrechtliche Einordnung von Körpersubstanzen

Werden die Substanzen hingegen willentlich und endgültig vom eigenen Körper getrennt, verlieren sie ihre Zuordnung zum Schutzobjekt Körper und werden zu Sachen im Rechtssinne. Die funktionale Einheit mit dem Körper besteht nach Auffassung des BGH also bei fremdnützigen Organ- und Blutspenden nicht mehr. Eher beiläufig und ohne nähere Begründung fügt der BGH an, dass das Sacheigentum vom Persönlichkeitsrecht überlagert wird, wenn die Substanzen „gegen den ausdrücklichen oder stillschweigend erklärten Willen des Spenders verwendet oder vernichtet" werden.

(3) Sonderfall: Sperma

Das menschliche Sperma stellt nach Ansicht des BGH einen Sonderfall dar; eine funktionale Einheit zwischen dem Sperma und dem „Gesamtkörper" im oben beschriebenen Sinne liege zwar nicht vor. Es nehme aber weiterhin eine körpertypische Funktion ein, da es in konserviertem Zustand zur Zeugung eigener Nachkommen verwendet werden kann. Mit anderen Worten: Nach Auffassung des BGH rechtfertigt die biologische Funktion des Spermas dessen Qualifikation als Körper oder jedenfalls eine Analogie zum Körperbegriff des § 823 Abs. 1 BGB immer dann, wenn seine Konservierung die „verlorene Fortpflanzungsfähigkeit substituieren soll". Dieser erweiterte Körperbegriff gründet sich nach Ansicht des BGH auf dem Persönlichkeitsrecht des Rechtsträgers und der erforderlichen Gleichbehandlung mit extrakorporal befruchteten Eizellen, die anschließend der Frau wieder eingepflanzt werden.[578]

---

[576] Urteil vom 9.11.1993, BGHZ 124, 52-57 = NJW 1994, S. 127 f. = VersR 1994, S. 55 ff.

[577] Transplantation, bei der Spender und Empfänger identisch sind.

[578] Kritisch hierzu Laufs, NJW 1994, S. 775 f.

(4) Zusammenfassung

Der BGH hat den Körperbegriff der §§ 823 Abs. 1, 847 Abs. 1 BGB folgendermaßen definiert: Der Körper werde nicht durch die Materie, sondern durch das Seins- und Bestimmungsfeld der Persönlichkeit, das sich in der körperlichen Befindlichkeit materialisiert,[579] charakterisiert. Um diese wenig griffige Formulierung einer praxistauglichen Anwendung zugänglich machen zu können, wird im Urteilsverlauf mehrfach auf den Aspekt der funktionalen Einheit abgestellt. Danach sind extrakorporale Körpersubstanzen weiterhin als Teil des Körpers anzusehen, wenn der ursprüngliche Träger - wie bei Autotransplantaten, Eigenblutspenden und bei einer extrakorporal befruchteten Eizelle - sie wieder dem eigenen Körper eingliedern möchte. Eine funktionale Einheit ist also immer dann gegeben, wenn eine Wiedereingliederung der Substanzen in den eigenen Körper beabsichtigt ist.[580] Sperma müsse wegen seiner biologischen Funktion gleich einer Eizelle behandelt werden, wenn es die verlorene Fortpflanzungsfähigkeit substituieren soll. Bei fremdnützigen Organ- und Blutspenden werden die Substanzen hingegen endgültig vom eigenen Körper getrennt und einem anderen Körper eingegliedert. In diesen Fällen werden die Substanzen vom BGH als Sachen qualifiziert.

Der Gedanke der fortdauernden rechtlichen Gleichbehandlung abgetrennter Teile mit dem ursprünglichen „Ganzen" ist der deutschen Rechtsordnung nicht fremd.[581] §§ 1121,1122 BGB tragen dem fortbestehenden besonderen Zusammenhang vorübergehend entfernter Erzeugnisse und Bestandteile vom hypothekarisch belasteten Grundstück Rechnung, indem ihre Haftung unter Umständen bestehen bleiben kann.

b) Kritik am Körperbegriff des BGH

Mit besonders heftiger Kritik wurde der dogmatische Begründungsweg des BGH zur Begründung des Körperbegriffs bedacht.[582] Richtig sei

---

579 Vgl. RGRK-Steffen, § 823 Rn. 9

580 Nach Freund/Heubel, MedR 1995, S. 194 (196) lautet die dem Urteil zugrundeliegende Definition des Körpers so: „Körper im Rechtssinne ist die Summe aller Organe und Funktionen des Organismus einer Person, deren sich diese Person als Mittel bedienen kann."

581 In diesem Sinne Taupitz, NJW 1995, S. 745 ff. (749)

582 Koppernock, Das Grundrecht auf bioethische Selbstbestimmung, S.146; Laufs/Reiling, NJW 1994, S. 775; Taupitz, NJW 1995, S. 745 ff. (750)

zwar die Ausgangsüberlegung, wonach die Rechte am Körper „gesetzlich ausgeformter Teil des allgemeinen Persönlichkeitsrechts“ seien. Nach verbreiteter Ansicht schließe der BGH aber in nicht vertretbarer Weise von einer Persönlichkeitsverletzung auf eine Körperverletzung, wenn er - wie geschehen - die Erweiterung des Körperbegriffs durch das Persönlichkeitsrecht des Rechtsträgers zu legitimieren versuche. Der Haftungsrahmen des allgemeinen Persönlichkeitsrechts als „Rahmenrecht“ könne nach allgemeiner Auffassung erst aufgrund einer Güter- und Interessenabwägung ermittelt werden, wobei die in § 823 Abs. 1 BGB aufgezählten Rechtsgüter als Leitbilder für die Auslegung des Rahmenrechtes dienen würden. Mit anderen Worten: „Das vom Gesetzgeber angeschaute Konkrete gibt Anhaltspunkte dafür, welches Allgemeine noch in das Haftungssystem hineinpasst“.[583] Der BGH habe in seiner Entscheidung gerade den umgekehrten Weg beschritten, indem er das Allgemeine, das Persönlichkeitsrecht, herangezogen habe, um das Konkrete, den Körper, zu definieren. Dadurch werde der Körperverletzung die tatbestandliche Schärfe[584] genommen und eine Erosion des Haftungsrechts[585] herbeigeführt.

Wäre es richtig, abgetrennte Körperteile (in einigen Fällen) wie den Gesamtkörper zu behandeln, könnte der Körper ein und desselben Menschen theoretisch in München und in New York gleichzeitig verletzt werden. Der präventive Rechtsschutz erfordere jedoch die „Lokalisierbarkeit“[586] für potentielle Schädiger, was bei einer Bi- oder gar Multilokation[587] des Körpers nicht mehr möglich sei.

In diesem Zusammenhang wird auch die Versubjektivierung des Körperbegriffs kritisiert.[588] Werde die subjektive Zweckbestimmung der Körpersubstanz - nämlich das „Wiedereingliederungsinteresse“ - für die rechtliche Qualifikation als Körper entscheidungserheblich und nicht deren objektive Erkennbarkeit für andere, so sei eine rechtssichere Abgrenzung zwischen Körper und Sache nicht mehr ohne weiteres möglich.

---

583 Taupitz, JR 1995, S. 22 ff. (24)

584 Pfeiffer in: LM § 823 (Aa); Deutsch, Medizinrecht, S. 357 (Rn. 490)

585 Laufs, NJW 1994, S. 775

586 Rohe, JZ 1994, S. 465 (467); Taupitz, NJW 1995, S. 745 ff. (750 ff.)

587 Taupitz, NJW 1995, S. 745 (746, 750 f.) spricht von beliebigem Vermehren des Körpers; Brohm, JuS 1998, S. 199 f.; Nixdorf, VersR 1995, S. 740 ff. (743)

588 Brohm, JuS 1998, S. 198 ff. (200); Taupitz, NJW 1995, S. 745 ff. (750); Nixdorf, VersR 1995, S. 740 ff. (743)

Schwächen der Versubjektivierung träten auch zu Tage, wenn nachträglich der Verwendungszweck geändert werde.[589] So müsste der BGH eine sich geräuschlos vollziehende Wandlung von Körper zur Sache annehmen, wenn die vorsorglich durchgeführte Eigenblutspende nach erfolgreicher Operation nicht mehr für die Behandlung des „Spenders" benötigt werde. Der sachenrechtliche Publizitätsgrundsatz gebiete aber, das Bestehen dinglicher Rechte nach außen kenntlich zu machen. Dies gelte auch dann, wenn die Grundlage der Existenz dinglicher Rechte, nämlich die Sachqualifikation, in Frage stehe.

Durch die vage Formulierung des BGH, dass der Samen „jedenfalls dann, wenn die eigene Fortpflanzungsfähigkeit substituiert werden soll", als Körper zu qualifizieren ist, werde der Schluss nahe gelegt, dass eine einzige Substanz - abhängig von ihrer Verwendung - verschiedenen rechtlichen Qualifikationen ausgesetzt sei. Bei konsequenter Anwendung der vom BGH aufgestellten Kriterien müsse man den gespendeten Samen für eine heterologe Insemination dem Blut oder dem Organ einer fremdnützigen Blut- oder Organspende gleichstellen und damit der sachenrechtlichen Gruppe zuordnen, während die „Samenspende" zur Substituierung der eigenen Fortpflanzungsfähigkeit auf personenrechtlicher Basis zu behandeln wäre.[590] Nicht die konkrete Körperfunktion wäre für die Qualifikation entscheidend - in beiden Fällen sind die Keimzellen Träger des Erbgutes -, sondern ausschließlich die weitere konkrete Verwendungsabsicht.

Zuletzt wird noch bemängelt, dass dieser weite Körperbegriff wohl nicht in das Strafrecht übernommen werde[591] und damit kaum wünschenswerte Divergenzen zwischen zivil- und strafrechtlichem Integritätsschutz zu befürchten seien.[592]

Auch wenn das Ergebnis - die Zuerkennung von Schmerzensgeld - in dem vom BGH zu entschiedenen Fall nur selten kritisiert wird, halten große Teile der Literatur am herkömmlichen Körperbegriff fest: nur mit dem Körper fest verbundene Teile sollen dem Schutzobjekt Körper un-

---

[589] Nixdorf, VersR 1995, S. 740 ff., S. 743; Taupitz, JR 1995, S. 22 (25); Taupitz, NJW 1995, S. 745 ff. (752)

[590] So Marian, Die Rechtsstellung des Samenspenders, S. 177; Taupitz, NJW 1995, S. 745 ff. (751)

[591] A.A. Freund/Heubel, MedR 1995, S. 194 (196 ff.)

[592] Laufs/Reiling, NJW 1994, S. 775; Taupitz, NJW 1995, S. 745 (749) mit Hinweis auf die grundsätzliche Möglichkeit, die Schutzinteressen in den verschiedenen Rechtsgebieten unterschiedlich zu bestimmen; Rohe, JZ 1994, S. 465 (466)

terliegen. Dies entspreche dem natürlichen Sprachgebrauch und der allgemeinen Verkehrsauffassung. Die Befriedigung bislang nicht bekannter, nun aber wegen neuer medizinischer Möglichkeiten vermehrt auftretender Haftungsinteressen, sei aus oben genannten Gründen dogmatisch nicht über die Erweiterung des Körperbegriffs zu erreichen, sondern müsse primär an der Ausgestaltung des Persönlichkeitsrechtes und an vertraglichen Haftungsgrundlagen ansetzen.

c) Diskussionsstand in der Literatur über die Rechtsnatur von körperlichen Elementen und Produkten

(1) Allgemeine Wertungen

Ohne auf das vom BGH aufgestellte Kriterium der funktionalen Einheit mit dem Körper einzugehen, nimmt die herrschende Meinung[593] an, dass Körpersubstanzen mit ihrer Trennung zu Sachen werden (an der ihr ursprünglicher Träger Sacheigentum erwirbt). Als Begründung - wenn eine solche überhaupt gegeben wird -[594] dient der Hinweis auf die Verkehrsanschauung[595] und auf die bereits angesprochene[596] Übereinstimmung mit der in § 90 BGB gegebenen Sachdefinition. Nur wenn Organe von einem Spender auf einen Empfänger übertragen werden, werden sie vereinzelt als Persönlichkeitsgut qualifiziert.[597]

(2) Künstliche Körperteile

Die Diskussion um die rechtliche Einordnung künstlicher Körperteile hat in Deutschland nur geringe Bedeutung.[598] Künstliche Körperteile sind von sogenannten Hilfsmitteln abzugrenzen, die mit dem mensch-

---

593 Schünemann, Die Rechte am menschlichen Körper, S. 59 (Fn. 1), Schröder/Taupitz, Menschliches Blut, S. 35 (Fn. 6) mit zahlreichen Nachweisen; Maier, Der Verkauf von Körperorganen, S. 10; Taupitz, JZ 1992, S. 1089 (1092); Sasse, Aspekte der Veräußerung von Organen, S. 55

594 Schünemann, Die Rechte am menschlichen Körper, S. 61 spricht insoweit von einer stiefmütterlichen Behandlung des Problems

595 Vgl. Schröder/Taupitz, Menschliches Blut, S. 35 f.; Müller, Die kommerzielle Nutzung menschlicher Körpersubstanzen, S. 35 f.

596 Siehe unter II. B. 1. a)

597 So Deutsch, Medizinrecht, S. 355 f. (Rn. 488), 358 f.

598 LG Mainz, MedR 1984, S. 199 (Aneignungsrecht des Erben an einem Herzschrittmacher); OLG Stuttgart, VersR 1987, S. 355 (Verstopfung der Aorta durch künstliche Herzklappe stellt keinen Unfall dar, da dies ein innerer Körpervorgang ist.); Deutsch, Medizinrecht, S. 363 f. (Rn. 497) m.w.N.

lichen Körper nicht fest und dauerhaft verbunden sind; Hilfsmittel haben unzweifelhaft Sachqualität, unterliegen aber beispielsweise wegen § 811 Nr. 12 ZPO nicht der Zwangsvollstreckung. Künstliche Körperteile verlieren hingegen mit ihrer Implantierung den Sachstatus und werden vom Persönlichkeitsrecht erfasst. Mit ihrer Explantation werden sie wieder zu Sachen.[599]

(3) Blut

In der deutschen Literatur wird die Rechtsnatur des Blutes nicht von anderen Körpersubstanzen gesondert erörtert. Weder sein symbolischer Wert noch seine unterschiedliche Qualifikation in den verschiedenen Verarbeitungsstufen werden besonders hervorgehoben.[600] Soweit die Rechtsprechung mit der Haftung wegen verabreichter kontaminierter Bluttransfusionen befasst worden ist, wurden die Anspruchsgrundlagen - nicht wie in Frankreich – dem Vertrags-, sondern dem Deliktsrecht oder dem Produkthaftungsgesetz entnommen.[601] Das OLG Hamburg[602] hat beispielsweise die Auffassung vertreten, dass Blut eine bewegliche Sache und folglich ein Produkt im Sinne des Produkthaftungsgesetzes ist.

Wie in Frankreich sind für die Qualitätskontrolle auch in Deutschland ausschließlich die Blutspendedienste verantwortlich.[603] Der Krankenhausträger kann vertraglich grundsätzlich nur haftbar gemacht werden, wenn der Blutspendedienst als sein Erfüllungsgehilfe (§ 278 BGB) aufgetreten ist.[604]

---

599 Deutsch, Medizinrecht, S. 363 Rn. 497 ohne eine dogmatische Begründung für diesen Wechsel der Rechtsnatur zu geben.

600 Vgl. insb. Schröder/Taupitz, Menschliches Blut, S. 34 ff.

601 Spickhoff, JZ 1991, S. 756 ff.; Deutsch, VersR 1997, S. 905 ff.; vertragliche Ansprüche stehen mit gleichen Sorgfaltsanforderungen neben den deliktischen Ansprüchen, Emmerich, JuS 1992, S. 609

602 Urteil vom 30.4.1990, NJW 1990, S. 2322

603 Vgl. § 84 AMG

604 KG vom 15.11.1993, VersR 1995, S. 300 f.; OLG Düsseldorf vom 28.6.1990, NJW 1990, S. 2325; der Krankenhausträger muss dem Patienten jedoch die Möglichkeit einer Eigenblutspende offenlegen, BGH vom 17.12.1991, VersR 1992, S. 314 = JR 1993, S. 19 ff. mit Anmerkung D. Giesen (S. 21)

(4) Keimzellen[605]

Auch in Deutschland weichen die Ansichten am häufigsten bei der Frage nach der rechtlichen Qualifizierung von Keimzellen voneinander ab. Die Arbeitsgruppe des Deutschen Juristinnenbundes hat die Rechtsnatur von Keimzellen wie folgt beschrieben: „Die Keimzellen eines Menschen sind von ihrer Rechtsnatur her mehr als eine Sache, weniger als eine Person und etwas anderes als ein menschliches Organ".[606] In der Literatur wird auch hier zwischen einem personenrechtlichen und einem sachenrechtlichen Ansatz unterschieden.

(a) Personenrechtliche Einordnung

Die Vertreter eines personenrechtlichen Ansatzes stellen die besondere Qualität des Spermas „als potentielles Element künftigen Lebens ... und ... entscheidendes Element für die genetische und rechtliche Vater-Kind-Zuordnung"[607] heraus. Als Träger der Erbanlagen könne es nicht verkehrsfähig sein.[608] Wenn auch konkrete Aussagen über die Rechtsnatur zumeist vermieden werden, besteht doch weitgehend Einigkeit, dass sich eine rein sachenrechtliche Einordnung der Keimzellen verbiete.[609] Andernfalls müsste man der grotesken Meinung folgen, wonach sich aus der Verbindung zweier Sachen, des Samens und der Eizelle, ein menschliches Leben entwickeln könne.[610] Die Bestim-

---

605 Vgl. unter IV. B. 1. a) (5) zu den biologischen Unterschieden von Keimzellen und Somazellen

606 Thesen einer Arbeitsgruppe des Deutschen Juristinnenbundes, JZ 1986, S. 777 f., These 5

607 Coester-Waltjen, DJT 1986, B 31

608 Britting, Die postmortale Insemination, S. 28 ff. m.w.N., S. 74; Brohm, JuS 1998, S. 197 (201); Hegnauer, in Gedächtnisschrift Noll, S. 55

609 Lanz-Zumstein, Menschliches Keimgut, S. 250 spricht von einem Gut sui generis; Coester-Waltjen, DJT 1986, S. B 31; Laufs, JZ 1986, S. 769 (772); Brohm, JuS 1998, S. 197 (201)

610 Bernat, Rechtsfragen medizinisch assistierter Zeugung, S. 114 f. spricht von einem Paradoxon; demgegenüber nimmt Bilsdorfer, MDR 1984 S. 803 (804, 806) Miteigentum nach § 947 der beiden Spender nach Verschmelzung an; dagegen Britting, Die postmortale Insemination, S. 74; in einer neueren Entscheidung musste der BGH überprüfen, ob der nacheheliche Unterhaltsanspruch einer Ehefrau (Antragsstellerin) aus § 1570 BGB wegen Betreuung eines im Wege der homologen In-vitro-Fertilisation (IVF) gezeugten Kindes gekürzt werden muss. Die seit 1992 verheirateten Parteien konnten weder auf natürlichem Wege noch durch künstliche Inseminationen Kinder bekommen und entschlossen sich daher übereinkommend zu der In-vitro-Fertilisation (IVF). Nach drei erfolg-

mungsbefugnisse über das Keimgut müssten deshalb aus dem Personenrecht abgeleitet werden;[611] nach der Befruchtung trete an Stelle des Personenrechtes das „Elternrecht" der Erzeuger.[612]

(b) Sachenrechtliche Einordnung

Autoren, die das Keimgut der Sachgutkategorie unterstellen, lassen zumeist eine Begründung vermissen; statt dessen übertragen sie auf das Keimgut unkommentiert Rechtsfolgen, die mit einer sachenrechtlichen Einordnung verknüpft werden: Sie sollen vererbbar, eigentums- und verkehrsfähig sein. Hinweise auf das Erfordernis einer Gleichbehandlung aller abgetrennten Körperteile,[613] auf die Verkehrsanschauung[614] oder auf den mit dieser Sachqualifikation verbundenen ange-

---

losen Versuchen unterzog sich die Antragstellerin am 24. Dezember 1996 ohne Beisein ihres Mannes (Antragsgegner) einer erneuten Implantation, die zur Schwangerschaft und am 21. September 1997 zur Geburt einer Tochter führte. Noch vor der erfolgreichen Implantation gestand der Antragsgegner der Antragstellerin eine außereheliche Beziehung ein und „bedeutete ihr, an der Ehe und an der Abrede der extrakorporalen Befruchtung nicht mehr uneingeschränkt festhalten zu wollen". Im Februar 1997 trennten sich die Parteien. Während die Vorinstanz der Meinung war, dass diese Verabredung für beide Ehegatten bindend bleibe, solange auch nur einer von ihnen daran festhalte widersprach der BGH dieser Begründung wie folgt: „Aus einem solchen Konsens könne keine Bindung auf Dauer entstehen. Da der Entschluss, zur Entstehung eines neuen Lebens beizutragen und in der Folge für dieses verantwortlich zu sein, für jedes Individuum eine höchstpersönliche Angelegenheit ist, würde eine solche Bindungswirkung die grundrechtlich geschützte personale Würde und das Selbstbestimmungsrecht des einzelnen (Art. 1 Abs. 1, Art. 2 Abs. 1 GG) verletzen, zu denen es auch gehöre, sich jederzeit erneut und frei für oder gegen ein Kind zu entscheiden." Leider ist der BGH in seiner weiteren Begründung nur auf das Wesen der Ehe und allgemein auf Abreden über die Familienplanung eingegangen. Ob der Antragsgegner auch Rechte an der mit „seinem" Sperma befruchteten Eizelle haben könnte, wurde nicht angesprochen, BGH vom 21.2.2001 (AZ: XII ZR 34/99), Vorinstanz OLG Stuttgart vom 14.1.1999 in FamRZ 1999, S. 1136; eine Kürzung wurde vom BGH nicht vorgenommen.

611 Coester-Waltjen, DJT 1986 B 30 ff., 37; Bernat, Rechtsfragen medizinisch assistierter Zeugung, S. 115; Münzer, Fortpflanzungsmedizin und Zivilrecht, S. 3; Precht in: Gentechnologie 7, Forschungsobjekt Mensch, S. 50

612 Brohm, JuS 1998, S. 197 (201) unter Hinweis auf Art. 6 Abs. 2 GG; nach Schünemann, Die Rechte am menschlichen Körper, S. 210 f. umfasst - nach jetzigem Stand der Wissenschaft - das Persönlichkeitsrecht der Mutter das befruchtete Ei.

613 Bilsdorfer, MDR 1984 S. 803 (804); vgl. auch MüKo/Holch, § 90 Rn. 27 f.; dagegen Schünemann, Die Rechte am menschlichen Körper, S. 209

614 Münzer, Fortpflanzungsmedizin und Zivilrecht, S. 4; Nixdorf, VersR 1995, S.

messenen Rechtschutz über § 303 StGB[615] können als Begründungsversuche angesehen werden. Überwiegend wird die Rechtsnatur der Keimzellen aber gar nicht angesprochen.

Gegen das Abstellen auf die biologische Funktion der Keimzellen zur Bestimmung ihrer Rechtsnatur wird angeführt[616], dass die Unterschiede zwischen Keimzellen und Somazellen mit zunehmenden Forschungserfolgen verwischen; auch Somazellen können mit medizinischer Hilfe zum Entstehen neuen Lebens beitragen. Bei der Herstellung eines Klons durch Kerntransplantation[617] wird der Kern einer Eizelle entfernt und durch den einer Körperzelle ersetzt; auf diese Weise kann ein einziger Erbsatz beliebig oft vervielfältigt werden.

d) Rückschlüsse aus den gesetzlichen Regelungen

Aus der deutschen Gesetzeslage können nur sehr eingeschränkt Rückschlüsse auf die Rechtsnatur abgetrennter Substanzen gezogen werden, da nur wenige Verwendungsformen Gegenstand gesetzlicher Regelung sind.[618] Einen beachtenswerten Aspekt spricht aber die Gesetzesbegründung des TFG an: „Mit der Einwilligung (zur Entnahme) wird gleichzeitig die Verwendbarkeit der Spende erklärt. Dies folgt aus

---

740 (743)

[615] Koch, MedR 1986 S. 259 ff. (262); Bilsdorfer, MDR 1984, S. 803 (804)

[616] Siehe Lanz-Zumstein, Menschliches Keimgut, S. 151 f.; Benecke, Die heterologe künstliche Insemination, S. 43; siehe aber Pap, Extrakorporale Befruchtung, S. 142 und Marian, Die Rechtsstellung des Samenspenders, S. 177 f.; Britting, Die postmortale Insemination, S. 65 ff.; für das französische Recht: Galloux, thèse 1988, S. 88 f.

[617] Erstmalig geglückt Anfang 1997 beim Schaf Dolly; für die Anwendung beim Menschen soll auch bereits Interesse bekundet worden sein, vgl. Süddeutsche Zeitung vom 12.9.2000 S.V2/10 „ Biologie als Bastelkurs"; Bericht der Bundesregierung „Zur Frage eines gesetzgeberischen Handlungsbedarfs beim Embryonenschutzgesetz aufgrund der beim Klonen angewandten Techniken und der sich abzeichnenden Entwicklung", BR-Drucks. 658/98 besprochen in DRiZ 1998 „Embryonenschutzgesetz muss novelliert werden", S. 500 ff.; Ende Novemder 2001 wurde aus den USA der erste geklonte Embryo gemeldet.

[618] Man könnte auf den Gedanken kommen, § 90 a S. 1 BGB für einen „Erst-Recht-Schluß" heranzuziehen: Wenn schon Tiere nach der ausdrücklichen Regelung des § 90 a S. 1 BGB keine Sachen sind (auch wenn sie weiterhin als solche behandelt werden, vgl. § 90 a S. 3 BGB), müsste dies nicht erst recht - auch ohne eine vergleichbare gesetzliche Regelung - für den menschlichen Körper und seine abgetrennten Substanzen angenommen werden? Vgl. hierzu die Bedenken an dem äußerst zweifelhaften Gehalt des § 90 a BGB unter II. A. 4.

dem Eigentumsrecht nach Art. 14 Abs. 1 S. 1 des Grundgesetzes“[619]. Mit dieser Verweisung auf das grundrechtlich garantierte Eigentumsrecht an Blut unterstellt der Gesetzgeber implizit dessen Sacheigenschaft.

e) Zusammenfassung

Der extensive Körperbegriff des BGH hat sich in der deutschen Rechtsordnung nicht durchsetzen können: Abgetrennte Körpersubstanzen können nicht wie der Gesamtkörper behandelt werden.

Im übrigen ist seit jeher anerkannt, dass Verletzungen wiedereingefügter Körpersubstanzen unter dem Blickwinkel „späterer“ Auswirkungen auf den Gesamtorganismus den Körperverletzungstatbestand erfüllen können.[620] So wurde die Vergiftung einer Eigenblutspende, die nach Rückführung in den Körper zu Vergiftungserscheinungen geführt hatte, schon immer als Körper- oder Gesundheitsverletzung angesehen.[621] Das Neue an der Rechtsprechung des BGH liegt darin, dass tatsächliche Einwirkungen auf den Gesamtkörper nicht mehr als erforderlich angesehen werden. Der Schutz des Körpers sollte nach Ansicht des BGH vielmehr vorverlagert werden und sich auf den Schutz subjektiver Verwendungsinteressen,[622] den Willen späterer Wiedereingliederung, erstrecken.

In der Literatur wird nur selten zur Rechtsnatur abgetrennter Körpersubstanzen Stellung genommen; vielmehr werden die an ihnen bestehenden schutzwürdigen Interessen in den Vordergrund der Überlegungen gestellt. Daher werden in der deutschen Literatur wesentlich lebhaftere Diskussionen über die an Körpersubstanzen bestehenden Rechte geführt, als über die Frage nach ihrer rechtlichen Qualifikation.

---

619 Begründung der Bundesregierung vom 13.01.1998 (BT. Drs. 13/9594), S. 14

620 Nixdorf, VersR 1995, 740 (741)

621 Entweder werden zwei selbständige Rechtsgutsverletzungen angenommen oder ein Folgeschaden an einem anderen Rechtsgut unter dem Vorbehalt adäquater Kausalität, Stoll, Recht und Staat 1968, S. 25 ff. 30 f.; Gottwald, Schadenszurechnung und Schadensschätzung, S. 73 ff.; Schünemann, Die Rechte am menschlichen Körper, S. 75 ff.; zum subjektiven Tatbestand, Taupitz, NJW 1995, S. 745 ff. (750)

622 So zutreffend Taupitz, NJW 1995, S. 745 ff. (746)

3. Rechtsvergleichender Überblick mit Stellungnahme

Sowohl die Vertreter der herrschenden Einheitstheorie als auch diejenigen, die dem lebenden Körper Sachqualität zuschreiben (doctrine réaliste), gelangen überwiegend zu dem Ergebnis, dass abgetrennte Körpersubstanzen Sachqualität aufweisen. Nur bei der Qualifikation von Keimzellen ist ein einheitliches Meinungsbild nicht zu erkennen.

In beiden Rechtsordnungen gründen sich die Überlegungen entweder auf dem Gewohnheitsrecht, der Verkehrsanschauung, dem Trennungsakt, ihrer Verarbeitung oder sie basieren auf einer Differenzierung zwischen den Körpersubstanzen nach symbolischem Wert oder biologischer Struktur und Funktion. Weder das französische noch das deutsche Recht vermögen aber einen Wechsel der Rechtsnatur - sei es durch Trennung oder Verarbeitung - plausibel zu begründen.

Es mag auf den ersten Blick erschreckend wirken: Dogmatisch einwandfrei lässt sich die Sachqualität abgetrennter Körpersubstanzen nur erklären, wenn auch dem lebenden Körper Sachqualität beigemessen wird.

Dabei lassen sich die gegensätzlichen Ansichten über die Rechtsnatur des lebenden Körpers in Einklang bringen, wenn man davon abkommt, Sachen- und Personenrecht stets als unvereinbare gegensätzliche Kategorien zu betrachten. Nirgendwo kommen sich Sachen- und Personenrecht nämlich so nahe als beim menschlichen Körper, in dem sie zusammentreffen.[623] Nur weil das deutsche und französische Rechtssystem auf humanistischer Grundkonzeption basieren, tritt die Sacheigenschaft des Körpers während des Lebens zugunsten der Personenqualität weitgehend zurück. Sie gewinnt erst bei Eintritt des Todes oder der Abtrennung vom Körper an Bedeutung, ohne gleichzeitig zu einem vollständigen Verlust der personenrechtlichen Bindung

[623] Auf diesen Erwägungen basieren auch die Überlagerungstheorie und der fortentwickelte persönlichkeitsrechtliche Ansatz. Diese Theorien stellen aber nur auf die Rechte am menschlichen Körper ab und erwähnen dessen Rechtsnatur nicht explizit; näher hierzu unter V. C. 2. a) und b); Schünemann, Die Rechte am menschlichen Körper, S. 89 ff.; Deutsch, MDR 1985, S. 1002 ff. (1004); Deutsch, Medizinrecht, S. 357 ff. meint, dass im Konfliktfall das Persönlichkeitsrecht vorzugehen habe; Schröder/Taupitz, Menschliches Blut, S. 42; Taupitz, JZ 1992, S. 1089 (1093); ders., AcP 191, S. 201 ff. (209 f.); Lanz-Zumstein, Menschliches Keimgut, S. 222 ff. (249); Edelman, D. 1989 chr., S. 225 ff. (229) in einer Besprechung des Falles Moore: „la cour semble n'avoir eu aucune peine à combiner le droit de propriété et le right of privacy“.

zu führen. So wie also der lebende Körper neben der Person- auch Sachqualität aufweist, wird auch bei Körpersubstanzen die Sachebene durch eine natürlich vorgegebene personenrechtliche Prägung überlagert.[624] Mit der Abtrennung bzw. dem Tod schwächt sich also lediglich die Personeneigenschaft ab, während die Sachqualität stärker hervortritt. Der Fortbestand einer personenrechtlichen Prägung ändert aber nichts an der Sacheigenschaft der Körpersubstanzen. Auch eine öffentlich-rechtlich gewidmete Sache behält ihren Sachcharakter nach dem Widmungsakt („Prägungsakt“) bei. Die Widmung ist bei Sachen im öffentlich rechtlichen Gebrauch zwar nicht von Natur aus vorgegeben, sondern sie wird durch eine Rechtsnorm oder eine Allgemeinverfügung verliehen. Wie bei Körpersubstanzen gibt aber auch sie vor, wie mit den im öffentlich rechtlichen Gebrauch stehenden Sachen umgegangen werden darf.

Die natürlich vorgegebene personenrechtliche Prägung der körperlichen Elemente und Produkte erklärt nicht nur, warum diese anders als Sachen im Sinne des herkömmlichen Sachbegriffs behandelt werden müssen. Die persönliche Prägung ist auch der Grund dafür, dass nicht alle Körpersubstanzen gleich behandelt werden können. Die dargestellten Meinungen aus Literatur und Rechtsprechung lassen erkennen, dass sie den jeweiligen Umfang der natürlichen persönlichen Prägung von folgenden Kriterien abhängig machen wollen und zwar wie folgt:

- Substanzen, die kein genetisches Material tragen, weisen keine persönliche Prägung auf.
- Je intensiver der Eingriff in die körperliche Integrität für die Gewinnung der Substanz ist, desto gewichtiger ist die personenrechtliche Prägung. Erfolgt die Abtrennung vom Körper hingegen als Folge einer körpertypischen Funktion (Plazenta, Muttermilch ...), ist allenfalls eine schwache personenrechtliche Prägung anzunehmen. Gleiches gilt für regenerierbare Substanzen.
- Die besonderen Eigenschaften und Funktionen von Keimzellen sprechen für eine starke personenrechtliche Prägung.
- Wurden die Substanzen verarbeitet, schwächt sich die personenrechtliche Prägung ab.

---

[624] Träger von Rechten und Pflichten können abgetrennte Substanzen zweifelsohne nicht sein, vgl. hierzu die Ausführungen unter II. A. 2.

- Bei körperlichen Abfallprodukten ist von keiner gravierenden personenrechtlichen Prägung auszugehen.

Die der deutschen und französischen Rechtsprechung und Rechtslehre entnommenen Ansichten leisten einen wichtigen Beitrag zur Findung einer sachgerechten rechtlichen Behandlung der einzelnen Substanzen:

So vermag zwar der Versuch der französischen Rechtslehre, in der Herstellung von Medikamenten oder kosmetischen Produkten aus Körpersubstanzen einen die Rechtsnatur der Substanzen verändernden Akt zu sehen, kaum zu überzeugen, weil er auf einer Fiktion beruht. Der deutsche und der französische Gesetzgeber haben solche Überlegungen aber bei der rechtlichen Behandlung der Substanzen übernommen: So werden in Deutschland Organe aus dem Organhandelstatbestand nach § 17 Abs. 1 Nr. 2 TPG herausgenommen,[625] wenn sie zu Arzneimitteln verarbeitet worden sind[626] und in Frankreich werden Körpersubstanzen nach Art. 5121-20 Nr. 14 CSP besonderen Bestimmungen unterworfen, wenn eine Verarbeitung zu Medikamenten stattgefunden hat.

Ebenso verhält es sich, wenn Struktur und Funktion der Substanz zur Begründung einer bestimmten Rechtsnatur angeführt werden. Der Ansatz des BGH, die Rechtsnatur der Körpersubstanzen in Abhängigkeit von ihrer Eigenschaft und Zweckbestimmung her zu bestimmen, ist

---

[625] Der deutsche Gesetzgeber möchte eine strikte Zäsur zwischen verwerflichem Organhandel und seiner Versorgungspflicht gegenüber der Bevölkerung mit pharmazeutischen Produkten durch die Herausnahme der aus Organen hergestellten Fertigarzneimittel aus dem Organhandelstatbestand bewirken. Kritisch hierzu König, Strafbarer Organhandel, S. 146 f.: „Der Makel der objektivierenden Kommerzialisierung muss demnach während dieses Prozesses irgendwo auf der Strecke geblieben sein. Ich sehe nicht wie die Verarbeitung dies bewirkt haben könnte. Denn das Produkt setzt sich trotz der (aufwendigen) Verarbeitung immer noch essentiell aus dem verwendeten Organ zusammen." Vgl. auch: Journal médicine légale et droit médical 1991 (1), S. 491 ff. (492 ff.); Mazen, Les petites affiches vom 14.12.1994 , S. 70 ff. (72)

[626] Vgl. hierzu die alte Fassung eines Gesetzentwurfs zum Organhandelsverbot: Absatz 1 [Das Organhandelsverbot] findet keine Anwendung auf Erzeugnisse, die einer Heilbehandlung zu dienen bestimmt und unter wesentlicher Veränderung der Substanz der Organe, Organteile oder Gewebe hergestellt worden sind." Gesetzentwurf der Bundesregierung Entwurf eines ... Strafrechtsänderungsgesetzes -- Organhandel -- (... StrÄndG), Drucksache 13/587 vom 16.02.1995

zwar gescheitert.[627] Die Überlegungen des BGH bergen jedoch den richtigen Grundgedanken, wonach die rechtliche Behandlung der Substanzen in besonderem Maße von ihren möglichen Verwendungszwecken abhängt. Die möglichen Verwendungszwecke werden wiederum durch die biologische Struktur und Funktion sowie durch den jeweiligen Wissensstand in der Forschung vorgegeben. So ist beispielsweise der ganz besonderen natürlichen Prägung von Keimzellen - nämlich die Fähigkeit, neues Leben zu erzeugen - bei ihrer rechtlichen Behandlung Rechnung zu tragen.

Neben diese objektiv vorgegebene natürliche Prägung kann noch eine subjektive Zweckbestimmung (subjektive Prägung) durch den ursprünglichen Substanzträger hinzutreten. Die subjektive Zweckbestimmung hat jedoch keinen Einfluss auf die Rechtsnatur der Substanzen.[628] Sie erlangt erst bei der Frage nach den an den Substanzen bestehenden Rechten (siehe unter Gliederungspunkt V.) Bedeutung. Genau genommen ist das letztgenannte Kriterium über die geringe personenrechtliche Prägung körperlicher Abfallprodukte auch nicht Ausdruck einer natürlich vorgegebenen Prägung, sondern vielmehr Ausfluss einer (vermuteten) subjektiven Zweckbestimmung. Den Patienten wird unterstellt, dass sie keine eigene Zwecke mehr mit den körperlichen Abfallprodukte verfolgen. Hierauf wird unter Gliederungspunkt V. genauer eingegangen.

Wichtig ist noch einmal folgendes festzuhalten: Alle vom Körper abgetrennter Körpersubstanzen sind Sachen, die wegen ihres körperlichen Ursprunges aber nicht wie Sachen nach herkömmlichen Sachbegriff behandelt werden dürfen. Welche typischen Sacheigenschaften bei Körpersubstanzen aufgenommen werden können, hängt von der jeweiligen Körpersubstanz und dem Umfang ihrer natürlichen personenrechtlichen Prägung ab. So wird man sich beispielsweise - unabhängig von kaum vorhandener praktischer Relevanz - die meisten Körpersubstanzen als Sicherungsmittel oder Gegenstand einer Pfändung kaum vorstellen können.

---

[627] Vgl. die Ausführungen hierzu unter IV. B. 2. b)

[628] Vgl. hierzu schon unter IV. B. 2. b)

V. Die Rechte an abgetrennten Körpersubstanzen

Wie unter Gliederungspunkt II. A. 3. (S. 39) bereits angedeutet, hätte eine personenrechtliche Qualifikation körperlicher Elemente und Produkte die Suche nach geeigneten immateriellen Rechten - insbesondere Persönlichkeitsrechten - an den Substanzen ausgelöst, während die Sachqualifikation die Existenz dinglicher Rechte - vornehmlich das Eigentumsrecht - nahe legt.[629] Durch die Sachqualifikation ist aber noch kein zwingender Ausschluss persönlichkeitsrechtlich geprägter Rechtspositionen verbunden, da mit einer Sache - wie beispielsweise einem Kunstgegenstand - neben dinglichen Rechten zugleich auch immaterielle Rechte verknüpft sein können.

Während in Deutschland das allgemeine Persönlichkeitsrecht diese persönlichkeitsrechtlich geprägten Rechtspositionen auszufüllen vermag, ist dem französischen Recht ein vergleichbares subjektives Recht unbekannt.[630] Seit Kurzem wird in Frankreich in Literatur und Gesetzgebung über die Einführung eines Bestimmungsrechtes (droit de destination) an Körpersubstanzen diskutiert.

A. Problemstellung: Der Fall Moore

Die Diskussion über die an Körpersubstanzen bestehenden Rechte wurde durch einen Rechtsstreit in den USA (Kalifornien) aus den Jahren 1988 bis 1990 entfacht.[631]

Einem an Haarzellenleukämie erkrankten Patienten („John Moore") wurde mit seiner Zustimmung und aufgrund medizinischer Indikation seine Milz entfernt. Das Ärzteteam hatte bereits vor der Entnahme insgeheim den Verdacht, dass sich aus einer Analyse der Milz einzigartige Substanzen und für die Forschung höchst interessante Erkennt-

[629] Baur/Stürner, § 24 II, 1 (Rn. 4)

[630] Vgl. die Ausführungen unter II. C. 2.

[631] Siehe hierzu: Edelman, D. 1989 chr., S. 225 ff.; Moine, thèse 1993, S. 105, 162; Mousny, thèse 1998, S. 120 ff.; Hermitte, Le Monde diplomatique 12/1988, S. 20; Schröder/Taupitz, Menschliches Blut, S. 13 ff.; Taupitz, AcP 191, S. 204 ff., ders. VersR 1991, S. 369 ff.; der Fall ging durch drei Instanzen; in der ersten Instanz wurde die Klage abgewiesen, in der zweiten stattgegeben und in der dritten - mit anderer Begründung - ebenfalls stattgegeben und zurückverwiesen. Letztlich führte ein außergerichtlicher Vergleich zur Beendigung des Rechtstreits.

nisse gewinnen lassen. Nachdem sich dieser Verdacht bestätigt hatte, wurden John Moore im Verlauf zahlreicher weiterer Untersuchungen, während denen er nie über die Forschungsarbeiten informiert wurde, Knochenmark, Sperma, Haut und Blut entnommen. Die Forschungsarbeiten waren erfolgreich und führten zu einer Patentierung der gewonnenen Zelllinien, den sogenannten „Mo-Zellen". Ärzteteam, Pharma- und Biotechunternehmen erzielten durch die Verwertung des Patents hohe Gewinne. Ungefähr sieben Jahre nach der Milzentnahme schöpfte Moore Verdacht und klagte gegen die Ärzte und Unternehmen auf Gewinnbeteiligung. Sowohl der kalifornische Court of Appeal als auch der Supreme Court gaben der Klage mit unterschiedlicher Begründung statt. Der Court of Appeal war der Auffassung, dass John Moore an seiner Milz und seinen Zellen ein Eigentumsrecht geltend machen kann.[632] Dieser Begründung widersprach der Supreme Court und gab der Klage - soweit sie sich gegen die Ärzte richtete - wegen Verletzung einer vertraglichen Treuepflicht und unzureichender Aufklärung statt.[633]

Das Urteil des Court of Appeal ist in der juristischen Fachliteratur zumeist auf Ablehnung gestoßen. Vielfach wurden dahingehend Bedenken geäußert, dass mit Anerkennung eines Eigentumsrechtes an Körpersubstanzen die Kommerzialisierung von Körpersubstanzen nicht mehr verhindert werden könne.[634]

B. Interessen des Spenders an der Verwendung der Körpersubstanzen

In der deutschen und französischen Literatur ist die Debatte über das Für und Wider dinglicher bzw. persönlichkeitsrechtlicher Rechtspositionen an Körpersubstanzen von dem Bestreben geprägt, einen sachgerechten Schutz der Interessen des ursprünglichen Substanzträgers zu gewährleisten. Manche sind der Auffassung, dass dingliche

---

632 Sogenannte „conversion": Unrechtmäßige Herrschaftsausübung über das Eigentum einer anderen Person entspricht im französischen Recht einer „action en détournement" oder einer „action en revendication".

633 „breach of fiduciary duty" und „lack of informed concent".

634 Der Sachverhalt birgt das Problem der „nachträglich sanktionierenden Eigenkomerzialisierung", d.h. den Fall, dass jemand aus einer nicht konsentierten Weiterverwendung der Substanzen - etwa auf dem Weg der Geltendmachung von Schadensersatz- bzw. Ausgleichansprüchen - nachträglich „Kapital schlagen" möchte, vgl. unter I. A. 1.

Rechtspositionen diesen Schutz besser umzusetzen vermögen, andere sehen Persönlichkeitsrechte als die geeignetere Rechtsform an.

Einige dieser - mit Körpersubstanzen besonders verbundenen - Interessen und Verwendungszwecke werden im Folgenden dargestellt, um in einem weiteren Schritt überprüfen zu können, welche Konzeption - die dingliche oder die persönlichkeitsrechtliche - die Interessen der Berechtigten angemessen zu schützen vermag.

Unterscheiden lassen sich voneinander die Eigenspende, die Fremdspende und letztlich noch die Fälle, in denen eine Spende im herkömmlichen Sinn nicht vorliegt.

1. Eigenspende

Unter den Begriff der Eigenspende fallen Entnahmen für eine Autotransplantationen, wenn Spender und Empfänger also identisch sind, die Vorsorge-Konservierung[635] von Keimzellen oder Nabelschnurblut für den späteren (hypothetischen) Gebrauch und letztlich noch Entnahmen von Substanzen, die ausschließlich für diagnostische Untersuchungen entnommen werden. In allen Fällen verfolgt der „Spender" mit der Entnahme den Zweck, Vorkehrungen für die eigene Gesundheit zu treffen.

Einzelheiten über die Konservierung und Untersuchungen sind regelmäßig vertraglich geregelt, so dass bei einer zweckentsprechenden Verwendung der Substanzen keine besonderen Probleme zu erwarten sind: Das Transplantat wird reimplantiert, die Keimzellen zur Zeugung eigener Nachkommen werden wieder verwendet und die entnommene Substanz diagnostisch untersucht.

[635] Zu den in Frankreich umstrittenen vertraglichen Ansprüchen auf Herausgabe der Substanzen: TGI Créteil vom 1.08.1984, JCP 1984 éd. G II 20321 mit Anmerkung Corone; TGI Toulouse vom 26. März 1991, JCP 1992 éd. G II, 21807 mit Anmerkung Pédrot. Wenn - wie in der oben angesprochenen Spermaentscheidung des BGH - außervertragliche Ansprüche geltend gemacht werden, gewinnt in Deutschland wegen des Enumerativprinzips der §§ 823 Abs. 1, 847 Abs. 1 BGB auch die Frage nach den an den Substanzen bestehenden Rechten an Bedeutung. Bestehen nämlich (lediglich) Eigentumsrechte an den Substanzen und keine Persönlichkeitsrechte, kann immaterieller Schaden nicht erstattet werden. In Frankreich stellt sich diese Problematik wegen der deliktischen Generalklausel hingegen nicht.

Ungewiss ist aber die Rechtslage, wenn das eigentliche Motiv für die Abtrennung (Primärzweck) wegfällt oder das Ziel erreicht ist: Wenn beispielsweise der Eigenblutspender das Blut während der erfolgreichen Operation nicht benötigt, er die Zeugungsfähigkeit durch den medizinischen Eingriff - anders als befürchtet - nicht einbüßt oder die Substanzen erfolgreich diagnostisch untersucht wurden, stellt sich die Frage, ob die Substanzen entsorgt werden müssen, ob sie ohne Kenntnis des „Spenders" zu anderen Zwecken weiterverwendet werden dürfen oder ob vor ihrer Weiterverwendung die Einwilligung des Spenders eingeholt werden muss. Zu untersuchen ist also, ob der Eigenspender noch Rechte an den Substanzen hat, die es ihm erlauben, Einfluss auf die Weiterverwendung „seiner" Substanzen zu nehmen.

2. Fremdspende

Fremdspenden können zu therapeutischen, industriellen oder wissenschaftlichen Zwecken verwendet werden. Meistens wird ein Spender seine Substanzen therapeutischen Verwendungen zukommen lassen wollen. Stellt sich aber nach einer Qualitätsüberprüfung heraus, dass das gespendete Körperelement oder Körperprodukt zwar für therapeutische Verwendungen nicht geeignet, dafür aber von wissenschaftlichem Interesse ist, stößt man auch hier wieder auf die bei der Eigenspende aufgeworfene Problemstellung: Muss der Spender von einer anderen oder weiteren Verwendung seiner Spenden in Kenntnis gesetzt werden, ihr gar zustimmen oder kann mit den einmal abgegebenen Substanzen nach Belieben der Einlagerungsstellen weiter verfahren werden.

3. Keine Spende im eigentlichen Sinn

Schließlich gibt es noch die Fälle, in denen eine Spende im eigentlichen Sinne nicht vorliegt, da die Substanzen nicht bewusst durch den ursprünglichen Substanzträger auf einen anderen übertragen werden. Hierzu rechnen Entnahmen, die ausschließlich therapeutisch veranlasst sind (Operationsabfälle) und Geburtsabfälle. In diesen Fällen geht der Substanzträger regelmäßig stillschweigend davon aus, dass die Substanzen eventuell diagnostisch untersucht und anschließend vernichtet werden. Die Erfahrungen mit der Weitergabe der Plazenten und Embryonen an die kosmetische Industrie - und auch der Fall Moore (USA) - belegen aber ihre tatsächliche - insbesondere industrielle - Weiterverwendung in der Praxis. Auch bei den Operations- und Geburtsabfällen stellt sich somit die Frage, ob und inwieweit die Patienten ein schützenswertes Interesse daran haben können, vor der Weiterverwendung der Substanzen informiert zu werden, um gegebenenfalls widersprechen zu können.

Als Primärzweck wird in den folgenden Ausführungen das eigentliche Motiv des Substanzträgers für die Abtrennung bezeichnet, als Sekundärzwecke gelten alle weiteren mit den Substanzen verfolgten Interessen. Der Primärzweck einer Eigenblutspende liegt folglich darin, das Blut bei Bedarf dem Körper wieder zurückzuführen, der Primärzweck einer Organspende in der Übertragung des Organs auf einen bestimmten Empfänger. Mit Operationsabfällen verfolgt der „Spender" hingegen üblicherweise keine Primärzwecke.

C. Diskussionsstand über die an Körpersubstanzen bestehenden Rechte

Ein Überblick über die in Frankreich und Deutschland vertretenen Ansichten wirft zunächst die Frage nach der Eignung dinglicher Rechte an Körpersubstanzen auf. Anschließend werden Überlegungen zu Persönlichkeitsrechten und zur Koexistenz von persönlichkeits- und dinglichen Rechten an Körpersubstanzen angestellt.

1. Eignung dinglicher Rechte: das Eigentumsrecht an Körpersubstanzen

a) Wesen des Eigentumsrechtes[636]

Nach § 903 BGB und Art. 544 CC[637] ist der Eigentümer einer Sache grundsätzlich berechtigt, mit der Sache nach Belieben zu verfahren und Einwirkungen Dritter auf die Sache auszuschließen. Die positive Komponente des Eigentumsrechtes beinhaltet Übereignungen, Eigentumsaufgaben und Belastungen, Besitz, Benutzung / Nichtbenutzung, Veränderung, Verbrauch oder Vernichtung. Die negative Wirkung des

---

[636] Die französische und die deutsche Konzeption des Eigentumsrechtes gleichen einander dergestalt, dass sich eine gemeinsame Darstellung der Eignung des Eigentumsrechtes anbietet.

[637] Art. 544 CC „La propriété est le droit de jouir et de disposer des choses de la manière la plus absolue, pourvu qu'on n'en fasse pas un usage prohibé par les lois ou par les règlements; § 903 BGB „Der Eigentümer einer Sache kann, soweit nicht das Gesetz oder Rechte Dritter entgegenstehen, mit der Sache nach Belieben verfahren und andere von jeder Einwirkung ausschließen".

Eigentumsrechtes betrifft Einwirkungen auf eine Sache wie beispielsweise ihre Wegnahme, Zerstörung, Beschädigung und Benutzung; solchen Einwirkungen kann mit Herausgabe-[638], Unterlassungs- und Beseitigungsklagen, sowie im Falle rechtswidriger und schuldhafter Verletzungen mit deliktsrechtlichen Schadensersatzklagen begegnet werden.

b) Argumente für ein Eigentumsrecht an Körpersubstanzen als ausreichende Grundlage für Integritätsschutz und Verkehrsfähigkeit

Die Verfechter eines Eigentumsrechts[639] an Körpersubstanzen weisen darauf hin, dass das Eigentumsrecht den bestmöglichen Integritätsschutz biete und alleine die Anwendung eigentumsrechtlicher Vorschriften praxisgerechte und realitätsnahe Lösungen ermögliche: der vermögenswerte und dingliche Charakter der Substanzen sei insbesondere bei der Übertragung der Substanzen durch die Blut- und Gewebebanken (établissement dépositaire) an Dritte evident.

Richtig sei zwar, dass das Eigentumsrecht an Körpersubstanzen einigen Beschränkungen unterliegen müsse; gleiches gelte aber für eine Vielzahl anderer Sachen auch, wie beispielsweise für unter Denkmalschutz stehende Gebäude, religiöse Gegenstände oder Sachen, die einer öffentlich-rechtlichen Zweckbindung unterliegen. Erforderlich sei deshalb die Ausarbeitung von Beschränkungen des Eigentumsrechtes an Körpersubstanzen in Anlehnung an die eben aufgezählten Beispiele, um die Gefahren marktähnlicher Auswüchse im Umgang mit Körpersubstanzen unterbinden zu können.[640]

---

[638] Für das deutsche Recht insb. §§ 861 ff., 985 ff.; 1007 BGB; das französische Recht sieht nur eine einzige Klagemöglichkeit des „Eigentümers als besser berechtigten Besitzers", Art. 2279 CC, siehe Ferid-Sonnenberger, FrzZR Bd. 2 Rn. 3 B 144 ff.

[639] Labrusse-Riou in: Bioéthique: de l'éthique au droit, du droit à l'éthique, S. 27; vgl. auch Andorno, thèse 1994, S. 99 f.; David, Structure de la personne humaine; Galloux, thèse 1988, S. 246 ff.; Schünemann, Die Rechte am menschlichen Körper, S. 59 Fn. 1; Schröder/Taupitz, Menschliches Blut, S. 35 Fn. 6 mit zahlreichen Nachweisen; Maier, Der Verkauf von Körperorganen, S. 10; Taupitz, JZ 1992, S. 1089 (1092); Sasse, Aspekte der Veräußerung von Organen, S. 55; Staudinger/Hager, § 823 B 19

[640] Hierauf wird erwidert, dass es sich dann um ein degeneriertes Eigentum handele, das eine andere Bezeichnung verdient hätte, vgl. Moine, thèse 1993, S. 166; Forkel, JZ 1974, S. 593 (595) bezeichnet den Recours auf das Eigentumsrecht als Armutszeugnis für Juristen.

(1) Frankreich

(a) Doctrine réaliste

Qualifiziert man schon den lebenden Körper als eigentumsfähige Sache,[641] ist die Anerkennung des Eigentumsrechtes auch für abgetrennte Körpersubstanzen selbstverständlich und bedarf keiner weiteren Begründung. In der einheitlichen Betrachtung des Körpers liegt diese Theorie gerade begründet: Rechtsverhältnisse am Körper dürfen eben nicht zufallsbedingt nach der momentanen örtlichen Lage der Substanz definiert werden, sondern sie müssen beständige und dauerhafte Verhältnisse beschreiben.[642] So seien Körpersubstanzen als „biens innés", als angeborene Sachen, anzusehen, die sich mit der Existenz der Person vermengen und von Anfang an (ab initio) Eigentum des ursprünglichen Trägers sind.[643] Weder ein Wechsel in der Rechtsnatur noch eine Veränderung der an dem Körper bestehenden Rechtspositionen werde durch die Trennung vom Körper herbeigeführt.

(b) Einheitstheorie

Nach der vorherrschenden Einheitstheorie, findet mit der Abtrennung vom Körper sowohl ein Wechsel in der Rechtsnatur als auch eine Veränderung der Rechtspositionen an den Substanzen statt; da die dogmatische Begründung für den Wechsel in beiden Fällen außerordentlich schwer fällt, wird er häufig und einfach als selbstverständlich vorausgesetzt.[644] Von der (wohl noch) herrschenden Auffassung[645] wird angenommen, dass Körpersubstanzen mit ihrer Trennung zu herrenlosen Sachen (res derelictae) werden und von demjenigen, der an ihnen als erster Besitz begründet, angeeignet werden können. Im Fall einer willentlichen - insbesondere selbst veranlassten - Abtrennung (Schneiden eigener Haare oder Spermaspende) kann dies der ur-

---

[641] Vgl. unter II. B. 2.

[642] Galloux, RIDC 1998 (2), S. 491 ff. (500); David, Structure de la personne humaine, S. 44 ff. (46)

[643] Mazen, Réfléxions juridiques, in: Bioéthique et Droit, S. 197 ff. (199); Galloux, thèse 1988, S. 246 ff. (252 ff.) stellt auf die natürliche Verbindung des Menschen zu seinen „choses innées", seinen angeborenen Sachen ab; für die Plazenta: Labbée, thèse 1990, S. 272 ff.; vgl. auch Hubmann, Persönlichkeitsrecht, S. 37 f.

[644] Vgl. unter IV. A.

[645] Vgl. nur Lavroff-Detrie, thèse 1997, S. 126 f.; Hermitte in: Archives de philosophie du droit 1988, S. 324, 338

sprüngliche Träger sein, in anderen Fällen, wie zum Beispiel der operativen oder unfallbedingten Abtrennung, möglicherweise auch ein anderer.

(c) Schutzinteressen

Nur das Eigentumsrecht sei in der Lage, den Schutz abgetrennter Körpersubstanzen vor Zerstörung oder Beschädigung sachgerecht zu gewährleisten. Um diese These bildlich belegen zu können, stellten die Verfechter eines Eigentumsrechtes an Körpersubstanzen zunächst auf einen fiktiven Sachverhalt ab, bevor sie einige Jahre später ihre Argumentation auf eine der Fiktion vergleichbare, nun aber reale Begebenheit stützen konnten. In beiden Fällen geht es um die Frage, ob Körpersubstanzen Gegenstand eines Diebstahls sein können.

(i) „L' Affaire de la main volée"

Das Argumentationsschema derer, die schon den lebenden Menschen als eigentumsfähige Sache ansehen, sei an Hand folgender Fallgestaltung näher dargestellt:[646] Der fiktive Sachverhalt[647] handelt von einem Heimwerker, der sich bei Sägearbeiten eine Hand abtrennt und daraufhin in Ohnmacht fällt. Sein Nachbar nimmt die noch reimplantierbare Hand an sich und verbrennt sie.

Eine Verurteilung des Nachbarn könne weder unter dem Gesichtspunkt einer Verstümmelung (mutilation, Art. 309 Code pénal, „Delikts gegen die Person") noch als Diebstahl (soustraction frauduleuse, Art. 311-1 Code pénal, „Delikt gegen Sachen") erfolgen. Gegen eine Verstümmelung spreche der - jedenfalls nach der Abtrennung unzweifelhafte - Sachcharakter der Hand, gegen Diebstahl die Eigentümerstellung des Nachbarn hinsichtlich seiner Hand. Dieser erwerbe nach der herrschenden französischen Auffassung Eigentum an der Hand, weil er sie - wegen der Ohnmacht des Heimwerkers - als erster in Besitz nehmen und sich damit aneignen konnte.

Ein zufriedenstellendes Ergebnis könne daher nur erzielt werden, wenn bereits der lebende Körper als eigentumsfähige Sache qualifiziert wird. Dann werde die Hand nämlich mit ihrer Abtrennung nicht

---

[646] Vgl. unter II. B. 2.

[647] Baud, l'affaire de la main volée, S. 9 f., besprochen von Abduldayem, thèse 1995, S. 54 ff.

herrenlos. Vielmehr war und verbleibe sie auch nach der Trennung im Eigentum ihres ursprünglichen Trägers (biens innés) und könne damit auch taugliches Diebstahlsobjekt sein.

(ii) Chambre d'accusation[648] d'Amiens

Im Jahre 1996 musste die chambre d'accusation d'Amiens darüber entscheiden, ob sich ein Ärzteteam strafbar gemacht hat, das entgegen dem ausdrücklichen Willen der Hinterbliebenen Körperteile einer Leiche zu Transplantationszwecken entnommen hatte. Einen Diebstahl begründete dieses Verhalten nach Auffassung der Richter jedoch nicht. Ihrer Ansicht nach könne der menschliche Körper/Leichnam wegen des Grundsatzes der Unveräußerlichkeit des menschlichen Körpers kein taugliches Objekt eines Diebstahls sein.[649]

Die Verfechter eines Eigentumsrechts an Körpersubstanzen halten diese Begründung für falsch. Unabhängig davon, ob eine Echthaarperücke, eine Mumie oder Teile einer Leiche entwendet werden, sei der Tatbestand einer „soustraction frauduleuse" verwirklicht.[650] Es sei unerträglich, ansehen zu müssen, wie die Ablehnung eigentumsrechtlicher Positionen am Leichnam zwangsläufig zur Straflosigkeit der Ärzte führen würde. Damit werde das von Gegnern einer „Versachlichung des Körpers" angeführte Argument, wonach die Anwendung des Eigentumsrechtes auf den menschlichen Körper als entwürdigend anzusehen sei, ad absurdum geführt.[651] Nur das Eigentumsrecht sei nämlich in der Lage, die Menschenwürde zu wahren und einen ausreichenden Schutz für den Körper sicherzustellen.

(2) Deutschland

Die herrschende Meinung[652] in Deutschland begründet den Wechsel vom Persönlichkeitsrecht zum Eigentumsrecht mit einer analogen An-

648 Berufungskammer beim Appellationshof.

649 Diese Begründung wurde in der Literatur heftig kritisiert; auch unter dem Gesichtspunkt der Leichenschändung erfolgte keine Verurteilung; vgl. auch Rapport Charles, S. 157 und LG Bonn vom 25.2.1970 in VersR 1970, S. 719 f. mit Anmerkung Deutsch und Geilen, JZ 1971, S. 41 ff.

650 Labbée, Les petites affiches 1997 (83), S. 34 ff. (39)

651 Labbée, Les petites affiches 1997 (83), S. 34 ff. (36)

652 Vgl. statt vieler Taupitz, JZ 1992, S. 1089 (1092) m.w.N.; vgl. für Österreich: Hamerl in: Rechtsprobleme der medizinischen und kommerziellen Verwertung von Teilen des menschlichen Körpers, S. 51 f.

wendung des § 953 BGB, demzufolge Erzeugnisse und Bestandteile einer Sache auch nach der Trennung dem Eigentümer der Sache gehören. Dieser Gedanke sei auf den Körper und seine Elemente und Produkte übertragbar: Wenn schon abgetrennte Sachbestandteile nach § 953 BGB in das Eigentum des Sachinhabers des ursprünglichen Ganzen fallen, so müsse dies erst recht für Körperteile gelten, zu denen eine viel engere höchstpersönliche Rechtsbeziehung und intensivere Bindung bestanden hatte. Das Persönlichkeitsrecht am Körper[653] wandele sich daher mit der Entnahme der Substanzen analog § 953 BGB in Eigentum an den getrennten Substanzen um. Eine Analogie zum Tatbestand des § 953 BGB sei wegen der vergleichbaren Funktionen des Persönlichkeits- und Eigentumsrechts gerechtfertigt: Beide sind absolute Rechte, die Schutz vor Beeinträchtigungen Dritter gewährleisten. Das ursprüngliche Persönlichkeitsrecht an den Körpersubstanzen „schwäche" sich mit ihrer körperlichen Trennung zum Eigentumsrecht ab.[654]

Bei der analogen Anwendung des § 953 BGB bleibt allerdings häufig unerwähnt, dass eigentlich nur eine doppelt analoge Anwendung das gewünschte Ergebnis zu begründen vermag. Analog zum einen deshalb, weil die Muttersache eben keine Sache, sondern der Körper ist. Analog aber auch, um den Übergang vom Personenrecht auf das entstehende Eigentumsrecht begründen zu können. Bei einer direkten Anwendung des § 953 BGB würde ein derartiger Wechsel nicht eintreten, weil § 953 BGB im eigentlichen Sinne ausschließlich die Regelung dinglicher Rechtsvorgänge zum Gegenstand hat.

Nach anderer - der französischen Lehre vergleichbaren - Auffassung[655], entsteht mit der Trennung zunächst eine herrenlose Sache, an der der ursprüngliche Substanzträger als Ausfluss seines früheren Persönlichkeitsrechts ein privilegiertes Aneignungsrecht gemäß § 958 Abs. 2 BGB geltend machen kann. Diese Ansicht birgt den Vorteil, nicht auf die (doppelt) analoge Anwendung des § 953 BGB zurückgreifen zu müssen. Andererseits befremdet die Vorstellung, Körpersubstanzen als herrenlose Sachen zu qualifizieren, deren Zuordnung sich - wie eben veranschaulicht - als problematisch herausstellen könnte.

---

[653] Wie bereits erläutert, wird die Auffassung, den lebenden Körper als eigentumsfähige Sache anzusehen, in Deutschland nicht vertreten.

[654] BGH, MDR (Dallinger) 1958, S. 738 (739 f.)

[655] Vgl. Maier, der Verkauf von Körperorganen , S. 11; Taupitz, JZ 1992, S. 1089 ff. (1092)

c) Bedenken an der Anwendung des Eigentumsrechtes

Wie zuvor erwähnt, hat das Urteil der kalifornischen Berufungsrichter für großes Aufsehen gesorgt. Die Kritik eines abweichenden Richters an der vorgenommenen Qualifikation abgetrennter Körpersubstanzen als eigentumsfähige Sachen fand bei Teilen der französischen und deutschen Rechtslehre Beachtung.

(1) Allgemeine Bedenken an der Anwendung des Eigentumsrechts

So wird zum Ausdruck gebracht, dass das Eigentumsrecht für Elemente menschlichen Ursprunges eine völlig inadäquate und gar absurde Rechtskategorie sei. Bereits die gesetzlich vorgesehenen Erwerbsarten des Eigentums widersprächen einer sinnvollen Anwendung auf Körpersubstanzen. Die Ersitzung von Körpersubstanzen sei ebenso wenig vorstellbar, wie ihr Verkauf, ihre Verpfändung oder Sicherungsübereignung.[656] Auch im Falle einer Verarbeitung der Körpersubstanzen und bei der Bemessung von Schadensersatzansprüchen könne die Anwendung eigentumsrechtlicher Normen nicht befriedigen: Nach französischem (Art. 570, 571 CC) und deutschem (§ 950 BGB) Recht bedürfe es zur Klärung der Eigentumslage an einer verarbeiteten Sache eines Wertvergleiches zwischen dem Ausgangsstoff und der neu hergestellten Sache.[657] Ist die Arbeitsleistung weniger wert als der „Ausgangsstoff", behält der ursprüngliche Eigentümer des „Ausgangsmaterials" das Eigentum; andernfalls verliert er es und erhält den geschätzten Wert des „Ausgangsstoffes" ausbezahlt. Um den rechtmäßigen Eigentümer einer verarbeiteten Körpersubstanz feststellen zu können, müsste also ihr wirtschaftlicher Wert ermittelt werden können.[658] Der Wert einer Körpersubstanz - wie beispielsweise der Wert der Milz des John Moore - könne aber nicht beziffert werden. Wenn aber die Anwendung charakteristischer Eigentumsnormen auf Elemente und Produkte des Körpers nicht möglich ist, so könne dieser

---

[656] Edelman, D. 1989 chr., S. 227; Hermitte, Le monde diplomatique 12/1988, S. 20 spricht von einem „cadeau diabolique"; Deutsch, Medizinrecht, Rn. 490; in Bezug auf den lebenden Körper, Moine, thèse 1993, S. 164

[657] Siehe Ferid-Sonnenberger, Bd. 2 Rn. 3 B 124; Mediziner sind häufig der Auffassung, dass erst der Verarbeitungs- und Aufbereitungsakt den Körpersubstanzen einen Vermögenswert verleiht, eine Überlegung, die uns schon bei der Suche nach der Rechtsnatur des Blutes begegnet ist, siehe unter IV. B. 1. a) (4); s. auch Hermitte, Le monde diplomatique 12/1988, S. 20, die in Erinnerung ruft, dass die gleichen Argumente auch für Erdöl schon angeführt wurden.

[658] Edelman, D. 1989 chr., S. 228

Auffassung zufolge auch nicht von Eigentumsrechten an den Körpersubstanzen gesprochen werden.

(2) Bedenken nach französischem Recht: „la non patrimonialité du corps humain", Art. 16-1 Abs. 3 CC

Zweifel an der Anwendung des Eigentumsrechtes bestehen sonach darin, dass das Eigentumsrecht als Vermögensrecht eine wertmäßige Bezifferungsfähigkeit der Sache voraussetzt; seit 1994 kommt hinzu, dass der französische Gesetzgeber in Art. 16-1 Abs. 3 CC das Bestehen von Vermögensrechten und damit auch des Eigentumsrechtes an Körpersubstanzen (scheinbar[659]) eindeutig ausgeschlossen hat.[660]

(a) Körpersubstanzen als Gemeingut, als „chose commune"

Einige französische Autoren vertreten daher die Ansicht, dass zwar das traditionell anerkannte Eigentumsrecht nicht anwendbar sei, statt dessen aber eine Art Kollektiveigentum, eine Nationalisierung des Körpers und seiner Substanzen eingetreten sei; Körpersubstanzen seien als „chose commune", als Gemeingut anzusehen. Dafür spreche zum einen die gesetzgeberische Entscheidung, bei Organspenden post mortem die Einwilligung des Verstorbenen zu vermuten[661] und zum anderen auch die seit 1994 erfolgte Qualifikation des Körpers als nichtvermögensfähiges Gut. Das französische Recht kennt nämlich nur eine Kategorie von Sachen, die nicht Gegenstand eines Vermögensrechtes sein können: die „choses communes".

Gegen diese Auffassung wird von der herrschenden Meinung angeführt, dass die Qualifikation als Gemeingut nicht die Einmaligkeit und

---

[659] Wie bereits angesprochen wird diese scheinbar unzweideutige gesetzgeberische Entscheidung in der Literatur unterschiedlich ausgelegt. Einige Stimmen in der Literatur meinen unter Verweis auf Vorschriften des Code de la santé publique, dass der Gesetzgeber lediglich den Grundsatz der Unentgeltlichkeit untermauern aber keinesfalls dingliche Rechte an den abgetrennten Substanzen ausschließen wollte, vgl. Andorno, thèse 1994, S. 100 f.; Galloux, Les petites affiches vom 14.12.1994, S. 22; Labbée, Les petites affiches 1997 (83), S. 37; nach Dijon, Le sujet de droit en son corps, S. 674 f. unter Verweisung auf von Ihering ist ein subjektives Vermögensrecht an den Substanzen möglich.

[660] Vgl. Mousny, thèse 1998, S. 118; Jamin, RTD civ. 1994, S. 933 ff. (936)

[661] Vgl. Abduldayem, thèse 1995, S. 43 f.; Galloux, Les petites affiches vom 14.12.1994, S. 18 ff. (22); das „loi Caillavet" bzw. die Bioethikgesetze werden als "loi de police" i.S.d. Art. 714 CC verstanden.

Individualität einer jeden Körpersubstanz berücksichtige,[662] und dass die vermutete Einwilligung nicht auf der Annahme gestützt werden könne, es läge Kollektiveigentum am (verstorbenen) Körper vor; die vermutete Einwilligung sei vielmehr Ausdruck einer vermuteten Solidarität zu den Mitmenschen.

(b) Immaterielle Rechte an Körpersubstanzen

Die gesetzliche Verankerung der „non patrimonialité" hat diejenigen in ihrer Meinung bestärkt, die schon vor der Zeit der Bioethikgesetze Persönlichkeitsrechte an den Körpersubstanzen angenommen hatten und davon ausgegangen waren, dass diese Rechte die oben angesprochenen Interessen des ursprünglichen Substanzträgers besser zu schützen vermögen als die gesetzlichen Tatbestände der Eigentumsregelungen.[663]

Auf der Suche nach der richtigen Einordnung der noch nicht hinreichend konkretisierte Rechtspositionen wird auf Parallelen zum Urheberrecht verwiesen.[664] Auch dem Urheber einer geistigen Schöpfung werden Rechtspositionen eingeräumt, die es ihm erlauben, noch nach der Veröffentlichung des Werkes auf die Weiterverwendung Einfluss zu nehmen, um fortbestehende materielle und immaterielle Interessen zu wahren. Auf diese Erwägungen wird nachstehend noch näher eingegangen.

(3) Persönlichkeitsrechtlicher Ansatz in Deutschland

In Deutschland wurden die Schwächen der Eigentumsordnung in Bezug auf Körpersubstanzen auch erkannt. Vertreter[665] einer primär persönlichkeitsrechtlichen Einordnung der Körpersubstanzen bemerken, dass oftmals nicht Sachinteressen, sondern höchstpersönliche Inte-

---

662 Mazen, Réfléxions juridiques, in: Bioéthique et Droit, S. 197 ff. (199)

663 Moine, thèse 1993, S. 379

664 Labbée, JCP 1992 II 21965, S. 437 (440); Hermitte, Le Monde Diplomatique 12/1988, S. 20; Galloux, D. 1999 chr., S. 13 ff (13, 16); zum Vergleich mit dem Recht am Bild: Dijon, Le sujet de droit en son corps, S. 677; bezogen auf den Schutz von Erfindungen aus menschlichem „Material", Galloux, RIDC 1998 (2), S. 491 ff. (510)

665 Hierzu zählen insbesondere Jansen, Die Blutspende aus zivilrechtlicher Sicht, S. 82 ff. (85) und Forkel, JZ 1974, S. 593 ff. sowie in JURA 2000, S. 73 (74 f.), der nach der Art der Verwendung der Substanzen differenzieren möchte und sich durch die Entscheidung des BGH (BGHZ 124, 52, Sperma) bestätigt sieht.

ressen geschützt werden müssten. Das Eigentumsrecht sei hierfür nicht die geeignete Rechtsform.[666]

Maßgeblich für die Einordnung der Körpersubstanzen in eine bestimmte Rechtskategorie sei nicht die räumliche Distanz zum Körper,[667] sondern die persönliche Entscheidung und Leistung des Spenders, die durch seine individuelle und persönliche Zweckbestimmung zum Ausdruck gebracht werde. Der Spender einer Körpersubstanz übertrage gewissermaßen einen Bestandteil seiner persönlichen Existenz und könne daher auch nur eine höchst persönliche Entscheidung über deren Verwendung treffen. Die Anwendung des Eigentums- rechtes wie beispielsweise das Recht, die Sache zu zerstören oder die Möglichkeit nach §§ 932 ff. BGB Eigentum an der Substanz gutgläubig zu erwerben, berücksichtige diese spezifischen Interessen nicht hinreichend. In den Fällen, in denen der Spender allerdings keinen Zweck mehr mit der Substanz verfolgt, werde das Persönlichkeitsrecht zugunsten des Eigentumsrechts aufgegeben.[668]

In Deutschland wird das Bestehen eigentumsrechtlicher Positionen an Körpersubstanzen also auch von denjenigen, die sich grundsätzlich für die Existenz von Persönlichkeitsrechten an Substanzen aussprechen, nicht vollkommen ausgeschlossen.

(4) Schutzinteressen des ehemaligen Substanzträgers

Prüft man die Eignung des Eigentumsrechtes im Hinblick auf die oben angesprochenen Schutzinteressen, werden die Schwächen des Eigentumsrechtes offensichtlich: Nur bei Eigenspenden[669] geht das (unterstellte) Eigentumsrecht nicht auf einen anderen (Arzt, Frisör, Gewebe-

---

[666] Forkel, JZ 1974, S. 593 (595) bezeichnet den Recours auf das Eigentumsrecht als Armutszeugnis für Juristen.

[667] An zahlreichen außerhalb der Person stehenden Gegenständen wie beispielsweise an geistigen Werken, an Tagebüchern oder an Tonbandaufnahmen gesprochener Wörter können Persönlichkeitsrechte bestehen, Jansen, Die Blutspende aus zivilrechtlicher Sicht, S. 93; vgl. auch Forkel, JZ 1974, S. 595

[668] Vgl. Forkel, JZ 1974, S. 595 f.

[669] Bei einer Eigenspende bleibt der ursprüngliche Träger Eigentümer und mittelbarer Besitzer der Substanzen, der Verwahrer wird unmittelbarer Besitzer. Bei einer Fremdspende kann ein derartiges Besitzmittlungsverhältnis nicht angenommen werden, da es zu keinem Zeitpunkt der Interessenlage der Parteien entspricht, die Substanzen dem ursprünglichen Träger wieder herauszugeben. Die Existenz eines irgendwann einmal durchsetzbaren Herausgabeanspruchs setzt ein Besitzmittlungsverhältnis aber voraus, vgl. § 868 BGB.

bank) über.[670] In allen anderen Fällen verliert der Spender seine dinglichen Rechte an den Substanzen, weil er sie mit der Abgabe oder dem bloßen Zurücklassen konkludent überträgt: So erlangt beispielsweise der Blutspendedienst mit der Blutentnahme und dem kommentarlosen Zurücklassen des Blutes das Eigentum am Blut.[671]

Dabei ist der Meinung[672] zu folgen, dass Körpersubstanzen nicht dereliquiert und vom Arzt angeeignet, sondern vielmehr vom ursprünglichen Träger übereignet werden: So wie es nämlich nicht dem Willen eines Künstlers entspricht, sein unveröffentlichtes, dem Sperrmüll überlassenes Werk der Aneignung und Nutzung durch jedermann zu ermöglichen,[673] so hat auch der Substanzträger ein Interesse daran, „seine" Substanzen nur bestimmten Personen zu übertragen. Der Künstler gibt also ein Übereignungsangebot an den Träger der Müllabfuhr zwecks Entsorgung, der Substanzträger durch das schlichte Zurücklassen der Substanzen ein solches an ganz bestimmte Personen, nämlich an den Frisör, den Arzt oder den Krankenhausträger ab.

Verliert der Spender dann seine dinglichen Rechte an den Substanzen, kann er allenfalls mit Hilfe schuldrechtlicher Anspruchsgrundlagen versuchen, seine noch fortbestehenden Interessen am biologischen „Material" zu wahren. Gegen zweckwidrige Verwendungen Dritter, die nicht Vertragspartner waren, ist der ursprüngliche Substanzträger dann aber nicht geschützt.[674] Dies gilt sowohl für einen anonymen Samenspender, der sich von seiner Spende einen Beitrag zur Erfüllung des Kinderwunsches eines unfruchtbaren Paares verspricht, wenn

---

670 Siehe hierzu ausführlich Schröder/Taupitz, Menschliches Blut, S. 84 ff.; Taupitz, AcP 191, S. 202 ff. (208 f.); zur Anwendbarkeit der §§ 929 ff. BGB und zur Besitzlage: Müller, Die kommerzielle Nutzung menschlicher Körpersubstanzen, S. 145 ff.; David, La structure de la personne humaine, S. 1 ff.

671 Vgl. nur Deutsch, Medizinrecht, S. 360

672 Dies gilt in erster Linie für Operationsabfälle für anonyme Fremdspenden und für Substanzen, die zu diagnostischen Zwecken entnommen wurden; Schröder/Taupitz, Menschliches Blut, S. 85 f. m.w.N.; Schünemann, Die Rechte am menschlichen Körper, S. 160 ff.; in diesem Sinne auch Galloux, Les cahiers de droit 1989 (4), S. 1011 ff. (1020 f.); Hermitte in: Archives de philosophie du droit 1988, S. 338 geht davon aus, dass das Eigentum an den Substanzen aufgegeben wird und vom Arzt neu begründet wird.; a.A. Mazen, Réfléxions juridiques, in: Bioéthique et Droit, S. 194 ff., der für den Fall der Plazenta im Zurücklassen einen Auftrag zur Entsorgung der Substanzen sieht. Zum Fall Moore in dieser Hinsicht: Taupitz, VersR 1991, S. 369 ff. (372)

673 Paris, 6. März 1931, DH 1931, S. 227; BayObLG, MDR 1987, S. 75

674 Vgl. auch Galloux, D. 1999 chr., S. 13 ff. (16)

sein Samen dann nicht zu Zwecken einer heterologen Insemination, sondern zu wissenschaftlichen Zwecken[675] verwendet oder entsorgt wird, als auch für einen „Blutspender“, dessen Blut zu diagnostischen Zwecken entnommen worden war, wenn das Blut anschließend noch einem Sekundärzweck zugeführt wird. So wurde beispielsweise in Bayern im Frühjahr 1990 übriggebliebenes und anonymisiertes (Ausnahme: Geschlecht und Altersgruppe) Blut auf HIV getestet, um Erkenntnisse über die Anzahl von Aidskranken in der Bevölkerung zu erhalten.[676] Das Eigentumsrecht des ehemaligen Blutspenders wurde hierdurch jedenfalls nicht verletzt, da es bereits auf den Arzt bzw. den Krankenhausträger übertragen worden war.

2. Persönlichkeitsrechte an den Substanzen

Die Annahme, dass an Körpersubstanzen Persönlichkeitsrechte bestehen, basiert auf den unter Gliederungspunkt IV. B. 3. angestellten Erwägungen über den Fortbestand persönlicher Prägungen an den mit Sachqualität ausgestatteten abgetrennten körperlichen Elementen und Produkten.

Neuerdings hat sich in der deutschen Literatur die Meinung durchgesetzt, dass abgetrennte Körperteile zwar eigentumsfähige Sachen seien, der Sachcharakter aber durch eine personenrechtliche Ebene überlagert, beziehungsweise verdrängt sei[677] oder gar beide Aspekte völlig unabhängig voneinander[678] beurteilt werden müssten. Derartige Überlegungen sind dem französischen Recht fremd, da es ein allgemeines Persönlichkeitsrecht nicht anerkennt.

---

[675] Wenn auch in Frankreich nicht erlaubt, Art. 1244-1, Art. R. 1244-5-7 CSP, vgl. auch Galloux, D. 1999 chr., S. 13 ff. (14)

[676] Hierzu Laufs, NJW 1987, S. 2257 ff. (2263); Schröder/Taupitz, Menschliches Blut, S. 6 f.

[677] Schünemann, Die Rechte am menschlichen Körper, S. 89 ff.; Taupitz in: Damm/Hart (Hrsg.), S. 63 f.; ders., JR 1995, S. 22 ff. (23); Deutsch, Medizinrecht, S. 357 ff. insb. Rn. 490; Müller, Die Kommerzialisierung von Körpersubstanzen, S. 49 ff.; Nixdorf, VersR 1995, S. 740 (742); zur Leiche: Taupitz, Das Recht im Tod, S. 7

[678] Schröder/Taupitz, Menschliches Blut, S. 42; Taupitz, JZ 1992, S. 1089 (1093); ders., AcP 191, S. 201 ff. (209 f.); Lanz-Zumstein, Menschliches Keimgut, S. 222 ff. (249)

a) Die Überlagerungstheorie

Der Überlagerungstheorie[679] liegt der Gedanke zugrunde, dass am menschlichen Körper - gleichgültig, ob am lebenden Körper, an der Leiche oder an abgetrennten Körperteilen - sowohl das Eigentumsrecht als auch das Persönlichkeitsrecht wirkt. Eine ausschließlich eigentumsrechtliche oder personenrechtliche Sichtweise könne die vielschichtigen Sachverhalte - von der Blutspende über die Keimzellenspende bis hin zur Organspende - nicht umfänglich erfassen.[680] Der Körper sei in erster Linie Materie und daher grundsätzlich einer eigentumsrechtlichen Betrachtung zugänglich. Da die Materie aber dem Willen, der Person untergeordnet ist, werde die erste, eigentumsrechtliche Ebene von einer zweiten, persönlichkeitsrechtlichen Ebene überlagert.

Ausgehend von diesen Überlegungen, wird der menschliche Körper einer stufenweisen rechtlichen Betrachtung unterzogen. Während der Einheit von Person und Körper überlagert die persönlichkeitsrechtliche Ebene die eigentumsrechtliche völlig; das Eigentumsrecht entfaltet keine eigenständige Bedeutung. Mit dem Tod oder der Trennung vom Körper tritt die eigentumsrechtliche Ebene - bei gleichzeitiger Abschwächung bis hin zur Aufgabe der persönlichkeitsrechtlichen Ebene - hervor.[681]

Der deutschen Rechtsordnung sind vergleichbare rechtliche Konstruktionen in der Praxis durchaus bekannt:[682] Auch bei öffentlichen Sachen[683] wird das private Eigentumsrecht durch die öffentliche Zweckbestimmung mal mehr, mal weniger überlagert und tritt bei Rücknahme des Widmungszwecks wieder uneingeschränkt hervor.

---

679 Schon Gareis, Das Recht am menschlichen Körper, in: Festgabe für Schirmer, S. 91; aufgegriffen und präzisiert von Schünemann, Die Rechte am menschlichen Körper, S. 89 ff.; Deutsch, MDR 1985, S. 1002 ff. (1004); Deutsch, Medizinrecht, S. 357 ff. meint, dass im Konfliktfall das Persönlichkeitsrecht vorzugehen habe; Edelman, D. 1989 chr., S. 225 ff. (229) in einer Besprechung des Falles Moore: „la cour semble n'avoir eu aucune peine à combiner le droit de propriété et le right of privacy".

680 Schünemann, Die Rechte am menschlichen Körper, S. 89

681 Schünemann, Die Rechte am menschlichen Körper, S. 92 f.

682 Schünemann, Die Rechte am menschlichen Körper, S. 93 ff.

683 Öffentliche Sachen sind alle Sachen, die der öffentlichen Verwaltung unmittelbar oder mittelbar zur Erfüllung ihrer Aufgaben dienen.

Bei der Frage in welchen Fällen und wie stark die persönlichkeitsrechtliche Bindung nach der Abtrennung fortbesteht, gehen die Meinungen auseinander. Nach einer Auffassung[684] ist auf die konkrete Körpersubstanz abzustellen: Handelt es sich um eine Substanz, die nach der Verkehrsanschauung üblicherweise vom Körper getrennt und anderen zur Verfügung gestellt wird, erlöschen die Persönlichkeitsrechte.[685] In allen anderen Fällen bleiben die Substanzen persönlichkeitsrechtlich gebunden.[686]

Vertreter einer anderen Meinung[687] stellen - unter Hinweis auf die vielschichtigen haftungsrechtlichen Fallkonstellationen - primär auf den Willen des ursprünglichen Substanzträgers ab und gelangen zu einer Einteilung abgetrennter Körpersubstanzen nach folgenden Gesichtspunkten: Der Körperschutz des § 823 Abs. 1 BGB sei angebracht, wenn abgetrennte Körperteile nach ihrer objektiven Eignung und subjektiven Bestimmung der funktionalen Reintegration in den ursprünglichen Körper dienen.[688] Ansonsten seien Körpersubstanzen grundsätzlich durch das allgemeine Persönlichkeitsrecht geschützt. Der Spender könne allerdings auf das Persönlichkeitsrecht konkludent oder ausdrücklich verzichten[689] und damit eine ausschließlich eigentumsrechtliche Betrachtung möglich machen. Häufig enthalte die sachenrechtliche Verfügung über abgetrennte Elemente und Produkte des Körpers zugleich den Verzicht auf das Persönlichkeitsrecht. Diese Auffassung nimmt folglich den gedanklichen Ansatz des oben angesprochenen[690] „Persönlichkeitsrechtlichen Ansatzes“ auf. Maßgebliches Kriterium für Fortbestand oder Erlöschen des Persönlichkeitsrechts sei der Wille des Rechtsinhabers.

---

684 Deutsch, Medizinrecht, S. 357 f., Rn. 491 f.

685 So z.B. bei Haaren, vgl. Deutsch, Medizinrecht, S. 357 f., Rn. 491 f.

686 Der Umfang der Bindung bleibt unklar, vgl. Deutsch, Medizinrecht, S. 357 f., Rn. 491 f.

687 Schünemann, Die Rechte am menschlichen Körper, S. 115, 118 ff.

688 Dieser Ansicht hatte sich offensichtlich der BGH in der Spermaentscheidung angeschlossen. Wie oben bereits dargestellt, ist sie aber nicht überzeugend; vgl. Nixdorf, VersR 1995, S. 740 ff. (743), der in diesen Fällen das Selbstbestimmungsrecht verletzt sieht.

689 Schünemann, Die Rechte am menschlichen Körper, S. 103 ff.: Der Verzicht hat rechtsgeschäftlichen Charakter (S. 106 f.), kann in Anlehnung an § 959 BGB vor und nach Abtrennung vom Körper erklärt werden (S. 112 f.) und kann nur beschränkt widerrufen werden (S. 113 f.).

690 Siehe unter V. C. 1. c) (3)

Durch die Überlagerungstheorie wird der bislang nur über den Weg des Analogieschlusses über § 953 BGB begründete Übergang von Persönlichkeitsrecht auf Eigentumsrecht dogmatisch gelöst.

b) Fortentwickelter Sachenrechtlicher Ansatz

Nach der „fortentwickelten sachenrechtlichen Auffassung" bleibt die personenrechtliche Bindung der abgetrennten Körpersubstanzen auch dann bestehen, wenn die Substanzen auf einen anderen übertragen werden.[691] Während das Eigentumsrecht auf einen anderen, zum Beispiel eine Blutbank übertragen werden könne, bleibe das allgemeine Persönlichkeitsrecht an den Substanzen dem Spender grundsätzlich erhalten.

Die wesentlichen Thesen des fortentwickelten sachenrechtlichen Ansatzes lassen sich wie folgt zusammenfassen: a) Weder der Trennungsvorgang noch die Übereignung führen zu einer Aufhebung des Persönlichkeitsrechts an den Substanzen; b) Eigentum und Persönlichkeitsrecht können im Hinblick auf den Rechtsinhaber auseinanderfallen.[692] Als Begründung[693] für den Fortbestand des Persönlichkeitsrechts nach der Trennung wird auch hier auf den Grundgedanken des § 953 BGB abgestellt:[694] eine natürliche Betrachtungsweise lege nahe, dass ein Recht an einem Gesamtorganismus auch dessen Einzelteile nach der Trennung erfasse. Das Persönlichkeitsrecht am lebenden Körper setzt sich also an den getrennten Körpersubstanzen fort.

Die Annahme einer personell getrennten Rechtsinhaberschaft an ein und derselben Substanz sei insoweit nichts revolutionäres.[695] So kann im Urheberrecht die Ausübung von Eigentumsrechten einer Person als

---

[691] A.A. Schünemann, Die Rechte am menschlichen Körper, S. 159 für den eine Verfügung über die Substanz stets den Verzicht auf die persönlichkeitsrechtliche Einbindung enthält.

[692] Schröder/Taupitz, Menschliches Blut, S. 42 f.

[693] Oder aber man stellt auf die konkrete Nutzung der Substanz ab und prüft, ob sie „Fernwirkungen" auf die Person des früheren Trägers hat, vgl. Taupitz, JZ 1992, S. 1089 (1093); ders., AcP 191, S. 201 ff. (209)

[694] Anders als oben unter V. C. 1. b) (2) wird kein Wechsel vom Personenrecht auf Eigentumsrecht zu begründen versucht, sondern „nur" der Fortbestand des Persönlichkeitsrechtes nach der Trennung.

[695] Vgl. Hubmann, Persönlichkeitsrecht, S. 261 ff. (263): an einem Portrait können sich vier Arten von Rechten überlagern: Das Eigentum, das Immaterialgüterrecht, das Urheberpersönlichkeitsrecht und das Recht am eigenen Bild.

Eingriff in das (Urheber-) Persönlichkeitsrecht einer anderen Person gewertet werden. Beispielsweise kann ein Künstler dem Eigentümer verbieten, „sein“ Werk umzugestalten. Auch der Verfasser von Briefen[696] und Tagebüchern[697] hat allein die Befugnis zu entscheiden, ob und in welcher Form ihre Veröffentlichung erfolgen darf.

Die genaue Betrachtung der Diskussion im französischen und deutschen Rechtsbereich zeigt im Hinblick auf die unmittelbar zuvor unterbreiteten Darstellungen Gemeinsamkeiten: In beiden Rechtsordnungen werden Parallelen zum Urheberrecht festgestellt und Argumentationen abgeleitet.

c) Grundzüge des französischen Urheberrechts

Ein Blick in die Grundzüge des französischen Urheberrechts verdeutlicht, dass die Schutzinteressen eines Künstlers Ähnlichkeiten zu denen eines Spenders von Körpersubstanzen aufweisen.

Gemäß Art. 111-1 Abs. 2 Code de la propriété intellectuelle (CPI) umfasst das Urheberrecht persönlichkeitsrechtliche (*droit moral, Urheberpersönlichkeitsrecht*) und vermögensrechtliche Elemente (*droit patrimonial*). Im Unterschied zum monistischen System des deutschen Rechts, bei dem beide Bestandteile untrennbar miteinander verbunden sind und welches nur die Einräumung von Nutzungsrechten gestattet, lässt das dualistische System in Frankreich die Übertragung von Vermögensrechten zu.

Gemäß Art. 122-1 CPI umfasst das dem Urheber zustehende vermögensrechtliche Verwertungsrecht (*droit d'exploitation*) zwei Nutzungsrechte, nämlich das in Art. 122-2 CPI geregelte Darbietungsrecht (*droit de représentation*)[698] und das in Art. 122-3 CPI verankerte Vervielfältigungsrecht (*droit de reproduction*). Als Bestandteil des Verwertungsrechtes wird auch das Recht des Urhebers verstanden, die Verwertungsarten des Werkes genau bestimmen zu können (droit de destination);[699] es räumt ihm neben einer wirtschaftlichen Beteiligung eine umfassende Kontrollmöglichkeit über die Weiterverwendung seines Wer-

---

[696] BGHZ 13, 334 (Leserbriefe)

[697] BGHZ 15, 249 (Cosima-Wagner)

[698] "la communication de l'oeuvre au public par un procédé quelconque", Art. 122-2 du Code de la Propriété Intellectuelle; vgl. zum deutschen Recht: §§ 15 f. UrhG

[699] Bertrand, Le droit d'auteur, Rn. 8.622

kes ein. Die Kontrollbefugnis endet dort, wo Verwertungsbeschränkungen willkürlich, also ohne gerechtfertigtes Interesse erfolgen und gesellschaftliche Belange die Verwertung erfordern.[700] Diese weitreichenden Rechte beruhen auf einer Art „droit naturel", nämlich auf der einzigartigen Beziehung, die der Urheber zu dem Werk unterhält. Obwohl das „droit de destination" persönlichkeitsrechtliche Züge aufweist, wird es wegen seiner Verbindung zum „droit de reproduction" doch als Bestandteil des Vermögensrechtes verstanden.

Die immaterielle Komponente des Urheberrechts setzt sich aus dem Recht der Verbreitung (divulgation)[701], dem Rückrufsrecht (repentir)[702], der Achtung des Werkes (respect de l'oeuvre)[703] und dem Benennungsrecht (droit de la paternité)[704] zusammen. Das droit moral kann nicht veräußert werden (insaissisable und inaliénable); es ist ein höchstpersönliches Recht, weil untrennbar mit der Person verbunden.

Ein Vergleich bietet sich auch mit dem Recht am Bild[705] an. Die Übereignung eines Photos beinhaltet nicht die Übertragung des immateriellen Rechtes am Bild. Die einem Photographen gegenüber erklärte Erlaubnis, photographiert werden zu dürfen, beinhaltet nicht auch die Erlaubnis, das Bild zu veröffentlichen.[706]

Die Parallelen zu den Schutzinteressen des ursprünglichen Substanzträgers sind bemerkenswert. So wie der Urheber nach der Veröffentlichung eines Werkes weiterhin bestimmte Kontroll- und Verwertungsrechte behält, so muss auch dem Spender einer Körpersubstanz das Interesse unterstellt werden, die „Verwertungsformen" seiner Substanzen bestimmen zu können.

3. Rechtsvergleichende Zusammenfassung

Während der Code Civil seit Erlass der Bioethikgesetze Vermögensrechte an Körpersubstanzen ausschließt, stehen deutsche Rechtsnormen der Annahme dinglicher Rechtspositionen grundsätzlich nicht

[700] Vgl. zum deutschen Recht: §§ 52 f. UrhG
[701] Vgl. zum deutschen Recht: § 12 UrhG, Veröffentlichungsrecht
[702] Vgl. zum deutschen Recht: §§ 41 f. UrhG
[703] Vgl. zum deutschen Recht: § 14 UrhG, Schutz vor Entstellung des Werkes
[704] Vgl. zum deutschen Recht: § 11 UrhG
[705] Dijon, Le sujet de droit en son corps, S. 677 f.
[706] TGI Paris vom 7. Februar 1994

entgegen. Das Eigentumsrecht ist aber vielfach nicht die geeignete Rechtsform, um die Interessen des Spenders zu schützen. Hinzu kommt, dass der Spender das Eigentumsrecht in der Regel mit der Überlassung der Substanzen verliert.

Weil also in Frankreich dingliche Rechte an Körpersubstanzen nach geltender Gesetzeslage ausscheiden und in Deutschland die dinglichen Rechte nicht alle Interessen des ursprünglichen Substanzträgers zu erfassen vermögen, stellt sich die weitere Frage, inwieweit nicht (auch) immaterielle Rechte an den Substanzen weiterhelfen können. Während das deutsche Recht auf das allgemeine Persönlichkeitsrecht zurückgreifen kann, fehlt ein vergleichbares subjektives Recht in der französischen Rechtsordnung[707] und ein besonderes Persönlichkeitsrecht an Körpersubstanzen hat sich noch nicht behaupten können.

In Deutschland vermag die Theorie, die sich für das Bestehen von Eigentum und allgemeinem Persönlichkeitsrecht unabhängig voneinander und in der Hand unterschiedlicher Rechtsinhaber ausspricht („fortentwickelter persönlichkeitsrechtlicher Ansatz“), die Interessen des ursprünglichen Substanzträgers sachgerecht zu wahren. Auch nach der Weitergabe/Übereignung der Substanzen bleibt das allgemeine Persönlichkeitsrecht an den Elementen und Produkten des Körpers bestehen.

Will das französische Recht die zuvor angesprochenen Interessen des Spenders an der Verwendung der Substanzen schützen, muss es dem Substanzträger eine neue, dem Urheberrecht vergleichbare Rechtsposition einräumen, wobei sich eine derartige Entwicklung zunächst in der französischen Literatur abzeichnete und nunmehr auch in dem Gesetzentwurf vom Juni 2001 ihren Niederschlag findet.

D. Neuer Ansatz: Droit de destination

1. Internationale Bestimmungen

Bereits in der Deklaration der Weltgesundheitsorganisation über die

---

[707] Nach Ferid-Sonnenberger FrzZR Bd 1/1 Rn. 1 D 236 erscheint die Entwicklung eines subjektiven Rechts des Patienten an seinem Körper durch ein Zusammenspiel sehr detaillierter öffentlich rechtlicher und zivilrechtlicher Regelungen im CSP und im Code de déontologie médicale als nicht notwendig und ist auch im Hinblick auf Art.1382 CC entbehrlich.

Patientenrechte vom März 1994 in Amsterdam wurde in Art. 3.8[708] betont, dass bei einer Konservierung oder Weiterverwendung von Körpersubstanzen die Einwilligung des Patienten eingeholt werden muss.

In die gleiche Richtung zielt Art. 22 der Bioethikkonvention[709]: Danach sind Aufbewahrung und Weitergebrauch von Teilen des Körpers, die bei einem Eingriff entnommen wurden, grundsätzlich nur zu dem mit der Entnahme verfolgten Zweck erlaubt. „Jede andere Verwendung setzt angemessene Informations- und Einwilligungsverfahren voraus."

2. Reichweite der Einwilligung für den Eingriff in die körperliche Integrität

Die Einwilligungserklärung des Patienten in den körperlichen Eingriff ist die Schnittstelle im spezifischen Vertrauensverhältnis zwischen Arzt und Patient. Die rechtliche Ausgestaltung von Aufklärung und Einwilligung über den medizinischen Eingriff geben die Vision der Rechtsordnungen über das Arzt-Patienten-Verhältnis[710] wieder. Dabei zeichnete sich in den letzten Jahren in Frankreich und Deutschland zunehmend ein Wandel von einem eher paternalistischen zu einem von Patienten-

---

[708] 3.8. der Deklaration: The consent of the patient is required for the preservation and use of all substances of the human body. Consent may be presumed when the substances are to be used in the current course of diagnosis, treatment and care of that patient. Europäische Konferenz über Patientenrechte in Amsterdam vom 28. bis 30 März 1994 unter der Leitung der WHO (Weltgesundheitsorganisation), Regionalbüro für Europa (WHO-EURO) mit der Regierung der Niederlande als Gastgeber. Der Zweck war, die Prinzipien zu definieren und Strategien zu entwerfen, um Patientenrechte zu fördern.

[709] Genauer: Menschenrechtsübereinkommen zur Biomedizin vom 04.04.1997, (la Convention sur les droits de l'homme et de la biomédecine, dite convention d'Oviedo)

[710] Der Rapport Charles, S. 217 bezeichnet das Arzt-Patientenverhältnis als asymetrisches Verhältnis, das dem Arzt eine Machtposition einräumt, „Dans ces conditions, n'y a-t-il pas une exigence excessive à demander au patient qu'il prenne toujours des décisions importantes, comme un consentement en toute connaissance de cause ? Le patient ne risque-t-il pas de craindre qu'un refus de consentement à participer à une recherche lui ôte l'accès au soin ? Ne cherchera-t-il pas, en toute hypothèse, à plaire à son médecin ?"; Glorion, Gaz. Pal. vom 28.05.1998 n° spécial S. 5; Garay, Gaz. Pal. vom 28.05.1998 n° spécial S. 27 ff. (29) „le patient reste dans une évidente position d'infériorité". Taupitz, ACP 1991, S. 201 ff. (203) spricht gar von einem partiell einschüchternd-unterdrückenden Verhältnis; ders., Kommerzialisierung menschlicher Körpersubstanzen, S. 51 ff. (64 f.) unter dem Blickwinkel der Kommerzialisierungsbefugnisse des Arztes.

autonomie gekennzeichneten Modell ab.[711] Dass die französischen Bioethikgesetze zu einer Stärkung des Patientenwillens geführt haben und auch das Selbstbestimmungsrecht in Deutschland an Gewicht zunimmt, wurde im Rahmen der Darstellung der gesetzlichen Regelungen in Frankreich und Deutschland bereits festgestellt. Dabei muss aber folgendes beachtet werden: Was bis jetzt zu der in Frankreich und Deutschland geltenden Rechtslage festgestellt wurde, bezieht sich ausschließlich auf die Einwilligung in den körperlichen Eingriff und beinhaltet eine Einwilligung in die Weiterverwendung gewonnener Substanzen nicht.[712]

Die Reichweite der Einwilligung lässt sich zumeist nur aus dem Kenntnisstand des Spenders über den Eingriff ermitteln. Der Umfang der vorangegangenen Aufklärung bestimmt folglich auch unmittelbar die Reichweite der den körperlichen Eingriff rechtfertigenden Einwilligung.[713]

In Art. 35 des Code de déontologie médicale[714] heißt es hierzu, dass der Arzt über den Gesundheitszustand, die Untersuchungen und die vorgeschlagenen Behandlungsmaßnahmen einfach, verständlich und ehrlich („simple, intelligible et loyale“) bzw. ehrlich, deutlich und angemessen („loyale, claire et approprié“) aufklären muss und immer darauf zu achten hat, dass der Patient seinen Ausführungen auch folgen kann.[715] Die Aufklärungspflicht und die Reichweite der Einwilligung beziehen sich - wie schon ausgeführt - lediglich auf den medizinischen

711 Rameix, Gaz. Pal. vom 28.05.1998 n° spécial S. 41 ff.; Hoppe, NJW 1998, S. 782 ff. zum Zeitpunkt der Aufklärung, Laufs, NJW 2000, S. 1757 ff. (1759 f.)

712 Wie hier Galloux, D. 1999 chr., S. 13 ff (17); Gaumont-Prat, Le Dalloz sommaires commentés, S. 343 ff. (346 f.); a.A. Savatier, Les petites affiches vom 14.12.1994 (numéro spécial), S. 10.

713 Vgl. Glorion, Gaz. Pal. vom 28.05.1998 n° spécial, S. 5; Laufs, NJW 2000, S. 1757 ff. (1758)

714 Vgl. Art. 35 des Dekrets n° 95-1000 vom 06.09.1995, in D. 1995, lég. S. 452, „Le médecin doit à la personne qu'il examine, qu'il soigne ou qu'il conseille une information loyale, claire, appropriée à son état, sur les investigations et les soins qu'il propose. Tout au long de la maladie, il tient compte de la personnalité du patient dans ses explications et veille à leur compréhension.“

715 Seit dem Urteil des Cour de Cassation vom 25. Februar 1997 ist der Arzt für die erteilte Information auch beweispflichtig, D. 1997 somm., S. 319; der Beweis kann mit allen Mitteln, par tout moyen (témoignage, mention au dossier, compte rendu au médecin traitant, etc.), erbracht werden, Urteil vom 14.10.1997 in JCP 1997 II 22942; genauer hierzu Penneau, Gaz. Pal. vom 28.05.1998 n° spécial, S. 8 und Pansier, Gaz. Pal. vom 28.05.1998 n° spécial, S. 12 f.

Eingriff und nicht auf die Weiterverwendung der gewonnenen Substanzen.[716] Genügt der Arzt dieser Verpflichtung nicht, begeht er eine „faute“, die standesrechtliche Sanktionen und Schadensersatzansprüche auslösen kann.

Die deutsche Rechtslage weicht vom französischen Recht insoweit nicht wesentlich ab. Gewöhnlich wird formuliert, die Aufklärung müsse dem „verständigen Patienten“ das Wesen, die Bedeutung und die Tragweite des körperlichen Eingriffs[717] in den Grundzügen vermitteln und ihn befähigen, Nutzen und Risiko[718] des Eingriffs in seinen Körper gegeneinander abzuwägen. Die Informationspflicht bezieht sich also nur auf „körperbezogene“ (rechtsgutsbezogene) Umstände.[719] Die Wei-

---

716 So ausdrücklich Galloux, D. 1999 chr., S. 13 ff. (17); vgl. auch Stellungnahme des CCNE Nr. 58 vom 12. Juni 1998 „Consentement éclairé et information des personnes qui se prêtent à des actes de soin ou de recherche“

717 Bei Operationsabfällen, die definitionsmäßig nicht gezielt, sondern anlässlich eines medizinischen Eingriffs „übrig bleiben“, kann sich die Aufklärung und Einwilligung naturgemäß nicht auf deren Weiterverwendung beziehen, da vor dem Eingriff deren Entnahme oft noch nicht beabsichtigt war. Im Einzelfall wird kaum nachweisbar sein, welche dieser Substanzen (in erster Linie ist an Gewebe zu denken.), während des Eingriffs gezielt und welche beiläufig entnommen werden. Grundsätzlich ist hier zu sagen, dass dem Körper nicht mehr als „erforderlich“ (sowohl medizinisch-diagnostische wie organisatorische Motive können das Maß des Erforderlichen bestimmen) entnommen werden darf. Für die Gewinnung der Plazenta wird eine Einwilligung nicht eingeholt, da sie vom Körper aufgrund natürlicher Körperfunktionen ausgeschieden wird, soweit keine Ausschabung erforderlich wird.

718 Die Anforderungen an den Umfang der Aufklärung sind von Fall zu Fall unterschiedlich zu beantworten; bei einer diagnostisch motivierten Blutentnahme reicht im Allgemeinen der Hinweis aus, verschiedene Analysen durchführen zu wollen. Die exakte Zielrichtung und Untersuchungsmethode der Tests muss nicht erläutert werden. Wird einem Patienten ausschließlich zur Durchführung eines medizinisch indizierten Aids-Tests Blut entnommen, so ist nach der wohl h.M. die Einwilligung in die Entnahme gleichfalls wirksam, auch wenn der Patient nicht über den Aidsverdacht des Arztes aufgeklärt wurde. Ausführlicher Schröder/Taupitz, Menschliches Blut, S. 26 ff. m.w.N. "Im übrigen darf der Arzt den Patienten nicht mit unsicheren, nicht erwiesenen oder unbestätigten Verdachtsdiagnosen beschweren und ängstigen“; vgl. hierzu Art. 35-2 Code de la déontologie.

719 Wenn sich der Patient über den Zweck der Entnahme, gleich aus welchen Gründen - also auch in Folge falscher Aufklärung oder Täuschung - irrt, hängt die Wirksamkeit der die Körperverletzung rechtfertigenden (vgl. unter II. D. 3., S. 38 f.) Einwilligung davon ab, ob er einem „rechtsgutsbezogen“ d.h. körperbezogenen“ oder einem „rechtsgutsfremden“ Irrtum unterlegen ist. Rechtsgutsbezogene Fehlvorstellungen über den Verwendungszweck der körperlichen Elemen-

terverwendung von Körpersubstanzen zählt nur dann zu den körperbezogenen Umständen, wenn sie zu einer Verbesserung des eigenen Gesundheitszustandes beitragen kann.[720] Bei Fremdspenden ist das nicht denkbar.

3. Dogmatische Begründung für das droit de destination

Da die Weiterverwendung der Körpersubstanzen in aller Regel nicht Teil der ärztlichen Aufklärungspflicht ist und folglich auch nicht von der Einwilligung in den körperlichen Eingriff gedeckt sein kann, stellt sich die Frage, inwieweit nicht in Anlehnung an die eben erwähnten Vorschriften der Bioethikkonvention und der Weltgesundheitsorganisation, eine erweiterte Aufklärungspflicht der Ärzte gerechtfertigt ist, mit der Folge, dass der Patient auch über die Weiterverwendung seiner Substanzen entscheiden kann und darf.

a) Gesetzesvorschlag vom 20. Juni 2001

Wie bereits in der Darstellung zur französischen Gesetzeslage erwähnt, beabsichtigt der französische Gesetzgeber, den Patienten umfassend über die Weiterverwendungsmöglichkeiten „seiner" Substanzen - darunter auch die Weiterverwendung der Operationsabfälle und Plazenten - vom Arzt informieren zu lassen und ihm ein Widerspruchsrecht (droit d'opposition) einzuräumen, wenn er mit der Weiterverwen-

---

te und Produkte führen unmittelbar zur Unwirksamkeit der Einwilligung, rechtsgutsfremde Irrtümer schließen die Wirksamkeit der Einwilligung hingegen nicht aus. Entscheidend ist der Bezugspunkt für den Irrtum. Ein rechtsgutsbezogener Irrtum liegt vor, wenn der Patient Art, Umfang und Folgen des Eingriffs in die körperliche Integrität verkennt, Bedeutung und Tragweite seiner Einwilligung also nicht zu erkennen vermag. Rechtsgutsbezogen ist der Irrtum immer dann, wenn der Patient die Einwilligung in den Eingriff in der Annahme erklärt, der Eingriff führe zu einer Verbesserung des eigenen körperlichen Befindens („körperbezogene" Umstände, vgl. im Text), diese Erwartung aber von Anfang an nicht der Intention des behandelnden Arztes entsprochen hatte.

[720] So beispielsweise bei einer Blutentnahme für eine Eigenblutspende oder zu diagnostischen Zwecken. Anders aber wenn der Einwilligende den körperlichen Eingriff gewähren lässt, ohne sich davon einen eigenen gesundheitlichen Nutzen zu versprechen (hier liegen keine „körperbezogenen" Umstände vor). Wird beispielsweise eine Fremdspende ohne Wissen des Spenders geplantermaßen einem anderen Zweck zugeführt - bei einer Lebendorganspende das Organ für einen anderen Empfänger verwendet -, so bleibt die Einwilligung wirksam und der Entnahmeakt gerechtfertigt, da sich die Aufklärungspflicht und die Einwilligung nicht auf die konkrete Weiterverwendung bezogen hatte; zum Ganzen Schröder/Taupitz, Menschliches Blut, S. 23 ff. (32 f.)

dung nicht einverstanden sein sollte.[721] Der Gesetzesvorschlag vom Juni 2001 spricht die bestehende Regelungslücke ausdrücklich an und benennt die bereits dargestellte zweifelhafte Rechtslage, wonach die Verwendung körperlicher Elemente und Produkte noch zulässig ist, auch wenn der ursprüngliche Träger weder aufgeklärt noch seine Einwilligung eingeholt worden war.

b) Literaturauffassungen

(1) Frankreich

Inhaltlich entspricht das im Gesetzentwurf vom Juni 2001 enthaltene Widerspruchsrecht (droit d'opposition) - auch in Anlehnung an das Urheberrecht - dem seit einigen Jahren in Teilen der Literatur[722] diskutierten Bestimmungsrecht (droit de destination) des Patienten über seine Substanzen, wonach die Elemente und Produkte des Körpers erst nach einer Einwilligung des Substanzträgers weiterverwendet werden dürfen.

Sind es im Urheberrecht sowohl ökonomische wie persönlichkeitsrechtliche Aspekte, die die Rechte des Urhebers charakterisieren, so ist das Bestimmungsrecht über Körpersubstanzen wegen Art. 16-1 Abs. 3 CC nur persönlichkeitsrechtlich definierbar. Die Interessen des ursprünglichen Substanzträgers sind (in erster Linie) auch nicht auf Teilhabe an einem kommerziellen Gewinn durch Weiterverwendung geprägt, sondern durch seine persönlichkeitsbezogenen Rechte auf Wahrung der intimen und individuellen Merkmale seiner Persönlichkeitsstruktur. Elemente und Produkte des Körpers behalten also nicht nur symbolisch, sondern auch als Träger des genetischen Materials tatsächlich ihre persönliche Prägung, die sich dann über das droit de destination ihren Ausdruck verschafft.

Durch das Bestimmungsrecht an den Körpersubstanzen soll die bereits mehrfach angesprochene und in Art. 1245-2 CSP verankerte Praxis, abgetrennte Körpersubstanzen als derelinquierte Sachen mit beliebiger Weiterverwendungsbefugnis anzusehen unterbunden und dem ursprünglichen Träger das Recht eingeräumt werden, Einfluss auf

[721] Art. 1211-2, 1235-2, 1241-1 und 1245-2 des Gesetzesvorschlages

[722] Galloux, D. 1999 chr., S. 13 ff.; Galloux, Les Cahiers de Droit 1989, S. 1018 ff. (1029); Gaumont-Prat, Le Dalloz sommaires commentés, S. 343 ff. (346); Moine, thèse 1993, S. 379; Schweitzer/Puig-Vergès, Journal de Médecine légale droit médical 2000, S. 509 ff. (514)

die konkrete Weiterverwendung seiner Substanzen nehmen zu können.[723] Möchte der Patient sicherstellen, dass „seine" Substanzen nach der diagnostischen Untersuchung keiner weiteren wissenschaftlichen oder industriellen Verwendung zugeführt werden, soll er sich künftig dagegen zu Wehr setzen können.

Dies führt nicht nur dazu, dass das Vertrauen der Bevölkerung in die ordnungsgemäße Weiterverwendung der Substanzen gestärkt wird, sondern es fördert auch - wie die Erfahrungen aus der Transplantationsmedizin offenbart haben - die Bereitschaft zu altruistischem Handeln.[724]

(2) Deutschland

In der deutschen Rechtsordnung ist bis jetzt die Entwicklung eines Bestimmungsrecht an Körpersubstanzen nicht erkennbar.[725] Wie bereits festgestellt, wird der Schutz persönlicher Interessen an den Körpersubstanzen nach dem „fortentwickelten sachenrechtlichen Ansatz" über das allgemeine, an den Substanzen fortbestehende Persönlichkeitsrecht erreicht.

Während das allgemeine Persönlichkeitsrecht in Deutschland aber, gewissermaßen automatisch, an den Substanzen „kleben bleibt" wird durch das in Frankreich geplante Bestimmungs- und Widerspruchsrecht die personenrechtliche Schutzkomponente den Substanzen erst durch eine aktive Handlung verliehen.

4. Schutzumfang des Destinationsrechtes und des allgemeinen Persönlichkeitsrechtes

Neben dem Entstehungsgrund kann auch der Schutzumfang von Destinationsrecht und allgemeinem Persönlichkeitsrecht unterschiedlich ausgestaltet sein.

---

[723] Vgl. hierzu Labbée, thèse 1990, S. 272 ff., der bei der Weiterverwendung einer Plazenta anregt, die Einwilligung der gebärenden Mutter einzuholen.

[724] Vgl. Rapport Charles, S. 157 ff.

[725] Taupitz, VersR 1998, S. 542 ff. (545); zu einem Bestimmungsrecht zur Verwendung konservierter Keimzellen vgl. Coester-Waltjen, JURA 2000, S. 106 ff. (108); Laufs, NJW 1995, S. 2398; Staudinger/Hager, § 823 C 243

a) Destinationsrecht

Der Gesetzesentwurf vom Juni 2001 räumt den Patienten ein unbeschränktes Bestimmungsrecht an den Körpersubstanzen ein. Der Patient ist also vor einer Weiterverwendung „seiner" Substanzen stets zu informieren und berechtigt, die Verwendung zu untersagen.

Für diese umfassende Rechtsposition spricht, dass ein Patient auch medizinisch gebotene Untersuchungen stets verweigern kann. Wenn man sich schon lebensrettenden Behandlungen widersetzen kann, so folgt daraus, dass man erst recht jegliche fremdnützigen Verwendungen der Körpersubstanzen untersagen darf.[726] Hinzu kommt, dass ein allumfassendes Bestimmungsrecht die Rechtssicherheit[727] im Umgang mit den Substanzen fördert.

b) Allgemeines Persönlichkeitsrecht

In Deutschland führen nicht alle Verwendungsformen, die ohne ausdrückliche Zustimmung des früheren Trägers vorgenommen werden, automatisch zu einer Verletzung des allgemeinen Persönlichkeitsrechtes. Die Verletzung kann vielmehr erst nach einer Interessen- und Güterabwägung[728] festgestellt werden.

Als abwägungsrelevante Faktoren sind vor allem das Individualinteresse des früheren Substanzträgers und das Allgemeininteresse an der „sinnvollen" Nutzbarmachung des Materials einzubringen. Einige Problemfelder werden im folgenden ohne eingehende Abwägung der unterschiedlichen Interessen dargestellt:[729]

Soweit die Substanzen ihrem Primärzweck entsprechend verwendet wurden, geht der ehemalige Substanzträger davon aus, dass sie entsorgt werden. Die Entsorgung verletzt keine persönlichen Belange. Die Weiterverwendung der Substanzen zu Forschungszwecken erfordert dann schon komplexere Abwägungen.

---

726 Vgl. Galloux, D. 1999 chr., S. 13 ff. (18)

727 Der frühere Träger gestattet oder verbietet die ein oder andere Verwendung ausdrücklich. Eine Zuwiderhandlung verletzt automatisch das Destinationsrecht.

728 Die Abwägung erfolgt insbesondere in Abhängigkeit von der betroffenen Persönlichkeitssphäre (Intim-, Privat- oder Individualsphäre), der Art und Schwere des Eingriffes und des Eingriffmotivs.

729 Ausführlich und überzeugend hierzu Schröder/Taupitz, Menschliches Blut, S. 59 ff; Taupitz, AcP 191, S. 202 ff. (212 ff.); Galloux, D. 1999 chr., S. 13 ff. (18)

Vorweg ist der verbreiteten, wissenschaftsfreundlichen Argumentation entgegenzutreten, wonach eine „sinnvolle Nutzung" der Substanzen dann gestattet sein muss, wenn schon ihre Entsorgung ohne ausdrückliche Zustimmung zulässig ist. Diese Auffassung überträgt in unzulässiger Weise den für Sacheigentum gültigen Rechtssatz, dass die Zerstörung die intensivste Form der Nutzung ist. Bezogen auf das hier (mit-) betroffene Persönlichkeitsrecht kann eine solche Überlegung aber nicht greifen. „Die Vernichtung einer Sache stellt keinesfalls die stärkste Form der Verletzung des an der Sache u.U. bestehenden Persönlichkeitsrechts dar"[730] und so kann beispielsweise die willentliche Vernichtung der Substanzen ein weniger einschneidender Eingriff sein, als die nicht konsentierte Genomanalyse.

Als abwägungserhebliche Gegenpole stehen dann auf der einen Seite die grundrechtlich geschützte Wissenschaftsfreiheit und auf der anderen Seite die persönlichkeitsrechtlichen Interessen des Patienten.[731] Letztere können nach herrschender Meinung verletzt sein, wenn die genetische Veranlagung mit Hilfe der Genomanalyse[732] ermittelt wird,

---

[730] Taupitz, AcP 1991, S. 218; Schröder/Taupitz, Menschliches Blut, S. 62 mit Hinweis auf das Urheberpersönlichkeitsrecht, das dem Eigentümer des Werkes zwar dessen Vernichtung, nicht aber dessen Umgestaltung grundsätzlich gestattet.

[731] BVerfGE 47, 327 (369 f.): „Die Konflikte zwischen der Gewährleistung der Wissenschaftsfreiheit und dem Schutz anderer verfassungsrechtlich garantierter Rechtsgüter [hier: Art. 2 Abs. 1 GG] müssen daher nach der Maßgabe der grundgesetzlichen Wertordnung und unter Berücksichtigung der Einheit des Wertsystems durch Verfassungsauslegung gelöst werden. In diesem Spannungsverhältnis kommt der Wissenschaftsfreiheit ... nicht schlechthin Vorrang zu."

[732] Die Erforschung genetischer Strukturen sowie schwerer krankhafter Veranlagungen oder bereits ausgebrochener Krankheiten ohne ausdrückliche Zustimmung, vermögen das Persönlichkeitsrecht des vormaligen Trägers zu verletzen. Dieser kann ein Interesse daran haben, nicht nur selbst über derartige Informationen in Unkenntnis gelassen zu werden, um physische und psychische Belastungen zu verhindern, sondern auch Dritte hiervon auszuschließen. Auch wenn die Körpersubstanzen in völlig anonymisierter Form den Untersuchungen unterzogen werden, treten unlösbare Konfliktsituationen für medizinische Forscher auf, wenn die Untersuchungen schwere krankhafte Befunde ergeben: Sie wären außerstande, potentielle Gefahren für den ursprünglichen Träger und Dritte abzuwehren und mögliche Behandlungsmaßnahmen zu veranlassen. Wissenschaftliche Untersuchungen auf den besagten Gebieten sind folglich ausschließlich nach vorheriger Aufklärung und ausdrücklicher Zustimmung zulässig. In Frankreich ist dieser Bereich ausdrücklich durch Art. 1131-1 CSP geregelt: Genetische Merkmale dürfen zu medizinischen oder wissenschaftlichen Zwecken

wenn medizinisch nicht indizierte Aids-Tests als reine „Ausforschungsdiagnose“ vorgenommen werden,[733] wenn rechtlich oder ethisch umstrittene Projekte mit den Substanzen unternommen werden[734] und, in besonderem Maße, wenn Keimzellen Gegenstand der Forschungsinteressen sind.[735]

E. Rechtsvergleichender Überblick mit Stellungnahme

Während in Frankreich Eigentumsrechte an Körpersubstanzen wegen des Grundsatzes der „non patrimonialité“ nicht denkbar sind, besteht in Deutschland weitgehend Einigkeit, dass an Körpersubstanzen Eigentumsrechte bestehen. Die Eigentumsrechte sind nach herrschender deutscher Auffassung aber vom allgemeinen Persönlichkeitsrecht überlagert; dadurch bleibt dem ehemaligen Substanzträger die Bewahrung persönlicher Interessen auch nach der Weitergabe der Substanzen erhalten. In Frankreich wird neuerdings erwogen, ein persönlichkeitsrechtlich geprägtes Bestimmungsrecht an Körpersubstanzen gesetzlich festzuschreiben, um dem aufgeklärten Patienten die Möglichkeit einzuräumen, der Weiterverwendung seiner körperlichen Elemente und Produkte zu widersprechen.

Schließt man ein Eigentumsrecht an Körpersubstanzen völlig aus, fällt es sehr schwer, den rechtstatsächlichen Umgang mit Körpersubstanzen zu erklären. Tatsächlich wechseln heute Körpersubstanzen vielfach ihren Rechtsinhaber, so beispielsweise vom Spender auf den Arzt, von diesem auf die Blut-, Keimzellen- oder Gewebebank und letztlich vielleicht noch auf ein Pharmaunternehmen. Die Rechtsfolgen beim Wechsel in der Rechtsinhaberschaft lassen sich deshalb sinnvoll nur über die Anerkennung dinglicher Rechte, insbesondere des Eigentumsrechtes an den Substanzen, begründen und ableiten.

Dabei ist zu beachten, dass das Eigentumsrecht an Körpersubstanzen stärkeren und auch schwächeren Beschränkungen unterliegen kann und nicht alle, das Eigentumsrecht charakterisierende, Eigenschaften

---

nur nach ausdrücklicher Genehmigung vorgenommen werden.

733 Laufs, NJW 1987, S. 2257 ff. (2263)

734 Unzweifelhaft wird auch das Persönlichkeitsrecht verletzt, wenn Substanzen z.B. zur Klonierung oder Keimzellen zur künstlichen Zeugung von Embryonen, die nur wissenschaftlichen Zwecken zukommen sollen, verwendet werden.

735 Eingehend zu diesen und weiteren Fallgruppen: Schröder/Taupitz, Menschliches Blut, S. 64 ff.

auf den Umgang mit Körpersubstanzen übertragen werden können. Bei der Suche nach der Rechtsnatur der Substanzen wurde hierfür auch schon eine Erklärung gefunden. So, wie die Sacheigenschaft von Natur aus personenrechtlich geprägt bleibt, ist auch das Eigentumsrecht an Körpersubstanzen naturgemäß personenrechtlich gebunden.

Diese natürliche persönliche Prägung findet in den Bioethikgesetzen und teilweise auch in deutschen Gesetzen ihren Ausdruck. Als Beispiel dient hierzu die gesetzlich vorgeschriebene Behandlung der regenerierbaren und ohne besonderen körperlichen Eingriff entnehmbaren Körpersubstanzen wie Haare, Blut und Keimzellen. Keimzellen unterliegen einer besonders starken persönlichen Prägung und dürfen deshalb auch nur unter sehr engen Voraussetzungen auf eine andere Person übertragen werden. Bei Blut ist die persönliche Prägung schon schwächer und bei Haaren fehlt sie fast vollständig. Blut kann nach den gesetzlichen Bestimmungen häufiger den Rechtsinhaber wechseln und für eine Vielzahl therapeutischer und wissenschaftlicher Verwendungen eingesetzt werden, Haare können ohne jede Beschränkung verkauft werden.

Die personenrechtliche Bindung wird im deutschen Recht durch das allgemeine Persönlichkeitsrecht gewährleistet und soll in Frankreich durch das Bestimmungsrecht an abgetrennten Körpersubstanzen dokumentiert werden. Auch für die deutsche Rechtsordnung wäre es zu begrüßen, wenn dem Patienten ein Bestimmungsrecht an seinen Körpersubstanzen als Ausdruck der fortbestehenden persönlichen Bindung zuerkannt werden würde. Ein Bestimmungsrecht über Körpersubstanzen vermag den Schutz persönlicher Interessen umfassender zu gewährleisten als das allgemeine Persönlichkeitsrecht. Während das allgemeine Persönlichkeitsrecht nur passiven Rechtsschutz gewährt und seine Verletzung erst durch eine Güter- und Interessenabwägung festgestellt werden kann, räumt das Bestimmungsrechtes über Körpersubstanzen jedem Substanzträger aktiv das Recht ein, die Verwendungsarten vorweg zu bestimmen. Zuwiderhandlungen führen zu Ersatzansprüchen nach allgemeinem Schadensersatzrecht. Das Bestimmungsrecht führt folglich im Vergleich zum allgemeinen Persönlichkeitsrecht zu mehr Rechtssicherheit. Daneben schärft es im Umgang mit den Substanzen das Bewusstsein, sie mit größerem Respekt zu beachten. Wie in Frankreich beabsichtigt, so sollte auch dem Spender in Deutschland die geplante Weiterverwendung seiner körperlichen Elemente und Produkte offenbart und ihm das Recht eingeräumt werden, der Verwendung zu widersprechen.

Neben der stets anhaftenden natürlichen Persönlichkeitsprägung der Substanzen können Elemente und Produkte des Körpers folglich auch durch eine individuelle Prägung in Form einer Zweckbestimmung durch den Substanzträger gebunden bleiben. Der jetzige Eigentümer der Substanzen, beispielsweise der Arzt oder Forscher ist dann bei der Ausübung seines Eigentumsrechtes an diese Zweckbestimmung gebunden. Widerspricht eine Frau beispielsweise der Weiterverwendung ihrer Plazenta für industrielle Zwecke, hat aber nichts gegen eine wissenschaftliche Verwertung auszusetzen, muss sich der Eigentümer der Plazenta an diese vorgegebene Zweckbestimmung halten. Ähnlich ergeht es bekanntlich auch dem Eigentümer eines Kunstobjekts. Auch er muss sich nach den Vorgaben des Künstlers, bzw. dessen Urheberrechte richten. Erhebt der Substanzträger keinerlei Verwendungsbeschränkungen bzw. willigt er in alle Verwendungen ein, so bleibt es bei der von Substanz zu Substanz unterschiedlich stark ausgeprägten natürlichen persönlichen Überlagerung. Diese Auffassung wird sich dem Vorwurf ausgesetzt sehen, dass es sich bei dem, was hier als Eigentumsrecht bezeichnet wird, allenfalls um ein degeneriertes Eigentum handelt, das mit dem eigentlichen Wesen eines Eigentumsrechtes nur wenig gemein hat. Entscheidend ist aber nicht die Benennung der Rechtsposition, sondern die Erkenntnis, dass eine realitätsnahe Betrachtung des Umganges mit Körpersubstanzen dingliche Rechtsbegründungen erfordert. Ob diese als dingliche Rechte sui generis oder als Eigentumsrecht mit personenrechtlicher Prägung beschrieben werden, ist von untergeordneter Bedeutung. Die Bezeichnung als Eigentumsrecht erscheint aber sachgerechter, um die Rechtsverhältnisse an Körpersubstanzen einheitlich darstellen zu können. Wenn anerkanntermaßen an Haaren Sacheigentum besteht, ist es auch angemessen, an Blut, Haut und Organen von Eigentumsrechten zu sprechen. Auf einige Substanzen ist das Eigentumsrecht eben unbeschränkt anwendbar, auf andere nur nach Maßgabe ihrer personenrechtlichen Bindung. Schließlich besteht auch an einer öffentlich rechtlich gewidmeten Sache weiterhin das zivilrechtliche Eigentum mit mehr oder minder gewichtigen Einschränkungen - je nach Widmungszweck – fort.

VI. Rechtsgeschäftliche Abgabe von Körpersubstanzen

Unter dem Blickwinkel der Eigenkommerzialisierung von Körpersubstanzen wird in zivilrechtlicher Hinsicht die Frage nach der Wirksamkeit rechtsgeschäftlicher Vereinbarungen[736] bedeutsam. Die folgende Untersuchung beschränkt sich in erster Linie auf die Überprüfung der Rechtmäßigkeit wirtschaftlich motivierter Übertragungen. Dabei wird der gedankliche Faden auch unter dem Blickwinkel des „Droit de destination", des Bestimmungsrechtes an Körpersubstanzen aufgegriffen und gefragt, ob der ehemalige Substanzträger seine Zustimmung zur Weiterverwendung nicht von der Zahlung eines Entgeltes abhängig machen kann.

Um die unterschiedlichen tatsächlichen Gegebenheiten bei der Übertragung von Körpersubstanzen besser veranschaulichen zu können, erfolgt eine Differenzierung nach dem der Substanzgewinnung zugrunde liegendem Zweck: Unterschieden wird danach, ob die Weitergabe an andere (Fremdspende) Primärzweck der körperlichen Abtrennung ist, die Abtrennung also vorgenommen wird, um die Substanz anschließend (entgeltlich) zu übertragen oder ob dieser Aspekt nur als Sekundärzweck der Entnahme hinzutritt. In der erstgenannten Alternative wird von der gezielt fremdnützigen Entnahme, in den zweitgenannten Fällen von der mittelbar fremdnützigen Entnahme gesprochen. Auch wenn die rechtlichen Wertungen bei einer Übertragung nach gezielt fremdnütziger Entnahme und der Übertragung nach mittelbar fremdnütziger Entnahme im wesentlichen die Gleichen sind,[737] ist es sinnvoll, beide Aspekte getrennt voneinander zu untersuchen, um die unterschiedlichen tatsächlichen Gegebenheiten und da-

---

[736] Zur Qualifikation des „don": Thouvenin, Les cahiers d'action juridique 1985 (48), S. 35 ff. (36 ff.); Moine, thèse 1993, S. 383; zur Frage der Beteiligung an etwaigen Verwertungsrechten an den Substanzen: Taupitz in: Damm/Hart (Hrsg.), S. 51 ff. (72 ff.); in Frankreich wird letztgenannter Aspekt nicht erörtert.

[737] Entsprechend der vorgegebenen thematischen Begrenzung beschränken sich die Ausführungen auf rechtmäßig gewonnene Substanzen; zur Verpflichtung, Substanzen abzutrennen: Müller, Die kommerzielle Nutzung menschlicher Körpersubstanzen, S. 80 ff., 92 ff.; Coester-Waltjen, JURA 2000, S. 106; Tress, Die Organtransplantation aus zivilrechtlicher Sicht, S. 20 ff.; Thouvenin, Les cahiers d'action juridique 1985 (48), S. 35 ff. (38); ausscheiden würde danach die mit dem Eifelturm tätowierte Hautpartie, vgl. TGI Paris vom 3. Juni 1969 in Rec. Dalloz 1970, S. 136 f., vgl. unter VI. B.

mit auch die praktische Relevanz der Thematik hervorheben zu können. Eine weitere Unterscheidung erfolgt danach, welcher Verwendung die Substanzen zugeführt werden: Je nachdem, ob die Substanz zu industriellen, wissenschaftlichen oder therapeutischen Zwecken verwendet werden, bedarf es unterschiedlicher Wertungen über die Zulässigkeit wirtschaftlich motivierter Übertragungen.

Bevor diese speziellen, die Kommerzialisierung von Körpersubstanzen unmittelbar betreffenden Erwägungen angesprochen werden, ist zunächst auf die grundsätzliche Frage einzugehen, ob Körpersubstanzen überhaupt Gegenstand vertraglicher Vereinbarungen sein können.

A. Körpersubstanzen als Vertragsgegenstand: Die Verkehrsfähigkeit von Körpersubstanzen

Während in Deutschland Erörterungen über die Verkehrsfähigkeit von Teilen des Körpers nur beiläufig erfolgen und sich in der Regel auf Keimzellen beschränken,[738] scheiden sich in Frankreich[739] die Auffassungen an der Auslegung des Art. 1128 CC. Art. 1128 CC besagt, dass nur verkehrsfähige Sachen („choses dans le commerce") Gegenstand eines Vertrages sein können.[740] Der seit 1804 in zahlreichen Vorschriften (vgl. Art. 1128, 2226, 1598, 1713 des Code civil) verankerte zivilrechtliche Begriff „dans le commerce" ist gesetzlich nicht definiert.[741]

Da die herrschende Lehre den lebenden Körper als unveräußerliches, nichtverkehrsfähiges Gut einordnet (s.o.), gelangte die lange Zeit unbestrittene und nicht weiter begründete[742] Auffassung unter Berufung

[738] Vgl. Schäfer, Rechtsfragen zur Verpflanzung von Körper- und Leichenteilen, S. 51 f.; Münzer, Fortpflanzungsmedizin und Zivilrecht, S. 2 f.; Müller, Die kommerzielle Nutzung menschlicher Körpersubstanzen, S. 87, 147; zur Verfügungsunfähigkeit des Keimguts, Lanz-Zumstein, Menschliches Keimgut, S. 231 ff.: Die Verfügungsunfähigkeit des Keimgutes resultiere aus „der Natur der Sache" oder könne in Anlehnung an das Urheberrecht begründet werden.

[739] Unter besonderer Berücksichtigung abgetrennter Körpersubstanzen Galloux, Les cahiers de droit 1989 (4), S. 1011 ff.; Chabas in: Traveaux de l'Association Henri Capitant, „Le corps humain et le droit (journées Belges)", Band XXVI, S. 225 ff. (229 ff.)

[740] „Il n'y a que les choses dans le commerce qui peuvent faire l'objet de conventions"

[741] Moine, thèse 1993, S. 59; Mousny, thèse 1998, S. 157

[742] Dommages, thèse 1956, S. 40; Josserand, D. 1932 chr., S. 1 ff.; Cabrillac,

auf Art. 1128 CC zu dem Ergebnis, dass sowohl entgeltliche als auch unentgeltliche Verträge[743] über den Körper und seine Bestandteile nichtig sind.[744]

Durch die Entscheidung der Cour de Cassation aus dem Jahr 1991 über die Zulässigkeit von Leihmütterverträgen („mères porteuses") hat die Frage nach der Verkehrsfähigkeit des Körpers neue Aktualität erlangt.[745] Verträge, in denen sich eine Frau bereit erklärt, ein fremdes Kind (ohne Vergütung) auszutragen und nach der Geburt an die genetische Mutter herauszugeben, wurden unter Hinweis auf Art. 1128 CC und dem zwingenden Grundsatz (principe d'ordre public) der Unveräußerlichkeit des menschlichen Körpers für nichtig erklärt. Zum einen werde die Gebärmutter instrumentalisiert, zum anderen werde das neugeborene Kind in ethisch nicht vertretbarer Weise Gegenstand einer Übertragungspflicht an die „Auftraggeber".[746]

---

thèse 1962, S. 128 ff.

743 Mousny, thèse 1998, S. 157; Hermitte in: Archives de philosophie du droit 1988, S. 323 ff. (325)

744 Ein ausführlicher Meinungsüberblick findet sich bei Lavroff-Detrie, thèse 1997, S. 107 bis 118; Siroux in: Lemaire/Rameix/Ghanassia 1996 , S. 67 ff.; die in der Praxis auftretenden und durch die Gesetzgebung verankerten Ausnahmen sind Ausgangspunkt der in den letzten Jahren vermehrt auftretenden Stimmen, die den auf Art. 1128 CC gestützten Grundsatz von der Unveräußerlichkeit des menschlichen Körpers als allgemeines Prinzip ablehnen (s.o.). Gobert, RTD civ. 1992, S. 489 ff; Hermitte in: Archives de philosophie du droit 1988, S. 323 ff.; Mazen, Réfléxions juridiques, in: Bioéthique et Droit, S. 201 ff.

745 Cass. Ass. plén. vom 31.05.1991 in JCP 1991 II 21752; Andorno, thèse 1994, S. 269-280; Labrusse-Riou, Bioéthique: de l'éthique au droit, du droit à l'éthique, S. 14, 16; Moine, thèse 1993, S. 86; Mousny, thèse 1998, S. 160; Gobert, RTD civ. 1992, S. 489 ff.; Lavroff-Detrie, thèse 1997, S. 170; Coester-Waltjen, DJT 1986, B 79 ff.; Coester-Waltjen, IPRax 1992, S. 125 f. Besprechung von Cour d'Appel Paris, vom 15.06.1990 (D. 1990 J, S. 540) über die Rechtslage in Frankreich bei der internationalprivatrechtlichen Bewältigung von Fragen der Leihmutterschaft; hierzu auch Deutsch, NJW 1991, S. 721 ff. (725); Aber auch in Deutschland hat sich bereits ein Gericht mit der Frage der steuerlichen Anerkennung der Ausgaben für eine in Kalifornien (USA) mittels Leihmutter durchgeführten Geburt beschäftigen müssen, FG München vom 21.2.2000 (Az: 16 V 5568/99): die Kosten wurden nicht als außergewöhnliche Ausgaben anerkannt. Die Durchführung einer Ersatzmutterschaft ist verboten, stellt aber nur für die behandelnden Ärzte und deren Hilfspersonal eine Straftat dar, vgl. § 1 Abs. 3 ESchG, §§ 13 c, 14 b AdVermiG (Adoptionsvermittlungsgesetz). Abstammungsrechtlich wird in Kalifornien das Kind einer Leihmutter als Kind der biologischen Eltern angesehen.

746 Daraufhin hat der französische Gesetzgeber in Art. 16-7 CC Vereinbarungen zivilrechtlich für unwirksam erklärt, die die Zeugung oder Schwangerschaft für

Auch abgetrennte Substanzen wurden in der Vergangenheit immer wieder als nicht verkehrsfähige Sachen i.S.d. Art. 1128 CC qualifiziert.[747] So wurden in den oben besprochenen Entscheidungen über die Qualifikation der „Samenspenderverträge“[748] die Keimzellen als „hors commerce“ qualifiziert; und dennoch waren die Richter der Meinung, dass Keimzellen Bestandteil des Vertrages gewesen seien. Sie qualifizierten den Vertrag allerdings als Vertrag sui generis.[749]

Der Einordnung von abgetrennten Körpersubstanzen als nicht verkehrsfähige Sachen wurde in den vergangenen Jahren zunehmend mit dem Hinweis auf die bestehende Rechtspraxis entgegengetreten:[750]

Körpersubstanzen seien nicht „hors de commerce“, sondern lediglich „hors du marché“[751]; sie nähmen zwar am Rechtsverkehr teil, werden aber nicht am freien Markt gehandelt. Dem Begriff „hors de commerce“ könne bei Körpersubstanzen daher allenfalls relative Bedeutung beigemessen werden; sie dürften nicht gänzlich, sondern nur in Teilaspekten vertraglichen Regelungen entzogen werden. Die Beschränkungen können personen[752]- oder zweckbezogen erfolgen.[753]

---

einen anderen zum Inhalt hat. Strafrechtlich werden nur Vermittler verfolgt (Art. 227-12 C. pénal); vgl. Rapport Charles, S. 65 ff.; vgl. § 1 Abs. 1 Nr. 7, Abs. 2 ESchG

[747] Moine, thèse 1993, S. 376 ff. meint, dass abgetrennte Substanzen keine verkehrsfähigen Sachen seien. Die Annahme fehlender Verkehrsfähigkeit sei Voraussetzung, um die Einheit der Person wahren zu können; vgl. auch Stellungnahme n° 21 des CCNE vom 13.12.1990

[748] Siehe unter IV. B. 1. a) (5) (a); TGI Créteil vom 1.08.1984, JCP 1984 éd. G II 20321 mit Anmerkung Corone; s. auch Arnoux, Les droits de l'être humain sur son corps, S. 92 m.w.N., Moine, thèse 1993, S. 388 und Sériaux, D. 1985 chr., S. 53 ff.; Deutsch, VersR 1985, S. 700 und S. 1002 ff. (1003); anders Laufs, JZ 1986, S. 769 (772); TGI Toulouse vom 26. März 1991, JCP 1992 éd. G II, 21807 mit Anmerkung Pédrot; nach heutiger Gesetzeslage darf das Sperma eines Verstorbenen nicht verwendet werden, kritisch hierzu Rapport Charles, S. 62 ff., der eine Übertragung des eingefrorenen Embryos befürwortet, wenn der Vater zu Lebzeiten sein Einverständnis erklärt hat.

[749] Couturier, Les petites affiches vom13.09.1993 (110), S. 7 ff.

[750] Josserand, D. 1932 S. 1 ff. (2); Galloux, Les cahiers de droit 1989 (4), S. 1011 ff.; Hermitte in: Archives de philosophie du droit 1988, S. 323 ff.

[751] So Hermitte in: Archives de philosophie du droit 1988, S. 323 ff. (325)

[752] Wie bei Lebendorganspenden (nicht regenerierbarer Organe) ist z.B. denkbar, Übertragungen nur zwischen bestimmten Personengruppen als zulässig anzusehen.

B. Vertragszweck

Der letzte Gedanke erfährt immer mehr Zuspruch: Stellt man auf den Vertragszweck und nicht auf den Vertragsgegenstand (objet du contrat, Art. 1126, 1129 CC) zur Überprüfung der Wirksamkeit rechtsgeschäftlicher Übertragungen ab, lassen sich sachgerechtere und flexiblere Lösungen erzielen.[754] Zu überprüfen ist danach, ob der vertraglich primär verfolgte Zweck (cause du contrat, Art. 1008, 1131, 1133 CC) nicht gegen ein gesetzliches Verbot, die guten Sitten oder den „ordre public" verstößt.[755]

Eine viel beachtete Entscheidung des TGI Paris[756] aus dem Jahre 1969 unterstreicht diese Entwicklung: Ein 17 jähriges Mädchen hatte sich für Filmaufnahmen vertraglich verpflichtet, einen Eifelturm mit einer Rose auf ihr Gesäß tätowieren zu lassen. Daraufhin sollte - wie im Film auch angekündigt - das Hautstück entfernt, das Eigentum daran der Filmgesellschaft übertragen und „zu dem Preis eines Picasso" verkauft werden. Da die Entfernung des Hautstückes mit erheblichen Schmerzen verbunden war, klagte die 17 jährige gegen die Filmgesellschaft und forderte neben Schmerzensgeld auch die Herausgabe der Hautpartie. Der Vertrag zwischen der Filmgesellschaft und dem Mädchen wurde mit der Begründung für nichtig erklärt, dass er auf einen gesetzwidrigen und unmoralischen Zweck[757] (cause du contrat) gerichtet gewesen sei. Die Ausstrahlung des Filmabschnittes wurde verboten und die Rückgabe der Hautpartie angeordnet.

Auch die in Deutschland vorherrschenden Meinungen stellen auf den Vertragszweck ab, um die Wirksamkeit rechtsgeschäftlicher Übertragungen von Elementen und Produkten des menschlichen Körpers zu

---

[753] Galloux, Les cahiers de droit 1989 (4), S. 1011 ff. (1022); Andorno, thèse 1994, S. 101, 271 wendet Art. 1128 CC nur auf Veräußerungsgeschäfte („actes de disposition, au sens de l'aliéner") an.

[754] Thouvenin, Les cahiers d'action juridique 1985 (48), S. 35 ff. (37); Mousny, thèse 1998, S. 159 f.; Arnoux, Les droits de l'être humain sur son corps, S. 94 (für Keimzellen); Lavroff-Detrie, thèse 1997, S. 163 (für den Leichnam), S. 164 ff.; Malaurie/Aynès, Les obligations, Rn. 490

[755] Terré/Simpler/Lequette, Les obligations, Rn. 337 ff.

[756] TGI Paris vom 3. Juni 1969 in Rec. Dalloz 1970, S. 136 f. mit Anmerkung J.P., S. 137 f.; hierzu auch Moine, thèse 1993, S. 88

[757] In der Literatur wurde auch der Vertragsgegenstand als gesetzwidrig und nicht verkehrsfähig im Sinne des Art. 1598 CC angesehen, J.P., Rec. Dalloz 1970, S. 138.

überprüfen: Körpersubstanzen können Gegenstand vertraglicher Vereinbarungen sein, wenn der Vertragszweck nicht gegen ein gesetzliches Verbot (§ 134 BGB) oder gegen die guten Sitten (§ 138 BGB) verstößt.

Entsprechend der thematischen Begrenzung vorliegender Arbeit, Aspekte der (antizipativ-voluntativen)[758] Eigenkommerzialisierung von Körpersubstanzen zu untersuchen, beschränken sich die folgenden Ausführungen auf die Frage, ob die Verknüpfung wirtschaftlicher Interessen bei der Weitergabe der Substanzen gegen ein gesetzliches Verbot oder die guten Sitten verstößt.

C. Rechtmäßigkeit einer wirtschaftlich motivierten Abgabe von Körpersubstanzen

Für die Beantwortung der Frage, ob die Abgabe der Substanzen von der Zahlung eines Entgeltes abhängig gemacht werden darf, kann auf Gliederungspunkt III. über die gesetzlichen Vorschriften in Frankreich und Deutschland zurückgegriffen werden. Der wichtigste Unterschied[759] in den jeweiligen Normen beider Staaten wirkt sich unmittelbar auf die hier zur Diskussion stehenden Themenstellung aus. Während in Frankreich ein weitreichendes zivil-, straf- und öffentlich rechtlich implementiertes Kommerzialisierungsverbot für den ursprünglichen Träger begründet wurde, beschränkt sich dieses Verbot in Deutschland auf straf- und öffentlichrechtlicher Ebene alleine auf Körpersubstanzen, die einer Heilbehandlung zu dienen bestimmt oder für eine Übertragung auf einen anderen gedacht sind.[760] Zivilrechtlich ist im deutschen Recht zu prüfen, ob und inwieweit das Transplantationsgesetz, das Transfusionsgesetz oder das Embryonenschutzgesetz gesetzliche Verbote enthalten. Soweit solche nicht bestehen, hängt die Frage der Rechtswirksamkeit entgeltlicher Übertragungen letztlich davon ab, ob die Handlung als sittenwidrig angesehen werden muss oder nicht.

---

[758] So Taupitz in: Damm/Hart (Hrsg.), S. 51 ff. (56, 69)

[759] Siehe auch Grote, RIDC 1999 (1), S. 85 ff. (100 ff.)

[760] Vgl. hierzu die Ausführung zum Anwendungsbereich des § 1 und § 17 TPG. Die Regelungen der §§ 17 ff. TPG stehen einer Entgeltzahlung nicht entgegen, wenn die Substanzen anderen, insbesondere wissenschaftlichen und industriellen Verwendungsformen zugeführt werden sollen.

1. Gesetzliche Verbote, cause prohibée par la loi

a) Frankreich

Verträge mit gesetzeswidrigem Vertragszweck entfalten gemäß Art. 1131 i.V.m. Art. 1133 CC keine rechtliche Wirkung. Da die nicht disponiblen Art. 16-1 Abs. 3, 16-5 und 16-6 CC[761] jede Verknüpfung kommerzieller Interessen mit dem Körper und seinen abgetrennten Substanzen verbieten, bleiben alle wirtschaftlich motivierten[762] Verträge und Erklärungen über die Ausübung des Destinationsrechts - unabhängig davon, welche Substanzen übertragen werden sollen und für welchen Zweck (therapeutisch, wissenschaftlich oder industriell) sie vorgesehen sind - wirkungslos.[763] Entschädigungszahlungen werden ausdrücklich nicht als Vergütung, sondern als Erstattung entstandener Kosten oder Zeitaufwendungen qualifiziert; sie unterliegen daher auch keiner Steuerpflicht.[764]

Auf eine in Art. 5121-11 Abs. 2 CSP verankerte Ausnahme wird sogleich[765] noch eingegangen.

b) Deutschland

Ein Rechtsgeschäft, das gegen ein gesetzliches Verbot verstößt, ist in aller Regel nach § 134 BGB nichtig.

(1) Transplantationsgesetz

Danach ist nicht zweifelhaft, dass die Strafvorschriften des Transplantationsgesetzes Verbotsgesetze i.S.d. § 134 BGB sind. Der Schutzzweck der §§ 18 f. TPG[766] erfordert die zivilrechtliche Sanktion der

---

761 Diese Artikel stellen darauf ab, dass Körpersubstanzen nicht Gegenstand eines Vermögensrechtes sein können, dass Verträge, die den Körpersubstanzen einen Vermögenswert verleihen, nichtig sind und dass Übertragungen von Körpersubstanzen unentgeltlich erfolgen müssen, vgl. unter III. A. 3. b) (2)

762 Was als vermögenswerter Vorteil und was als Aufwandsentschädigung anzusehen ist, bleibt freilich außerhalb der expliziten Regelungen des Dekretes n° 2000-409 vom 11.05.2000 zweifelhaft.

763 Vgl. auch Art. 511-3, -5, -6 C. pénal und Art. 1271-2 CSP

764 Vgl. hierzu insbesondere die Entschädigungszahlungen nach Art. 1124-2 CSP (recherches biomédicales).

765 Siehe unter VI. C. 2. b) (2) (b)

766 Siehe unter III. B. 1. d) (2)

Nichtigkeit wirtschaftlich motivierter Übertragungen: Das strafrechtliche Verbot wendet sich an beide Vertragsparteien - den Patienten und den Arzt - und zielt darauf ab, neben der Vornahme des Rechtsgeschäftes auch den Eintritt seines wirtschaftlichen Erfolges zu verhindern.[767] Soweit der objektive und subjektive Tatbestand der §§ 18 f. TPG erfüllt sind, ist das zugrundeliegende Rechtsgeschäft - sei es die auf Vertragsschluss gerichtete Willenserklärung oder die Zustimmung zur Weiterverwendung - nach § 134 BGB nichtig.

(2) Embryonenschutzgesetz

Neben den §§ 18 f. TPG werden auch einzelne Bestimmungen des Embryonenschutzgesetzes als Verbotsnormen i.S.d. § 134 BGB qualifiziert. Ob die hier interessierenden Normen über den Umgang mit Keimzellen Verbotsgesetze sind, ist entsprechend ihres tatbestandlichen Zuschnittes zu beurteilen. § 1 Abs. 1 Nr. 1 i.V.m. § 1 Abs. 3 Nr. 1 ESchG bedroht nur denjenigen mit Strafe, der einer Frau eine fremde unbefruchtete Eizelle (entgeltlich oder unentgeltlich) überträgt. Weder die Eizellenspenderin noch die Empfängerin werden strafrechtlich verfolgt. Bei Gesetzesübertretungen nur einer Vertragspartei ist die zivilrechtliche Nichtigkeit rechtgeschäftlicher Vereinbarungen nur in Ausnahmefällen und zwar nur dann anzunehmen, wenn dies auch zum Schutz des betreffenden Vertragspartners notwendig ist.[768] Die Interessen der Spenderin und Empfängerin sprechen jedoch meist dafür, die zivilrechtlichen eingegangenen Verpflichtungen als rechtsgültig anzusehen, soweit sie nicht gegen die guten Sitten verstoßen.[769] Auf die wirtschaftlich motivierte Übertragung von Ei- oder Samenzelle geht das Embryonenschutzgesetz nicht explizit ein.

(3) Transfusionsgesetz

Für die wirtschaftlich motivierte Abgabe von Blut enthält das Transfusionsgesetz keine Verbotsnorm. § 10 TFG ist als Sollvorschrift und damit nicht als Verbotsgesetz i.S.d. § 134 BGB ausgestaltet.

---

[767] Vgl. Palandt/Heinrichs, § 134 Rn. 9 und 23

[768] Deutsch, NJW 1991, S. 721 (723) wonach der Vertrag zwischen Leihmutter und sozialen Eltern trotz des Verbotes, bei einer Ersatzmutter eine künstliche Befruchtung vorzunehmen, wirksam bleiben kann; Coester-Waltjen, FamRZ 1992, S. 369 (371); Coester- Waltjen, DJT 1986, B 79 ff., wonach eine Ersatzmutterschaftsvereinbarung auch nicht gegen die guten Sitten verstößt.

[769] So auch Coester-Waltjen, FamRZ 1992, S. 369 (371)

c) Zusammenfassung

Anders als in Frankreich ist die wirtschaftlich motivierte Übertragung von Körpersubstanzen in Deutschland nur in Teilbereichen ausdrücklich verboten. Die Eigenkommerzialisierung von Blut, Keimzellen und Knochenmark wurde ebenso wenig gesetzlich verboten wie die Eigenkommerzialisierung von Substanzen, die anderen Zwecken als der Heilbehandlung zugeleitet werden. In Ermangelung ausdrücklicher Regelungen hängt die Rechtsgültigkeit entgeltlicher Übertragungen für die nicht unter das Transplantationsgesetz fallenden Bereiche davon ab, ob sie als sittlich verwerflich oder billigenswert erscheinen. In Frankreich wird diese Frage nicht erörtert.

2. Sittenwidrigkeit, § 138 Abs. 1 BGB

a) Inhalt des § 138 Abs. 1 BGB

Gemäß § 138 Abs. 1 BGB ist ein Rechtsgeschäft nichtig,[770] wenn es gegen die guten Sitten verstößt. Was als sittenwidrig anzusehen ist, richtet sich nach ständiger Rechtsprechung nach dem „Anstandsgefühl aller billig und gerecht Denkenden"[771]. Danach ist der Durchschnittsmaßstab der herrschenden Rechts- und Sozialmoral im betroffenen Verkehrskreis ausschlaggebend. Für den hier zu beurteilenden Untersuchungsgegenstand stellt sich also die Frage, ob der billig und gerecht denkende Durchschnittsmensch wirtschaftlich motivierte Verträge über menschliche Körpersubstanzen als anstößig und missbilligungswürdig empfindet.[772]

[770] I.d.R. bezieht sich die Nichtigkeit auf das Rechtsgeschäft im Ganzen; hier könnte sich die Sittenwidrigkeit aber auf einen abtrennbaren Teil, den der Entgeltlichkeit, beschränken, vgl. Coester-Waltjen, DJT 1986, B 69 für die Samenspende, B 79 für die Ersatzmutterschaft.

[771] RGZ 80, 219 (221); 120, 142 (148); BGHZ 10, 228 (292)

[772] Wenn auch die Ersatzmutterschaftsvereinbarung als solche weder gegen ein gesetzliches Verbot noch gegen die guten Sitten verstößt, soll das Hinzutreten einer Entgeltvereinbarung zwischen den Wunscheltern und der Ersatzmutter das Sittenwidrigkeitsverdikt auslösen, Coester-Waltjen, DJT 1986, B 79 ff. (B 91 f.), mit der Begründung, dass die Elternschaft keine kommerzialisierbare Leistung sei. Die von Larenz/Wolf, AT 1997, § 22 III b) genannten Fallgruppen sind hier nicht einschlägig; allenfalls die „Kommerzialisierung höchstpersönlicher Handlungen" scheint als Ansatz möglich; vgl. für medizinische Forschung am Menschen: Fischer, Medizinische Forschung am Menschen, S. 10 f.; Deutsch, Das Recht der klinischen Forschung am Menschen, S. 77, 110, 136 f.

Häufig wird durch pauschale und verallgemeinernde Argumente[773] jegliche Entgeltzahlung für die Leistung einer Körpersubstanz als sittenwidrig gebrandmarkt. So hat ein Urteil des Bundessozialgerichtes[774] (BSG) von 1997 auf die Wertordnung des Grundgesetzes abgestellt, um die Sittenwidrigkeit des Organhandels zu begründen. Der Kläger machte einen Leistungsanspruch gegen seine Krankenversicherung auf Übernahme der im Ausland entstandenen Transplantationskosten geltend. Da in Deutschland kein geeignetes Spenderorgan vorhanden war, ließ sich der Kläger in Indien die Niere eines dort lebenden Spenders transplantieren. Die behandelnden Ärzte in Bombay berechneten für die ärztlichen Leistungen und den Kaufpreis einen Pauschalbetrag von 35.000 US-Dollar. Nach einiger Zeit traten medizinische Komplikationen auf, die letztlich zum Versagen der Transplantatfunktion und einer Entfernung der Spenderniere führten. Das BSG hatte seine abweisende Revisionsentscheidung wie folgt begründet: „Das LSG hat zutreffend dargelegt, dass es mit der Wertordnung des Grundgesetzes und der Achtung vor der menschlichen Würde nicht vereinbar ist, wenn durch Organspenden gegen Entgelt der Mensch bzw. seine sterblichen Überreste zum Objekt wirtschaftlicher Interessen gemacht werden. Über die Sittenwidrigkeit eines kommerzialisierten Organhandels und die Notwendigkeit seiner Ächtung besteht in der Bundesrepublik ein breiter gesellschaftlicher Konsens... Die Verpflichtung, die freie Willensentscheidung des einzelnen als Ausdruck seiner Menschenwürde zu akzeptieren, hindert den Staat nicht, die von der Gesellschaft und der Rechtsordnung gebilligten Wertvorstellungen zu verteidigen und mit Hilfe der Gesetze durchzusetzen... Ist danach der Verkauf menschlicher Organe als sittenwidrig anzusehen, so steht dies einer Kostenübernahme durch die Krankenkasse nicht nur hinsichtlich des Kaufpreises der Niere, sondern auch hinsichtlich der durch die Transplantation entstandenen finanziellen Aufwendungen entgegen." Heute könnte sich das Urteil auf die Regelungen des Transplantationsgesetzes berufen.

Um Überschneidungen mit den bereits unter § 134 BGB i.V.m. §§ 17 ff. TPG fallenden Nichtigkeitsgründen zu vermeiden, gehen die nachfolgenden Erwägungen auf Aspekte wie „den Kauf von Gesundheit"

[773] Coester-Waltjen, DJT 1986, B 69 f. beruft sich auf Wertvorstellungen unserer Rechtsordnung.

[774] BSG vom 15. April 1997 (Az: 1 RK 25/95) in: NJW 1997, S. 3114 ff.; vgl. auch Urteil vom 16. Juli 1996 in: NJW 1997, S. [illegible]

oder „das Geschäftemachen mit der Not erkrankter Menschen“[775], auf Erwägungen also, die mit der therapeutischen Verwendung der Substanzen einhergehen, nur insoweit ein, als sie die vom Transplantationsgesetz nicht erfassten Substanzen betreffen. Daneben werden die nur selten in der Literatur diskutierten Fälle untersucht, in denen die Substanzen forschungs- oder industriellen Zwecken zugeführt werden. Letztgenannten Bereichen ist gemein, dass sie eng mit wirtschaftlichen Erwägungen verflochten sind: Anders als der Organempfänger einer Organspende sind die Abnehmer von Körpersubstanzen für forschungs-, wissenschaftliche oder industrielle Zwecke in erster Linie auf einen wirtschaftlichen Vorteil aus; insoweit ist der Fall John Moore ein eindrucksvolles Beispiel.[776]

b) Industrielle und wissenschaftliche Weiterverwendung von Körpersubstanzen

(1) Mittelbar fremdnützige Entnahme

Der Praxis der vergangenen Jahre kann entnommen werden, dass Industrie und Wissenschaft Körpersubstanzen vornehmlich aus drei Quellen beziehen: aus den sogenannten Operationsabfällen, aus Substanzen wie der Plazenta, die auf natürlichem Weg dem Körper entweichen und zuletzt auch aus Substanzen, deren Primärzweck - z.B. ein diagnostischer - erreicht wurde und die nun nicht mehr zu Behandlungszwecken benötigt werden. Ohne den Substanzträger über die Weiterverwendung zu unterrichten, werden diese „Abfallprodukte“ von den Krankenhäusern Industrie und Forschung - zumeist gegen Bezahlung - zugeleitet (Fremdkommerzialisierung). Da die Nachfrage der Industrie und Forschung damit heimlich befriedigt wird, ist es dem Substanzträger bis jetzt verwehrt, seine Substanzen zu Kommerzialisierungszwecken einzusetzen.

Schließt man sich der oben[777] aufgestellten These an und führt ein Bestimmungsrecht über Körpersubstanzen - verbunden mit entsprechen-

---

[775] Hierzu insbesondere Maier, Der Verkauf von Körperorganen, S. 21 f:; Schünemann, Die Rechte am menschlichen Körper, S. 188 ff.; Müller, Die kommerzielle Nutzung menschlicher Körpersubstanzen, S. 102 ff. (107 ff.); Reich, Organspendeverträge, S. 96 ff.; Sasse, Aspekte der Veräußerung von Organen, S. 73 ff.; aus ökonomischer Sicht: Hebborn, Möglichkeiten und Grenzen eines Marktes für Organtransplantate, S. 71 ff., 144 ff., 237 ff., 257 ff.

[776] Siehe unter V. A.

[777] Vgl. unter V. E.

den Aufklärungspflichten - ein, dann besteht für den Substanzträger die theoretische Möglichkeit, seine Zustimmung zur Weiterverwendung von einer Entgeltzahlung abhängig zu machen. Ob dieser theoretischen Möglichkeit unter dem Gesichtspunkt der Sittenwidrigkeit rechtliche Bedenken entgegenstehen, ist Gegenstand nachfolgender Überlegungen.[778]

(a) Industrielle Weiterverwendung

Werden Körpersubstanzen industriell und damit regelmäßig kommerziell weiterverwendet, ist die entgeltliche Abgabe der Substanzen nicht als sittenwidrig zu qualifizieren. Bedenklich ist vielmehr die eben beschriebene Rechtspraxis, die ausschließlich den ursprünglichen Substanzträger von der Erzielung eines wirtschaftlichen Gewinnes ausschließt. Dieser Praxis lag die weitläufig verbreitete Einschätzung über die wirtschaftliche Wertlosigkeit abgetrennter Körpersubstanzen zugrunde. Solche Fehleinschätzungen rechtfertigen die Unwirksamkeit entgeltlicher Übertragungen selbstverständlich nicht.

Soweit ersichtlich gibt es auch keine Gründe dafür, dass gerade der „Urheber" der „weiterkommerzialisierten" Substanzen nicht an den finanziellen Gewinnen anderer beteiligt werden darf, zumal in den hier relevanten Fallkonstellationen auch nicht die Gefahr besteht, dass Gesundheit wegen wirtschaftlicher Begierden gefährdet wird. Alle hier angesprochenen Substanzen werden ja nicht aus wirtschaftlichen Erwägungen, sondern aus diagnostischen bzw. therapeutischen Gründen entnommen oder sie werden vom Körper aufgrund natürlicher Körperfunktionen abgesondert. Die Gewinnungsart wirkt sich auch auf die Qualifikation des Entgeltes für die Überlassung der Substanzen aus. Das Entgelt kann nicht mehr als Aufwandsentschädigung deklariert werden, weil dem „Spender" keine besonderen Kosten entstanden sind. Man kommt dann aber auch nicht umhin, von einem Kaufpreis für die Körpersubstanzen zu sprechen. Höhere Herstellungskosten für die (Kosmetik-[779]) Produkte und letztlich deren Verteuerung für den Verbraucher werden hingenommen werden müssen.

Dieses Ergebnis ist auch unter Berücksichtigung der Ausführungen über die Rechtsnatur der Körpersubstanzen und der an ihnen beste-

---

[778] Siehe hierzu Taupitz in: Damm/Hart (Hrsg.), S. 51 ff. (69 ff.); Schröde/Taupitz, Menschliches Blut, S. 66 f.; Taupitz, AcP 191, S. 202 ff. (219 f., 231 ff.)

[779] Zur Pharmaindustrie siehe unten.

henden Rechte[780] konsequent: Körpersubstanzen sind grundsätzlich eigentumsfähige Sachen mit natürlich vorgegebener personenrechtlicher Prägung. Entsprechend den unter IV. B. 3. (S. 162 f.) aufgestellten Kriterien zur Rechtsnatur der Körpersubstanzen handelt es sich bei den hier zur Diskussion stehenden Substanzen um solche, deren personenrechtliche Prägung kaum mehr vorhanden ist. Es sind körperliche Abfallprodukte, deren Gewinnung nicht der Anlass des körperlichen Eingriffs war und die zu völlig körperfremden Zwecken, d.h. zu Zwecken, die nicht mehr ihrer natürlichen Bestimmung im Körper entspricht, weiterverwendet werden. Das Eigentumsrecht entfaltet also weitestgehend seine Wirkung und solange diese Substanzen tatsächlich fremdkommerzialisiert werden, spricht auch nichts dagegen, sie als Gegenstand zulässiger Eigenkommerzialisierung anzusehen.

(b) Wissenschaftliche Verwendung

Stehen mit der Weiterverwendung nicht unmittelbar kommerzielle, sondern wissenschaftliche Interessen im Vordergrund, wird von Vertretern der Wissenschaft vorgebracht, die Weiterentwicklung wissenschaftlicher Erkenntnisse dürfe durch finanzielle Forderungen nicht beeinträchtigt werden. Egoistisches Profitstreben müsse dem nach Art. 5 Abs. 3 GG grundrechtlich geschützten wissenschaftlichen Aufgabenbereich nachgeordnet werden. Unter Gliederungspunkt V. D. 4. b) (S.193) wurde aber bereits ausgeführt, dass Individualinteressen und im speziellen das Selbstbestimmungsrecht nicht notwendigerweise hinter dem von der Wissenschaft behaupteten Auftrag, Allgemeininteressen wahrnehmen zu müssen, zurückzustehen haben.[781] Dies gilt umso mehr als auch die wissenschaftliche Forschung keine Insel kommerzfreien Denkens ist, sondern „auf das engste mit wirtschaftlichen Interessen verflochten ist“[782], wofür die Patentierbarkeit von Produkten der Biotechnologie Beweis ablegt. Argumentativ gelangt man so wieder auf die gleiche Ebene wie bei der industriellen Weiterverwendung der Substanzen. Warum soll der Patient der einzige sein, der nicht an den wirtschaftlichen Gewinnen beteiligt wird? Und so ist es auch nicht als verwerflich anzusehen, die Abgabe von Körpersubstanzen in den angesprochenen Situationen mit wirtschaftlichen Interessen zu verbinden.

---

[780] Siehe insbesondere unter IV. B. 3. und unter V. E.

[781] BVerfGE 47, 327 (369 f.)

[782] Taupitz in: Damm/Hart (Hrsg.), S. 51 ff. (70) m.w.N. aus dem englisch sprachigen Rechtsraum; Taupitz, AcP 1991, S. 202 ff. (221)

Während bei industrieller Verwendung die Kommerzialisierbarkeit der erworbenen Substanzen berechenbar ist, kann bei einer wissenschaftlichen Verwendung nicht immer vorausgesagt werden, ob die Forschungsarbeiten einen wirtschaftlichen Gewinn einbringen. Denkbar ist daher, die Patienten erst nachträglich an tatsächlich erzielten Gewinnen zu beteiligen.[783]

(2) Gezielt fremdnützigen Entnahme

(a) Praktische Relevanz

Nur wenige Substanzen dürfen zielgerichtet für eine (entgeltliche) Weiterverwendung zu ausschließlich wissenschaftlichen oder industriellen Zwecken entnommen werden. Alle Entnahmen, die zu einem irreversiblen Substanzverlust führen oder einen erheblichen[784] medizinischen Eingriff erfordern, sind sittenwidrig und führen wegen § 226 a StGB zur Strafbarkeit des explantierenden Arztes. Beiden Fällen ist gemein, dass sie zu einer gesundheitlichen Gefährdung führen, die im Verhältnis zu dem verfolgten Zweck[785] nicht zu rechtfertigen ist.

Verbleiben aus praxisorientierter Sicht also in erster Linie regenerierbare Substanzen wie Haare, Fingernägel, Zehennägel, Urin und Kot[786] sowie die vom Transplantationsgesetz und folglich auch von § 134 BGB nicht erfassten - in der täglichen Praxis bei Übertragungen aber am häufigsten auftretenden - Substanzen wie Blut, Keimzellen[787] und Knochenmark. Diese Substanzen können rechtmäßig ohne größeren medizinischen Aufwand vom Körper abgetrennt und an die Industrie oder Forschung (entgeltlich) weitergegeben werden.

---

[783] Schünemann, Die Rechte am menschlichen Körper, S. 171 f.; Schröder/Taupitz Menschliches Blut, S. 68 f.; zur praktischen Durchführbarkeit, Taupitz, AcP 1991 S. 202 ff. (222 f.)

[784] Diese Kriterium auszufüllen, bedarf eines medizinischen Sachverstandes und muss einzelfallbezogen bestimmt werden. Vgl. auch Maier, Der Verkauf von Körperorganen, S. 20

[785] Wobei ein wissenschaftlicher Zweck weitergehende Eingriffe ermöglichen dürfte als ein industriell motivierter.

[786] Auf diese Substanzen wird nicht eingegangen, da deren entgeltliche Abgabe nicht umstritten ist.

[787] Einzelne Spermien sollen zur Entwicklung einer Spermawaage eingesetzt worden sein, da deren Gewicht Schlüsse auf das Geschlecht des gewünschten Kindes ermögliche.

Die Nachfrage von Wissenschaft und Industrie ließ sich in der Vergangenheit bereits ohne direkte Beziehungen zu den „Spendern“ kostengünstig befriedigen. Auch wenn das Bestimmungsrecht über Substanzen künftig Geltung erfahren und eventuell zu einer Verringerung der unentgeltlich verfügbaren Substanzen führen wird, ist nicht davon auszugehen, dass ein dem Transplantationswesen auch nur annähernd vergleichbarer Mangelzustand eintreten wird.

(b) Seltenheit der Körpersubstanz, Art. 5121-11 Abs. 2 CSP

Besondere Bedeutung erfährt die gezielt fremdnützige Entnahme, wenn der „Spender“ über außergewöhnliche Substanzen verfügt (z.B. seltene Bluteigenschaften) und sich interessierte Gruppen mit der Bereitschaft zur Entlohnung einer „Spende“ an ihn wenden.[788]

In derart seltenen Fällen kann man allenfalls[789] von einem glücklichen Zufall für den „Spender“, nicht aber von Sittenwidrigkeit entgeltlicher Übertragungen sprechen.

Argumentative Unterstützung für diese Ansicht liefert erstaunlicherweise das ansonsten kommerzscheue französische Recht. Einem Medikament, das auf der Grundlage bezahlter und nicht anonymisierter Blutspenden entwickelt wurde, darf nach Art. 5121-11 Abs. 2 CSP ausnahmsweise die Marktzulassung erteilt werden, wenn es bessere therapeutische Wirksamkeit entfaltet als vergleichbarer Produkte oder wenn vergleichbare Medikamente nicht in ausreichender Anzahl zur Verfügung stehen.[790]

In der Praxis begünstigt Art. 5121-11 Abs. 2 CSP die „Spender“ mit besonders seltenen Bluteigenschaften, da nur diese in der Lage sind, die von Art. 5121-11 Abs. 2 CSP geforderten Voraussetzungen zu erfüllen. Spender von Blut mit seltenen Bluteigenschaften dürfen nach Art. 5121-11 Abs. 2 CSP Vergütungen der Industrie entgegennehmen. Art. 5121-11 Abs. 2 CSP nimmt zwar im gesetzgeberischen Gesamtkonzept Frankreichs eine untergeordnete Stellung ein, legt aber Be-

---

788 Irrt sich der Substanzträger über die Tatsache, dass er über eine seltene Substanz verfügt, so kann er die Übertragung nach § 119 Abs. 2 BGB anfechten.

789 Soweit die Einzigartigkeit nicht ihrerseits auf einen krankhaften Zustand zurückzuführen ist.

790 Vgl. Labrusse-Riou, Bioéthique: de l'éthique au droit, du droit à l'éthique, S. 28 f.; in Deutschland ist dieser Fall nicht explizit geregelt und fällt auch nicht unter die Arzneimittelklausel des § 17 Abs. 1 S. 2 Nr. 2 TPG.

weis dafür ab, dass die entgeltliche Abgabe von Körpersubstanzen unter ethischen Gesichtspunkten dem französischen Gesetzgeber in Einzelfällen durchaus vertretbar erscheint. Ethisch wertvoller als die Einhaltung des Grundsatzes der Unentgeltlichkeit ist die Aussicht auf bessere und häufigere Heilungschancen durch den Einsatz von hochwertigen Medikamenten.

c) Therapeutische Verwendung von Blut und Knochenmark

(1) Gezielt fremdnützige Entnahme

Auf dem Sektor therapeutischer Verwendung von Blut und Knochenmark weichen die tatsächlichen Gegebenheiten von den eben angesprochenen Verhältnissen ab, weil sich Notsituationen ergeben, in denen Interessenten bereit sind, beträchtliche Summen für die vermeintlich lebensrettende Substanz zu zahlen. Deutlich erkennbar wird dies besonders bei öffentlichen Spendenaufrufen zu einer auf Empfängerseite bereits individuell vorbestimmten Knochenmarkspende. Findet man dann beispielsweise unter zehntausend Personen nur einen kompatiblen (mittellosen) Spender, der sich sein für den Empfänger so wertvolles Knochenmark „vergolden" lassen möchte,[791] spitzt sich die Frage nach der Sittenwidrigkeit eines derartigen Begehrens zu.[792]

Wäre der Anwendungsbereich des Transplantationsgesetzes auch für die Spende von Knochenmark eröffnet, könnte man sich weitere Überlegungen ersparen: Die Vorschriften des Transplantationsgesetzes

---

[791] Ob das Vertragsangebot nun gegenüber dem Ärzteteam oder gegenüber dem Empfänger erklärt wird, ist nebensächlich.

[792] Genau genommen weist dieser Beispielsfall sogar Parallelen zu dem von Art. 5121-11 Abs. 2 CSP umgesetzten gesetzgeberischen Motiv auf: Eine seltene Körpersubstanz soll zur Erhöhung der Heilungschancen anderer Verwendung finden. Bei der Knochenmarkspende ist es die einzige, jedenfalls die einzig verfügbare Substanz, die nicht - wie bei Art. 5121-11 Abs. 2 CSP - zu Gunsten einer amorphen Allgemeinheit, sondern zu Gunsten einer konkreten Person abgegeben werden soll. Neben der Bestimmbarkeit des Empfängers liegt der entscheidende Unterschied in dessen schwächeren „Verhandlungsposition": Bestimmen im Verhältnis „Spender" - Pharmaunternehmen ausschließlich ökonomische Kriterien den tatsächlichen Wert des Blutes, ist es in obigem Beispielsfall die Überlebenschance und die Finanzkraft des erkrankten Empfängers. Bei der anonymen Blutspende verschieben sich die Parallelen. Zwar wird bei einer Blutspende zumeist keine seltene Substanz abgegeben. Wie bei Art. 5121-11 Abs. 2 CSP ist der Empfänger nicht bestimmbar und befindet sich der Empfänger (der Blutspendedienst) in keiner schwächeren Verhandlungsposition.

über Lebendspenden (regenerierungsfähiger Organe) zielen unter Berufung auf den Schutz erkrankter Menschen darauf ab, solche Ansinnen zu unterbinden[793] und stehen damit in Übereinstimmung zu der schon jahrelang geführten Diskussion über das Für und Wider wirtschaftlich motivierter „Spenden" zu Heilungszwecken.

Diese wiederholt geführte Diskussion[794] soll nicht erneut aufgegriffen werden. Statt dessen wird die Frage gestellt, ob es sachgerecht war, Blut und Knochenmark aus dem Organhandelstatbestand des Transplantationsgesetzes auszuklammern. Zu prüfen ist also, ob es unter Zugrundelegung der im Transplantationsgesetz benannten Schutzgüter des Organhandeltatbestandes erforderlich ist, die wirtschaftlich motivierte Übertragung von Blut und Knochenmark - wenn schon nicht unter dem Gesichtspunkt des § 134 BGB - „wenigstens" nach § 138 Abs. 1 BGB zu verbieten.[795] Da das Transplantationsgesetz auch regenerierbare Substanzen erfasst (vgl. § 8 Abs. 1 S. 2 TPG), kann allein diese dem Blut und Knochenmark anhaftende Eigenschaft eine gesonderte Behandlung nicht rechtfertigen.

Als Schutzgüter des Transplantationsgesetzes wurden bereits die gesundheitliche Notlage lebensgefährlich Erkrankter, der Schutz potentieller Lebendspender vor wirtschaftlich motivierten Beeinträchtigungen ihrer Gesundheit und das Pietätgefühl der Allgemeinheit hervorgehoben.

Das Schutzbedürfnis der Lebendspender ist bei den hier in Frage stehenden Substanzen weit weniger ausgeprägt als bei der Transplantation von Nieren, Lebersegmenten oder Teilen des Dünndarms. Eine Gesundheitsgefährdung wird mit der relativ einfachen Gewinnung von Blut und Knochenmark in der Regel nicht eintreten.[796]

---

793 Nach dem Gesetzentwurf vom 16.02.1995 (Drucksache 13/587) sollte auch das Handeltreiben mit Knochenmark nach § 298 StGB verboten werden.

794 Siehe Fn. 776

795 Wobei bereits umstritten ist, ob die Schutzzwecke des Transplantationsgesetz überhaupt in der Lage sind, die Regelungsinhalte des Organhandeltatbestandes zu rechtfertigen, vgl. König, Strafbarer Organhandel, S. 109 ff.; darauf wird hier nicht im einzelnen eingegangen.

796 Gleiches gilt aber auch für eine Vielzahl anderer Substanzen, die vom Anwendungsbereich des Transplantationsgesetzes erfasst sind. Auch viele Gewebearten lassen sich einfach gewinnen.

Ausweislich der gängigen und unbestrittenen Blutspendenpraxis, die durch § 10 TFG gebilligt wird, verbietet das Pietätgefühl der Allgemeinheit pauschale Aufwandsentschädigungen für eine Blutspende sicherlich nicht.[797] Der Ideenreichtum der Blutspendedienste reicht von der Ausgabe von Essenspaketen über eine Barauszahlung von ungefähr 40 € bis hin zur automatischen Teilnahme an Auslosungen mit wertvollen Preisen. Die Meinungen sind geteilt und die Frage wird gestellt, inwieweit es sich bei diesen Leistungen noch um pauschale Aufwandsentschädigungen handelt oder ob hier bereits von einer Vergütung der Spender gesprochen werden muss.[798] In Frankreich wird die deutsche Spendenpraxis übrigens vorwiegend als Vergütung qualifiziert.[799]

Da für die Blut- und Knochenmarkspende weder der Gesundheitsschutz des Spenders noch das Pietätgefühl der Allgemeinheit das Verbot begründen können, verbleibt noch der Schutz erkrankter Empfänger vor wirtschaftlicher Ausbeutung ihrer gesundheitlichen Notlage. Dieser Gesichtspunkt alleine vermag die Sittenwidrigkeit entgeltlicher Übertragungen aber nicht generell zu begründen; er spricht eher für die Anwendung des engeren Wuchertatbestandes nach § 138 Abs. 2 BGB.[800]

In dem eingangs dargelegten Beispielsfall würde die Allgemeinheit sicherlich auch eine Zahlung, sei sie als Aufwandsentschädigung oder als Vergütung qualifiziert, solange nicht als verwerflich ansehen, wie die gewährten Vorteile nicht unangemessen hoch sind und die beschriebene ungleiche „Verhandlungsposition" nicht durch den „Spender" ausgenutzt wird.

---

[797] Vgl. auch das „Votum des Arbeitskreises Blut" des Bundesministeriums für Gesundheit (Bundesgesundheitsblatt 12/93, S. 542); in einer Vielzahl von Fällen, die das Transplantationsgesetz umfasst, wäre das Pietätgefühl der Allgemeinheit ebenfalls nicht verletzt, so auch König, Strafbarer Organhandel, S. 125 f.

[798] Wohl als „Donation with incentive" zu qualifizieren: der Spender soll durch gewisse Vorteile, die über die bloße Entschädigung hinausgehen, zu einer Spende bewegt werden; vgl. Tress, Organtransplantation, S. 42 f.; Schünemann, Die Rechte am menschlichen Körper, S. 195 ff.; Carstens, Das Recht der Organtransplantation, S. 68 ff.

[799] Vgl. Rouger, La transfusion sanguine, S. 121 f. ; Salat-Baroux, Les lois de bioéthique, S. 28 f.

[800] Eingehend König, Strafbarer Organhandel, S. 245 ff. (247)

Folgt man dem Bestreben, den Umgang mit Blut und Knochenmark mit dem System der gesetzlich verankerten Kommerzialisierungsverbote in Einklang zu bringen,[801] gelangt man zu dem Ergebnis, dass wirtschaftlich motivierte Übertragungen dieser Substanzen - wie im übrigen auch einige vom Transplantationsgesetz erfasster Substanzen[802] - nur in Ausnahmefällen untersagt werden müssen. Obwohl viele „Spender" ihr Blut nur (bzw. auch) wegen des in Aussicht gestellten wirtschaftlichen Vorteils zur Verfügung stellen,[803] kann ihre „Spende" nicht als sittenwidrig angesehen werden.

(2) Mittelbar fremdnützigen Entnahme

Soweit Substanzen kommerzialisiert werden sollen, die nicht gezielt für eine Spende entnommen, aber therapeutisch weiterverwendet werden, befindet man sich - mit Ausnahme von Blut und Knochenmark - wieder im Anwendungsbereich des Transplantationsgesetzes und des § 134 BGB.[804] Als Beispiel für mittelbar fremdnützige Entnahmen

---

801 Das gleiche Ziel verfolgt Tag, MedR 1998, S. 387 ff. (393) für die Überlassung von Plastinaten an Dritte.

802 Es gibt zahlreiche unter den Organbegriff des Transplantationsgesetzes fallende Substanzen, die wie das Blut und das Knochenmark regenerierbar sind und ohne erheblichen körperlichen Eingriff gewonnen werden können. Darüber hinaus ist auch fraglich, ob das Pietätgefühl der Allgemeinheit tatsächlich bei allen von § 1 Abs. 1 TPG erfassten Organen verletzt ist, wenn sie gegen Entgelt weitergegeben werden.

803 Reich, Organspendeverträge, S. 43 ff.; Taupitz in: Damm/Hart (Hrsg.), S. 51 ff. (71)

804 Auch alle Substanzen, aus denen Pharmaunternehmen (nicht transplantierbare) Arzneimittel herstellen, fallen unter das Transplantationsgesetz. Nach dem Gesetzentwurf der Fraktionen der CDU/CSU, SPD und F.D.P. gilt das Organhandelsverbot „für alle Organe, die einer Heilbehandlung zu dienen bestimmt sind, sei es durch Transplantation, sei es in Form nicht transplantierbarer Arzneimittel, die aus oder unter Verwendung der Organe hergestellt werden", BT-Drs. 13/4355, Begründung zu § 1 Abs. 1; vgl. hierzu auch die Ausführungen zu § 17 Abs. 1 S. 2 Nr. 2 TPG unter III. B. 1.d) (3) (b) (i); Während die kosmetische Industrie ohne Strafandrohung die Substanzen entgeltlich erwerben kann, ist der entgeltliche Erwerb durch die arzneimittelherstellende Pharmaindustrie gesetzlich verboten. Obgleich hier wie da in erster Linie wirtschaftliche Motive das Handeln prägen, kann diese Ungleichbehandlung dadurch gerechtfertigt werden, dass die Arzneimittel unweigerlich verteuert werden müssten und diese Verteuerung ausschließlich zu Lasten der darauf angewiesenen erkrankten Personen geht, was dem ethischen Gebot, „das Geschäftemachen mit der Not erkrankter Menschen" zu vermeiden, widersprechen würde. Eine dem Art. 5121-11 Abs. 2 CSP vergleichbare Vorschrift - der sich ja zudem auch nur auf Blut

soll hier die Eigenblutspende dienen, die für den Spender nicht benötigt wurde.

Anders als bei der industriellen oder wissenschaftlichen Verwendung kann die Eigenkommerzialisierung nun nicht durch eine anschließend einsetzende Fremdkommerzialisierung gerechtfertigt werden.[805]

Dennoch scheint nicht jede wirtschaftlich motivierte Einwilligung zur Weiternutzung des Blutes oder des Knochenmarkes sittenwidrig zu sein: Der Körper wird nämlich weder für kommerzielle Zwecke instrumentalisiert, weil ja der Gewinnung ein anderer Primärzweck zu Grunde lag, noch wird eine konkrete Notlage auf Empfängerseite ausgebeutet. Zudem handelt es sich bei Blut und Knochenmark um eigentumsfähige Sachen, die nach den oben gefundenen Ergebnissen wegen ihrer Regenerierungsfähigkeit und der Nutzlosigkeit für ihren ursprünglichen Träger ohnehin nur einer schwachen personenrechtlichen Prägung unterliegen.

Um Missverständnissen vorzubeugen: In der Regel werden körperliche Elemente und Produkte auch ohne finanzielle Forderungen der therapeutischen Weiterverwendung zur Verfügung gestellt werden. Die „spendenden" Personen sind zumeist selbst in gesundheitlichen Schwierigkeiten und wissen, wie wichtig altruistisches Handeln ist. Werden dennoch vereinzelt finanzielle Forderungen erhoben und gewährt, so ist das zugrundeliegende Rechtsgeschäft deswegen noch nicht sittenwidrig.

d) Verwendung von Keimzellen zur künstlichen Befruchtung

Bevor der Frage der wirtschaftlich motivierten Abgabe von Keimzellen nachgegangen werden kann, ist erforderlich, die problembehafteten Fallkonstellationen in Erinnerung zu rufen und den exakten Verwendungszweck der Keimzellen zu beleuchten.

(1) Relevante Fallkonstellationen

Um die praxisrelevanten Fallgestaltungen bestimmen zu können, in denen nach den geltenden Bestimmungen eine Kommerzialisierung der Keimzellen durch ihren ursprünglichen Träger überhaupt betrieben werden kann, werden einige Grundsätze des in Deutschland prakti-

bezieht - existiert in Deutschland nicht.

805 Stellungnahmen finden sich hierzu - soweit ersichtlich - in der Literatur nicht.

zierten Spendesystems wiederholt: Nach deutschem Recht ist nur die Spende männlicher Keimzellen zulässig; de lege lata konzentriert sich die Frage nach der Sittenwidrigkeit wirtschaftlich motivierter „Keimzellenspenden" also auf die Spermaspende. Unter den zahlreichen Möglichkeiten medizinisch assistierter Fortpflanzung beschränkt sich die Problemstellung auf Fälle heterologer[806] Befruchtung und weiter, auf die Fälle heterologer Befruchtung mit Fremdspendern, die nach den standesrechtlichen Richtlinien zahlreichen Bedingungen unterliegen. In der Praxis sind jene Konstellationen bedeutsam, bei denen der männliche (eheliche) Lebenspartner zeugungsunfähig ist, die künstliche Befruchtung aber einer Adoption vorgezogen wird, um wenigstens die genetische Verwandtschaft mit der Mutter herbeiführen zu können. Sowohl Angebot als auch Nachfrage haben bei Spendersamen in den letzten Jahren abgenommen.[807] Die Verringerung der Nachfrage ist auf die steigende Perfektionierung künstlicher Befruchtungstechniken, die Zurückhaltung auf Spenderseite, auf die wirtschaftlichen und persönlichen Risiken für den Spender wegen der nicht anonymisierten Spende zurückzuführen.

Nach nunmehr verbreiteter Auffassung ist die Spermaspende vom Grundsatz her keinen verfassungsrechtlichen Bedenken mehr ausgesetzt. Lange Zeit war umstritten, ob nicht die (unverzichtbare) Menschenwürde des genetischen Vaters durch die Abgabe seines Spermas verletzt werde:[808] begründet wurde dies damit, dass der genetische Vater im allgemeinen ausschließlich als "Samenspender" in Erscheinung trete, von personalen Beziehungen zu Mutter und Kind ausgeschlossen bleibe und er seine Samenzellen nur als Instrument zum Zwecke der Zeugung überlasse. Neuere Stimmen in der Literatur[809] sehen hingegen die Menschenwürde des Samenspenders nicht als verletzt an. Das Verhalten des Samenspenders bringe nicht dessen Gleichgültigkeit oder gar Verächtlichkeit gegenüber dem eigenen Menschsein zum Ausdruck. Vielmehr bejahe er gerade den Wert des Menschseins und unterwerfe sich den Rahmenvoraussetzungen der

806 Die homologe Insemination wirft kein Kommerzialisierungsproblem auf. Genauer zur begrifflichen Unterscheidung zwischen homologer und heterologer Befruchtung, siehe unter III. A. 3. e)

807 Schätzungen zu Folge kommen in Deutschland zwischen 500 und 1000 Kinder unter Einsatz von Spendersamen zur Welt.

808 Ausführlich DJT 1986, Gutachten A; Samenspende wurde schon als „Laich-Gewerbe" verstanden, vgl. Giesen, FamRZ 1965, S. 248 ff. (250)

809 So auch Pasquay, Die künstliche Insemination, S. 151 für die unentgeltliche Spende; Rüsken, NJW 1998, S. 1745 ff. (1747 f.); Starck, DJT 1986, A 21 ff.

künstlichen Befruchtung, um zu dem elterlichen Glück anderer beitragen zu können.

(2) Konkreter Verwendungszweck einer Spermaspende

Auf den ersten Blick liegt der Gedanke nahe, auch den Einsatz von Keimzellenspenden für künstliche Befruchtungen der Kategorie therapeutischer Verwendung von Körpersubstanzen zuzuordnen und die für Blut und Knochenmark vorgenommenen Wertungen hierauf zu übertragen. Schließlich werden Keimzellen gespendet, um der krankhaft gestörten Fortpflanzungsfähigkeit eines Empfängerpaares abzuhelfen. Bei genauerem Hinsehen wird aber doch deutlich, dass in den soeben angesprochenen Konstellationen zumeist keine Heilbehandlung gesehen werden kann.[810]

Eine Heilbehandlung setzt nämlich voraus, dass eine behandlungsbedürftige Krankheit, d.h. ein objektiv fassbarer regelwidriger Körper- oder Geisteszustand vorliegt. Ist die künstlich befruchtete Frau aber gesund, scheidet eine Heilbehandlung unter Verwendung von Fremdsperma in aller Regel aus, weil eine gesunde Frau nicht heilungsbedürftig ist und die krankhaft bedingte Zeugungsunfähigkeit des Lebenspartners durch die künstliche Befruchtung nicht geheilt werden kann.[811] Sie verhilft vielmehr dem Mann „nur“ zu einem ihm sozial zuzuordnenden Kind. Eine künstliche Befruchtung mit Fremdspender kann folglich nur bei einer empfängnisunfähigen Frau als Heilbehandlung qualifiziert werden, bei der eine Befruchtung durch den Lebenspartner nicht durchgeführt werden kann,[812] weil mit ihrer eigenen Krankheit eine krankhafte Störung der Fortpflanzungsfähigkeit des Partners zusammentrifft.

---

[810] Für die Wirksamkeit des entgeltlichen Samenspendervertrages: Waibl, Kindesunterhalt als Schaden, S. 226 ff. (229 ff.); auf den Begriff der Heilbehandlung wie in § 17 TPG dürfte indes nicht abgestellt werden, da nicht alle Fälle künstlicher heterologer Befruchtung als Krankheitsbehandlung anzusehen sind, vgl. Rüsken, NJW 1998, S. 1745 ff. (1746 f.)

[811] Ausnahmsweise kann auch bei Erkrankung des Mannes eine künstliche Befruchtung Krankheitsbehandlung sein, wenn ein Mann z. B. an Oligozoospermie leidet, also zwar auf natürlichem Wege nicht zeugen kann, jedoch über zeugungsfähiges Sperma verfügt, so dass mittels künstlicher Befruchtung mit seinem Sperma eine Schwangerschaft eingeleitet werden kann; in diesen Fällen werden sich keine Kommerzialisierungsprobleme ergeben.

[812] Ein Lebenspartner ist bei Durchführung einer heterologen Insemination in Deutschland und in Frankreich vorgeschrieben, vgl. oben.

(3) Wirtschaftlich motivierte Abgabe von Sperma

Weiterhin umstritten ist, ob die Verknüpfung wirtschaftlicher Interessen bei der Hingabe des Spermas sittenwidrig ist. Ohne beanspruchen zu wollen, die vielfältigen und schwierigen Probleme annähernd erschöpfend erörtern zu können, greifen die folgenden Gedanken in erster Linie die für andere Körpersubstanzen und deren Verwendung geltenden Gesichtspunkte auf:

In der Diskussion über die Kommerzialisierung von Keimzellen trifft man im Schrifttum auf die gleichen unvereinbaren Positionen wie sie bereits bei der rechtlichen Einordnung der Gameten erkennbar geworden sind. Es wird darauf verwiesen, dass es mit ihrer Natur als Träger des Erbgutes nicht vereinbar sei, sie als kommerzialisierbares Gut, ähnlich einer Handelsware, anzusehen;[813] andere Meinungen wollen Keimzellen als Sachgut qualifizieren und sie nicht von jeglicher Kommerzialisierungsmöglichkeit ausklammern.[814]

Zumeist kommen diese gegensätzlichen Auffassungen erstaunlicherweise wieder überein, wenn es um die Beurteilung der gegenwärtigen Spendenpraxis geht:[815] Obgleich ein Samenspender von vielen Fertilisationskliniken mit bis zu 100 € pro Ejakulat „entschädigt" wird und ein Blick auf einige Internetseiten einem veranschaulicht, dass sich viele - zumeist über die Rahmenbedingungen uninformierte - Männer erhoffen, durch Samenspenden ihr Jahresgehalt um bis zu 2000 € aufbessern zu können, stößt diese Praxis in der Öffentlichkeit und dem juristischen Schrifttum nur auf wenig Kritik.

Hinter dieser (oftmals unausgesprochenen) Billigung steht wohl die (ebenfalls unausgesprochene) Sorge, im Falle einer Ablehnung dieser Usancen die Nachfrage nach Sperma nicht decken und den verständlichen Kinderwunsch unfruchtbarer Paare nicht befriedigen zu können. Man wird aber die Zahlung einer Pauschale von 100 € weder als Aus-

---

813 Coester-Waltjen, DJT 1986, B 69 f.; Niederer, Reproduktionsmedizinische Methoden zur Überwindung männlicher Infertilität im Spiegel des Rechts, S. 77 ff., Pasquay, Die künstliche Insemination, S. 151

814 Marian, Die Rechtsstellung des Samenspenders, S. 178 ff. m.w.N.; mit vager Begründung Waibl, Kindesunterhalt als Schaden, S. 229 ff. (231)

815 Niederer, Reproduktionsmedizinische Methoden zur Überwindung männlicher Infertilität im Spiegel des Rechts, S. 77 ff. (80); Marian, Die Rechtsstellung des Samenspenders, S. 178 ff. (180); Schünemann, Die Rechte am menschlichen Körper, S. 175 f., 196

gleich entstandener Aufwendungen noch als „Donation with incentive“[816] qualifizieren können, weil sie das angemessene Maß übersteigt, um dem einen oder anderen - in der Regel altruistischen Motiven folgenden - „Spender“ nur noch den letzten Motivationsschub für seine „Spende“ zu verleihen.[817] Stellt man einen Vergleich zur Blutspendenpraxis und der dort gehandhabten „Entschädigungspraxis“ an, ist nicht erkennbar, warum der Samenspender einen höheren „Aufwendungsersatz verdienen“ soll als ein Blutspender. Vielmehr spiegelt der „Entschädigungsbetrag“ bereits ein typisches Marktverhalten wider: Weil das tatsächliche Angebot an Samenspendern sehr gering ist, muss der finanzielle Anreiz entsprechend erhöht werden. Die geringe Spendenbereitschaft in Deutschland resultiert aus abstammungsrechtlichen Vorgaben der Rechtsprechung[818]: Der Samenspender muss sich mit der Preisgabe seiner Identität ausdrücklich einverstanden erklären, wenn das Kind ein entsprechendes Auskunftsersuchen an den Arzt stellt.[819] Angesichts dieser unsicheren Rechtsstellung des Samenspenders liegt die berechtigte Vermutung nahe, wonach sich „keine geistig intakten jungen Männer“[820] zu einer Samenspende bereit erklären. So scheint es auch, dass die gängige Praxis, 100 € pro Spende zu bezahlen, nur deswegen nicht mit dem Sittenwidrigkeitsmakel gebrandmarkt wird, weil eine Ausuferung dieser Praxis de facto nicht zu befürchten ist.

Wie eingangs angesprochen, kann die Spermaspende für eine künstliche Befruchtung in aller Regel keiner der bislang angesprochenen Verwendungsarten - der industriellen, wissenschaftlichen und thera-

---

816 Der Spender soll durch gewisse Vorteile, die über die bloße Entschädigung hinausgehen, zu einer Spende motiviert werden.

817 Es ist müßig, eine Abgrenzung zwischen Vergütungs- und Entschädigungszahlung vorzunehmen. Zumeist endet dieser Versuch in Wortklauberei. Tatsache ist, dass sich eine Vielzahl der „Spender“ ähnlich wie bei der Blutspende ganz maßgeblich von der versprochenen Entlohnung leiten lassen. Die altruistische Spende stellt wohl die Ausnahme dar.

818 BVerfGE 79, 256 in : FamRZ 1989, S. 255 und BVerfGE 90, 263 in: FamRZ 1990, S. 881; BGHZ 87, 169 in: FamRZ 1883, S. 686 und BGH, in: FamRZ 1995, S. 2921; die Rahmenbedingungen haben in den Standesrichtlinien der Ärzteschaft ihren Niederschlag gefunden.

819 Zu den möglichen Rechtsfolgen bei einer Anfechtung der Vaterschaft des sozialen Vaters Kirchmeier, FamRZ 1998, S. 1281 ff. Insb. Unterhaltsansprüche und erbrechtliche Ansprüche des Kindes gegen den Samenspender, sowie Rückgriffsansprüche des Samenspenders gegenüber dem sozialen Vater.

820 Schumacher, FamRZ 1987, S. 313 ff. (317)

peutischen Weiterverwendung - zugeordnet werden. So kann mangels therapeutischer Verwendung weder auf Schutzzweckgesichtspunkte des Transplantationsgesetzes zurückgegriffen werden, um Argumente für ein Kommerzialisierungsverbot zu erhalten, noch vermögen die für die industrielle Verwertung angestellten Überlegungen die Zulässigkeit der wirtschaftlich motivierten Übertragung von Keimzellen zu rechtfertigen.

Anders als bei der Hingabe von Körpersubstanzen an die Industrie, wird das Sperma nicht fremdkommerzialisiert und es findet auch durch Abgabe von Sperma zu Zwecken einer künstlichen Befruchtung keine Verdinglichung der Substanzen in dem Sinn statt, dass jeglicher persönlicher Bezug verloren geht und sie in einer „körperfremden Funktion“ Verwendung finden.

Zwar sind männliche Keimzellen - wie andere Körpersubstanzen auch - eigentumsfähige Sachen. Sie bleiben aber in besonderem Maße - auch nach der Verschmelzung mit einer Eizelle - mit dem ursprünglichen Träger personenrechtlich verbunden, da sie zur genetischen Vaterschaft mit allen sich daraus ergebenden familienrechtlichen Konsequenzen führen. Diese Verwendung ist weder mit der Herstellung von Kosmetika aus Körpersubstanzen oder anderen industriellen Verarbeitungsvorgängen, noch mit der Blut- oder Knochenmarkspende vergleichbar. Sie berührt vielmehr die Grundlagen menschlicher Existenz und gehört zum intimsten Bereich unserer Gesellschaftsordnung. Grundsätzlich ist deshalb eine entgeltliche (marktorientierte) Keimzellenspende sittenwidrig.

Die über die Ablehnung des Anonymitätsgrundsatzes einer Samenspende eher zufällig bedingte Verhinderung der Kommerzialisierung von Sperma sollte in Anlehnung an die französischen Regelungen[821] im Rahmen einer Gesamtkodifikation der Fortpflanzungsmedizin gesetzlich gezielt unterbunden werden.

D. Rechtsvergleichender Überblick

Die vor allem in Frankreich geführte Diskussion über die Frage, ob Körpersubstanzen Gegenstand vertraglicher Abreden sein können, verliert zunehmend an Gewicht. Nach den heute wohl herrschenden

[821] Wie bereits angesprochen kommen in Frankreich als Spender nur Personen in Betracht, die bereits eigene Kinder haben und in einer Partnerschaft leben.

Meinungen in Frankreich und Deutschland muss die Überprüfung der Rechtswirksamkeit von Verträgen über Körpersubstanzen nicht am Vertragsobjekt, sondern am Vertragszweck angesetzt werden. Wenn dieser nicht gegen ein gesetzliches Verbot, die guten Sitten oder den „ordre public" verstößt (Art. 1131, 1133 CC, §§ 134, 138 BGB), bleiben vertragliche Abreden über die Verwendung von Körpersubstanzen wirksam. Für den hier interessierenden Untersuchungsgegenstand stellt sich daher die Frage, ob durch die wirtschaftlich motivierte Weitergabe der Substanzen durch den Spender gegen ein gesetzliches Verbot, die guten Sitten oder den „ordre public" verstoßen wird.

Wie bereits unter Gliederungspunkt III. festgestellt wurde, verbieten die französischen Vorschriften den kommerziellen Umgang mit Körpersubstanzen umfassend, während in Deutschland nur im Transplantationsgesetz gesetzliche Verbotsvorschriften enthalten sind. Bei wissenschaftlichen und industriellen Verwendungen sowie bei der Verwendung von Keimzellen und Blut hängt die Wirksamkeit wirtschaftlich motivierter „Spenden" davon ab, ob sie als sittenwidrig (§ 138 Abs. 1 BGB) anzusehen sind. In der französischen Literatur wird diese Frage wegen der vorhandenen umfassenden gesetzlichen Verbotsvorschriften (Art. 1131, 1133 CC i.V.m. 16-1 Abs. 3 und 16-6 CC) nicht erörtert.

Häufig wird allerdings in deutscher Literatur und Rechtsprechung die wirtschaftlich motivierte Weitergabe von Körpersubstanzen pauschal - ohne unter den mit den Substanzen verfolgten Verwendungszwecken zu differenzieren - als sittenwidrig qualifiziert.

Die generelle Verbannung einer Kommerzialisierung von Körpersubstanzen durch den Spender erscheint indes nicht angebracht, zumal bei einer industriellen und wissenschaftlichen Weiterverwendung der Substanzen deren Abnehmer im Regelfall auf einen wirtschaftlichen Profit aus sind. Dass allein der „Spender" von der Erzielung wirtschaftlicher Vorteile ausgeschlossen bleiben soll, ist nicht sachgerecht. Dies gilt insbesondere dann, wenn eine industrielle oder wissenschaftliche Weiterverwendung von körperlichen Abfallprodukten, deren personenrechtliche Prägung kaum mehr vorhanden ist, zur Diskussion steht.

Erfolgt hingegen die Entnahme von Körpersubstanzen gezielt für eine industrielle oder wissenschaftliche Weiterverwendung, müssen sich die Überlegungen auf regenerierbare Substanzen mit besonderen biologischen Eigenschaften konzentrieren. Auch in diesen Fällen ist die wirtschaftlich motivierte Weitergabe regelmäßig nicht als sittenwidrig zu qualifizieren, wobei zu einem gleichen Ergebnis auch der französische Gesetzgeber gelangt, der in Art. 5121-11 Abs. 2 CSP die Vergütung von Blutspenden mit seltenen Bluteigenschaften zur Medikamentenherstellung ausnahmsweise gestattet.

Die wirtschaftlich motivierte Weitergabe von Körpersubstanzen zur therapeutischen Weiterverwendung ist mit Ausnahme von Blut und Knochenmark weitgehend von § 134 BGB i.V.m. §§ 17 ff. TPG erfasst. Die dem Organhandelstatbestand (§§ 17 ff. TPG) zugrunde liegenden Gesetzesmotive können die Sittenwidrigkeit wirtschaftlich motivierter Blut- und Knochenmarkspenden nicht begründen. Der Schutz erkrankter Empfänger vor wirtschaftlicher Ausbeutung ihrer gesundheitlichen Notlage kann jedoch durch § 138 Abs. 2 BGB (Wucher) gewährleistet werden.

Eine Spermaspende für eine künstliche heterologe Befruchtung fällt in der Regel nicht in die Kategorie therapeutischer Weiterverwendung, da durch sie die krankhaft bedingte Zeugungsunfähigkeit des Empfängerpaares nicht geheilt wird. Die Weiterverwendung berührt vielmehr die Grundlagen menschlicher Existenz und den intimsten Bereich unserer Gesellschaftsordnung. Die wirtschaftlich motivierte „Spende“ von Keimzellen ist deshalb als sittenwidriges Handeln zu qualifizieren, zumal Sperma in besonders hohem Maße personenrechtlich gebunden ist.

VII. Les substances corporelles détachées du corps humain dans le cadre du conflit entre droit de la personnalité et droit patrimonial

- Comparaison juridique sur la commercialisation de substances corporelles en France et en Allemagne -

I. A. Introduction / Définition des problèmes

L'environnement socio-économique actuel a recours aux substances corporelles pour satisfaire à des besoins divers : thérapeutiques (transplantation), industriels (pharmacie, cosmétique, biotechnologie), scientifiques et sociaux (l'assistance médicale à la procréation avec tiers donneur).

La satisfaction de ces besoins crée une forte tension entre offre et demande ce qui contribue à accroire le risque de commercialisation. Aussi, le courant juridique majoritaire en Europe vise à protéger le corps humain et ses substances détachées des pratiques mercantiles (*cf. article 3 al. 2 de la Charte des Droits fondamentaux de l'Union européenne*).

Une comparaison entre la France et l'Allemagne fait apparaître de premières disparités : la France a mis en place une législation systématique et détaillée concernant les différents problèmes juridiques liés à l'utilisation de substances corporelles (les lois bioéthiques de 1994), tandis qu'en Allemagne, la législation revêt un caractère fragmentaire (loi relative au don, au prélèvement et à la transplantation d'organes du 5 novembre 1997 - Transplantationsgesetz (TPG); loi relative à la transfusion sanguine du 1 juillet 1998 - Transfusionsgesetz (TFG); loi relative à la protection des embryons du 13 décembre 1990 - Embryonenschutzgesetz (ESchG)).

I. A. 1. Nous limiterons la présente étude aux questions liées à la commercialisation par le donneur (Eigenkommerzialisierung) et aborderons les problèmes liés à la commercialisation par un tiers (brevets, importation/exportation, médicaments) de manière à illustrer les principes fondamentaux retenus par les législateurs français et allemand.

I. A. 2. Nous examinerons les questions liées à l'utilisation de substances provenant de donneurs vivants sans traiter les problèmes soulevés par les dons post mortem et l'utilisation d'embryons. Nous étudierons le don d'organes, de tissus, de cellules, de sang, de gamètes, de déchets opératoires du placenta ... (substances corporelles / éléments et produits du corps humain).

I. A. 3. Pour apprécier la licéité ou l'illicéité de la rétribution des donneurs, il convient de distinguer les différents champs d'application de l'utilisation des substances corporelles. Les arguments divergent selon que les substances sont utilisées thérapeutiquement, industriellement ou pour une procréation médicalement assistée.

Les déchets du corps humain posent des problèmes spécifiques lorsqu'ils sont utilisés pour la recherche scientifique et vendus à des laboratoires à des fins pharmaceutiques ou cosmétiques, sans que leur porteur en soit informé ou ait consenti préalablement. Avant de pouvoir aborder les problèmes liés à la commercialisation de ces substances par le donneur, il est nécessaire de s'interroger sur la nécessité d'un consentement préalable du donneur (en fonction de la finalité de l'utilisation).

I. A. 4. Pour répondre aux problèmes soulevés précédemment, nous étudierons dans un premier temps les fondements de la discussion sur la commercialisation du corps humain en France et en Allemagne (II.). Ensuite nous exposerons séparemment les lois françaises et allemandes concernant le don et l'utilisation de substances corporelles (III.). Puis nous examinerons la définition juridique des éléments et substances corporels (IV.) et les droits de la personne sur ces éléments et substances (V.). Enfin, nous nous interrogerons sur le fait de savoir si le matériel biologique peut faire l'objet de transactions contractuelles (rémunerées) (VI.).

A titre préliminaire, il convient de décrire la réalité scientifique et médicale contemporaine qui est à l'origine des problèmes juridiques posés (I. B.-E.).

I. B. Introduction / Progrès de la médecine en matière de transplantation La pénurie d'organes s'aggrave et on constate au fil des années une mortalité accrue dûe à des dons d'organes non réalisés. Alors qu'en France, on est passé de 4. 903 à 6. 036 patients en attente de greffe d'organes entre 1996 et 2000, on comptait en Allemagne 10. 860 patients sur les listes d'attente.

Ceci encourage par conséquent les dérives mercantiles et conduit parfois à proposer l'achat de reins à travers les médias.

À l'heure où les cellules souches (contenues dans le sang, le placenta, le cordon ombilical et la moelle osseuse) permettent d'attendre de réelles avancées thérapeutiques, les médecins espèrent pouvoir remédier partiellement à la pénurie.

I. C. Introduction / Le don de sang En dépit de la solidarité d'environ 1,7 million de donneurs de sang en France et de 2 millions de donneurs en Allemagne, les deux pays (l'Allemagne en particulier) sont obligés d'importer des produits sanguins en provenance des Etats-Unis, où le don de sang est rémunéré.

I. D. Introduction / Le don de gamètes La demande effectuée par des couples stériles pour l'obtention de gamètes d'un tiers, afin de s'engager dans un processus d'assistance médicale à la procréation, est considérable. En France, le délai pour réaliser une insémination artificielle avec du sperme donné est aujourd'hui supérieur à un an. En 1999, les traitements à partir de sperme de donneurs ont permis d'atteindre le chiffre de 1. 279 grossesses tandis qu'en Allemagne, on estime le nombre de grossesses oscille entre 500 et 1000.

Pour le don d'ovocytes, la situation est bien plus grave puisqu'en France les listes d'attente sont supérieures à deux ans. En Allemagne, par contre, le don d'ovocytes est prohibé par l'« Embryonenschutzgesetz ». Un véritable marché de gamètes s'est développé aux Etats-Unis : sur Internet, il est désormais possible d'acheter le sperme d'un prix Nobel, ou encore de choisir un mannequin prêt à mettre ses ovocytes aux enchères.

I. E. Introduction / Utilisation cosmétique et pharmaceutique La recherche cosmétique et pharmaceutique fait de plus en plus recours aux déchets opératoires et aux placentas pour la composition de nombreux produits. Or, pour l'instant, ni la France ni l'Allemagne n'obligent les établissements hospitaliers à demander le consentement préalable du patient.

II. Le corps humain entre personne et chose

Déterminer la nature juridique des substances détachées du corps humain est la condition nécessaire afin de pouvoir s'interroger sur la légitimité de leur commercialisation. Le statut du corps humain et l'existence/étendue du droit de disposer de soi-même constituent la base de toutes ces réflexions.

II. A. Le dualisme Le droit civil allemand et le droit civil français ont hérité du droit romain la distinction juridique entre les personnes (sujet de droit) et les choses (summa divisio du droit). La détermination de la nature juridique des éléments et produits détachés du corps humain est décisive pour leur régime juridique. Avant d'examiner les substances corporelles, il convient d'analyser l'appréciation des juristes quant à la qualification du « corps entier ».

II. A. 1. a) - b) Chose / bien Le paragraphe 90 du BGB donne une définition de la chose qui correspond aux attributs du corps humain et à ses substances détachées : il s'agit donc d'objets corporels.

Par contre, le Code Civil ne définit pas une notion commune de « chose et bien ». Mais il établit une distinction entre ces deux notions. Cependant, la doctrine juridique ne confirme pas cette distinction de façon unanime.

II. A. 2. Personne En France comme en Allemagne, la personne, sujet de droit, se définit par rapport à sa capacité juridique, c'est à dire par rapport à son aptitude à devenir titulaire de droits ou d'obligations et à pouvoir les exercer.

II. A. 3. Actuellement on constate que la différenciation entre « bien » et « personne » tend à s'estomper.

Si l'on admet que les éléments et produits du corps humain sont à traiter juridiquement comme des personnes, l'application du régime des droits de la personnalité est facile à concevoir. Par contre, la qualification de « chose » nous amène à nous interroger sur l'existence de droits réels.

II. A. 4. Animaux En France et en Allemagne, la conception dualiste du monde juridique avait d'ores et déjà suscité des interrogations à l'occasion de la classification des animaux.

II. B. 1. Les rapports entre le corps et la personne humaine / Conception unitaire Au coeur du débat se pose la problématique suivante : le corps est-il considéré comme le tout de l'homme (le corps est la personne : théorie moniste) ou l'homme est-il composé d'un corps et d'un esprit distincts. Les opinions traditionnelles françaises et allemandes favorisent une conception unitaire du corps et de la personne (monisme).

II. B. 1. a) Allemagne En Allemagne, l'unité de la personne et du corps est déduite des principes fondamentaux protégés par la Constitution. L'article 1 al. 1 et l'article 2 al. 1 de la Constitution (Grundgesetz, GG) accordent une valeur particulière à l'auto-détermination de l'individu. Cette dernière ne trouve son expression qu'au travers des mouvements et actions effectués par le corps. Ces deux aspects se complètent et, par conséquent, interdisent un traitement distinct. Le législateur allemand a entériné cette conception du corps dans le Code Civil (paragraphe 823 al. 1, 847 al. 1 du BGB, Bürgerliches Gesetzbuch) et dans le Code Pénal (paragraphe 223, 303 du StGB, Strafgesetzbuch).

II. B. 1. b) France Avant 1994, il n'existait dans le Code Civil aucun article consacré spécifiquement au corps humain. Celui-ci n'était pris en considération que lorsqu'il était touché par autrui. Ainsi, aucune règle juridique n'évoquait les rapports de la personne à son corps.

L'argumentation française est caractérisée par l'influence de la religion selon laquelle le corps, porteur provisoire de l'âme, est sacré et doit être respecté par les autres comme par celui qui l'habite.

II. B. 2. Les rapports entre le corps et la personne humaine / Doctrine réaliste Selon un courant minoritaire (français), le corps humain est une chose comparable à une machine dont les pièces de rechange peuvent être assimilées à des organes transplantés ou à des prothèses.

L'idée fondamentale de la conception réaliste du corps humain est la suivante : les catégories en droit doivent définir des êtres stables et permanents. Ils ne peuvent changer de nature selon les environnements dans lesquels ils sont placés ou selon les circonstances. Par conséquent, une substance corporelle ne change pas sa nature juridique après son prélèvement ou sa greffe ou bien au moment du décès de la personne.

Une vision comparable mais singulière a été publiée en Allemagne en 1953.

II. C. Conception des droits de la personnalité en France et en Allemagne Pour une meilleure compréhension des argumentations divergentes dans la doctrine française et la doctrine allemande, il faut savoir que le droit français ignore un droit général de la personnalité tandis que le droit allemand le reconnaît comme « droit fondateur » (Quellenrecht). Il faut prendre en considération tous les aspects de l'atteinte et les intérêts en cause avant de pouvoir constater une violation de ce droit.

L'origine des différentes conceptions du droit de la personnalité dans les deux pays repose sur les différences au niveau du droit délictuel (art. 1382 CC - paragraphe 823 BGB).

II. D. 1. und 2. Le droit de la personne humaine sur son corps, Allemagne / France En Allemagne, le droit sur le corps est considéré comme un droit subjectif, comme une application concrète du droit général de la personnalité, tandis qu'en France, les partisans s'affrontent pour savoir si l'on a affaire à un droit subjectif ou à une liberté corporelle. En ce qui concerne le droit de l'homme de disposer de son corps, on peut remarquer qu'en France l'étendue de ce droit est plus restreint qu'en Allemagne. Les conceptions divergentes du contrat médical illustrent ce phénomène.

II. D. 3. Actes médicaux: atteintes à l'intégrité de la personne? En France, une intervention médicale qui porte atteinte à l'intégrité de la personne ne peut être légitimée au regard de la loi pénale par le seul consentement du patient. Elle doit être appuiée également sur une justification légale (art. 122-4 C. pénal). Dès 1994, on trouve une telle justification pour les dons d'éléments et produits du corps humain dans les lois dites bioéthiques.

En revanche, en Allemagne le seul consentement du patient justifie l'acte médical s'il est conforme aux bonnes moeurs.

III. La législation sur le don et l'utilisation de substances corporelles

La législation française et la législation allemande attribuent des pondérations différentes aux critères caractéristiques du don. Ainsi, par exemple l'étendue du droit à l'auto-détermination du donneur ou le désir d'un couple d'engager une procréation artificielle avec tiers donneur.

Nous nous intéressons ici en premier lieu aux mécanismes législatifs qui visent la commercialisation des éléments et produits du corps humain. A cet égard, nous pouvons retenir que, bien que les deux pays suivent le même objectif - la restriction de dérives mercantiles - ils emploient des techniques législatives différentes pour atteindre cet objectif. Cela se traduit d'une part par l'étendue des réglementations et d'autre part par le choix des mesures à appliquer : mesures législatives directes qui visent à limiter la commercialisation (interdiction civile / pénale), ou mesures à caractère indirect (anonymat, limitation du champ des donneurs ou des receveurs ...).

III. A. 1. France, Régime juridique applicable avant la promulgation des « lois bioéthiques » Pour illustrer l'évolution législative en France, nous rappelerons brièvement les textes législatifs (qualifiés de textes dérogeant au principe fixé à l'article 1128 CC) antérieurs à 1994.

Une loi de 1949, dite loi Lafay, a autorisé les dons et greffes de cornée par legs testamentaire. En 1976, le législateur est intervenu pour réglementer le prélèvement d'organes incluant le prélèvement sur donneur vivant (loi Caillavet). Le don était alors soumis aux principes d'anonymat et de gratuité.

Le régime juridique applicable aux gamètes a été déterminé implicitement par la création de banques du sperme en 1973. Jusqu'à la promulgation de la loi du 31 décembre 1991, deux types d'organismes cohabitaient : certains organismes (CEFER) rétribuaient leurs donneurs et utilisaient du sperme frais et d'autres (CECOS) ne rémunéraient pas les donneurs et n'utilisaient que du sperme « anonymisé ». Depuis 1991, les CECOS se sont imposés : le don de sperme n'est plus rémunéré et un anonymat total est garanti.

Une loi du 21 juillet 1952 a fixé pour la première fois le régime juridique du sang et a été remplacée par la loi du 4 janvier 1993, promulguée à la suite du drame du sang contaminé. Le don de sang s'effectue gratuitement, de manière anonyme et bénévole.

Longtemps, il a été admis que le lait maternel pouvait faire l'objet d'une convention à titre onéreux. Depuis la loi du 18 décembre 1989 (art. 184 CSP), le législateur a conféré aux lactariums le monopole de la collecte du lait. Les dons directs de lait humain constituent désormais des infractions à ce monopole légal.

Enfin, la loi Huriet du 20 décembre 1988 organise et réglemente les essais et expérimentations sur l'être humain (recherche biomédicale).

III. A. 2. Procédure d'élaboration des lois bioéthiques L'institutionalisation de la bioéthique a été organisée par la création en 1983 du Comité Consultatif National d'Éthique pour les sciences de la vie et de la santé (CCNE). Suite aux pressions et demandes du Comité pour la mise en place de règles, le législateur a inauguré une longue série de rapports : trois projets de loi furent déposés à l'Assemblée Nationale le 25 mars 1992. En raison d'un changement de gouvernement, le processus législatif fût suspendu ce qui donna lieu à un nouveau rapport, le rapport Mattei, et finalement à la promulgation des lois dites Bioéthiques du 29 juillet 1994. La loi n° 94-653, relative au respect du corps humain, a introduit des principes généraux dans le Code Civil et la loi n° 94-654, relative au don et à l'utilisation des éléments et produits du corps humain, a introduit des dispositions spécifiques pour les différentes substances corporelles.

III. A. 3. a) Les lois bioéthiques / Remarques préalables Les dispositions des lois bioéthiques ne tranchent pas clairement entre la conception unitaire et la conception dualiste (réaliste). Or, le souci de « l'objectivation » du corps a conduit les rédacteurs du projet de loi à organiser le statut juridique du corps humain autour des deux grands principes de l'inviolabilité et l'indisponibilité du corps humain et de placer l'ensemble des principes généraux au premier livre du Code Civil consacré aux personnes.

Tandis que le Code Civil n'établit aucune distinction entre les différentes substances corporelles, on compte neuf catégories de substances biologique humaines dans les articles du Code de la santé publique. Le Code de la santé publique distingue entre les organes, les tissus, les cellules, les éléments et produits du corps humain, leur don, utilisation, collecte et cession sans pour autant donner une définition de ces notions.

Les objectifs visés par le législateur de 1994 étaient doubles : premièrement, soumettre la transplantation à un encadrement juridique restaurant un climat de confiance et deuxièmement, mettre les activités de prélèvement et de transplantation à l'abri des pratiques mercantiles.

La nécessité et l'étendue de lois relatives à la bioéthique n'a jamais fait l'unanimité parmi les auteurs. Afin de pouvoir « ajuster » les dispositions du Code de la santé publique aux avancées scientifiques rapides dans le monde médical, l'art. 21 de la loi n° 94-654 prévoit un nouvel examen de la loi cinq ans après son entrée en vigueur. C'est seulement le 20 juin 2001 qu'un projet de loi fut déposé à l'Assemblée Nationale. Ce projet fera également l'objet de cette étude.

III. A. 3. b) Les lois bioéthiques / Les principes généraux Certains des principes généraux énoncés dans le Code Civil figurent également dans le Code de la santé publique. Le projet de loi introduit uniquement des modifications rédactionnelles visant à renforcer la portée de ces principes faisant d'ailleurs l'objet de discussions doctrinales.

L'art. 16 CC énonce la *primauté de la personne* et illustre ainsi l'importance accordée à la personne pour la recherche du statut du corps humain.

Le législateur a restreint le champ de la notion d'indisponibilité du corps humain qui figurait encore dans le projet de loi en la ramenant à la notion *de « non patrimonialité »*. En effet, selon l'art. 16-1 al. 3, le corps, ses éléments et produits ne peuvent faire l'objet d'un droit patrimonial. Etant donné que les dispositions du Code de la santé publique contiennent des contradictions à l'égard de la non patrimonialité, certains auteurs doutent de sa portée réelle. Dans le même contexte, on peut s'interroger sur la portée de l'art. 16-5 CC qui énonce que « les conventions ayant pour effet de conférer une valeur patrimoniale au corps humain, à ses éléments ou ses produits sont nulles ». Quelques auteurs y reconnaissent un rappel de l'extra-commercialité du corps telle qu'elle avait été déduite de l'article 1128 Code Civil tandis que selon d'autres, l'art. 16-5 CC n'interdit que les conventions à titre onéreux.

Le principe d'*inviolabilité* du corps humain, mentionné par l'art. 16-1 al. 1 CC et l'art. 1211-2 CSP, n'est pas nouveau mais les lois bioéthiques témoignent d'une véritable mutation du principe : les finalités qui justifient une atteinte au corps sont élargies (utilité scientifique, utilité thérapeutique pour une autre personne) et le droit à autodétermination est renforcé par l'introduction de garanties procédurales et de sanctions pénales. Le projet de loi du 20 juin 2001 va dans la même direction : l'article 1211-2 CSP est complété par deux alinéas qui disposent que « l'utilisation d'éléments et de produits du corps humain à une fin médicale ou scientifique autre que celle pour laquelle ils ont été prélevés ou collectés est possible, sauf opposition exprimée par la personne sur laquelle a été opéré ce prélèvement ou cette collecte, dûment informée au préalable de cette autre fin ».

Le principe de *gratuité* a été introduit dans la législation française après la deuxième guerre mondiale. L'image négative attachée aux dons de sang rémunérés identifiés au régime de Vichy a contribué, en France, à constater l'existence du principe dans la loi de 1952 et à l'édicter clairement dans la loi Caillavet, puis dans la loi du 31.12.1991 relative à l'utilisation de gamètes et finalement dans les articles 16-6 CC et 1211-4 CSP introduits par les lois bioéthiques.

Toutefois l'art. 1211-4 CSP autorise le remboursement des frais engagés selon des modalités fixées par décret en Conseil d'État. Ce dernier a été publié le 11 mai 2000 et prévoit que l'ensemble des dépenses de soins et de traitement, ainsi que les frais de déplacement afférents à ces soins, seront désormais pris en charge par l'établissement de santé où le prélèvement est réalisé. Une indemnité pour perte de rémunération pourra en outre être versée. Par contre, des indemnités forfaitaires restent interdites.

Par ailleurs, le législateur tolère le versement d'une indemnité (3. 811 € par an) à des personnes qui se prêtent à des recherches biomédicales sans bénéfice individuel direct (cf. art. 1124-2 et 1121-8 CSP).

Le projet de loi énonce désormais dans son article 1211-4 le principe de la neutralité financière pour les donneurs ou leur famille.

Le principe de gratuité s'applique également aux prestations de service nécessaires pour le prélèvement ou l'utilisation des éléments et produits du corps humain. Les établissements dépositaires à but non lucratif doivent respecter des tarifs de cession préétablis.

Le principe de gratuité est complété par l'interdiction de faire de la *publicité* en faveur du don d'éléments ou de produits du corps humain au profit d'une personne ou d'un établissement déterminé. Cette interdiction ne fait pas obstacle à une information du public en faveur du don, réalisée sous la responsabilité exclusive du ministre chargé de la Santé.

Le principe d'*anonymat* entre donneurs et receveurs d'éléments ou produits du corps humain (arts. 16-8 CC et 1211-5 CSP) est général en ce qu'il s'applique à toutes les substances sauf aux prélèvements d'organes sur donneur vivant. Le principe s'inscrit dans le souci d'éviter l'émergence d'un marché et fait obstacle à la logique contractuelle des échanges. Il peut y être dérogé également pour des motifs thérapeutiques en faveur du receveur. Quelques auteurs craignent que l'anonymat entraîne une réduction du nombre de donneurs et par voie de conséquence des dangers pour la santé publique.

Selon *l'art. 1211-8 CSP*, certains produits du corps humain pour lesquels il est d'usage de ne pas appliquer les principes sus-nommés ne sont pas soumis au champ d'application des principes généraux. Un décret du 4 août 1995 énumère les cheveux, les phanères et les dents.

III. A. 3. c) Les lois bioéthiques / Le don d'organe entre vifs
Comme nous l'avons déjà souligné, la pénurie de greffons disponibles est croissante et peut conduire à des dérives sous la pression de la logique du marché. Ainsi, le législateur était investi d'une double mission pour fixer le régime juridique de prélèvements d'organes de donneurs vivants : d'une part, il avait la charge de réduire les risques de dérives mercantiles et d'autre part, il devait évaluer et concilier les avantages pour le receveur d'un organe (des résultats bien meilleurs, conséquences psychologiques très positives ...) et les inconvénients pour le donneur vivant (complications postopératoires, conséquences psychologiques négatives ...).

Il faut rappeler que la pratique de transplantation avec donneur vivant va à l'encontre de plusieurs principes éthiques : le primum non nocere, l'anonymat et l'inviolabilité du corps humain. Par conséquent, le législateur de 1994 a conféré au don entre vifs un caractère subsidiaire par rapport à la transplantation avec donneur décédé.

La technique de transplantation avec donneur vivant s'est développée très tôt dans le domaine rénal et est aujourd'hui également appliquée pour des parties du poumon et du foie.

Le prélèvement sur donneur vivant ne peut être effectué que dans *l'intérêt thérapeutique direct d'un receveur.*

Afin de garantir un *consentement* libre et éclairé, l'art. 1231-1 al. 2 CSP dispose que le donneur, « préalablement informé des risques qu'il encourt ..., doit exprimer son consentement devant le président du Tribunal de grande instance ... ». La procédure prévue est plus complète et solennelle que celle prévue par la loi Caillavet.

Plus restrictif depuis la loi de 1994, le recours aux donneurs vivants n'est possible à l'heure actuelle que dans le *cadre familial* (père, mère, fils ou fille, frère ou soeur du donneur). En cas d'urgence, le donneur peut être le conjoint. Il est fait exception à ces restrictions pour la moelle osseuse qui doit être donnée sous anonymat et peut être exceptionellement prélevée sur un mineur à condition qu'un comité d'experts accorde l'autorisation.

Ce durcissement par rapport à la loi Caillavet s'explique par la volonté d'éviter le développement de véritables trafics d'organes.

Le projet de loi du 20 juin 2001 adopte les critiques formulées par la doctrine et élargit le champ des donneurs à toute personne ayant avec le receveur « un lien étroit et stable ». Afin de garantir le respect des principes éthiques de gratuité du don et de liberté du consentement, le projet propose d'élargir les compétences des comités d'expert – intervenant jusqu'alors pour les mineurs donneurs de moelle osseuse - aux dons d'organes entre personnes non apparentées. Par un nouvel article 1235-2 qui précise les règles du consentement applicables à l'utilisation des organes susceptibles d'être prélevés au cours d'une intervention chirurgicale, le législateur vise à combler un vide juridique en créant une obligation d'information du patient quant à une utilisation ultérieure de ses organes ainsi prélevés.

III. A. 3. d) Les lois bioéthiques / Régime juridique pour les tissus, cellules et produits du corps humain Les articles 1241-1 ss. et 1245-2 CSP distinguent entre les tissus, cellules et produits du corps humain prélevés ou collectés en vue d'un don d'une part et les déchets opératoires qui sont recueillis à l'occasion d'un acte thérapeutique ainsi que le placenta d'autre part.

Les *prélèvements ou collectes en vue de don* peuvent être effectués à des fins thérapeutiques ou scientifiques ; en l'état actuel de la législation, aucune disposition spécifique n'englobe l'anonymat, la gratuité et le consentement requis pour le prélèvement ou la collecte de tissus, cellules ou produits du corps humain. Cette absence de précaution semble être expliquée par le fait que l'atteinte à l'intégrité corporelle est moins forte comparée au cas du prélèvement d'organes. Il convient cependant d'observer à cet égard que les prélèvements de cornée ou d'os du vivant ne sont pas nécessairement anodins. La loi française se trouve, sur ce point, en retrait par rapport à la Convention européenne de bioéthique dont les articles 5 et 19 prévoient un consentement écrit devant une instance officielle. Le projet de loi a intégré ces critiques et pose le principe selon lequel le consentement doit être écrit. Pour des interventions ayant un impact important sur la santé du donneur, le projet de loi requiert même l'application des règles relatives au don d'organes.

Les dispositions relatives à la *conservation et à l'utilisation* de tissus et cellules illustrent que le droit français vise également à interdire la commercialisation de substances par d'autres personnes ou établissements que le donneur.

L'article 1245-2 CSP soumet la collecte des *déchets opératoires* - auxquels avait été joint le placenta - aux principes de non-publicité, d'anonymat, de gratuité et de sécurité sanitaire mais non à celui du consentement. Le législateur a donc entériné la pratique existante selon laquelle ces déchets peuvent être utlisés en toute clandestinité. De plus, contrairement aux tissus prélevés en vue d'un don, les déchets opératoires et le placenta peuvent être conservés « en vue d'une utilisation ultérieure » ce qui implique des utlilisations industrielles.

Le projet de loi dispose désormais dans l'article 1245-2 CSP que « les tissus, les cellules et les produits du corps humain, prélevés à l'occasion d'une intervention médicale pratiquée dans l'intérêt de la personne opérée, ainsi que le placenta peuvent être utilisés à des fins thérapeutiques ou scientifiques, sauf opposition exprimée par celle-ci après avoir été informée des finalités de cette utilisation ».

III. A. 3. e) Les lois bioéthiques / Le don de gamètes Les problèmes liés à la commercialisation de gamètes par le donneur ne se posent que dans le domaine des inséminations artificielles avec tiers donneur (secteur partiel de l'insémination hétérologue).

Bien qu'il y ait des problèmes spécifiques liés au don d'ovocytes (traitement lourd, conservation difficile des ovocytes, maternité dissociée) les dispositions légales n'établissent aucune distinction entre le don de sperme et le don d'ovocytes.

Les dispositions générales relatives à l'assistance médicale à la procréation (AMP, art. 2141-1 ss. CSP) sont complétées par des règles spécifiques au don et à l'utilisation de gamètes (art. 1244-1 ss. CSP).

Les conditions tenant à la situation des futurs parents et des donneurs de gamètes sont les suivantes : l'article 1244-2 CSP impose aux donneurs de gamètes qu'ils fassent « partie d'un couple ayant procréé » et l'article 2141-2 CSP exige de l'homme et de la femme formant le couple qui recourt à l'AMP qu'ils soient « mariés ou en mesure d'apporter la preuve d'une vie commune d'au moins deux ans ». Par conséquent et vu le caractère subsidiaire conféré à l'assistance médicale à la procréation avec tiers donneur, le champ d'application pour une insémination avec tiers donneur est très restreint.

Le projet de loi propose de supprimer la condition d'appartenance du donneur à un couple, ce qui permettrait de ne plus exclure les personnes divorcées ou veuves. Ce changement présenterait l'avantage de remédier partiellement à la pénurie de dons de gamètes.

Le principe général de l'anonymat s'applique au don de gamètes, assorti d'une disposition spécifique interdisant au couple receveur de désigner nominativement la personne dont il souhaite recevoir les gamètes (don dirigé, art. 1244-7 CSP).

Une pratique s'était développée dans les CECOS consistant à accélérer les demandes des couples qui parvenaient à recruter un donneur ou une donneuse. Cette pratique pouvait cacher une rémunération des donneurs ou de fortes pressions, notamment familiales, exercées sur ces derniers. De plus, elle démontrait que le don d'ovocytes est plus proche des dons d'organes que des dons de sperme : les donneuses d'ovocytes - comme les donneurs d'organes - étant pratiquement toujours sensibilisées par une personne « en détresse » dans leur environnement.

Chacun des membres des deux couples (donneur et receveur), soit le couple donneur et le couple receveur, doit exprimer son consentement par écrit mais seul le couple receveur a la possibilité de le révoquer avant l'intervention.

Le receuil des gamètes ne peut être effectué que dans des organismes et établissements à but non lucratif autorisés.

III. A. 3. f) Les lois bioéthiques / Le don de sang Les articles 1221-1 ss. CSP font une distinction entre les produits sanguins labiles (monopole des centres de transfusions sanguines, prix de cession fixé par arrêté du Ministre de la Santé) et les produits stables préparés industriellement et qui, depuis la directive n° 89/381, constituent des médicaments dérivés du sang.

L'article 1221-1 CSP rappelle les principes éthiques du bénévolat, de l'anonymat et de l'absence de profit. Un décret précise que le don de sang ne peut donner lieu à aucune rémunération directe ou indirecte.

Or, les donneurs qui se prêtent à des recherches biomédicales sans bénéfice direct peuvent recevoir une indemnité d'environ 3.800 € par an. De plus, selon l'article 5121-11 CSP, un médicament préparé à partir de sang prélevé dans des conditions non conformes aux principes d'anonymat et de gratuité peut, à titre exceptionel, recevoir une autorisation de mise sur le marché. Cet article vise les donneurs de sangs rares dans leurs compositions biologiques.

III. A. 3. g) Les lois bioéthiques / dispositions pénales Les sanctions pénales sont inscrites dans deux Codes : le Code de la santé publique et le Code pénal ce qui renforce leur efficacité.

Les textes font des distinctions en fonction des différentes substances corporelles et des différents intérêts protégés dont l'inviolabilité, la gratuité et l'anonymat.

III. B. 1. a) Allemagne / La loi relative à la transplantation d'organes / Régime juridique applicable avant 1997 La loi relative à la transplantation d'organes (Transplantationsgesetz, TPG) a été adoptée le 5 novembre 1997 après une longue discussion controversée et après la révision constitutionelle du 27 octobre 1994 qui a ajouté aux domaines législatifs relevant à la fois de l'État fédéral et des États fédérés (législation concurrente) la fécondation artificielle des êtres humains et la règlementation des transplantations d'organes et de tissus (art. 74 al. 1 n° 26 de la constitution, Grundgesetz, GG). Cette loi était devenue nécessaire en raison de l'absence totale de dispositions légales ; il n'existait alors que des directives des centres de transplantation qui ne disposaient pas de la force obligatoire.

III. B. 1. b) La loi relative à la transplantation d'organes / champ d'application Le domaine d'application de la Transplantationsgesetz est défini par le paragraphe 1 de la TPG. Il s'applique au don et au prélèvement d'organes, de parties d'organes ou de tissus humains (organes) en vue de leur transplantation à autrui ainsi qu'à la transplantation des organes et à la préparation de ces actes. De plus, la loi traite du trafic d'organes.

La Transplantationsgesetz donne une définition extensive de la notion d'organe. Seuls le sang, la moelle osseuse et les organes et tissus embryonnaires et foetaux sont exclus expressément (paragraphe 1 al. 2 de la TPG). Il en est de même pour les gamètes puisqu'ils ne constituent ni un organe ni un tissu.

Concernant la finalité de l'utilisation des substances (organes), la loi distingue la transplantation à autrui et le trafic d'organes. La transplantation s'applique non seulement aux prélèvements à des fins thérapeutiques mais aussi cosmétiques, esthétiques et même scientifiques. Concernant les trafics d'organes, visés par la loi pénale, le champ d'application de la loi se limite aux organes destinés à des fins thérapeutiques (paragraphe 1 al. 1 (2) et paragraphe 17 al. 1 de la TPG).

III. B. 1. c) La loi relative à la transplantation d'organes / Le don d'organes entre vifs Le prélèvement sur donneur vivant - subsidiaire à la transplantation post mortem (paragraphe 8 al. 1 (1) n° 3 de la TPG) - est développé par paragraphe 8 de la TPG.

Les risques encourus par le donneur - qui doit être majeur - ne doivent pas excéder ceux qui sont liés au prélèvement en tant que tel et ne pas constituer une atteinte plus grave à la santé que celle directement liée à l'intervention. Le donneur doit exprimer son consentement après avoir été informé de la nature et la portée de l'intervention, ses conséquences etc. Le contenu de l'information et la déclaration de consentement doivent faire l'objet d'un procès-verbal signé par le médecin ayant fourni les explications, un second médecin et le donneur (paragraphe 8 al. 1 (1) n° 1, 8 al. 2 de la TPG).

L'organe donné doit être utilisé pour guérir une maladie grave, éviter toute aggravation et à fortiori pour sauver la vie d'un receveur (paragraphe 8 al. 1 (1) n° 2).

La loi distingue les organes régénérables des organes non régénérables (reins, parties du poumon, du pancréas et de l'intestin) et prévoit pour ces derniers les conditions suivantes : le prélèvement n'est admis que si le receveur a la qualité de parent, de grand-parent, d'enfant, de grand-enfant, de frère et soeur et, hors du cadre de la famille, de personnes qui d'une manière évidente sont liées au donneur par des « relations personnelles particulièrement étroites » (paragraphe 8 al. 1 (2) de la TPG). Le contenu de cette notion « relations personnelles particulièrement étroites » est discuté en doctrine dans le cas des « dons cross-over » (don entre deux couples où l'un des membres sain du premier couple donne un organe à l'un des membres malade du second couple et inversement). Certains auteurs estiment que la similarité du destin médical des couples suffit pour fonder une « relation personnelle particulièrement étroite » tandis que l'opinion majoritaire exige un « lien biographique » entre donneur et receveur.

Un comité d'éthique donne un avis à caractère consultatif avant le prélèvement. Il examine si des éléments concrets laissent supposer que le consentement n'a pas été donné librement ou que l'organe a fait l'objet d'un commerce illicite.

III. B. 1. d) (1) – (2) La loi relative à la transplantation d'organes / Le trafic d'organes Les paragraphes 18 al. 1 et 17 al. 1 (1), 17 al. 2 de la TPG prévoient des sanctions pénales pour le trafic, le prélèvement et la greffe d'organes destinés à des fins thérapeutiques. Une disposition spéciale pour les dons entre vifs figure au paragraphe 19 al. 2 de la TPG. Afin de garantir l'approvisionnement de la population avec des médicaments dérivés de substances corporelles, paragraphe 17 al. 1 (2) n° 2 de la TPG exclut ces médicaments de l'interdiction. De plus, une rémunération adéquate visant à financer les mesures nécessaires au succès du traitement thérapeutique n'est pas exclue, paragraphe 17 al. 1 (2) n° 1 de la TPG.

Le législateur s'efforce de protéger d'une part les malades pour que leur situation ne soit pas exploitée financièrement et d'autre part les donneurs prêts à mettre leur santé en danger pour des motifs économiques. De plus, selon le législateur, la distribution des organes ne doit pas être régie par les règles du marché. Enfin, la législation se fonde sur la dignité humaine et à l'éthique de la communauté pour interdire des trafics d'organes.

Nous nous bornons ici à exposer les infractions commises par le donneur.

III. B. 1. d) (3) (a) La notion « de trafic » (Handeltreiben) constitue l'élément central des paragraphes 17 ss. de la TPG. Pour son interprétation, le projet de loi renvoie à la jurisprudence concernant les trafics de stupéfiants. Selon cette dernière jurisprudence, la notion « de trafic » inclut tous les actes d'échange qui visent à obtenir un gain illicite. L'assimilation de la notion du droit des stupéfiants aux trafics d'organes fait souvent l'objet de critiques.

Afin de pouvoir délimiter les indemnisations licites des rétributions condamnables perçues par le donneur, il faut définir l'élément intentionnel de l'acte : la « recherche d'un gain illicite ». Un gain illicite peut consister en un profit matériel ou immatériel.

Ainsi, si le donneur reçoit une contrepartie financière non négligeable pour le don de son organe, il se rend coupable. Par contre, des indemnisations visant à compenser les coûts engendrés par le don sont admises ; elles ne peuvent être qualifiées de profit.

La situation juridique est discutée pour l'appréciation de la licéité de contreparties « négligeables » (fleurs, dîner, voyage) et dans les cas, où le receveur souscrit une assurance (pour risques professionnels / sur la vie) en faveur du donneur. Si l'on applique la jurisprudence concernant le trafic de stupéfiants, de telles contreparties sont interdites. Or, beaucoup d'auteurs s'interrogent sur la nécessité de punir quelqu'un qui perçoit une reconnaissance pour son geste (altruiste).

L'octroi de contreparties immatérielles telle par exemple la promesse de poursuite de la communauté de vie ou de relations sexuelles peuvent également constituer un gain illicite, dans le cadre du don entre époux.

III. B. 1. d) (3) (b) Les exceptions visées par la loi ne concernent pas la commercialisation par le donneur. Elles tendent plutôt à exonérer les organismes chargés de distribuer les médicaments dérivés de substances corporelles nécessitant une autorisation de mise sur le marché (paragraphe 17 al. 1 (2) n° 2 de la TPG) ainsi que les personnes qui reçoivent une rémunération adéquate pour les mesures nécessaires au succès du traitement thérapeutique (paragraphe 17 al. 1 (2) n° 1 de la TPG).

Bien que la doctrine majoritaire qualifie les organes humains de médicaments en se référant aux dispositions de la loi relative aux médicaments (Arzneimittelgesetz, AMG), le don d'organe n'entre pas dans le champ d'application du paragraphe 17 al. 1 (2) n° 2 de la TPG. Selon le paragraphe 2 al. 3 n° 8 AMG les organes énumérés dans le paragraphe 9 (1) de la TPG - soit le coeur, le rein, le poumon, le foie, le pancréas et l'intestin - et la cornée sont expressément exclus. Les médicaments dérivés d'autres organes sont seulement soumis à l'autorisation de mise sur le marché si les organes en question ont fait l'objet de traitements antérieurs. Par conséquent, le don initial ne peut jamais remplir les conditions édictées au paragraphe 17 al. 1 (2) n° 2 de la TPG.

III. B. 1. d) (4) Les infractions aux dispositions particulières concernant le don entre vifs - le non respect de certaines règles procédurales ainsi que le prélèvement d'organes non régénérables au bénéfice d'autres personnes que celles mentionnées à l'article 8 al. 1 (2) de la TPG - sont sanctionnées par le paragraphe 19 al. 2 de la TPG.

III. B. 2. Allemagne / La loi relative à la transfusion sanguine La loi relative à la transfusion sanguine (Transfusionsgesetz, TFG) du 1er juillet 1998 fixe seulement les grands principes de la transfusion sanguine et charge le Conseil Fédéral des Médecins (Bundesärztekammer) d'adopter des règles détaillées.

Le champ d'application de la loi se définit par rapport à la loi relative aux médicaments (AMG). Selon le paragraphe 2 de la TFG, la loi s'applique au sang humain ayant la qualité de médicament ou destiné à la fabrication de médicaments. Par conséquent, elle traite du don de sang à des fins thérapeutiques.

La transfusion sanguine relève à la fois du service public et de l'offre privée.

Le consentement éclairé exprimé par le donneur se rapporte non seulement au prélèvement du sang mais aussi à son utilisation ultérieure. Le législateur déduit cette nécessité du fait que le donneur est titulaire d'un droit de propriété (art. 14 al. 1 (1) GG) sur le sang.

La Transfusionsgesetz n'interdit pas les paiements forfaitaires pour le don de sang. Le paragraphe 10 de la TFG édicte que le don ne doit pas être rémunéré et que le donneur peut être indemnisé, sans que ces principes n'aient une valeur impérative. Des paiements forfaitaires de 25,56 € ne constituent pas une rémunération. Les établissements de transfusion sanguine indemnisent les donneurs de manière différente.

Les informations médicales permettant d'identifier le donneur sont enregistrées pour des raisons de sécurité sanitaire.

III. B. 3. Allemagne / La loi relative à la protection des embryons La loi relative à la protection des embryons (Embryonenschutzgesetz, ESchG) du 1er janvier 1991 ne traite pas des différentes méthodes de procréation artificielle. Elle se borne à confier la responsabilité concernant les mesures de procréation à un médecin (paragraphe 9 n° 1 EschG), à interdire de procéder sciemment à la fécondation artificielle d'un ovocyte par un spermatozoïde appartenant à un homme défunt (paragraphe 4 al. 1 n° 3 EschG) et finalement d'utiliser des gamètes sans le consentement de leurs porteurs d'origine (paragraphe 4 al. 1 n° 1 ESchG). Pour éviter la dissociation de la maternité génétique et de la maternité gestationnelle, la loi sanctionne pénalement le don d'ovules (paragraphe 1 al. 1 n° 1, 2 ESchG).

La formulation de règles plus spécifiques pour les fécondations hétérologues avec tiers donneurs est confiée aux associations professionnelles de médecins. Ni l'Embryonenschutzgesetz ni les principes déontologiques ne contiennent des dispositions interdisant la commercialisation des gamètes (du sperme).

La directive déontologique soumet la fécondation artificielle avec tiers donneur à l'autorisation d'une commission d'éthique installée auprès du Conseil des médecins. L'autorisation est délivrée si :

- les méthodes de fécondation artificielle avec les gamètes provenant du couple ayant demandé l'assistance médicale ont échoué
- l'utilisation de sperme mélangé n'est pas permise puisqu'il rend difficile l'identification du père génétique
- le donneur donne son accord pour que son identité soit révélée à l'enfant issu de la procréation artificielle (si celle-ci est désirée)
- les personnes impliquées sont informées de la possibilité de procéder à une contestation de la reconnaissance de paternité / à un désaveu de paternité
- le couple receveur est marié ou en mesure d'apporter la preuve d'une communauté de vie stable.

Dans un arrêt de la Cour Constitutionnelle Fédérale de 1989, le droit de connaître ses origines génétiques apparaît comme un droit - issu du droit général de la personnalité - constitutionellement protégé. Par conséquent, le principe d'anonymat ne peut s'appliquer en Allemagne.

Peu de donneurs sont prêts à accepter ces conditions même s'ils touchent une indemnisation d'un montant de 100 €.

III. C. Résumé comparatif L'objectif législatif d'interdiction de dérives mercantiles concorde en France et en Allemagne mais les motifs énoncés dans les projets de loi ne sauraient les justifier :

- Une tradition française de ne pas considérer les parties du corps humain comme une marchandise (cf. Rapport Mattei) ne peut guère justifier l'interdiction de leur commercialisation. Il semble que le législateur français ait transposé le principe d'indisponibilité du corps humain aux parties détachées sans distinction.

- Contrairement à ce qu'édictent les motifs du projet de loi allemand relatif à la transplantation d'organes, la dignité de la personne humaine et l'éthique de la communauté ne justifient pas l'interdiction totale de la commercialisation de substances corporelles. Si tel était le cas, le législateur allemand aurait dû interdire de façon générale tout commerce d'organes, et non se limiter à l'interdiction du commerce d'organes destinés à des fins thérapeutiques. La délimitation des compétences législatives prévue par la loi fondamentale ne saurait justifier cette réserve légale (cf. art. 74 al. 1 n° 1 GG : compétence illimitée pour les dispositions pénales).

Contrairement aux dispositions allemandes qui revêtent un caractère profondément fragmentaire et qui découlent surtout du droit pénal (mesures directes), le législateur français a traduit l'objectif d'empêcher la commercialisation de substances corporelles de façon plus étendue par l'édiction de dispositions civiles (divers mesures indirectes) et pénales.

Le choix du législateur allemand de régler seulement quelques aspects juridiques de la bioéthique s'explique d'une part par la limitation des compétences législatives de l'État fédéral et d'autre part par la réticence d'établir un cadre normatif trop restrictif pour des techniques encore en pleine évolution.

Tandis que le Code de la santé publique distingue systématiquement entre organes, tissus, cellules etc., la Transplantationsgesetz les traite de façon identique et ne distingue qu'entre ceux qui sont régénérables et ceux dont le prélèvement est irréversible. A cet égard, il semble que le projet de loi français du 20 juin 2001 a conduit à une actualisation des régimes pour les organes, tissus et cellules. De plus, comme le prévoit le droit positif allemand, le législateur français envisage d'élargir le champ des donneurs d'organes à des personnes non apparentées au receveur.

Des différences évidentes entre les deux législations peuvent être constatées en ce qui concerne les concepts d'indemnisation. Tandis qu'en France on vise par des dispositions détaillées à empêcher l'attribution d'un avantage minime pour le donneur - même le choix du moyen de transport étant limité - en Allemagne, la législation relative à la transplantation d'organes s'est bornée à interdire la poursuite d'un gain illicite par le donneur et la législation relative à la transfusion sanguine n'exclut pas les indemnisations forfaitaires.

Les différences concernant les dispositions relatives à la procréation avec tiers donneurs reposent sur des conceptions différentes du droit de la filiation.

IV. A. Le statut juridique des substances détachées du corps humain / Remarques préalables

En raison de l'évolution des techniques biomédicales, qui permettent d'isoler les éléments et produits du corps humain, il convient de définier pour ces derniers un statut juridique.

La discussion est caractérisée par des imprécisions et confusions terminologiques qui tendent à influencer les conséquences juridiques.

Nous examinerons la question portant sur le statut juridique des substances corporelles indépendamment de leur régime juridique afin de pouvoir suivre une démarche rationelle et cohérente, contrairement aux doctrines française et allemandes qui ont tendance à combiner les deux aspects et à inverser l'ordre dans lequel elles les examinent. En effet, il apparaît que le régime juridique (supposé par les auteurs) sert souvent à fonder le statut juridique des éléments et produits du corps humain.

Pour les représentants de la doctrine réaliste, le statut des substances détachées du corps humain est évident : ce sont des choses. Par contre, les représentants de la conception traditionelle (unitaire) et dominante, selon laquelle le corps doit être considéré comme une « personne », s'attachent à déterminer si la séparation des éléments et produits corporels entraîne un changement de leur nature juridique. Nous verrons que la majorité des partisans de la conception traditionelle considère les substances corporelles comme étant des « choses », sans expliquer cependant en quoi le détachement des substances corporelles peut conduire à un changement de leur statut juridique.

Tandis que les auteurs français distinguent entre les différents éléments et produits du corps humain pour fonder leurs arguments, les auteurs allemands se limitent au développement d'arguments particuliers que en ce qui concerne la qualification des gamètes.

IV. B. 1. a) France / État de la question en doctrine et jurisprudence sur le statut juridique Les cheveux, le lait maternel et les dents ont toujours été considérés comme « chose ».

Une affaire, jugée par le TGI d'Avignon *(TGI Avignon du 24 septembre 1985, Gaz. Pal. du 15.02.1986, 91)*, a qualifié un auriculaire de « chose ». En l'espèce, un détenu s'était sectionné un auriculaire afin de l'envoyer au Garde des Sceaux en guise de protestation. L'auriculaire ayant été confisqué par l'administration, le détenu a demandé sa restitution en justice. Il s'est vu débouté de sa demande bien que le juge ait affirmé que « la propriété de M. Daoud [demandeur] sur sa phalange amputée n'[était] pas contestée ».

Les déchets opératoires et le placenta - expulsé hors du corps après l'accouchement - sont considérés comme étant sans utilité pour le donneur. La doctrine majoritaire en déduit que les déchets opératoires et le placenta sont des choses.

En raisonnant par analogie avec un arrêt de la Cour de Cassation sur « la saisissabilité » de prothèses *(Cass. Civ. 1ère du 11.12.1985, Gaz. Pal. 1986 I, 150)*, certains auteurs développent l'idée que la séparation des substances corporelles entraîne un changement de leur nature juridique. Soit ils considèrent les prothèses et les substances corporelles intégrées dans le corps comme personne par destination (par analogie avec l'art. 524 CC) soit comme personne par incorporation (par analogie avec l'art. 518 ss. CC). Le raisonnement de cette théorie est le suivant : au moment de leur détachement du corps, elles ne sont plus destinées (incorporées) à la personne et peuvent, par conséquent, dorénavant être considérées comme choses.

La jurisprudence a eu l'occasion de se prononcer sur le statut juridique du sang lors de procès en responsabilité à la suite de transfusion de sang contaminé *(Cour d'appel Paris du 28.11.1991, D. 1992 j.p., 85; TGI Nice du 27.7.1993, D. 1993, 385)*. Pour retenir la responsabilité des Centres de transfusions, les tribunaux ont considéré que les Centres étaient tenus d'une obligation de résultat inclue dans le contrat de fourniture de sang, auquel le bénéficiaire du sang est associé par stipulation tacite qu'il contient en sa faveur. Les conséquences de la qualification de contrat de fourniture de sang sont d'une part, l'assimilation du sang à une chose et d'autre part, l'utilisation de l'article 1604 CC, propre au droit de la vente. Les tribunaux ont cependant défini le sang sur deux plans différents. Pour protéger le donneur et reconnaître une valeur symbolique au sang, ils admettent que la première phase d'un don est marquée par la notion d'extra-commercialité; pour protéger le receveur ils qualifient le sang préparé, fractionné et conservé de chose qui passe dans le commerce.

Beaucoup d'auteurs font valoir que l'origine humaine des substances corporelles interdit de les dégrader au rang de chose ordinaire. Ainsi, les arguments pour fonder la qualification juridique des gamètes sont révélateurs.

Dans l'affaire Parpalaix *(TGI Créteil du 01.08.1984, JCP 1984 éd. G II 20321)*, la jurisprudence a eu à se prononcer pour la première fois sur la nature des gamètes : une veuve saisit le tribunal afin d'ordonner la restitution du sperme de son mari décédé, qui avait effectué un dépôt de sperme auprès d'un CECOS. Le tribunal estima que le sperme déposé n'était pas une chose tombant dans le commerce mais une sécrétion contenant le germe de la vie et destinée à la procréation. Par conséquent, les règles du contrat de dépôt (invoquées par la veuve) ne pouvaient s'appliquer en l'espèce. Le tribunal a conclu que « la convention par laquelle le mari avait remis son sperme au CECOS, constituait un contrat spécifique, comportant pour le CECOS l'obligation de conservation et de restitution au donneur, ou de remise à celle à qui le sperme était destiné ». Le tribunal ordonna donc la remise des paillettes sans statuer sur le droit de procéder à une procréation artificielle post mortem.

Concernant des faits semblables, le TGI de Toulouse a insisté sur la nature extra-patrimoniale du sperme et sur l'objet du contrat spécifique portant sur un ensemble de prestations médicales destinées à sauvegarder les chances de procréation d'un homme *(TGI Toulouse du 26 mars 1991, JCP 1992 éd. G II, 21807)*.

Les juges ont adopté une voie moyenne qui élimine les deux positions extrêmes : « le sperme est une chose dans le commerce et le sperme est un élément de la personne ».

D'éminants auteurs affirment que les gamètes, en raison des éléments génétiques qu'elles contiennent, « relèvent du monde des personnes ». D'après ces auteurs, il s'agit de produits radicalement différents des autres produits du corps humain. Par contre, selon le courant réaliste, on ne peut différencier entre une cellule somatique et une cellule sexuelle.

IV. B. 1. b) (1) Le statut juridique des substances détachées du corps humain / France / Indices tirés de la législation / principes généraux Le législateur a opté pour la mise en place d'un régime détaillé concernant le prélèvement et l'utilisation de substances corporelles détachées du corps humain pour éluder la définition de leur statut.

Par rapport au principe de *primauté de la personne*, le législateur subordonne le progrès scientifique à la protection de la personne humaine. Le corps est traité comme un attribut de la personne.

Le contenu controversé du principe de la *non patrimonialité* ne permet pas d'en tirer des éléments significatifs pour la définition du statut des substances corporelles. Mais ce principe peut servir d'indice pour les classer dans le domaine des personnes.

L'obligation de recueillir le *consentement* de la personne, sur qui est envisagé le prélèvement, rappelle aux médecins qu'ils ont affaire à des personnes et non à des corps-objets. Les conditions procédurales s'atténuent en allant des organes et gamètes aux tissus et finalement aux déchets et cheveux.

Le principe *d'anonymat* s'inscrit dans la logique de la dépersonnalisation des éléments et produits du corps humain. Pour le donneur, l'anonymat rend plus difficile la traçabilité de l'utilisation qui sera faite de ses substances.

Le principe de *gratuité* ne permet pas de tirer de conclusions quant au statut juridique .

IV. B. 1. b) (2) Le statut juridique des substances détachées du corps humain / France / Indices tirés de la législation / Règles spécifiques aux substances corporelles La loi n° 94-654 prévoit un classement hiérarchique des éléments du corps humain qui protège davantage les gamètes et organes que les tissus, le sang, les déchets et les phanères.

Concernant les cheveux, les dents et les phanères, l'art. 1211-8 CSP énonce un régime juridique comparable au régime des choses ordinaires. L'art. 1211-8 CSP entérine la coutume qui depuis toujours a classifié ces substances dans le domaine choses.

Le recueil du consentement pour les déchets opératoires ou d'accouchement est exclu. Le législateur a donc entériné en 1994 le courant dominant, selon lequel ces déchets sont cencés avoir été abandonnés par la personne, ce qui suppose qu'ils puissent être acquis par le premier à les recueillir. Par conséquent, on peut admettre qu'ils sont des choses. L'absence de profit est l'expression de la fonction symbolique du sang.

Les conditions strictes appliquables pour le don de gamètes et le don d'organes empêchent largement leur entrée dans le commerce juridique. Une assimiliation aux choses ordinaires n'est guère possible.

IV. B. 2. a) - b) Le statut juridique des substances détachées du corps humain / Allemagne / La notion de « corps » selon le BGH / Critiques En Allemagne, la discussion doctrinale est fortement influencée par un arrêt du Bundesgerichtshof (BGH) du 9 novembre 1993 *(BGHZ 124, 52-57 = NJW 1994 S. 127 s.)* que nous décrirons avant d'aborder les différents éléments de la doctrine.

En l'espèce, un patient (demandeur) procéda au recueil et à la conservation de son sperme auprès d'un établissement, car il appréhendait une éventuelle stérilité (qui finalement intervint) à l'issu d'une intervention chirurgiale. Suite à une erreur commise par l'établissement, le sperme fut détruit. Les juges eurent à clarifier si le demandeur pouvait prétendre à un dommage moral ce qui supposerait, en l'espèce, une atteinte à l'intégrité corporelle ou une atteinte au droit général de la personnalité (paragraphe 847 BGB).

Le BGH fit droit à la demande et basa son argumentation sur une atteinte à l'intégrité corporelle. Selon le BGH, les progrès actuels en matière de biotechnologies nécessitent une interprétation large de la notion de corps, celui-ci étant considéré comme un élément particulier du droit général de la personnalité.

Dans le cas où les substances corporelles conservent une « unité fonctionelle » avec le corps entier (autotransfusions, autotransplantation, ovule fécondé in vitro et réimplanté à la « donneuse »), elles doivent être traitées comme ce dernier. Dans les autres cas (don d'organe, don de sang), l'unité fonctionelle disparaît ce qui permet de classer ces substances dans la catégorie des choses. Selon le BGH, le sperme entre dans une catégorie spéciale en raison de sa fonction biologique : bien qu'il ne conserve pas une unité fonctionelle, il doit être classé dans cette catégorie à condition que sa conservation ait pour finalité la propre reproduction : le sperme doit être traité comme un ovocyte réimplanté.

Cette vision du corps et de ses substances détachées a suscité de vives critiques dans la doctine (extension de la responsabilité délictuelle, difficultés de « localiser » le corps humain, destination des substances comme indicateur de leur qualification).

En l'espèce, la doctrine majoritaire aurait également accordé un dommage moral au demandeur mais l'aurait fondé sur une atteinte au droit général de la personnalité.

IV. B. 2. c) - d) Le statut juridique des substances détachées du corps humain / État de la question en doctrine / Indices tirés de la législation En se référant au usages courants et à la définition du paragraphe 90 BGB, la doctrine majoritaire allemande qualifie les substances corporelles de « choses » (appropriables).

Ni la qualification des prothèses (insaississables selon le paragraphe 811 Nr. 12 du Zivilprozessordnung, ZPO), ni la jurisprudence saisie dans les affaires du sang contaminé ont enrichi la discussion. Les tribunaux allemands ont tous fondé leurs décisions sur la responsabilité délictuelle afin de pouvoir accorder un dommage moral aux victimes de sang contaminé. Comme en France, les Centres de transfusion sont responsables de la qualité du sang.

Les arguments qui fondent la qualification des gamètes sont similaires à ceux déjà évoqués dans le droit français. Il s'agit de savoir si l'on doit prendre en compte la fonction biologique des gamètes pour leur attribuer un statut juridique ou non.

Les dispositions légales contiennent peu d'éléments illustrant la vision du législateur concernant le statut juridique des substances corporelles. Cependant, un extrait contenu dans les motifs légaux da la Transfusionsgesetz est à retenir : selon ces motifs, le donneur de sang est titulaire d'un droit de propriété sur le sang.

IV. B. 3. Résumé comparatif Indépendamment de la qualification du corps vivant (conception unitaire - conception réaliste), les doctrines majoritaires françaises et allemandes classifient les éléments détachés du corps humain dans la catégorie des choses. Seule la qualification des gamètes est discutée. Ni la doctrine française, ni les auteurs allemands n'exposent des arguments convaincants permettant de figer l'idée qu'un prélèvement de substances entraîne un changement de la nature juridique.

Même si cela peut paraître effrayant, une argumentation cohérente suppose qu'on admette que le « corps vivant » est à la fois chose et personne.

Les catégories des « choses » et des personnes ne sont pas des catégories antagonistes, inconciliables. Elle coïncident en un point : le corps humain. Seulement, le droit français et le droit allemand se fondent sur une conception humaniste. Par conséquent, la qualité de chose « du corps vivant » s'atténue considérablement et ne regagne de l'importance qu'au moment du décès ou bien au moment de la séparation des substances du corps. Le détachement ne provoque pas l'extinction du caractère personnel des substances ; les substances conservent en effet une affectation personnelle, mais cette affectation personnelle s'atténue avec la séparation des substances du corps. En fonction de la substance en question, l'affectation personnelle est plus ou moins importante.

Cette « affectation personnelle » explique d'une part, que le régime juridique des « choses oridinaires » ne peut être appliqué sans modifications et d'autre part, que les différentes substances doivent être traitées différemment les unes des autres.

L'étendue de l'affectation personnelle dépend des facteurs suivants :

- Les substances qui ne portent pas de matériel génétique ne concervent pas d'affectation personnelle.
- Les substances qui ne peuvent être prélevées ou collectées qu'avec de graves atteintes à l'intégrité corporelle gardent une affectation personnelle plus intense que d'autres substances qui sont expulsées hors du corps (placenta, lait maternel) ou qui sont régénérables.
- Les gamètes conservent une forte affectation personnelle suite à leur structure et fonction biologique.
- L'affectation personnelle s'atténue si les substances sont traitées (produits dérivés).
- Les déchets opératoires ne conservent qu'une affectation personnelle minime.

Ces critères ne mettent pas en doute la qualification réelle des éléments et produits du corps humain mais contribuent à un traitement juridique adéquat. Ainsi, les législations française (cf. art. 5121-20 n° 14 CSP) et allemande (cf. paragraphe 17 al. 1 n° 2 de la TPG) considèrent, par exemple, que des produits dérivés de substances corporel les peuvent être commercialisés. De plus, l'approche du Bundesgerichtshof dans son arrêt de 1993 est juste dans la mesure, où il met l'accent sur la fonction biologique particulière des gamètes. Cette fonction ne saurait changer la nature juridique des gamètes. Mais elle détermine les modes d'utilisation envisageables et elle est l'indicateur de l'affectation personnelle que la nature a donné aux gamètes.

A côté de cette affectation personnelle attachée naturellement aux éléments et produits corporels, les substances corporelles peuvent être « marquées » individuellement par leur porteur d'origine. Cet aspect sera abordé dans le chapitre suivant.

V. Les droits sur les substances corporelles détachées du corps humain

V. A. C'est aux Etats-Unis qu'a demarré la discussion sur les droits (droits réels ou droits moraux) exercés sur les éléments et parties du corps humain. Des médecins américains ont découvert dans la rate prélevée d'un patient (John Moore), atteint d'une leucémie, des substances uniques au monde. Sans que le patient en fut informé, les médecins et entreprises pharmatechnologiques ont réalisé un profit considérable en brevetant des produits dérivés des substances corporelles de J. Moore. Ce dernier intenta quelques années plus tard un procès contre les médecins. La cour, en première instance, s'appuya sur le droit de propriété pour condamner les médecins, tandis que la Cour Suprême de Californie affirma que J. Moore n'était pas propriétaire de ses substances corporelles, mais lui alloua des dommages et intérêts parce que son consentement n'avait pas été recueilli au préalable.

V. B. Les intérêts du donneur par rapport à l'utilisation de ses substances

Les donneurs poursuivent des intérêts particuliers en fonction de la nature du don effectué : don autologue, don au profit d'un tiers ou « collecte » de déchets opératoires. Concernant les dons autologues, les droits et obligations des personnes concernées sont souvent régis par des dispositions contractuelles. Des problèmes surgissent dans les cas où le motif du prélèvement disparaît (le sang prélevé en vue d'une transfusion autologue n'a pas été utilisé pendant l'opération / le risque périopératoire de stérilité ne s'est pas réalisé). Se pose alors la question de savoir si le patient conserve des droits sur les substances qui lui permettent de déterminer leurs modes d'utilisation. Le même problème surgit si la finalité d'un don (thérapeutique / scientifique / industrielle) envisagé par le donneur ne peut être atteinte. Enfin, certaines substances sont prélevées sans que le patient poursuive un objectif précis (déchets opératoires / d'accouchement). Si le patient garde des droits sur ces substances, il convient de déterminer s'il doit être informé et interrogé avant une utilisation postérieure de « ses » substances.

V. C. Etat de la question

V. C. 1. Droits réels : le droit de propriété exercé sur les substances corporelles détachées du corps

V. C. 1. a) Caractère et prérogatives du droit de propriété En France et en Allemagne la propriété se définit de manière similaire (articles 544 CC et 903 BGB).

V. C. 1. b) Arguments en faveur du régime de propriété

Les auteurs qui soutiennent que le régime du droit de propriété s'applique aux substances détachées renvoient aux pratiques médicales et aux caractères du droit de propriété, seul susceptible, selon eux, de protéger l'intégrité corporelle. Ils admettent que le régime de propriété se limite à certains aspects et le comparent au régime applicable aux monuments protégés et aux choses sacrées.

V. C. 1. b) (1) France Les partisans de la doctrine réaliste qualifient souvent les substances détachées de biens innés qui peuvent être attribués ab initio par la personne du corps de laquelle elles faisaient partie. Par contre, les partisans de la théorie traditionelle considèrent les éléments et produits détachés souvent comme res derelictae appropriables par celui qui s'en empare. Pour illstrer que le droit de propriété est seul apte à protéger « l'intégrité » des substances détachées, un auteur s'est référé à une fiction juridique (Affaire de la main volée) avant que, quelques années plus tard, la jurisprudence ait eu à traiter d'un cas similaire (chambre d'accusation d'Amiens).

V. C. 1. b) (2) Allemagne La doctrine majoritaire allemande explique le changement de fondement juridique (de droits de la personnalité en droit de la propriété) occasionné par le prélèvement en raisonnant par analogie avec le paragraphe 953 BGB. Selon le paragraphe 953 les pièces détachées d'une chose continuent à appartenir au propriétaire de la chose. La doctrine majoritaire en déduit que le droit de la personnalité exercé sur les substances non détachées se transfome, au moment du détachement, automatiquement en droit de propriété. Un courant minoritaire raisonne similairement à la doctrine française : d'après ce courant les substances détachées deviennent des res derelictae sur lesquelles le porteur d'origine peut exercer un droit d'appropriation privilégié.

V. C. 1. c) Objections à l'application du droit de propriété

V. C. 1. c) (1) Objections générales Beaucoup d'auteurs ne raisonnent pas en terme de propriété. Ils démontrent par l'absurde, que la notion de propriété est fondamentalement inadéquate pour rendre compte de la nature des éléments et produits corporels. Il en est ainsi par exemple pour les modes d'acquisition de la propriéte (p.ex. art. 570 s. CC et paragraphe 950 BGB) qui nécessitent une approche économique du corps humain. **(2) Objections particulières résultant du droit français** Par l'édiction de l'art. 16-3 CC (« non patrimonialité »), le droit français condamne la possibilité de reconnaître un droit réel sur le corps humain ou ses démembrements. Le droit français connaît une seule catégorie de choses qui ne peut faire l'objet d'un droit patrimonial : les choses communes. Or, une telle qualification ignorerait la spécificité des substances d'origine humaine. L'art. 16-3 CC a satisfait les partisans des droits moraux, renvoyant au droit d'auteur qui pourrait servir de modèle pour l'élaboration d'un régime juridique adéquat pour les substances corporelles. **(3) Objections allemandes : Conception personnaliste** Quelques auteurs allemands font valoir que le droit de propriété n'apporte pas toujours la protection des intérêts particuliers poursuivis avec les éléments d'origine humaine. La cession d'une substance corporelle entrainerait la cession d'une partie de la personne. Par conséquent, les droits exercés sur ces substances devraient se déduire du droit de la personnalité; or, si le porteur d'origine renonce aux droits de la personnalité, le droit de la propriété s'applique. En Allemagne, même les auteurs « personnalistes » n'excluent pas complètement l'existence du droit de propriété **(4) Intérêts du porteur d'origine** Le droit de propriété ne saurait protéger les intérêts particuliers exposés ci-dessus (V.B.) puisque le porteur d'origine transférerait généralement la propriété à un tiers ; si l'on admet que le porteur est propriétaire de ses substances détachées, il faut également admettre qu'il les transfère au moment du don (don au profit d'un tiers) ou au moment où il les laisse (consciemment ou inconsciemment) à l'hôpital (déchets). Par conséquent, le porteur ne serait protégé d'utilisations abusives que par des dispositions contractuelles (si contrat il y a) qui ont d'ailleurs un caractère purement relatif et ne protègent ainsi le donneur que vis-à-vis son co-contractant

V. C. 2. Droits de la personnalité

D'après un important courant allemand, les substances détachées sont des choses appropriables ; mais le droit de propriété serait surpassé ou supprimé par le droit général de la personnalité, voire totalement indépendant de celui-ci.

V. C. 2. a) « Théorie de la superposition » Selon la « théorie de la superposition », il existe une combinaison de droits exercés sur le corps humain, le cadavre et les substances détachées du corps humain : les droits réels et le droit de la personnalité coexistent. Or, concernant le « corps humain vivant », la propriété est complètement « surpassée » par le droit de la personnalité. La mort et le prélèvement modifient l'influence des deux droits : le droit de la personnalité s'affaiblit tandis que le droit de propriété se fortifie. L'étendue et la persistance du droit de la personnalité sur les substances détachées est discutée en doctrine.

V. C. 2. b) Théorie de la coexistence Tandis que la théorie de la superposition considère que le droit de la personnalité prend fin au moment de la cession de l'élément corporel, la théorie de la coexistence précise que le droit de propriété et le droit de la personnalité sur les substances corporelles peuvent être exercés par deux titulaires différents. Le porteur d'origine reste titulaire du droit de la personnalité pendant qu'un tiers peut acquérir la propriété des substances. Les partisans de cette théorie se réfèrent au droit d'auteur - une approche déjà évoquée dans la doctrine française. La doctrine française et la doctrine allemande renvoyent toutes les deux au droit d'auteur pour en déduire le régime juridique applicable aux substances corporelles. **V. C. 2. c) Éléments du droit d'auteur français** Tout auteur dispose de droits patrimoniaux cessibles (reproduction, représentation) et d'un droit moral inaliénable (divulgation, repentir, respect de l'oeuvre, paternité) sur son oeuvre. Le droit de destination, conçu comme un aspect du droit de reproduction, permet à l'auteur de déterminer l'usage des exemplaires en restreignant le droit cédé ; il confère à l'auteur la maîtrise absolue des utilisations de ses oeuvres. Quant aux éléments et produits du corps humain, le patient vise également à empêcher certains usages qui portent atteinte à sa personnalité.

V. C. 3. Résumé comparatif

Tandis que le droit français prohibe l'existence de droits réels, la doctrine majoritaire allemande considère qu'une personne peut être propriétaire de ses substances détachées. Mais, étant donné que la propriété ne saurait protéger tous les intérêts liés à l'utilisation des éléments et produits du corps humain, la doctrine allemande examine, tout comme la doctrine française si l'on peut recourir aux droits moraux pour satisfaire aux intérêts poursuivis avec les substances corporelles. Ainsi, en Allemagne, la doctrine majoritaire recourt au droit général de la personnalité pour protéger le donneur d'utilisations abusives. Par contre, en France, la doctrine et le législateur veulent introduire un droit de destination dérivé du droit d'auteur.

V. D. Approche nouvelle : Le droit de destination

V. D. 1.-2. Le régime de l'information et du consentement aux actes médicaux reflète l'aspect juridique de la relation médecin – patient. La jurisprudence récente illustre une modification d'un modèle paternaliste vers un modèle autonomiste. Nous avons déjà pu remarquer le renforcement du droit à l'autodétermination dans les dispositions légales relatives à l'information et au consentement. Or, ni en France (art. 35 Code de la déontologie médicale) ni en Allemagne, le consentement donné n'englobe la destination des éléments et produits corporels prélevés ou recueillis.

Le droit de destination relatif aux utilisations des substances corporelles est évoqué de façon explicite dans plusieurs textes internationaux ; pourtant, il n'a pas encore été mis en oeuvre, ni en France, ni en Allemagne.

V. D. 3. Le Fondement d'un droit de destination

V. D. 3. a) Projet de loi du 20 juin 2001 Nous avons pu constater que le législateur français envisageait d'instaurer l'obligation pour le médecin d'informer le patient sur les utilisations prévues et de lui accorder un droit d'opposition **V. D. 3. b)-c) Doctrine** Un courant français récent propose d'accorder aux patients le droit de déterminer et de contrôler les utilisations de leurs substances corporelles. Tandis qu'en matière de droit d'auteur, l'exercice du droit de destination se définit plutôt par les aspects patrimoniaux, une telle prérogative transférée aux éléments et produits du corps humain devrait se placer sur un plan moral, extrapatrimonial (art. 16-1 al. 3 CC). Par contre, la doctrine allemande ignore le plus souvent le droit de destination. Elle se refère au droit général de la personnalité qui, selon la théorie de la coexistence, reste automatiquement attaché aux substances du corps humain.

V. D. 4. Étendue de la protection conférée par le droit de destination d'une part et le droit général de la personnalité d'autre part

Le projet de loi du 20 juin 2001 prévoit un droit de destination étendu. Le patient doit être préalablement informé de tous les usages ultérieurs et même d'un changement d'utilisation. Le droit général de la personnalité, au contraire, ne sanctionne que les atteintes à la personnalité qui ne peuvent être légitimées par la finalité de l'utilisation : l'objectif visé par l'utilisation et la gravité de l'atteinte à la sphère personnelle doivent être pris en considération. Il en est ainsi surtout dans le cas, où les intérêts scientifiques s'opposent aux intérêts personnels.

V. E. Résumé comparatif

La reconnaissance d'un droit patrimonial, réel, sur les éléments et produits du corps humain est nécessaire pour rendre compte de leur réalité juridique actuelle. Certes, le droit de propriété sur les substances corporelles connaît des limites qui varient selon les différentes substances et leur affectation personnelle. Ainsi, les dispositions légales prévoient des conditions différentes qu'il s'agisse de la cession de cheveux, de sang ou de gamètes. Afin de pouvoir rendre compte de la volonté individuelle à l'égard de l'utilisation des substances, il serait souhaitable d'introduire un droit de destination à l'instar du projet de loi français du 20 juin 2001. Comparé au droit général de la personnalité (« protection passive », après l'utilisation), le droit de destination («protection active ») comporte plusieurs avantages dont l'améliora-tion de la securité juridique et le renforcement de la prise de conscience des médecins et scientifiques d'avoir affaire à des substances corporelles et pas seulement à des objets d'étude.

Par conséquent, les substances détachées peuvent être affectées sur deux plans différents : D'une part, par l'affectation personnelle dont l'étendue varie d'une substance à l'autre et qui influence la nature juridique des substances et d'autre part, par l'affectation individuelle issue du droit de destination qui, de son côté, peut limiter les prérogatives d'un propriétaire tiers.

VI. Actes juridiques portant sur les substances corporelles détachées du corps humain

En droit civil, les questions liées à la commercialisation des substances corporelles par le porteur d'origine se posent dans le cadre de la validité d'actes juridiques qui portent sur ces substances. Afin de pouvoir illustrer les divers circonstances et faits afférant à la commercialisation d'éléments et produits du corps humain, nous distinguerons en fonction de la finalité du prélèvement des substances corporelles: prélèvement en vue d'un don (don direct) et prélèvement pour d'autres raisons (don indirect). De plus, nous distinguerons entre utilisations thérapeutiques, scientifiques et industrielles. Avant de pouvoir aborder les questions liées directement aux problèmes de la commercialisation nous examinerons si les éléments et produits du corps humain peuvent faire l'objet de stipulations contractuelles

VI. A. Les substances corporelles détachées du corps humain: une catégorie de chose hors du commerce?

Tandis qu'en Allemagne le débat sur l'extra-commercialité des substances corporelles est quasi inexistant, les juristes français s'interrogent, si ces substances entrent dans la catégorie des choses hors du commerce visées par l'art. 1128 CC. La doctrine française, dans sa quasi unanimité, considère que le corps humain est hors du commerce (cf. arrêt de la Cour de Cassation du 31 mai 1991 relatif aux mères porteuses) et en a longtemps déduit que les parties détachées ne peuvent faire l'objet de contrats (cf. TGI Toulouse du 26 mars 1991). Or, en se référant aux progrès de la médecine qui permettent la circulation des substances corporelles, les auteurs, de plus en plus nombreux, contestent la qualification traditionellement conférée à ces substances. Selon eux, la notion d'extra-commercialité ne se présente pas comme une notion absolue et ils préfèrent en conséquence la théorie de la cause à celle de l'objet de la convention.

VI. B. La cause du contrat

La doctrine allemande se réfère également à la cause du contrat pour vérifier la licéité de contrats portant sur les substances corporelles. Ainsi, en France et en Allemagne, la cause d'un contrat portant sur les éléments et produits du corps humain est illicite quand elle est prohibée par la loi (paragraphe 134 BGB) ou quand elle est contraire à l'ordre public ou aux bonnes moeurs (art. 1133 CC, paragraphe 138 al. 1 BGB).

VI. C. Liceité d'actes juridiques à titre onéreux relatifs aux substances corporelles détachées du corps humain

VI. C. 1. Afin de déterminer si les substances corporelles peuvent faire l'objet d'un acte juridique à titre onéreux, nous pouvons nous référer aux dispositions légales exposées ci dessus (III.). Tandis qu'en France la loi prohibe toute rétribution des dons ou cessions d'éléments et produits humain (art. 16-1 al. 3, 16-5, 16-6 CC), la loi allemande n'édicte qu'une prohibition partielle. Pour les actes non prohibés explicitement par la Transplantationsgesetz, la Transfusionsgesetz et l'Embryonenschutzgesetz, nous examinerons s'ils portent atteinte aux bonnes moeurs.

VI. C. 2. a) La doctrine et la jurisprudence allemande considèrent souvent - sans établir des nuances quant à la finalité de l'utilisation - qu'un acte juridique à titre onéreux relatif aux substances corporelles porte atteinte aux bonnes moeurs. Nous nous bornerons ici à examiner les cas qui ne sont pas prohibés par la loi et distinguerons les utilisations industrielles, scientifiques et thérapeutiques.

VI. C. 2. b) Utilisations industrielles et scientifiques / dons indirects Si l'on introduit un droit de destination sur les substances corporelles, les patients auront dorénavant la possibilité de donner leur accord pour l'utilisation de leurs substances corporelles à la condition d'être rémunérés. Il nous apparaît que la rétribution des « donneurs » ne porte pas atteinte aux bonnes moeurs. Au contraire, c'est la pratique - d'ailleurs toujours en vigueur en Allemagne - de commercialisation de substances corporelles par l'industrie et la science qui est contraire aux bonnes moeurs. Tant que l'industrie et la science peuvent commercialiser les éléments et produits du corps humain et en tirer profit, la rétribution des donneurs est licite. Cela correspond à la définition des droits sur les substances corporelles et leur statut juridique que nous avons développés antérieurement (IV. B. 3.). Les substances dont il est question ici, n'ont gardé qu'une affectation personnelle minime : il s'agit de déchets du corps prélevés ou collectés sans intention de commercialisation et qui ne sont plus destinés à assurer leur fonction biologique naturelle. Ainsi, le droit de propriété sur ces substances n'est guère limité. **VI. C. 2. b) Utilisations industrielles et scientifiques / dons directs** La portée réelle de la commercialisation par dons directs se borne aux substances régénérables puisque le prélèvement d'autres substances à des fins industrielles ou scientifiques pourrait porter atteinte aux bonnes moeurs dans la mesure où la finalité du prélèvement ne saurait justifier l'atteinte à l'intégrité corporelle (paragraphe 226 a du StGB). Dans les années passées, il n'existait pas de pénurie dans ce domaine car l'industrie et les scientifiques avaient la possibilité de s'approvisionner gratuitement et clandestinement par l'intermédiaire de dons indirects. La portée réelle concerne les substances corporelles rares dans leur composition biologique. Le fait d'être rémunéré pour le « don » de substances d'une nature exceptionnelle et précieuse ne peut être qualifié d'immoral. Une dérogation au principe de gratuité, peu visible dans l'ensemble législatif français, confirme cette opinion. L'art. 5121-11 CSP autorise la rémunération du donneur lorsque son sang est à l'origine de la fabrication de médicaments (qui apportent une amélioration en terme d'efficacité ou de sécurité thérapeutiques ou qui ne sont pas disponibles en quantité suffisante pour satisfaire les besoins sanitaires) soumis à autorisation de mise sur le marché.

VI. C. 2. c) Utilisation thérapeutique du sang et de la moelle osseuse / (1) don direct Concernant les utilisations à des fins thérapeutiques, les interrogations sur la licéité de la commercialisation de substances corporelles doivent tenir compte du fait que le demandeur se trouve dans une situation d'urgence. Nous nous bornons ici aux substances exclues du champ d'application (paragraphe 1 al. 2 de la TPG, sang, moelle osseuse) et nous étudierons si leur exclusion du champ d'application de la Transplantationsgesetz est justifiée. En appliquant les motifs de la Transplantationsgesetz justifiant la prohibition du trafic d'organes (cf. III. B. 1. d) (1) – (2)) à la commercialisation du sang et de la moelle osseuse, on constate que ceux-ci ne sauraient justifier l'interdiction totale de leur commercialisation. **VI. C. 2. c) (2) don indirect** Bien que la licéité de commercialiser le sang ou la moelle osseuse ne puisse être justifiée ici par leur commercialisation ultérieure, il n'existe pas d'arguments indiquant que la rémunération du donneur pourrait porter atteinte aux bonnes moeurs. Le prélèvement n'entraîne pas de dangers pour la santé du donneur, le donneur n'exploite pas la situation d'un malade et le sang et la moelle osseuse sont des substances munies d'une affectation personnelle faible (cf. IV. B. 3.).

VI. C. 2. d) L'utilisation de gamètes pour la procréation médicalement assistée En principe, la procréation médicalement assistée avec donneur de sperme n'est pas un acte thérapeutique puisqu'elle ne constitue pas un remède à la stérilité de l'homme du couple demandeur. Par conséquent, le don de sperme n'entrant pas dans les catégories énoncées ci-dessus (thérapeutique, scientifique, industrielle), des considérations analogues sont exclues. Il est d'usage que les donneurs de sperme reçoivent une « indemnisation » d'environ € 100 ; À notre avis, ce montant - d'ailleurs rarement contesté en doctrine - doit être qualifié de rémunération du donneur. La rémunération est devenue nécessaire pour satisfaire aux demandes de couples stériles. Or, peu d'hommes sont prêts à donner leur sperme dans un système juridique qui interdit les dons anonymes.

Il semble que la rémunération d'un donneur de sperme porte atteinte aux bonnes moeurs. La procréation artificielle touche la sphère la plus intime de notre société; des dérives commerciales ne doivent pas empiéter sur cette sphère. Enfin, les gamètes, bien qu'elles soient des choses, conservent une forte affectation personnelle.

	Deutschland	**Frankreich**	
Organ-, Gewebe- Zellspende	Transplantationsgesetz (TPG)	Code de la santé publique (CSP)	
	Organ,- Gewebe-, Zellspende, § 8 TPG	**Gewebe-, Zellspende, Art. 1241-1 CSP**	**Organspende, Art. 1231-1 CSP**
Zweck der Spende	Übertragung auf anderen Menschen; Lebenserhaltung Heilung/Verhinderung der Verschlimmerung/Linderung schwerwiegender Krankheit, § 8 I Nr. 2 TPG	*gezielte Spende:* therapeu-tisch/wissenschaflich *Operationsabfälle, Plazenta*: alle Zwecke	direktes therapeutisches Interesse eines Empfängers, Art. 1231-1 al.1 CSP
Anonymität / Spenderkreis	*regenerierungsfähig:* anonym; *nicht regenerierungsfähig:* Verwandte 1./2. Grades Ehepartner,... dem Spender in besonderer persönlicher Verbundenheit offenkundig nahestehende Personen, § 8 I, 2 TPG	anonym	grds. nur enge Verwandte, ausn. Ehepartner, Art. 1231-1 al. 1 CSP (Erweiterung geplant)
Einwilligung	inhaltl. vorgeschriebene Aufklärung; schriftlich und von zwei Ärzten sowie dem Spender unterzeichnet, § 8 I Nr. 1 b), II TPG	gezielte Spende: kein Former- fordernis; Operationsabfälle, Plazenta:keineEinwilli-gung erforderlich	inhaltlich vorgeschriebe-ne Aufklärung; Abgabe vor dem Präsidenten des TGI
Unentgeltlichkeit	strafrechtlich sanktioniertes Verbot, mit Organen Handel zu treiben, § 17 ff. TPG	vgl. Art. 1211-4 CSP und Entschädigungsdekret	vgl. Art. 1211-4 CSP und Entschädigungsdekret

	Deutschland	**Frankreich**
Keimzellen-spende	Richtlinie des ärztlichen Standesrechts, Embryonenschutzgesetz (ESchG)	Code de la santé publique (CSP)
pers. Voraus.	*Empfänger*: auf Dauer angelegte Partnerschaft *Spender*: nur männliche Spender	*Empfänger*: verheiratet oder mindestens 2 Jahre "vie commune", Art. 2141-2 CSP *Spender*: männlich oder weiblich; lebt in Partnerschaft; hat bereits eigene Kinder, Art. 1244-2 CSP
Anonymität	nicht gewährleistet	gewährleistet, Art. 1244-7 CSP, Art. 1211-5 CSP
Einwilligung	vgl. § 4 I Nr. 3 ESchG: ohne Einwilligung dürfen Keimzellennicht befruchtet werden	schriftlich durch Empfänger- und Spenderpaar, Art. 1244-2 CSP
Unentgeltlich-keit	nicht geregelt	Vergütung verboten, vgl. 1211-4 CSP und Entschädigungs-dekret
Blutspende	Transfusionsgesetz (TFG)	Code de la santé publique (CSP)
Anonymität	Spenderdokumentation, § 11 TFG	grds. anonym, ausn. wenn therap. notwendig Art. 1221-7 CSP
Einwilligung	schriftlich incl. Verwertbarkeit, § 6 TFG	keine besondere Form erforderlich, Art. 1221-3 CSP
Unentgeltlich-keit	Spende soll unentgeltlich erfolgen, § 10 TFG	Vergütung verboten, vgl. Art. 1221-3 al. 2 CSP und Dekret

Literaturverzeichnis

Deutsche Literatur

Aufsätze und Beiträge

Bender, A.W.: „Der Entwurf eines Transfusionsgesetzes unter Einwilligungsgesichtspunkten: ein Zwischenruf", Zeitschrift für Rechtspolitik (ZRP) 1997, S. 353-356
„Organtransplantation und AMG", VersR 1999, S. 419-424

Bergmann, A.: „Zerstückelter Körper – zerstückelter Tod, in: Fuchs (Hrsg.), Spenden was uns nicht gehört: das Transplantationsgesetz und die Verfassungsklage, Hamburg 1999, S. 79-103

Bilsdorfer, P.: „Rechtliche Probleme der In-vitro-Fertilisation und des Embryo-Transfers", MDR 1984, S. 803-806

Braun, J.: „Vom Beruf unserer Zeit zur Überarbeitung des Schuldrechts", JZ 1993, S. 1-8

Brohm, W.: „Forum: Humanbiotechnik, Eigentum und Menschenwürde", JuS 1998, S. 197-205

Brunner, J.: „Theorie und Praxis im Leichenrecht", NJW 1953, S. 1173 –1174

Coester-Waltjen, D.: „Rechtssubjekte: Natürliche Personen", JURA 2000, S. 106-108
„Künstliche Fortpflanzung und Zivilrecht", FamRZ 1992, S. 369-373
„Die künstliche Befruchtung beim Menschen – Zulässigkeit und zivilrechtliche Fragen", 2. Teilgutachten: Zivilrechtliche Probleme, Gutachten zum 56. Deutschen Juristentag (DJT) 1986, Gutachten B
„Internationalprivatrechtliche Probleme der Ersatzmutterschaft - die französische Sicht", IPRax 1992, S. 125-126

Deutsch, E.: „Anmerkung zu LG Bonn vom 25.2.1970", VersR 1970, S. 719-720
„Neuere internationale Entwicklungen des Arztrechts und der Arzthaftung", VersR 1982, S. 714-716
„Anmerkung zu TGI Créteil vom 1. August 1984",

VersR 1985, S. 700
„Artifizielle Wege menschlicher Reproduktion: Rechtsgrundsätze, Konservierung von Sperma, Eiern und Embryonen; künstliche Insemination und außerkörperliche Fertilisation; Embryotransfer", MDR 1985, S. 177-183
„An der Grenze von Recht und künstlicher Fortpflanzung", VersR 1985, S. 1002-1004
„Embryonenschutz in Deutschland", NJW 1991, S. 721-725
„Das Persönlichkeitsrecht des Patienten", AcP 1992, S. 161-180
„Zum geplanten strafrechtlichen Verbot des Organhandels", Zeitschrift für Rechtspolitik (ZRP) 1994, S. 179-181
„Virusinfektion durch Blutprodukte", VersR 1997, S. 905-911
„Das Transplantationsgesetz vom 5.11.1997", NJW 1998, S. 777-782
„Sicherheit bei Blut und Blutprodukten: Das Transfusionsgesetz von 1998", NJW 1998, S. 3377-3381

Dufkova, J.: „Die Zulässigkeit und Strafbarkeit der Organentnahme zu Transplantationszwecken im Vergleich zu klinischen Sektionen", MedR 1998, S. 304-308

Edelmann, H.: „Ausgewählte Probleme bei der Organspende unter Lebenden", VersR 1999, S. 1065-1069

Eibach, U.: „Organspenden von Lebenden: Auch unter Fremden ein Akt der Nächstenliebe", Zeitschrift für medizinische Ethik (45) 1999, S. 217-231

Emmerich, V.: „Rechtsprechungsübersicht: Schmerzensgeldanspruch wegen schuldhafter Vernichtung von Sperma", JuS 1994, S. 351
„Anmerkung zu BGH vom 17.12.1991", JuS 1992, S. 609-610

Forkel, H.: „Verfügungen über Teile des menschlichen Körpers", JZ 1974, S. 593-599
„Das Persönlichkeitsrecht am Körper, gesehen im Lichte des Transplantationsgesetzes", JURA 2001, S. 73-79

Freund, G. / Heubel, F.: "Der menschliche Körper als Rechtsbegriff", MedR 1995, S. 194-198

Fuchs, R.: „Vorsicht Krankenhaus! Heiligt der Scheck die Mittel", in: Fuchs (Hrsg.), Spenden was uns nicht gehört: das Transplantationsgesetz und die Verfassungsklage, Hamburg 1999, S. 35-58

Furkel, F.: „Die Französischen Gesetze über Bioethik vom 29. Juli 1994 und ihr Einfluß auf das Kindschaftsrecht", FamRZ 1996, S. 772-777

Gareis, K.: „Das Recht am menschlichen Körper", in: Festgabe für Schirmer, Königsberg 1900, S. 61 ff.

Geilen, G.: „Probleme der Organtransplantation", JZ 1971, S. 41-48

Giesen, D.: „Anmerkung zu BGH vom 17.12.1991 – VI ZR 40/91", JR 1993, S. 21
„Zur Strafwürdigkeit der Delikte gegen Familie und Sittlichkeit", FamRZ 1965, S. 248-256

Gounalakis, G.: „Persönlichkeitsschutz und Geldersatz", AfP 1998, S. 10-25

Grewel, H.: „Zwischen Lebensrettung und Euthanasie – das tötliche Dilemma der Transplantationsmedizin", Zeitschrift für Rechtspolitik (ZRP) 1995, S. 217-220

Grote, R.: „La bioéthique dans la législation allemande", Revue internationale de droit comparé 1999 (1), S. 85-106

Gubernatis, G.: „Transplantationsgesetz, Signal und Versorgungsauftrag der Gesellschaft an die Medizin", Deutsche Medizinische Wochenschrift (DMW) 1998, Nr. 51/52, A 13 f.

Gutmann, T.: „Probleme der gesetzlichen Regelung der Lebendspende von Organen", MedR 1997, S. 147-155
„Gesetzgeberischer Paternalismus ohne Grenzen? Zum Beschluß des Bundesverfassungsgerichts zur Lebendspende von Organen", NJW 1999, S. 3387-3389

Hahn, V.-U.: „Vorschläge für ein Transplantationsgesetz", Zeitschrift für Rechtspolitik (ZRP) 1976, S. 80

Hamerl, T.: „Rechtsschutz des Spenders von Blut und Knochenmark gegen bestimmungswidrigen Gebrauch", in: G. Plöchel (Hrsg.), Ware Mensch: Rechtsprobleme der medizinischen und kommerziellen Verwertung von Teilen des menschlichen Körpers, Wien 1996, S. 41-73

Hasskarl, H.: „Arzneimittelrechtliche, medizinproduktrechtliche und transplantationsrechtliche Fragen im Zusammenhang mit der Herstellung von Hauttransplantaten", Pharma Recht 1998, S. 412-416

Hegnauer, C.: „Gesetzgebung und Fortpflanzungsmedizin", in: R. Hauser (Hrsg.), Gedächtnisschrift P. Noll, Zürich 1984

Helms,T.: „Reform des deutschen Abstammungsrechts", FuR 1996, S. 178-189

Hilgendorf, E.: „Extogenese und Strafrecht", MedR 1994, S. 429-432

Hoerster, N.: „Forum - Ein Lebensrecht für die menschliche Leibesfrucht?", JuS 1989, S. 172-178
„Das angebliche Menschenrecht des Embryos auf Leben", JR 1995, S. 51-53

Hoppe, J. F.: „Zeitpunkt der Aufklärung, Konsequenzen der neuen Rechtsprechung", NJW 1998, S. 782-787

Jung, A.: „Die französische Rechtslage auf dem Gebiet der Transplantationsmedizin", MedR 1996, S. 355-365

Kirchmeier, K.-H.: „Zivilrechtliche Fragen der homologen und heterologen Insemination de lege ferenda", FamRZ 1998, S. 1281-1287

Kloth, K.: „Anenzephale als Organspender – eine rechtvergleichende Betrachtung", MedR 1994, S. 180-188

Koch, H.-G.: „Medizinisch unterstützte Fortpflanzung" beim Mensch – Handlungsleitung durch Strafrecht?", MedR 1986, S. 259-265
„Rechtsfragen der Organübertragung vom lebenden Spender", Zentralblatt für Chirurgie 124 , S. 718-724
"Aktuelle Rechtsfragen der Lebend-Organspende", in: Kirste, G. (Hrsg.), Nierenlebendspende – Rechtsfragen und Versicherungsfragen für Mediziner, 2000, S. 49-68

Kraushaar, H.-G.: „Versicherungsrechtliche Aspekte und Absicherung der Lebend-Organspende", in: Kirste, G., Nierenlebendspende – Rechtsfragen und Versicherungsfragen für Mediziner 2000, S. 74-80

Kühn, H. C.: „Das neue Transplantationsgesetz", MedR 1998, S. 455-461

Lang, C.: „Kultur des Lebens oder Kultur des Sterbens?", Zeitschrift für Rechtspolitik (ZRP) 1995, S. 457-466

Laufs, A.: „Die künstliche Befruchtung beim Menschen – Zulässigkeit und zivilrechtliche Folgen", JZ 1986, S. 769-777
„Aids und Arztrecht", NJW 1987, S. 2257-2265
„Schmerzensgeld wegen schuldhafter Vernichtung deponierten Spermas ?", NJW 1994, S. 775-776
„Ein deutsches Transplantationsgesetz - jetzt?", NJW 1995, S. 2398-2399
„Nicht der Arzt allein muss bereit sein, das Notwendige zu tun", NJW 2000, S. 1757-1769

Linck, J.: „Gesetzliche Regelungen von Sektionen und Transplantationen", JZ 1973, S. 759-760

Lippert, H.-D.: „Implantate, Transplantate, Infusionen und Transfusionen – wer haftet wie?", VersR 1994, S. 153-154

Nixdorf, W.: „Zur ärztlichen Haftung hinsichtlich entnommener Körpersubstanzen: Körper, Persönlichkeitsrecht, Totenfürsorge", VersR 1995, S. 740-745

Paul, C.: „Zur Auslegung des Begriffs „Handeltreiben" nach dem Transplantationsgesetz", MedR 1999, S. 214-216

Precht, K.: „Gentechnologie, Humangenetik und neue Reproduktionstechniken", in: H. Däubler- Gmelin (Hrsg.), Gentechnologie 7, Forschungsobjekt Mensch: Zwischen Hilfe und Manipulation, München 1986, S. 49-51

Rixen, S.: „Todesbegriff, Lebensgrundrecht und Transplantationsgesetz", Zeitschrift für Rechtspolitik (ZRP) 1995, S. 461-466

Rohe, M.: „Anmerkung zu BGHZ 124, 52-57", JZ 1994, S. 465-468

Rüsken, R.: „Künstliche Befruchtung als Heilbehandlung - Zur steuermindernden Berücksichtigung von Kosten homo- und heterologer Befruchtung", NJW 1998, S.

1745-1750

Schlosser, D.: „Der sprachlich befangene Bundestag, Zur Debatte über das Transplantationsgesetz am 25. Juni 1997", in: Schlosser (Hrsg.), Mit Hippokrates zur Organgewinnung, Frankfurt am Main, 1998, S. 265-274

Schneider, U.: „Wenn der Körper sein Testament machen muß", in: Schlosser (Hrsg.), Mit Hippokrates zur Organgewinnung, Frankfurt am Main, 1998, S. 235-245

Schnorbus, Y.: „Schmerzensgeld wegen schuldhafter Vernichtung von Sperma – BGH - NJW 1994, S. 127", JuS 1994, S. 830-836

Schroeder, F.-C.: „Gegen die Spendenlösung bei der Organabgabe", Zeitschrift für Rechtspolitik (ZRP) 1997, S. 265-267

Schroth, U.: „Stellungnahme zu dem Artikel von Bernhard Seidenath: Lebendspende von Organen – Zur Auslegung des § 8 Abs. 1 S. 2 TPG", MedR 1999, S. 67-68

„Die strafrechtlichen Tatbestände des Transplantationsgesetzes", JZ 1997, S. 1149-1154

„Das Organhandelverbot", in: Festschrift für Claus Roxin zum 70. Geburtstag am 15.05.2001, Schünemann, B. u.a. (Hrsg.), Berlin 2001

Schumacher, K.: „Fortpflanzungsmedizin und Zivilrecht", FamRZ 1987, S. 313-324

Seesing, H.: „Dürfen wir so mit dem Leben umgehen?", in: Seesing, H. (Hrsg.), Gentechnologie 11, Technologischer Fortschritt und menschliches Leben – Die Menschenwürde als Maßstab der Rechtspolitik Teil 1, S. 35-49

Seidenath, B.: „Lebendspende von Organen – Zur Auslegung des § 8 Abs. 1 S. 2 TPG", MedR 1998, S. 253-256

Sengler, H.: „Stellungnahme zu rechtlichen Aspekten aus Sicht des Bundesgesundheitsministeriums", in: Kirste, G. (Hrsg.), Nierenlebendspende – Rechtsfragen und Versicherungsfragen für Mediziner, 2000, S. 100-124

Spickhoff, A.: „Zur Haftung für HIV-kontaminierte Blutkonserven", JZ 1991, S. 756-760

Spranger, T.: „Die ungenehmigte Verfügung der Krankenhäuser über Fehlgeborene“, MedR 1999, S. 210-213

Stadler, A.: „Die Verwendung von abgetriebenen Embryonen und Föten in Medizin und Kosmetik“, in: G. Plöchel (Hrsg.), Ware Mensch, Rechtsprobleme der medizinischen und kommerziellen Verwertung von Teilen des menschlichen Körpers, Wien 1996, S. 123-139

Starck, C.: „Die künstliche Befruchtung beim Menschen – Zulässigkeit und zivilrechtliche Fragen“, 1. Teilgutachten: Verfassungsrechtliche Fragen, Gutachten zum 56. Deutschen Juristentag (DJT) 1986, Gutachten A

Stoll, H.: „Kausalzusammenhang und Normzweck im Deliktsrecht“, Recht und Staat 1968, Heft 364, S. 25 ff.

Tag, B.: „Zum Umgang mit der Leiche“, MedR 1998, S. 387-394

Taupitz, J.: „Der deliktische Schutz des menschlichen Körpers und seiner Teile“, NJW 1995, S. 745-752

„Die Zellen des John Moore vor den amerikanischen Gerichten: Ende der „heimlichen“ Nutzung menschlicher Körpersubstanzen?“, VersR 1991, S. 369-375

„Die Menschenrechtskonvention zur Biomedizin – akzeptabel, notwendig oder unannehmbar für die Bundesrepublik Deutschland?“, VersR 1998, S. 542-546

„Wem gehört der Schatz im menschlichen Körper? Zur Beteiligung des Patienten an der kommerziellen Nutzung seiner Körpersubstanzen“, AcP 191 (1991), S. 201-246

„Privatrechtliche Rechtsposition um die Genomanalyse: Eigentum, Persönlichkeit, Leistung“, JZ 1992, S. 1089-1099

„Um Leben und Tod: Die Diskussion um ein Transplantationsgesetz“, Jus 1997, S. 203-208

„Anmerkung zu BGHZ 124, 52 ff.“ (Spermaurteil), JR 1995, S. 22-25

„Kommerzialisierung menschlicher Körpersubstanzen“ in: Damm / Hart (Hrsg.), Rechtliche Regulierung von Gesundheitsrisiken, Baden-Baden 1993, S. 51-93

„Das Recht im Tod: Freie Verfügbarkeit der Leiche?“, Rechtliche und ethische Probleme der Nutzung des Körpers Verstorbener, in: U. Körner (Hrsg.), Berliner Medizinethische Schriften, 1. Auflage, Dortmund 1996

Thiele, C.: „Plastinierte Körperwelten", Bestattungszwang und Menschenwürde", NVwZ 2000, S. 405-408

Vitzthum, Graf W.: „Gentechnologie und Menschenwürdeargument", Zeitschrift für Rechtspolitik (ZRP) 1987, S. 33-37

Voß, A.: „Die Durchkreuzung des manifestierten Familienplanes als deliktische Integritätsverletzung", VersR 1999, S. 545-551

Westermann, H.P.: „Das allgemeine Persönlichkeitsrecht nach dem Tod seines Trägers", FamRZ 1969, S. 561-572

Wiesenbart, T.: „Regelungen der Fortpflanzungsmedizin und Humangenetik (Frankreich)", in: Eser, A. / Koch, H.-G. / Wiesenbart, T., Gentechnologie Chancen und Risiken Band 23/1, Campus, Frankfurt/New York 1990, S. 321-330

Wolfslast, G. / Rosenau, H.: „Zur Anwendbarkeit des Arzneimittelgesetzes auf die Entnahme von Organen und Gewebetransplantaten", NJW 1993, S. 2348-2353

Bücher

Baur, J. / Stürner, R.: Sachenrecht, 17. Auflage, München 1999

Bay. Staatsministerium für Arbeit und Sozialordnung, Familie, Frauen und Gesundheit (StmAS, Hrsg.): Organspende und Transplantation, München 2000

Benecke, M.: Die heterologe künstliche Insemination im geltenden deutschen Zivilrecht, Frankfurt am Main, 1986

Bernat, E.: Rechtsfragen medizinisch assistierter Zeugung, Frankfurt am Main 1989

Bock, N.: Rechtliche Voraussetzungen der Organentnahme von Lebenden und Verstorbenen, Frankfurt am Main 1999

Britting, E.: Die postmortale Insemination als Problem des Zivilrechts, Frankfurt am Main 1989

Brox, H.: Allgemeiner Teil des Bürgerlichen Gesetzbuchs, 25. Auflage, Köln 2001

Carstens, T.: Das Recht der Organtransplantation, Frankfurt am Main 1978

Deutsch, E.: Medizinrecht, 4. Auflage, Berlin 1999
Das Recht der klinischen Forschung am Menschen, Frankfurt am Main 1979

Dreixler, M.: Der Mensch als Ware: Erscheinungsformen modernen Menschenhandels unter strafrechtlicher Sicht, Frankfurt am Main 1998

Ferid, M. / Sonnenberger, H.-J.: Das französische Zivilrecht, Bd 1/1, Erster Teil: Allgemeine Lehren des französischen Zivilrechts: Einführung und Allgemeiner Teil des Zivilrechts, 2. Auflage Heidelberg 1994
Das Französische Zivilrecht, Bd 2, Zweiter Teil: Schuldrecht, Zweites Buch: Die einzelnen Schuldverhältnisse, Dritter Teil: Sachenrecht, 2. Auflage Heidelberg 1986

Fischer, G.: Medizinische Versuche am Menschen, Göttingen 1979

Fisher, J.A.: Die Medizin von Morgen – Krankheiten werden heilbar, München 1993

Giesen, D.: Die künstliche Insemination als ethisches und rechtliches Problem, Bielefeld 1962
International Medical Malpractice Law: a comparative law study of civil liability arising from medical care, Tübingen 1988

Gottwald, P.: Schadenszurechnung und Schadensschätzung, München 1979

Harris, J.: Der Wert des Lebens, Berlin 1995

Hebborn, A.: Möglichkeiten und Grenzen eines Marktes für Organtransplantate, Bayreuth 1998

Heisig, C.: Persönlichkeitsschutz in Deutschland und Frankreich, Hamburg 1999

Hübner, H.: Allgemeiner Teil des Bürgerlichen Gesetzbuchs, 2. Auflage Berlin 1996

Hubmann, H.: Das Persönlichkeitsrecht, 2. Auflage Köln 1967

Ihering von, R.: Geist des römischen Rechts auf den verschiedenen Stufen seiner Entwicklung 1865, 8. Auflage, Darmstadt 1954

Jansen, N.: Die Blutspende aus zivilrechtlicher Sicht, Bochum 1978

Jarass, H. / Pieroth, B.: Grundgesetz für die Bundesrepublik Deutschland Kommentar, 5. Auflage München 2000

Kimbrell, A.: Ersatzteillager Mensch, Die Vermarktung des Körpers, München 1997

Kloesel, A. / Cyran, W.: Arzneimittelrecht - Kommentar, 78. Ergänzungslieferung, Stuttgart 2002

König, P.: Strafbarer Organhandel, Frankfurt am Main 1999

Körner, H. : Betäubungsmittelgesetz, Arzneimittelgesetz, 5. Auflage München 2001

Koppernock, M.: Das Grundrecht auf bioethische Selbstbestimmung, Baden-Baden 1997

Kühn, H.-C.: Die Motivationslösung, Berlin 1998

Lanz-Zumstein, M.: Die Rechtsstellung des unbefruchteten und befruchteten menschlichen Keimguts: ein Beitrag zu zivilrechtlichen Fragen im Bereich der Reproduktions- und Gentechnologie, Diss. München, 1990

Larenz, K. / Wolf, M.: Allgemeiner Teil des Bürgerlichen Gesetzbuchs, 8. Auflage, München 1997

Maier, J.: Der Verkauf von Körperorganen, München 1990

Marian, S.: Die Rechtsstellung des Samenspenders, Frankfurt am Main 1998

Medicus, D.: Allgemeiner Teil des BGB, 7. Auflage, Heidelberg 1997
Bürgerliches Recht, Eine nach Anspruchsgrundlagen geordnete Darstellung zur Examensvorbereitung, 18. Auflage, Köln 1999

Münchener Kommentar zum Bürgerlichen Recht: Rebmann, K., Säcker, F. J., Rixecker, R. (Hrsg.), Band 1 Allgemeiner Teil, §§ 1-240, 4. Auflage 2001, zitiert: Müko/Holch

Müller, R.: Die kommerzielle Nutzung menschlicher Körpersubstanzen, Berlin 1997

Münch von I. / Kunig P.: Grundgesetz-Kommentar, 5. Auflage, München 2000

Münzer, U.: Fortpflanzungsmedizin und Zivilrecht: Eine rechtsvergleichende Darstellung bundesdeutschen, englischen und französischen Rechts, Aachen 1996

Nickel, L.: Die Entnahme von Organen und Geweben bei Verstorbenen zum Zwecke der Transplantation, Bonn 1999

Niederer, A.: Reproduktionsmedizinische Methoden zur Überwindung männlicher Infertilität im Spiegel des Rechts, Frankfurt am Main 1989

Palandt, O.: Bürgerliches Gesetzbuch, 61. Auflage, München 2002, zitiert: Palandt/Bearbeiter

Pap, M.: Extrakorporale Befruchtung und Embryotransfer aus arztrechtlicher Sicht, Frankfurt am Main 1987

Pasquay, J.: Die künstliche Insemination – zugleich ein Beitrag zur Bestimmung der Grenzen staatlicher Strafbefugnis – Freiburg 1968

Pater, S. / Raman, A.: Organhandel: Ersatzteile aus der Dritten Welt, 1. Auflage, Göttingen 1991

Lindenmaier, F. – Möhring, P. Nachschlagewerk des Bundesgerichtshofs, Nirk, R. (Hrsg.), München 3/1994 Nr. 151, zitiert Pfeiffer in: LM §

Pschyrembel, W.: Klinisches Wörterbuch, 258. Auflage, Berlin 1998

Reich, K.: Organspendeverträge: Geldzahlungen als Anreiz zur Organspende in den USA und in der Bundesrepublik Deutschland, Hamburg, 1999

RGRK - Reichsgerichtsrätekommentar Das Bürgerliche Gesetzbuch mit besonderer Berücksichtigung der Rechtsprechung des Reichsgerichts und des Bundesgerichtshofs, Mitglieder des BGH (Hrsg.)
Band I §§ 1-240, BGB-RGRK-Kregel, 12. Auflage, Berlin 1982
Band II 5. Teil §§ 812-831, BGB-RGRK-Steffen, 12. Auflage, Berlin 1989

Rifkin, J.: Das biomedizinische Zeitalter, München 2000

Rösler, R.: Rohstoff Mensch, 2. Auflage, Stein am Rhein 1989

Sasse, R.: Zivil-und strafrechtliche Aspekte der Veräußerung von Organen Verstorbener und Lebender, Frankfurt am Main 1996

Schäfer, P.: Rechtsfragen zur Verpflanzung von Körper und Leichenteilen, Münster 1961

Schröder, M. / Taupitz, J.: Menschliches Blut: verwendbar nach Belieben des Arztes? Zu den Formen erlaubter Nutzung menschlicher Körpersubstanzen ohne Kenntnis des Betroffenen, Stuttgart 1991

Schönke, A. / Schröder, H. / Lenckner, T. Strafgesetzbuch Kommentar 26. Auflage München 2001

Schünemann, H.: Die Rechte am menschlichen Körper, Frankfurt am Main 1985

Scott, R.: The body as property, New York 1981

Soergel, Hs. Th. - Kommentar Bürgerliches Gesetzbuch, Siebert W. (Hrsg.)
Band 1: Allgemeiner Teil 1 §§ 1-103 (Soergel/Marly), 13. Auflage, Stuttgart 2000
Band 5/2 Schuldrecht IV/2, §§ 823-853 (Soergel/Zeuner), 12. Auflage, Stuttgart 1998

Staudinger, J. von - Kommentar Kommentar zum Bürgerlichen Gesetzbuch mit Einführungsgesetz und Nebengesetzen,
Erstes Buch: Allgemeiner Teil, §§ 21-103, 13. Bearbeitung 1995 (H. Dilcher)
Zweites Buch: Recht der Schuldverhältnisse, §§ 823-825, 13. Bearbeitung 1999 (J. Hager)

Steffan, W.: Umfang und Grenzen des besonderen Persönlichkeitsrecht am eigenen Körper. Eine rechtsvergleichende Darstellung des französischen und des deutschen Rechts, Frankfurt am Main 1964

Tress, P.: Die Organtransplantation aus zivilrechtlicher Sicht, Mainz 1977

Tröndle, H. / Fischer, T. : Strafgesetzbuch und Nebengesetze, 50. Auflage, München 2001

Ugowski, P.: Rechtsfragen der Lebendspende, Münster 1998

Waibl, K.: Kindesunterhalt als Schaden: fehlgeschlagene Familienplanung und heterologe Insemination, München 1986

Wolf, J.: Der strafrechtliche Schutz der Persönlichkeit vor unbefugter Kommerzialisierung: Unter Berücksichtigung des Schutzes durch das Zivilrecht, Baden-Baden 1999

Französische Literatur

Aufsätze und Beiträge:

Alnot, M.-O.: „A qui sont ces gamètes", in: F. Brisset-Vigneau: „Le défit bioéthique – La médicine entre l'espoir et la crainte", série „Mutations" Nr. 120, März 1991, S. 10-15

Auby, J.-M.: „Les aspects administratifs de l'assistance médicale à la procréation médicale et des prélèvements sur le matériel biologique humain", Les petites affiches n° spécial vom 14.12.1994 unter der Leitung von J.-C. Galloux, S. 14-17

Barbarino-Monnier, P.: „L'état de la procréation médicalement assistée en France", in: Furkel, F.; Jacquot, F; Jung, H., Bioéthique, Les enjeux du progrès scientifique – France, Allemagne – (Colloque Nancy 7 mars 1998), Bruylant, Bruxelles 2000, S. 29-39

Barberger, C.: „Protection du corps humain et/ou protection du corps médical", Les petites affiches vom 26. Februar 1996, S. 4-15

Batteur, A.: „De la protection du corps à la protection de l'être humain. Les annormaux et les lois du 29 juillet 1994", Les petites affiches n° spécial vom 14.12.1994 unter der Leitung von J.-C. Galloux, S. 29-33

Baud, J.-P.: „La propriété du corps", in: Lemaire, F. / Rameix, S. / Ghanassia, J.-P., „Le corps: à qui appartient-il ?", Journées d'éthique médicale Maurice Rapin, Flammarion, Paris 1996, S. 9-12
„Le corps, personne par destination", in: „Droit des

personnes et de la famille", Mélanges à la mémoire de D. Huet-Weiller, LGDJ, Paris 1994, S. 13-17

Bellivier, F. / Boudouard-Brunet, L.: „Les ressources génétiques et les aspectes juridiques de patrimoine", in: „Le droit saisi par la biologie" unter der Leitung von C. Labrusse-Riou, LGDJ, Paris 1996, S. 179-232

Bertin, P.: „Un doigt de droit, deux doigts de bon sens" Gaz. Pal. vom 15.2.1986, S. 96
„Touche pas à mon dentiste", Anmerkung zu Cass. Civ. 1ère civile vom 11.12.1985, Gaz. Pal. 1986 I, S. 150-151

Broyer, M.: "Prélèvement d'organe sur donneur vivant", in: „Les lois „bioéthique" à l'épreuve des faits" Réalités et perspectives, unter der Leitung von Feuillet-le Mintier, B. (Hrsg.) PUF, Paris 1999, S. 53-64

Byk, C.: „Bioéthique (Législation, jurisprudence et avis des instances d'éthiques)", JCP 1996 G I 3956
„Bioéthique (Législation, jurisprudence et avis des instances d'éthiques)", JCP 1994 G I 3763
„La loi relative au respect du corps humain", JCP 1994 G I 3788
„Les éléments du corps humain: Objets de commerces?", Journal médicine légale et droit médical 1991 (1), S. 491-494 (i.R. des 3. Internat. Ethikkongresses vom 9. / 10.3.1991)
„Bioéthique et Europe: une question de droit de culture ou de politique?", in: „Bioéthique: de l´éthique au droit, du droit à l´éthique", Schulthess Polygraphischer Verlag, Zürich 1997, S. 173-187

Carbonnier, J. "Anmerkung zu Tribunal civil de Lille vom 18. März 1947", D. 1947, S. 508-511

Chabas, F.: „Rapport sur le corps humain et les actes juridiques en droit français", in: „Le corps humain et le droit (journées Belges)", Traveaux de l'Association Henri Capitant, Band XXVI, Dalloz, Paris 1977, S. 225-245

Charaf Eldine, A.: „Les prélèvements d'organes (commentaire de la loi du 22 décembre 1976)", RTD san. et soc. 1978, S. 445-463

Chast, F. / Herré, C.: "Gratuité, dédommagement, rémunération: Questions éthiques soulevées par les dons du sang", in: Journal international de bioéthique, Alexandre Lacassagne, Beneska 2000, S. 89-96

Couturier, I.: „Remarques sur quelques choses hors commerce", Les petites affiches vom 13. September 1993 (110), S. 7-14

Corone, S.: "Anmerkung zu TGI Créteil vom 1. August 1984", JCP 1984 II 20321

David, G.: „Don et utilisation de sperme et d'ovocyte", in: Actes du Colloque „Génétique, procréation et droit", Actes sud, PUF, Paris 1985, S. 203 ff.

Dorsner-Dolivet, A.: "Anmerkung zu Cour d'appel de Paris vom 28.11.1991", D. 1992 jp., S. 87-88

Duprat, J.-P.: „Le statut juridique du corps humain: Une construction progressive", Les petites affiches vom 3. Juli 1996, S. 4-10
„A la recherche d'une protection constitutionelle à la procréation et des prélèvements sur le matériel biologique humain", Les petites affiches n° spécial vom 14.12.1994 unter der Leitung von J.-C. Galloux, S. 34-40

Dreifus-Netter, F.: „La filiation de l'enfant issu de l'un des partenaires du couple et d'un tiers", RTD civ. 1996 (1), S. 1-28

Edelman, B.: „Le conseil constitutionnel et l'embryon", D. 1995 chr., S. 205-210
„L'homme aux cellules d'or", D. 1989 chr., S. 225-230
„La recherche biomédicale dans l'économie de marché", D. 1991 chr., S. 203-208

Galloux, J.-C.: „La brevetabilité des éléments et des produits du corps humain ou les obscurités d'une loi grand public", JCP 1995 G I 3872
„Ethique et brevet ou le syndrome bioéthique", D. 1993 chr., S. 83-90
„Réflexions sur la catégorie des choses hors commerce: l'exemple des éléments et produits du corps humain en droit français", Les cahiers de droit, vol. 30 (4) 1989, S. 1011-1032
„De corpore jus, premières analyses sur le statut juridique du corps humain, ses éléments et ses produits selon les lois nr. 94-653 et 94-654 du 29 juillet 1994", Les petites affiches n° spécial vom 14.12.1994 unter der Leitung von J.-C. Galloux, S. 18-24
„L'indemnisation du donneur vivant de matériels bio-

logiques", Revue de droit sanitaire et social (RTD san. et soc.) 1998 (1), S. 1-17
„La protection juridique de la matière biologique en droit français", Revue internationale de droit comparé (R.I.D.C.) 1998 (2), S. 491-512
„De la nature juridique du matériel génétique ou la réification du corps humain et du vivant", Revue de la recherche juridique (RRJ), droit prospectif, 1989-3, S. 521-550
„L'utilisation des matériels biologiques humains: vers un droit de destination?", D. 1999 chr., S. 13-18

Garay, A.: „Consentement aux actes médicaux et droits des patients", in: „Le consentement aux actes médicaux", sous la présidence de Guigue, J., Gaz. Pal. vom 28. Mai 1998 n° spéciale, S. 27-37

Gaumont-Prat, H.: „Protection de la personne humaine", Le Dalloz sommaires commentés 1999, S. 343-348

Giudicelli, A.: „Le droit pénal de la bioéthique", Les petites affiches n° spécial vom 14.12.1994 unter der Leitung von J.-C. Galloux, S. 79-84

Glorion, B.: „Le consentement et ses aspects déontologiques", in: „Le consentement aux actes médicaux", sous la présidence de Guigue, J., Gaz. Pal. vom 28. Mai 1998 n° spéciale, S. 5-7

Gobert, M.: „Réflexions sur les sources du droit et les principes d'indisponibilité du corps humain et de l'état des personnes", RTD civ. 1992, S. 489-528

Gonod, P.: "Anmerkung zu Conseil d'Etat vom 2. Juli 1993", JCP G 1993 II 22133

Granet-Lambrechts, F.: „Les dons d'organes, de tissus, de cellules et de produits du corps humain: de la loi Caillavet aux lois de bioéthique", Revue de droit sanitaire et social (RTD san. et soc.) 1995 (1), S. 1

Harichaux, M.: „Le corps objet", in: „Bioéthique et Droit", études rassemblées par R. Draï und M. Harichaux, PUF, Paris 1988, S. 130 ff.

Hermitte, M.-A.: „L'affaire Moore, ou la diabolique notion de propriété", Le Monde diplomatique 12/1988
„Le corps hors du commerce, hors du marché", in: „La philosophie de droit aujourd'hui", Archives de

philosophie du droit (33), Paris 1988, S. 323-346

Honlet, J.-C.: „Adaptations et résistance de catégories de droit privé", in: „Le droit saisi par la biologie" unter der Leitung von C. Labrusse-Riou, LGDJ, Paris 1996, S. 233-287

Jamin, C.: „1er Juillet 1994 – 30 septembre 1994", RTD civ. 1994, S. 933- 954

Josserand, L.: „La personne humaine dans le commerce juridique", D. 1932 chr., S. 1-4

Kayser, P.: „Les limites morales et juridiques de la procréation artificielle", D. 1987 chr., S. 189-196

Kernaleguen, F.: "Les principes fondamenteaux des lois „bioéthiques", in: „Les lois „bioéthique" à l'épreuve des faits" Réalités et perspectives, unter der Leitung von Feuillet-le Mintier, B. (Hrsg.) PUF, Paris 1999, S. 35-42

Labbée, X.: „L'insemination artificielle pratiquée après la mort du donneur", Gaz. Pal. 1984 (2) doctr., S. 401-404
"Anmerkung zu TGI Toulouse vom 16. Juli 1992", JCP 1992 II 21965
„Prélèvements d'organes et indisponibilité du corps humain", Les petites affiches vom 11. Juli 1997 (83), S. 34-39
"Anmerkung zu TGI Lille vom 23.03.1999", D. 1999, jp., S. 351 f.

Labrusse-Riou, C.: „Biomédecine, bioéthique, biodroit ? L'état du droit français", in: „Bioéthique: de l'éthique au droit, du droit à l'éthique", Schulthess Polygraphischer Verlag, Zürich 1997, S. 9-43
„Ombres et lumières des lois", in: F. Brisset-Vigneau, „Le défit bioéthique", série „Mutations" (120), März 1991,S. 1-9

Lesec, M.: "Anmerkung zu TGI Créteil vom 1. August 1984", Gaz. Pal. 1984 (2), S. 560-563

Louis, M.-V.: „Le corps humain mis sur le marché", Le monde diplomatique März 1997, S. 8

Malaurie, P.: „L'homme, être juridique", D. 1994 chr., S. 97-98

Mascret, C.: „La loi sur les produits défectueux et les „éléments ou produits issus du corps humain"", Les petites affiches vom 2. Februar 1999 (23), S. 15-19

Massip, J.: „L'insertion dans le code civil de dispositions relatives au corps humain, à l'identification génétique et à la procréation médicalement assistée“, Repertoire du notariat Défrenois, 1995 (115. Année), Art. 35962-36105 und Gaz. Pal. vom 6. April 1995 (1), S. 433 ff.

Mattei, J.-F.: "Vers une révision des lois bioéthique? Les lois dites bioéthiques cinq ans après", in: „Les lois „bioéthique“ à l'épreuve des faits“ Réalités et perspectives, unter der Leitung von Feuillet-le Mintier, B. (Hrsg.), PUF, Paris 1999, S. 329-336

Mazen, N.-J.: „Tests et empreintes génétiques: du flou juridique au pouvoir juridique“, Les petites affiches vom 14. Dezember 1994, S. 70-78
„Réfléxions juridiques sur le matériel génétique de l'homme“, in: Bioéthique et Droit, études rassemblées par R. Draï und M. Harichaux, PUF, Paris 1988, S. 194-208

Méhaignerie, P.: „De l'éthique au droit“, Les petites affiches n° spécial vom 14.12.1994 unter der Leitung von J.-C. Galloux, S. 3

Mémeteau, G.: „L'embryon législatif“, D. 1994 chr., S. 355-363
„A l'abordage ! de l'article 16-3 du Code civil“, Les petites affiches n° spécial vom 14.12.1994 unter der Leitung von J.-C. Galloux, S. 41-48

Neirinck, C.: "Anmerkung zu TGI Rennes vom 30. Juni 1993", JCP II 1994 22250
„Le droit de la filiation et la procréation médicalement assistée“, Les petites affiches n° spécial vom 14.12.1994 unter der Leitung von J.-C. Galloux, S. 54-61

Nerson, R.: „La condition juridique de l'animal“ D. 1963 chr., S. 1-6
"Anmerkung zu Trib. civ. Saint-Etienne vom 8.7.1957", D. 1958, S. 148

Pansier, F.-J.: „Le consentement à l'hôpital“, in: „Le consentement aux actes médicaux“, sous la présidence de Guigue, J., Gaz. Pal. vom 28. Mai 1998 (n° spéciale), S. 12-15

Pédrot, P.: "Anmerkung zu TGI Toulouse vom 26. März 1991",

JCP 1992 II 21807

Penneau, J.: „Le consentement face au droit de la responsabilité médicale", in: „Le consentement aux actes médicaux", sous la présidence de Guigue, J., Gaz. Pal. vom 28. Mai 1998 (n° spéciale), S. 8-11

Perrot, R.: „Jurisprudence française en matière de droit judiciaire privé", RTD civ. 1985, S. 445-457

Picq, M.: „La prothèse et le droit", Les petites affiches vom 7. Oktober 1996 (121), S. 8-13

Rameix, S.: „Quelles sont les dimensions éthiques de l'expression et du respect du consentement aux actes médicaux ?", in: „Le consentement aux actes médicaux", sous la présidence de Guigue, J., Gaz. Pal. vom 28. Mai 1998 (n° spéciale), S. 41-43

„Introduction de la journée, Le corps: à qui appartient-il ?", in: Lemaire, F. / Rameix, S. / Ghanassia, J.-P.: „Le corps: à qui appartient-il ?", Journées d'éthique médicale Maurice Rapin, Flammarion Paris 1996, S. 1-8

Rassat, M.-L.: „Le statut juridique du placenta humain", JCP 1976 I 2777

Raymond, G.: „L'assistance médicale à la procréation (Après la promulgation des lois bioéthiques)", JCP 1994 I 3796

Renaud, B.: „Les procréations médicalement assistées", 95 Congrès des notaires, La semaine juridique notariale et immobilière vom 19. Februar 1999, (7), S. 345-352

Savatier, R.: "Anmerkung zu Cour de cassation 2 ième Chambre civil vom 17.12.1954", JCP 1955 II 8490

Savatier, J.: „Les prélèvement sur le corps humain au profit d'autrui", Les petites affiches n° spécial vom 14.12.1994 unter der Leitung von J.-C. Galloux, S. 8-13

Schweitzer, M.G. / Puis-Vergès, N.: „L'utilisation des produits du corps humain: Evolution lexicale et qualifications juridiques", Journal de Médicine Légale Droit Médical 2000, S. 509-515

Sériaux, A.: „Droit naturel et procréation artificielle: quelle juris-

prudence?", D. 1985 chr., S. 53-60
„La procréation artificielle sans artifices: illicéité et responsabilités", D. 1988 chr., S. 201-207

Siroux, D.: „La disponibilité du corps humain dans le droit français", in: Lemaire, F. / Rameix, S. / Ghanassia, J.-P.: „Le corps: à qui appartient-il ?", Journées d'éthique médicale Maurice Rapin, Flammarion, Paris 1996, S. 67-69

Thouvenin, D.: „De l'éthique biomédicale aux lois „bioéthiques", RTD civ. (4) 1994, S. 717-736
„Les lois nr. 94-548 du 1 juillet 1994, nr. 94-653 du 29 juillet 1994 ou comment construire un droit de la bioéthique", Actualité Législative Dalloz (ALD) 1995, S. 149-216
„La disponibilité du corps humain: corps sujet ou corps objet ?", Actes – Les cahiers d'action juridique (48) Februar 1985, S. 35-41
„ La personne et son corps: Un sujet humain, pas un individu biologique", Les petites affiches n° spécial vom 14.12.1994 unter der Leitung von J.-C. Galloux, S. 25-28

Vidal, D.: "Anmerkung zu Urteil vom 27.7.1993", D. 1993, S. 385

Vouin, J.-F.: „Le corps humain, personnalité juridique et famille en droit français", in: Traveaux de l'Association Henri Capitant, „Le corps humain et le droit (journées Belges)", Band XXVI, Dalloz, Paris 1975, S. 105-129

Bücher:

Abduldayem, A.: „Les organes du corps humain dans le commerce juridique", thèse Strasbourg III 1995

Andorno, R.: „La distinction juridique entre les personnes et les choses à l'épreuve des procréations artificielles", thèse Paris XII 1994, LGDJ, Paris 1996

Arnoux, I.: „Les droits de l'être humain sur son corps", Presse universitaire de Bordeaux, Talence 1994

Baud, J.-P.: „L'affaire de la main volée. Une histoire juridique du corps", Seuil, Paris 1993

Baudouin, J.-L. / Labrusse-Riou, C.: „Produire l'homme: de quel droit? Etude juridique et éthique des procréations artificielles", PUF, Paris 1987

Benda, E.: "Rapport de la Commission Benda", in: Fécondation in vitro. Analyse du génome et thérapie génétique, La documentation française, Paris 1987

Bertrand, A.: Le droit d'auteur et les droits voisins, 2. Auflage, Paris 1999

Borrillo, D.A.: "L'homme propriétaire de lui même: Le droit face aux représentations populaires et savantes du corps", thèse Strasbourg 1991

Bourguet, V.: „L'être en gestation – Réflexions bioéthiques sur l'embryon humain", Presses de la Renaissance, Paris 1999

Bouvaist, J.: "La sacralité du corps humain à l'épreuve des lois sur la bioéthique", Mémoire de DEA en Philosophie du droit à l'Université Paris II Panthéon – Assas 1998

Cabrillac, F.: „Le droit civil et le corps humain", thèse Montpellier 1962

Carbonnier, J.: "Droit civil, Les Biens", tome 3, monnaie, immeubles, meubles, 19e ed. Refondue, Presses universitaires de France, Paris 2000

Charles, B. / Claeys A.: "Rapport d'information au projet de loi de révision des „lois bioéthiques" de juillet 1994 déposé en application de l'article 145 du Règlement par la mission d'information commune préparatoire", rapport n° 3208 du 27.06.2001, Président: B. Charles, Rapporteur: A. Claeys ; zitiert: Rapport Charles

Claeys, A. / Huriet, C.: "Rapport sur l'application de la loi nr. 94-654 du 29 juillet 1994 relatives au don et à l'utilisation des éléments et produits du corps humain, à l'assistance médicale à la procréation et au diagnostic prénatal", Assemblée Nationale: Sénat, Paris 1999, zitiert : Rapport Claeys

Conseil d'État: „Les lois de bioéthique: Cinq ans après", Paris 1999
"Sciences de la vie, de l'éthique au droit", Notes et etudes documentaires sous la présidence de G. Braibant, La documentation française, Paris 1988

Cornu, G.: "Droit civil, introduction, les personnes, les biens", 9e éd., Montchrestien, Paris 1999
"Droit civil, La Famille", 7e éd., Montchrestien, Paris 2001
"Vocabulaire juridique", Association Henri Capitant, 8. Auflage, Presses universitaires de France, Paris 2000

David, A.: „Structure de la personne humaine, essai sur la distinction des personnes et des choses", PUF, Paris 1955

Decocq, A.: "Essai d'une théorie générale des droits sur la personne", thèse 1957, LGDJ, Paris 1960

Dijon, X.: „Le sujet de droit en son corps, une mise à l'épreuve du droit subjectif", Larcier, Bruxelles 1982

Dommages, R.: „Le corps humain dans le commerce juridique", thèse Paris 1956

Edelman, B.: „La personne en danger", PUF, Paris 1999

Galloux, J.-C.: „Essai de définition d'un statut juridique pour le matériel génétique", thèse Bordeaux 1988

Harichaux, M.: „La protection des libertés et droits corporels", Préparation au C.R.F.P.A., Montchrestien, Paris 1995

Hermitte, M.-A.: „Le sang et le droit - Essai sur la transfusion sanguine", Seuil, Paris 1996

Labbée, X.: „La condition juridique du corps humain avant la naissance et après la mort", thèse 1986, Presses universitaires de Lille, Lille 1990

Lavroff-Detrie, S.: „De l'indisponibilité à la non patrimonialité du corps humain", thèse (Paris I) Paris 1997

Lenoir, N.: "Aux frontières de la vie: Une Ethique biomédicale à la française", rapport au Premier Ministre, tome 1, La documentation française, Paris 1991

Magnard, F. / Tenzer, N.: „Le spermatozoïde hors la loi", Paris 1994

Malaurie, P. / Aynès, L.: "Cours de droit civil, Les obligations", tome VI, 10. Auflage, Cujas, Paris 1999

Manaï, D.: „Les droits du patient face à la médecine contemporaine", Helbing & Lichtenhahn, Basel 1999

Marguenaud, J.-P.: „L'animal en droit privé", thèse Limoges 1987

Matei, J.F.: "La vie en question: pour une éthique biomédicale: rapport au Premier Ministre", La documentation française, Paris 1994, zitiert : Rapport Mattei

Moine, I.: „Les choses hors commerce, une approche de la personne humaine juridique", thèse Dijon 1993, LGDJ, Paris 1997

Mousny, M.-P.: „Le statut juridique du corps humain", thèse Nice 1998

Rayroux, P.: „Consentement, liberté de disposer de son corps et liceité des conventions relatives au corps humain", thèse Paris II 1993

Rouger, P.: „La transfusion sanguine", Que sais-je ?, PUF, Paris 1997

Salat-Baroux, F.: „Les lois de bioéthique", Dalloz, Paris 1998

Terré, F. / Simpler, P. / Lequette, Y.: "Droit civil, les obligations", 7. Auflage Paris 1999

Andreas Hort

Der finanzielle Ausgleich bei Verletzungen des Persönlichkeitsrechts in Deutschland und in der Schweiz

Frankfurt am Main, Berlin, Bern, Bruxelles, New York, Oxford, Wien, 2003. 218 S.
Europäische Hochschulschriften: Reihe 2, Rechtswissenschaft. Bd. 3782
ISBN 3-631-39706-2 · br. € 39.00*

Bekannte und weniger bekannte Persönlichkeiten sehen sich häufig in der Berichterstattung der Medien sowie in Werbung und im Merchandising benutzt. Rechtswidrigen Nutzungen folgen durch die betroffenen Personen regelmäßig finanzielle Ausgleichsansprüche. Diese Arbeit stellt die Ansprüche dar, die nach deutschem und nach schweizerischem Persönlichkeitsrecht bestehen. Es geht dabei um den Ausgleich materieller und immaterieller Schäden sowie um die Herausgabe wirtschaftlicher Vorteile. Beide Rechtsordnungen gewähren solche Ansprüche unter ähnlichen dogmatischen Voraussetzungen. Die Untersuchung belegt, dass die deutsche Rechtsprechung die Ansprüche intensiver entwickelt hat. Die Grenzen dieser Rechtsprechung werden aufgezeigt, insbesondere bei der dreifachen Schadensberechnung und beim Entschädigungs- bzw. Genugtuungsanspruch.

Aus dem Inhalt: Ansprüche auf Schadenersatz · Ansprüche aus dem Bereicherungsrecht und aus dem Recht der Geschäftsführung ohne Auftrag · Finanzielle Entschädigung für immaterielle Beeinträchtigungen · Ansprüche bei Verletzungen der Persönlichkeitsrechte Verstorbener

Kolibri 360 GmbH
Ferdinand-Jühlke-Straße 7
99095 Erfurt, Deutschland
produktsicherheit@kolibri360.de

Druck:
CPI Druckdienstleistungen GmbH
im Auftrag der
Kolibri 360 GmbH
Ferdinand-Jühlke-Str. 7
99095 Erfurt